悦读科学丛书

U0274918

沧海一粟

成语的二维码

陈志谦　陈乐濛　编著

清华大学出版社

北京

内 容 简 介

本书共介绍和解释了36个成语的起源，再（由二维码）引申出一些自然现象和科学（发展）内容与一些历史人物和事件，具体内容包括：围棋与二维码，热力学熵增原理，笛卡儿坐标系和参考系，现实的不确定性，光的波粒二象性，万物皆数，柏拉图正多面体，地心说和日心说，玻璃与科技，曲线与曲胜于直，卡门涡街，花旗大厦，蚂蚁的世界，蝴蝶飞行与蝴蝶效应，蜜蜂的行为与蜂巢结构，蜻蜓和飞机，蝉的习性与质数，青蛙、木蛙与井底之蛙，苍蝇与莱特飞行，猫科动物，埃及艳后，浑水公司，航空航天，太阳系，日食与月食，二十八宿和星官，斗转星移，天文学星座，十二生肖，天文学的发展过程，六祖惠能，特洛伊战争，舒曼、克拉拉与勃拉姆斯，阿司匹林与霍夫曼，莎士比亚，塞万提斯。

本书可供大中学校学生和广大科普与历史爱好者阅读。在学习传统文化的同时，亦能了解数学、物理学、天文学、生物学等方面的知识。总有一则成语是你相当熟悉的，但总有一段知识或故事是你相当陌生的。

图书在版编目 (CIP) 数据

沧海一粟：成语的二维码 / 陈志谦, 陈乐濛编著.
北京：清华大学出版社, 2025. 1. -- (悦读科学丛书).
ISBN 978-7-302-67941-7

Ⅰ. H136.31-49

中国国家版本馆CIP数据核字第2025C3X182号

责任编辑：鲁永芳
封面设计：常雪影
责任校对：赵丽敏
责任印制：刘　菲

出版发行：清华大学出版社
　　　　网　　　址：https://www.tup.com.cn, https://www.wqxuetang.com
　　　　地　　　址：北京清华大学学研大厦A座　　　　　　邮　　编：100084
　　　　社　总　机：010-83470000　　　　　　　　　　　邮　　购：010-62786544
　　　　投稿与读者服务：010-62776969, c-service@tup.tsinghua.edu.cn
　　　　质量反馈：010-62772015, zhiliang@tup.tsinghua.edu.cn
印　装　者：北京博海升彩色印刷有限公司
经　　　销：全国新华书店
开　　　本：185mm×260mm　　　印　　张：22　　　字　　数：440千字
版　　　次：2025年1月第1版　　　　　　　　　　　印　　次：2025年1月第1次印刷
定　　　价：128.00元

产品编号：106154-01

前　言

几年来，笔者心里一直酝酿写一本既有中国文化，又含现代科技内容的人文科普书籍，让读者在阅读过程中，既能受到文化的熏陶，又能获得现代科技知识。经过反复思考，笔者提笔写下这本《沧海一粟——成语的二维码》。

本书共介绍和解释了36个成语的起源，再（由二维码）引申出一些自然现象和科学（发展）事实与历史人物事件，包括井井有条（围棋与二维码），杂乱无章（热力学熵增原理），刻舟求剑（笛卡儿坐标系和参考系），朝三暮四（现实的不确定性），五颜六色（光的波粒二象性），心中有数（万物皆数），面面俱到（柏拉图正多面体），胡说八道（地心说和日心说），彩云易散（玻璃与科技），曲突徙薪（曲线与曲胜于直），青萍之末（卡门涡街），不测风云（花旗大厦），蚍蜉撼树（蚂蚁的世界），庄周梦蝶（蝴蝶飞行与蝴蝶效应），蜂拥而至（蜜蜂的行为与蜂巢结构），蜻蜓点水（蜻蜓和飞机），金蝉脱壳（蝉的习性与质数），井底之蛙（青蛙、木蛙与井底之蛙），蝇营狗苟（苍蝇与莱特飞行），照猫画虎（猫科动物），蛇蝎美人（埃及艳后），浑水摸鱼（浑水公司），扶摇直上（航空航天），日月星辰（太阳系），日月合璧（日食与月食），星汉灿烂（二十八宿和星官），满天星斗（斗转星移），星分翼轸（天文学星座），天干地支（十二生肖），起承转合（天文学的发展过程），一尘不染（六祖惠能），倾城倾国（特洛伊战争），旷世绝恋（舒曼、克拉拉与勃拉姆斯），物是人非（阿司匹林与霍夫曼），哈姆莱特（莎士比亚）和堂吉诃德（塞万提斯）。

本书在人名第一次出现时，一般用括号加上了生卒和外文姓名（中国人除外）。由于书中内容庞杂、出现的人物众多，加之作者水平与学识有限，所述难免遗漏或错漏，只能抛砖引玉，敬请谅解。

图1.3、图1.5、图1.6由浦敬榕绘制，图20.10由孙建平所摄，特此致谢！还要感谢部分图片的绘制者康康，尽管已略付薄酬，但通过观察她的绘制过程后，作者在自己制图时深受启发。同时感谢众多编审的默默付出！特别感谢责编鲁永芳博士，从2019年开始合作出版了"悦读科学丛书"《大师的足迹》《大师的发现》《大师的侧影》以来，她的一丝不苟，给人留下深刻的"印象"。现在才发觉5年的时间里未见过人，未听过音，仅靠文字交流，这种合作方式也是相当传统。作者还要感谢那些默默提供支持的人。

作　者

2024年（甲辰龙年）春于澜沧江畔

目 录

绪 论

"沧海一粟"这一成语出自北宋苏轼《前赤壁赋》："寄蜉蝣于天地，渺沧海之一粟。"不用赘述，几乎人人都知道它的含义。

成语一共有多少？这恐怕是一个谁也回答不了的问题。《中国成语大辞典》（上海辞书出版社，2007）收录成语1.8万余条，《汉语成语大辞典（修订版）》（华语教学出版社，2017）收录成语2.8万余条。不过常用成语远没有这么多，一般为1000多条。

本书讲述了36个成语，在浩瀚的成语海洋中仅算一粟。根据现代天文学，银河系中大约有数千亿颗恒星，在书中写到的宇宙星河（包括成语日月星辰、日月合璧、星汉灿烂、满天星斗和星分翼轸）中，太阳也只是一粟。本书的副书名为成语的二维码。

成语，成之于语，众人说之，是中华文化中一颗独有的璀璨明珠，是中国传统文化的一大特色。它有固定的结构形式和固定的说法，表示一定的意义。成语有很大一部分是从古代相承沿用下来的。它代表了一个故事、寓言或者典故，成语常常出自某部古籍。不过，随着社会的发展，现代也有成语不断诞生，如旷世绝恋、乱世佳人等，有的甚至是舶来成语，如堂吉诃德、哈姆莱特等。成语富有深刻的思想内涵，简短精辟，易记易用，并常常附带有感情色彩，包括贬义、褒义和中性。

成语多为四字（如汗牛充栋、对牛弹琴），也有二字（如推敲、渔利、随和、斧正）、三字（如白日梦、东道主、闭门羹）、五字（如伴君如伴虎、冰炭不同器）、六字（如哀莫大于心死、巧伪不如拙诚）、七字（如解铃还需系铃人、初生牛犊不怕虎），甚至七字以上的（如己所不欲，勿施于人；士别三日，当刮目相看；卧榻之侧，岂容他人鼾睡；只许州官放火，不许百姓点灯；各人自扫门前雪，休管他人瓦上霜）。其中四字成语最多。

对成语贡献最多的人当数韩愈，从他的文章中凝练出331则成语，可称为"成语之王"；其次则是王勃，在他不到28年的生命里，为后世留下了40多则成语（大部分源自《滕王阁序》）；第三名是韩信，他贡献了33则成语；第四名是苏轼，他贡献了32则成语。

成语的语法结构多种多样，常见的有主谓结构成语——金蝉脱壳、杞人忧天、精卫填海、愚公移山等；联合主谓结构成语——人杰地灵、草长莺飞、仁至义尽等；联合动宾结构成语——知己知彼、扬眉吐气、打草惊蛇、破釜沉舟、买椟还珠等；联合名词结构成语——春华秋实、沧海桑田、合纵连横等；联合动词结构成语——突飞猛进、勇往直前、翻天覆地、画龙点睛等；动补结构成语——处变不惊、逍遥法外、青出于蓝、举棋不定、重于泰山等；并列结构成语——万水千山、喜怒哀乐、琴棋书画、卑躬屈膝等；偏正结构成语——中流砥柱、倾盆大雨、窈窕淑女等；承接结构成语——马到成功、水到渠成、见异思迁、先斩后奏等；因果结构成语——水滴石穿、水落石出、春暖花开、鸟尽弓藏等。

天上飞的、地上跑的、土里长的、水中游的，几乎全都有成语描述。人可以被形容为动物，如衣冠禽兽；也可以被形容为植物，如人面桃花；甚至可以被形容为石头，如亭亭玉立。多可以用不胜枚举，少可以用凤毛麟角；厚可以用天高地厚，薄可以用薄如蝉翼。

成语往往都有演化的过程，如范仲淹《岳阳楼记》中的"先天下之忧而忧，后天下之乐而乐"是14字的成语，它源自诸葛亮《将苑·哀死》中的"有难则以身先之，有功则以身后之"，而诸葛亮则是化用《荀子·修身》中的"劳苦之事则争先，饶乐之事则能让"，不过，它最早的出处还是老子《道德经》第七章中的"圣人后其身而身先，外其身而身存"。

随着时代的变迁，过去有些成语是褒义的，如今却变成贬义的了。如呆若木鸡、道貌岸然，过去是褒义词，原意分别是大智若愚和庄重威严，现在分别指痴傻发愣和表里不一。有些成语过去是贬义的，现在变成褒义的了。如后来居上，原本是汲黯说汉武帝用人就像堆柴火垛，最后堆上的反而越靠上靠前，把最早堆上的都压了下去（《史记·汲郑列传》："陛下用群臣如积薪耳，后来者居上"），抱怨汉武帝用人喜新厌旧，但现在多用来称赞后来的人或物超过了先前的，意为雏凤清于老凤声；相似地，勾心斗角（唐·杜牧《阿房宫赋》："五步一楼，十步一阁。廊腰缦回，檐牙高啄。各抱地势，钩心斗角。"）也是如此。

中华成语，弥纶万有，博大精深，深入浅出，入木三分。

在生活中，无论是书面语言还是口头表达，我们都离不开成语。可以说不用成语，常常不能精炼准确地表达语义，而一个简短的成语，往往能表达用上百字也表达不出的思想，而且生动简洁、形象鲜明。在高度信息化的时代，在语言中使用成语成了最便捷的选择，如本书中就使用了二百多个成语。

二维码是用某种特定的几何图形按一定规律在平面（即二维方向上）分布的记录数据符号信息的图形。除了条形码，常见的二维码为快速反应码（quick response code，QR code），是近几年来移动设备上流行的一种编码方式，也能表示更多的数据类型。在代码编制上巧妙地利用构成计算机内部逻辑基础的"0"和"1"比特流的概念，使用若干个与二进制相对应的几何形体来表示文字数值信息，通过图像输入设备或光电扫描设备识读，能实现信息的快速处理。

以语言为例，印欧语系的词，往往可以看成是一个条形码，如 world 及 universal，从左到右构成，似一个条形码；而一个汉字，几乎都构成一个简单的二维码，如"哭"几乎就是一幅画；而"赢"则由五部分构成，分别是"亡、口、月、贝、凡"。为什么这看似毫无关联的五部分组合在一起就是"赢"？因为要想赢，首先要有危机意识（"亡"），要想赢，必先做好输的准备；其次要有沟通能力（"口"），以致能发号施令（领导能力）；还要有时间观念（"月"），有执行计划和线路，有执行力；"贝"代表财富，这里指实力；最后，"凡"则是指即使赢了，还要抱着平常的心态，不自负、不骄傲。

一幅二维码通过一种链接，往往可以读出某个事物的全部甚至是延伸信息。在今天，离开了二维码可以说是寸步难行。每个单位、企业都有自己的二维码，大部分人甚至都有不少于两个二维码。

因此，成语是传统文化的，二维码是现代技术的。笔者尝试用两者间的链接来解读传统成语，加以推测和想象，力图让读者站在新的角度读出一些未曾引起人们注意到的含义和信息。

1 井井有条·围棋与二维码

"井井有条"，形容整齐不乱，条理分明。该成语在句中一般作谓语、补语、定语、状语。作为正文开篇的第一则成语，在形、义、用三方面，井井有条似乎都是为二维码而生。

二维码方方正正的，像口井，甚至井中还有井（图 1.1）。井里有条不紊，可谓是井井有条，似乎预示我们今天再读这个成语，能读出更多的故事。

图 1.1　二维码示意图

井井有条这则成语，最早出自《荀子·儒效》："井井兮其有理也。"

荀子（前 313—前 238），名况，字卿，战国末期赵国人。荀子是著名思想家、文学家、政治家，世人尊称"荀卿"，两汉时期因避汉宣帝刘询名讳而称"孙卿"。荀子曾三次担任齐国"稷下学宫"的祭酒（学宫长），后又出任楚国的兰陵县（今属山东省临沂市）县令。荀子主张"礼法并施"，提出"制天命而用之"的人定胜天的思想，反对鬼神迷信，提出性恶论，重视习俗和教育对人的影响，并强调学以致用。

荀子以孔子（前 551—前 479）的继承人自居。在春申君黄歇（？—前 238）被谋刺后，荀子闲居兰陵，专心著书立说，设案收徒。其间写下《荀子》一书，共 32 篇，尤以其中第一篇《劝学》影响最大。成语井井有条出自《荀子》的第 8 篇《儒效》。荀子还培养出两个著名的学生，一个是韩非（约前 280—前 233），另一个是李斯（？—前 208）。

古代的文人墨客，常喜欢在自己的书画作品上加盖印章。一方小小的印章，其实就是一个原始的二维码。它或连接着作品的作者，或连接着作品的收藏者，而更深处又联系着他们创作或收藏的缘由和故事。因此可以说，中国古代的印章就是一个原始的二维码（图 1.2）。

在数字时代，二维码的发明人是日本工程师原昌宏。原昌宏 1957 年出生于日本东京，1980 年毕业于法政大学，并获得法政大学电气工程学士学位，同年加入日本电装株式会社，1994 年开发出 QR 码。

原昌宏发明二维码的目的是解决公司高精度汽车零配件信息匹配问题。原昌宏首先是开发条形码读取器。当时在美国，二维代码已经开始出现，但是由于信息量大，读取一个代码需要数秒，不便于在工业中使用。于是原昌宏决定考虑一个全新的二维代码，其主题为"阅读速度"。计算机擅长于条形码等一维处理，因此，如果存在一种具有独特的黑白比的图案，那么计算机就会检测到代码的存在。

一天，原昌宏在电视直播上看到正在如火如荼地举行的中日围棋擂台赛。

围棋起源于中国，古代称为"弈"，可以说是棋类之鼻祖，距今已有 4000 多年的历史。"尧造围棋，以教子丹朱。"黑白二色和阴阳相关。还有人认为，"河图洛书"（图 1.3）就是最早的围棋棋谱。围棋是中国古人对世界文明的巨大贡献之一，为古代文人雅客所爱好，与琴、书、画并列，是古代文人的一项基本素质。

图 1.2　书法作品《兰亭集序》上作者和收藏者的印章

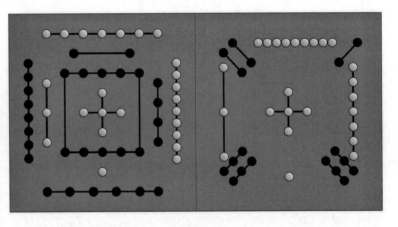

图 1.3　"河图"（左）与"洛书"（右）以及黑白阴阳

后来，围棋传到了朝鲜和日本。日本古代著名学者吉备真备（694—775）在唐留学 20 年后，于 735 年将围棋带回日本。围棋传到日本后，深受喜爱，发展迅猛，出现了众多著名棋手，棋艺水平曾一度领先全球。

围棋（图 1.4）是由黑白两色棋子在一个 19×19 的方格棋盘（共 361 个交叉点）上对弈。围棋棋子只有黑白两种棋子，其中有 181 枚黑子和 180 枚白子。在现代的围棋规则中棋手一方执黑（先行）、一方执白（后行）。围棋的规则非常简单，每次棋手只能将自己的一枚棋子放在格线的交叉点上，轮流落子，最终围成一块地盘，但围成的棋必须至少包含两个"眼"，才能算是活棋，如果只有一个眼的话，就会被对手围死。下到最后比较谁占的棋格多，谁就获胜。先手方（黑）还要贴目（指黑方由于先手，在布局上占有一定的优势，为了公平起见，在最后计算双方所占地的多少时，黑棋必须扣减一定的目数或子数）。

图 1.4　围棋

围棋开局后，棋形变化多端。棋盘上的每一个格点可以下黑子、白子或空着不摆子。因此 361 个交叉点，就有 3^{361} 种变化的可能，变化达到 10^{28} 的数量级，比阿伏伽德罗常数的数量级还要高出十万倍。而根据《数学之书》的估算，围棋总共有 32940 种不同的棋路，变幻莫测的棋局最终高达 10^{172} 种，走法更是达到恐怖的 10^{768} 种。不对称棋手间的对弈，往往可以在 150 步（手）左右分出胜负，即中盘定胜负。

棋手每走一步，常常需要考虑数分钟甚至更长时间，但落子无悔。在古代，由于没有完善的比赛规则，一盘棋有时需要一天乃至数天才能下完，中间不得不打挂[1]（暂停）封棋。一场对弈下来，往往耗尽棋手精力。日本围棋史上曾出现过超长思考的纪录，星野纪（1918—1991）在入考段位时，在简单局面下，对手一手棋竟然想了 8 个小时。赛前，星野纪的师傅曾告诫过他："对方'泡'一个小时，你就加倍'拖'他两个小时。"此时星野纪一怒之下，想起了师傅的话，心中暗道："8 小时加倍为 16 小时，现在是晚上 8 时半，除去夜餐和翌日的午休时间，明天下午 2 时方能落子。"盘算已定，星野纪也开始了长时间的思考。这样，一局棋从星期二下到星期四的清晨才告结束，创下纪录。可见当时日本棋界"泡棋"现象十分严重，此后围棋界不得不采用比赛限时制度。也还是星野纪，在 1950 年升段赛中，创下一盘下 411 手的纪录。

---

[1] 打挂是日本旧时代的棋规之一，上手（段位更高者）随时可以暂停对弈。原意是表示对上手的尊重，但后来逐渐演变为对下手不公平的棋规，因上手可利用此特权召集门人集体研究棋局。1933 年，留日的中国围棋天才少年 19 岁的吴清源与日本本因坊名人已 59 岁的秀哉世纪之战耗时最长，因段位原因，由秀哉执白让先，由于名人可以视情况暂停打挂，对白棋十分有利。每方用时限于 24 小时，每周只在星期一对弈一次，全局共打挂 13 次，共弈 14 回，前后历时 109 天，整整下了 3 个月才结束，最终白棋以 2 目胜黑。实际上每次秀哉打挂后本因坊十多位高手对吴的棋路进行研究，找出应对方法，变成了吴清源一人对阵整个本因坊，因此吴清源虽败犹荣。

星野纪，1918 年生于日本山梨县大月市，14 岁退学，拜入方圆社女棋手竹田逸子（生卒年不详）四段门下。星野纪 16 岁入段，但生逢不幸，20 岁被强征入伍，编入骑兵队派往苏联边境，1939 年在著名的日苏诺门坎战役中身负重伤，送返日本。回到青森县服役期间，星野纪不知何故殴打长官，被关入"重营仓"单人禁闭，因节日得以赦免，因祸得福，竟然落得个自由身，平安返回棋界。1942 年升为二段，1953 年即达到五段，五十岁过后多次打入本因坊战、名人战循环圈，1977 年 59 岁时升为九段。1991 年去世，享年73 岁。星野纪与一般棋手不同，并不住在东京，而是平时在家乡山梨县务农，有比赛才去东京下棋，这种经历在围棋界可谓绝无仅有。

不过，2021 年 8 月 23 日，在中国台湾第 7 届"健乔杯"女子最强战败者组第二轮中，杨子萱（2002—　）四段（19 岁）与张凯馨（1980—　）六段（41 岁）苦战六小时，下出了一盘 431 手的世界新纪录。这盘杨子萱执黑 3 目半获胜的棋谱不计单官也有 423 手之多，称为"史上最多手数棋局"。

为什么棋盘上只有 361 格，却能下出 423 手？这是由于吃子后仍可在原位置下子，以及打劫规则的存在，理论上下出 1000 手也是可能的。

中国历史上名士如云，众星璀璨，留下的故事和典故也有很多。晋朝时有一位叫王质的人，有一天他到信安郡的石室山（今属浙江省衢州市）去打柴。在路上看到一童一叟在溪边大石上下围棋，于是把砍柴用的斧子放在溪边地上，驻足观棋。看了多时，童子说"你该回家了"，王质起身去拿斧子时，一看斧柄（古称"柯"）已经腐朽了，磨得锋利的斧头也锈迹斑斑，王质非常奇怪。回到家里后，发现家乡已经大变样。无人认得他，提起身边事，有几位老者说，都是几百年前的事了。"一入烂柯山，世上已千年。"后来，"烂柯"成为围棋的一个别名。

东晋的谢安（320—385），更是因为围棋，留下镇定自若的精彩形象。《晋书》卷七十九《谢安列传》记录了淝水大战的过程：北方前秦苻坚（338—385）势力强大，时常南侵，而东晋众将接连败退。此时苻坚已有统一中国之志，率领大军，号称百万，开进淮河、淝水，欲攻灭东晋，造成京师震恐。朝廷加封谢安为征讨大都督。大将军、谢安之侄谢玄（343—388）向谢安问应敌之计，谢安神情泰然，淡定回答道："朝廷已另有主意。"过后默默不语，谢玄不敢再问。

谢安于是驾车去山中墅院，亲朋好友相随。到达后谢安与谢玄坐下来下围棋，赌注为一所墅院（史称谢安赌墅）。谢安平常棋艺不及谢玄，但这一天谢玄心慌意乱，败给了谢安。谢安回头对外甥羊昙（生卒年不详）淡淡地说："墅院送给你啦。"说罢便登山游玩，到晚上才返回，开始部署将帅，面授机宜。等后来谢玄率领晋军大败苻坚，喜信送到谢安手里时，谢安正与客人下围棋，看罢信便丢在床上，面无喜色，下棋如故。等下完围棋，客人询问，谢安才轻轻答道："小辈儿已打败敌寇。"但谢安起身进内屋时，木屐掉了也浑然不知，掩饰不住内心喜悦的心情。

因为围棋无穷的变化，棋手智谋的丰富，在历史上曾出现过许多著名的棋局，例如清乾隆四年（1739 年）的"当湖十局"（图 1.5）：围棋国手范西屏（1709—1769）、施襄夏（1710—1771）于浙江平湖对弈，鏖战十余局，互有胜负。二人"落子乃有仙气，此中无复尘机，是殆天授之能，迥非凡手可及"。从棋局来看，关键之处杀法精湛，惊心动魄，可谓登峰造极，出神入化，将中国围棋的高远意境体现得淋漓尽致。至今，"当湖十局"仍被认为是我国围棋古谱中的典范。

第一局：黑方：范西屏；白方：施襄夏；共 260 手，黑胜七子。　　　　　（范西屏胜）

第二局：黑方：施襄夏；白方：范西屏；共 290 手，黑中盘胜。　　　　　（施襄夏胜）

第三局：黑方：范西屏；白方：施襄夏；共 232 手，黑胜十四子。　　　　（范西屏胜）

第四局：黑方：范西屏；白方：施襄夏；共 270 手，白胜七子半。　　　　（施襄夏胜）

第五局：黑方：施襄夏；白方：范西屏；共 287 手，白胜十四子半。　　　（范西屏胜）

第六局：黑方：施襄夏；白方：范西屏；共 274 手，黑胜九子半。　　　　（施襄夏胜）

第七局：黑方：施襄夏；白方：范西屏；共 298 手，白胜二子半。　　　　（范西屏胜）

第八局：黑方：施襄夏；白方：范西屏；共 223 手，白胜六子半。　　　　（范西屏胜）

第九局：黑方：范西屏；白方：施襄夏；共 251 手，白胜四子半。　　　　（施襄夏胜）

第十局：黑方：施襄夏；白方：范西屏；共 341 手，黑胜二子半。　　　　（施襄夏胜）

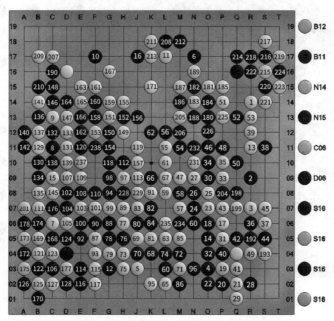

图 1.5　"当湖十局"第五局：范西屏（白）对施襄夏的实战总谱（1~239 手，后略）

其中范西屏执黑四局，施襄夏执黑六局。黑白各胜五局。"当湖十局"后，施襄夏一死，中国围棋就开始落后于日本。

现代职业围棋的最高段位是九段，这一制度来源于日本幕府时代。在当时同一时期只能有一个九段。九段又被称为名人，是棋坛霸主，不但享有种种特权和极优厚的俸禄，而且所有五段以上棋手的升段都需经他批准。为了名人位的归属，日本围棋史上演绎了无数血泪争棋，其中最惨烈的一幕当属"因彻吐血局"。

1831年，当时日本围棋四大棋家之一本因坊门的掌门人丈和（1787—1847），得到了"名人棋所"。消息传出，遭到其余三大门派一致抗议，尤以井上家掌门井上幻庵因硕（1798—1859）反对最为强烈。为把丈和拉下名人宝座，因硕四处活动，终于在四年后他请一位幕府元老出面搞了一次"名手大会"，其中有一项安排：本因坊丈和对战井上家的赤星因彻（1811—1831）。赤星因彻是因硕的得意弟子，实力超群，丈和若败，因硕就能借题发挥，挑战丈和的名人资格。

这盘棋双方皆是性命相搏，中盘时执白的丈和连续下出第68、70、80三步妙手，就是有名的"丈和三妙手"（图1.6）。下到第246手，因彻知道取胜无望，心力交瘁，突然接连几大口血喷到了棋盘上，把全部黑子白子都染成了一色的鲜红。两个月后，一代英才赤星因彻离开了人世。

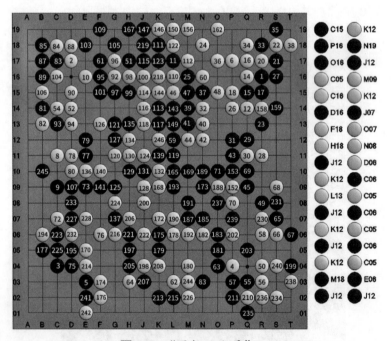

图1.6 "因彻吐血局"

20 世纪 80 年代，为了促进围棋的发展，1984 年 10 月由中日棋界共同倡导，发起了中日围棋擂台赛。当时，日本在世界围棋领域中处于领先地位。中日围棋擂台赛之前，日本《棋》周刊公布了一项民意测试，结果在 3000 多名投票者中，只有 27 个人认为中国队会胜，而这 27 个人中有 24 人是在日本的中国留学生。即使在中国，《围棋天地》杂志公布的中国投票结果也只有 20% 的爱好者预测中国队会胜。就整体实力而言，那时中国围棋与日本围棋相比，差距还是十分明显的。从以往的战绩来看，中国仅有聂卫平（1952—   ）对日本一流棋手成绩稍好，但对当时日本棋坛的"超一流棋手"却鲜有胜绩。其他中国棋手虽偶有胜绩，但离抗衡还是有一定的距离。不过在历年的交流赛中，日本棋坛也已经感觉到了危机。在此背景下中日双方决定组织围棋擂台赛，这对于中国棋手来说是一个巨大的考验。

在 1984 年 10 月 16 日开始至 1985 年 11 月 20 日结束的第一届中日围棋擂台赛，中国队派出了汪见虹（1963—   ）、江铸久（1962—   ）、邵震中（1958—   ）、钱宇平（1966—   ）、曹大元（1962—   ）、刘小光（1960—   ）、马晓春（1964—   ）、聂卫平。

日本棋界也是高手尽出，派出了：依田纪基（1966—   ）、小林觉（1959—   ）、淡路修三（1949—   ）、片冈聪（1958—   ）、石田章（1949—   ）、小林光一（1952—   ）、加藤正夫（1947—2004）、藤泽秀行（1925—2009）。

最后的结果出乎中日双方的意料，在总 15 局的对抗中，聂卫平连胜小林光一、加藤正夫、藤泽秀行三位超一流棋手，中国队最后以 8：7 的成绩获胜。

第一局：依田纪基执白中盘胜汪见虹。

第二局：江铸久执白 2 目半胜依田纪基。

第三局：江铸久执黑中盘胜小林觉。

第四局：江铸久执白 4 目半胜淡路修三。

第五局：江铸久执黑中盘胜片冈聪。

第六局：江铸久执白中盘胜石田章。

第七局：小林光一执白中盘胜江铸久。

第八局：小林光一执黑中盘胜邵震中。

第九局：小林光一执白中盘胜钱宇平。

第十局：小林光一执黑 6 目半胜曹大元。

第十一局：小林光一执白半目胜刘小光。

第十二局：小林光一执黑中盘胜马晓春。

第十三局：聂卫平执黑 2 目半胜小林光一。

第十四局：聂卫平执白 4 目半胜加藤正夫。

第十五局：聂卫平执黑 3 目半胜藤泽秀行。

第十一届（最后一届）擂台赛是在 1996 年 5 月 30 日至 12 月 27 日进行的。中方的阵容是丰云（女，1966—　）、王磊（1977—　）、常昊（1976—　）、刘小光、张文东（1969—　）、曹大元、马晓春。

日方的阵容为西田荣美（女，1970—　）、羽根直树（1976—　）、王立诚（1958—　）、柳时熏（1971—　）、依田纪基、小林觉、大竹英雄（1942—　）。

第一局：丰云执黑中盘胜西田荣美。

第二局：羽根直树执黑中盘胜丰云。

第三局：羽根直树执白 2 又 1/4 子胜王磊。

第四局：常昊执白 1 又 1/4 子胜羽根直树。

第五局：常昊执黑 4 目半胜王立诚。

第六局：常昊执白中盘胜柳时熏。

第七局：常昊执黑 2 又 3/4 子胜依田纪基。

第八局：常昊执白 1 目半胜小林觉。

第九局：常昊执黑中盘胜大竹英雄。

此届擂台赛中国队以 7∶2 获得胜利，常昊 1 人独胜 6 局。

从 1984 年 10 月至 1996 年 12 月，中日围棋擂台赛共进行了 11 届，结果中国队以 7∶4 获胜，总战绩 71 胜 65 负。

在现代围棋史上，棋手如云，像吴清源（1914—2014）的飘逸，赵治勋（1956—　）的顽强，大竹英雄的唯美，武宫正树（1951—　）的"宇宙流"，依田纪基的意气风发，李昌镐（1975—　）的石佛枯坐，聂卫平的力挽狂澜……都是旗手独特风格的体现。

不过，人工智能（AI）的出现，似乎改变了这一切（图 1.7）。

阿尔法围棋（AlphaGo）是第一个击败人类职业围棋选手、第一个战胜围棋世界冠军的人工智能机器人。2016 年 3 月，阿尔法围棋与围棋世界冠军、职业九段棋手李世石（1983—　）进行围棋人机大战，以 4 比 1 的总比分获胜；2016 年末 2017 年初，该程序在中国棋类网站上以"大师"（Master）为注册账号与中日韩数十位围棋高手进行快棋对决，连续 60 局无一败绩；2017 年 5 月，在中国乌镇围棋峰会上，它与排名世界第一的世界围棋冠军柯洁（1997—　）对战，以 3 比 0 的总比分获胜。围棋界公认阿尔法围棋的棋力已经超过人类职业围棋顶尖水平。

图 1.7　人工智能与人类的围棋对抗

围棋的发明人完全没有想到，在 3000 年后围棋会在中外产生如此激烈的对抗，甚至与科技出现激烈对抗。

中日围棋擂台赛的结果，不仅出乎赛前中日双方的预料，更出人意料的是，在 20 世纪末，正是受到围棋图案及其变化的启发，最终，原昌宏发明了在科技、社会和生活中有着深远且广泛影响的二维码。那年，原昌宏 37 岁。

有二维码就有一维码。一维码就是条形码，现在每种商品的外包装上都印有一维码，方便付款时机器快速扫描阅读。一维码主要有 3 个参数：密度——单位长度的条形码所表示的字符个数；宽窄比——对于只有两种宽度单元的码制，宽单元与窄单元的比值称为宽窄比，一般为 2~3（常用的有 2：1，3：1）；对比度——条形码符号的光学指标，对比度越大则条形码的光学特性越好。由于不同颜色的物体，其反射的可见光的波长不同，白色物体能反射各种波长的可见光，黑色物体则吸收各种波长的可见光，所以当条形码扫描器光源发出的光经光栅及凸透镜后，照射到黑白相间的条形码上时，反射光经第 2 个凸透镜聚焦后，照射到光电转换器上，于是光电转换器接收到与白条和黑条相应的强弱不同的反射光信号，并转换成相应的电信号输出到放大整形电路。白条、黑条的宽度不同，相应的电信号持续时间长短也不同。这样，计算机系统就能准确判读出一维码内隐藏的信息。条形码可以提高信息录入的速度，减少差错率，但是一维条形码也存在一些不足之处：一是数据容量较小（一般为 30 字符左右），只能包含字母和数字；二是条形码尺寸相对较大，导致空间利用率较低，遭到损坏后便不能阅读。

二维码（图 1.8）是一种比一维码更高级的条码格式。一维码只能在一个方向（一般

图1.8　微信的二维码

是水平方向）上表达信息，而二维码在水平和垂直方向都可以存储信息。一维码只能由数字和字母组成，而二维码能存储汉字、数字和图片等信息。二维码的优点更多：包括高密度编码，信息容量大；编码范围广；容错能力强，具有纠错功能；译码可靠性高；可引入加密措施；成本低，易制作，持久耐用等。因此，二维码的应用领域要广得多。比如，可以用二维码进行食品溯源，检查到原始生产数据如制造日期、食用期限、原产地、生产者、转基因成分的有无等。可以说，二维码和我们今天的生活息息相关，只要人们一出门，几乎离不开二维码。

从结构上看，二维码3个角上各有3个小正方形。正是这3个小正方形，起到对扫描阅读器定位的作用，而如果有4个小正方形，反而起不到定位作用。只要扫描器扫到这3个小正方形，不管是从哪个角度扫的，图形都会被自动旋转到正确位置。

在日常生活中，人们每天都要生产和使用大量的二维码。中国每天消耗约15亿个二维码，而全球每天要消耗100亿个二维码。二维码并不是无限的，也可能会被用光。不过，由于二维码的种类比较多，最小的是21×21的，最大的是177×177的。以常用的25×25来说，如果给1个小格配黑白两种颜色，对4个方格，就有16（2^4）种。对25×25的方格，至少也有2^{478}种，大约达到10^{100}个。如果将来用上彩色二维码，这个数量还将更庞大。所以，二维码会消耗完的想法真是有点杞人忧天了。（《列子·天瑞》："杞国有人忧天地崩坠，身亡所寄，废寝食者。"）

2 杂乱无章·热力学熵增原理

"杂乱无章",出自韩愈(768—824)《送孟东野序》:"其为言也,乱杂而无章。",该成语形容杂乱而没有条理,也形容乱七八糟的状态(图2.1)。

垃圾场是人们认为最杂乱无章的地方,各种垃圾乱七八糟。那么,各种杂乱无章的场面有没有一个字可以形容其程度?有,这就是物理学中的熵。

在说熵之前,先要厘清几个关于系统的概念。一个系统总要和外界交换物质与能量,像人也是一个系统,必须吃喝、排泄以及保暖等。在物理学中,按照系统与外界交换的特点,系统可以分成以下三种:

开放系统,与外界既有能量交换又有物质交换的系统。

图 2.1 杂乱无章的电线

封闭系统,与外界只有能量交换而无物质交换的系统。

孤立系统,与外界既无能量交换又无物质交换的系统。

严格地说,孤立系统是不存在的,除非把整个宇宙视为一个系统,因为我们不知道宇宙外面是什么,也就可以认为宇宙与外宇宙不交换物质与能量。

为了对熵有真正的理解,我们还要知道两个概念:可逆过程和不可逆过程。

可逆过程是指在系统状态变化过程中,如果其逆过程能重复正过程的每一状态,而不引起其他变化的过程。不可逆过程是指在不引起其他变化的条件下,不能使逆过程重复正过程的每一状态,或者虽然重复但必然会引起其他变化的过程。

需要说明的是,不可逆过程不是说不能逆向进行,而是说当过程逆向进行时,系统和外界不能同时完全复原。

按照以上定义,自然界里的绝大多数宏观过程都是不可逆的。比如,热量可以自动地从高温物体传向低温物体，但反过来永远也不会自动地从低温物体传向高温物体。摩擦可以生热，但加热却不能产生摩擦。所以，自然界里发生的很多事情都是有方向性的。

到这里，就要提到热力学第二定律。蒸汽机发明后，为了提高它的效率，人们殚精竭虑，想尽一切办法。蒸汽机或者锅炉，都需要一个高温热源（燃烧的煤炭）和一个低温热源（放出水蒸气）。如果把从高温热源得到的热量用 Q_1 表示，而向低温热源放出的热量用 Q_2 表示，那么，蒸汽机可以对外做的功 $A = Q_1 - Q_2$。这样，蒸汽机的效率就是

$$\eta = \frac{A}{Q_1} = \frac{Q_1 - Q_2}{Q_1} = 1 - \frac{Q_2}{Q_1}$$

很显然，当 $Q_2 \to 0$ 时，效率 $\eta \to 100\%$，这正是当初所有研究者所追求的目标。如果这个目标实现，就会产生一种永动机（第二类永动机）。因此，开尔文（Kelvin，William Thomson，1824—1907）说：不可能从单一热源吸取热量，并使之完全变成有用的功而不引起其他变化。这就是热力学第二定律的开尔文表述。和物理学的其他定律表述不一样，热力学第二定律是反向表述，即用不可能来表述。用通俗的话说，人不可能只进食，将获取的能量全部用来做功而不排泄。

克劳修斯（Rudolf Julius Emanuel Clausius，1822—1888）也对热力学第二定律做了自己的表述：热量不能自动地从低温物体传向高温物体。就像空调，夏天房间里的温度比室外温度低，要想把室内温度降得更低，唯一的方法就是插上电源，让压缩机做功，才能将热量从低温热源（室内）排到高温热源（室外）。冰箱也是同样的道理。

以上讲的过程为什么都有方向性，都是向着一个方向进行，难道就没有例外吗？回答是有的，但这就涉及概率问题。看看下面的情况（图2.2）：一个密闭的箱子一边装有气体分子，另一边是真空。这个系统由于不同外界交换物质和能量，可以看成是孤立系统。当把中间的隔板抽去后，整个箱子里都会装满空气分子（平衡态）。那么问题来了，空气分子会不会自动回到左边去？

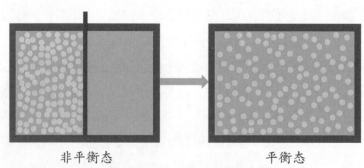

非平衡态   平衡态
图 2.2 非平衡态与平衡态

大家会想：不可能！真的不可能吗？看看下面的情形，先让格子里的分子数少一点，取 4 个分子（图2.3）。

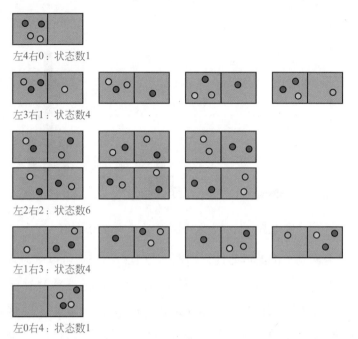

左4右0：状态数1

左3右1：状态数4

左2右2：状态数6

左1右3：状态数4

左0右4：状态数1

图2.3 粒子状态可能分布

从上可以看出，左2右2的状态数最大，为6。由此可以画出概率分布图（图2.4）。

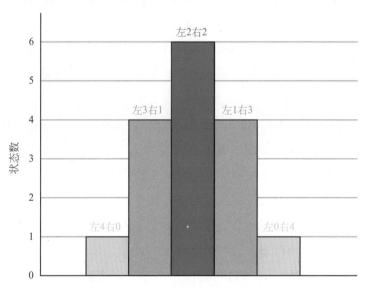

图2.4 四个粒子的状态数分布图

由此可以说：对应微观状态数目多的宏观状态其出现的概率最大。

如果总粒子数增多，会出现什么情况？将4、6、8个粒子的情况做个比较，就会得到状态数分布图（图2.5）。

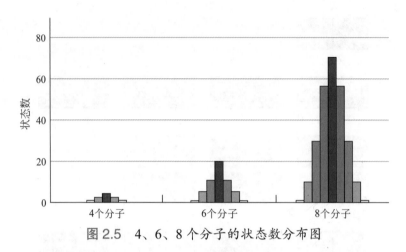

图 2.5 4、6、8 个分子的状态数分布图

4 个分子全部退回到左部的可能性，即概率为 $1/2^4=1/16$。可以认为 4 个分子的自由膨胀是"可逆的"。如果有 6 个分子，6 个分子都退回到左部的概率就只有 $1/2^6=1/64$，这个概率就比较小了。它们最有可能出现的是左边 3 个和右边 3 个的状态，这就是它们的平衡态。如果有 8 个分子，1 个分子在左边的概率就更小了，只有 $1/2^8=1/256$；它们一边各 4 个的概率是最大的。若有 N 个分子，则共有 2^N 种可能方式，而 N 个分子全部出现到左部的概率为 $1/2^N$。如果有 1 摩尔气体的分子，则它们全部出现到左边或右边的概率为

$$1/2^{6.023\times10^{23}}$$

这个概率太小了，实际上是观察不到的，人们就认为不可能。因此，自然过程是由概率小的宏观态（非平衡态）向概率大的宏观态（平衡态）进行的。这就是热力学第二定律的统计意义！

克劳修斯和玻耳兹曼（Ludwig Boltzmann，1844—1906）为了描述这种情况，专门引入一个物理概念——熵，用 S 表示。有了熵的概念后，热力学第二定律就可以表述为：孤立系统中无论进行什么过程，系统的熵不会减少，即熵增原理。

注意，熵增原理针对的是孤立系统。对于非孤立系统，熵有可能增加或减少。

熵增原理表明，孤立系统始终从有序状态向无序状态演变。因此，熵可以说是系统无序度的量度。熵越大，无序度越大，有序度越小。

一间房间，如果不打扫（即不对它做功），它只会越来越乱，永远不会自动变得更干净更整洁。这间房间的熵增加了，这就是熵增原理。

种庄稼的农田，如果没有人耕耘，就会变得杂草丛生，最后分不清庄稼和杂草。只有不断地耕耘，除去杂草，才能使庄稼长得更好（图 2.6）。也就是说：耕耘的目的就是做功，减少农田里的熵，让庄稼获得更多的能量，达到增产的目的。

图 2.6　精心耕耘的农田，熵值较小

比起杂乱无章的房间，干净整洁的房间的熵值变小了（图 2.7）。那么房间原来的熵到哪里去了呢？原来，房间并不是孤立系统，人们可以对它进行打扫和整理。它的熵值，通过保洁员清理（做功）到垃圾堆里了。如果把房间和垃圾堆看成一个更大的系统，则这个大系统的熵并没有减少，而是从一个地方转移到另一个地方，而且总熵值可能变得更大。这个转移还必须要有外界（保洁员）做工（功）。

图 2.7　井井有条的车间，熵值相对较小

尽管根据熵值可以度量一个孤立系统的混乱程度，但熵的含义却不是如此简单。

1865 年，克劳修斯首次引入"熵"（希腊语：εντροπία，即 entropia，原意为一个系统内在性质的改变）这个词，其德语为 Entropie，与能量 Energie 非常相近（英文里熵为 entropy，与能量 energy 也非常相近），似乎预示着和能量有某种联系。

1944 年，在量子力学中建立了波动方程的薛定谔（Erwin Schrödinger，1887—1961）出版了《生命是什么》（*What is Life*）一书。他将生命也视为热力学系统，提出了负熵（Negentropie）的概念，试图用热力学、量子力学和化学理论来解释生命的本质。

薛定谔突破了热力学定律只适用于孤立系统的限制，将其运用到开放系统。他说：生命以负熵为生！

人这个生命系统，一生下来就必须抵抗熵增（图 2.8）。怎样抵抗呢？引进负熵。人类的食物（植物和动物），其熵值都比环境的熵值低（组织程度更高）。生命只有不断食取负熵，才能维持自己的低熵。

图 2.8　生命的过程就是熵增的过程

但不幸的是，熵增是天道，人类能做的只是减缓自己的熵增，而不能完全抵抗熵增（在此过程中，地球的总熵也是增大的）。其实，熵是系统内能量不可用的程度。对一个人来说，当某天其熵值积累到最大值时，摄入生命系统内的能量完全不可再利用，生命也到了尽头。

一个健康的人，每个器官和组织以及整个人的熵值都处于较低状态。当生病时，比如肝病，则是肝部的熵值不同程度地增加了。只有吃药（针对局部引入负熵），才可能治愈，恢复该部位的低熵状态，达到健康（低熵）状态。

生命是开放系统，其关键就是远离平衡态（平衡态的熵最大）。对智人这个生命系统，要远离平衡态，除了和外界交换物质与能量，还必须有信息交换。上课、读书、与外界交流，都是信息交换。但今天我们收到的信息中充斥着大量的垃圾信息（熵值高），只有汲取有效信息，才能使我们的大脑不会杂乱无章。

3 刻舟求剑·笛卡儿坐标系和参考系

"刻舟求剑"是一则由寓言故事演化而成的成语，出自《吕氏春秋·察今》：

楚人有涉江者，其剑自舟中坠于水，遽契其舟曰："是吾剑之所从坠。"舟止，从其所契者入水求之。舟已行矣，而剑不行，求剑若此，不亦惑乎？

以今人的分类《吕氏春秋·察今》共有七段，上面是第六段的主要部分。说的是一个楚国人在旅途中，被一条大河阻拦，只能登船渡江。但船到江心时，可能是一个大浪打来，楚国人一个趔趄，之后人倒是站稳了，但随身携带的宝剑却坠入江底。这个楚国人倒也沉得住气，毫不慌张，从身上掏出一把小刀，在宝剑掉下去处的船舷上刻了个记号，然后自言自语地说："我的剑就是在此处坠江的。"等船到岸后，楚人从刻有记号的地方跳下江打捞宝剑。然而终归徒劳，船已从江心来到岸边，而剑已直坠江底，此处能捞得着宝剑才怪！

"刻舟求剑"与《吕氏春秋·察今》的第七段"引婴投江"，都是在讲一个道理，即事物都在运动变化，要因地制宜、因时制宜，不能守株待兔。篇名《察今》，就是要察古今之变。

《吕氏春秋》又称《吕览》，是在秦国丞相吕不韦（前292—前235）主持下，招纳三千门客编撰的一部杂家名著。此书以道家学说为主干，以名家、法家、儒家、墨家、农家、兵家、阴阳家思想学说为素材，熔诸子百家学说于一炉。此书集先秦诸子百家之大成，共分二十六卷，一百六十篇，二十余万字。另有一个成语"一字千金"就是讲《吕氏春秋》的。《吕氏春秋》完成后，吕不韦非常得意，就把它刻在巨简上，挂在秦都咸阳的城门上，并贴出告示说："各方人士如果有能在书上增加一个字或者减少一个字的，就赏赐千金。"并把千两铜钱（古代称铜为黄金）放在竹简旁边，表示他说话算话。可是围观的学者没有一个人出来。[①]

当然，这只是因为吕不韦权倾朝野，没人敢挺身而出罢了。

今天，人们用刻舟求剑这个成语嘲笑固执己见的人。即使是寓言，但我们不妨认真一点，来仔细考察一下刻舟求剑这个故事。吕不韦是生活在公元前3世纪的人，也就是说，这个故事大约发生在公元前300年。

[①] 《史记·吕不韦列传》：吕不韦乃使其客人人著所闻，集论以为八览、六论、十二纪，二十余万言，以为备天地万物古今之事，号曰《吕氏春秋》。布咸阳市门，悬千金其上，延诸侯游士宾客，有能增损一字者，予千金。

那个时代数学在全世界都还在幼年时期，古希腊数学家欧几里得（Euclid，前330—前275）刚创作了一部数学著作——《几何原本》。《几何原本》共13卷，提出了5个公设和5个公理，有119个定义，给出了465个命题及证明，用公理化方法建立了比较严密的几何体系。此书影响极大，后来牛顿（Isaac Newton，1643—1727）在1687年出版的划时代的《自然哲学的数学原理》，就是仿照《几何原本》的布局。

但即使楚人熟读了《几何原本》，也解决不了刻舟求剑的问题，因为他还不知道坐标系。

坐标系的概念是过了1000多年才有的，是法国哲学家、数学家勒内·笛卡儿（René Descartes，1596—1650）提出和建立的。

笛卡儿从小多病，但因家境富裕而受到良好的教育，也因此养成了终生沉思的习惯和孤僻的性格。

在哲学上，笛卡儿（图3.1）最著名的名言就是他那句流传至今的"我思故我在"（I think, therefore I am）。在数学上，他的成果集中在几何学领域。17世纪，代数还是一门新兴科学，几何学的思维沿着惯性在数学家的头脑中占有统治地位。在笛卡儿之前，几何与代数是数学中两个不同的领域。但笛卡儿认为古希腊人的几何学过于依赖图形，束缚了人的想象力。对于当时流行的代数学，他觉得它完全从属于法则和公式，不能成为一门改进智力的科学。因此他提出必须把几何与代数的优点结合起来，建立一种真正

I think, therefore I am

图3.1　笛卡儿："我思故我在"

的数学。笛卡儿把几何学的问题归结成代数形式的问题，用代数学的方法进行计算、证明，从而达到最终解决几何问题的目的。

1637年，笛卡儿发表了《几何学》，创立了平面直角坐标系。他用平面上的一点到两条固定直线的距离确定点的位置，用坐标描述空间上的点。进而他又创立了解析几何学，解析几何的出现，改变了自古希腊以来代数和几何分离的趋向，把相互对立着的"数"与"形"统一了起来，使几何曲线与代数方程相结合。

笛卡儿身体一直不好。传说有一次，笛卡儿生病卧床，病情很久不见好转。在卧榻上，他反复思考一个问题：几何图形是直观的，而代数方程是比较抽象的，能不能把几何图形和代数方程结合起来，也就是说能不能用几何图形来表示方程呢？他苦苦思索，拼命琢磨，通过什么样的方法，才能把几何的点与代数的数联系起来。突然，他看见屋顶角上的一只蜘蛛，拉着丝垂了下来。但蜘蛛又顺着这根丝爬上去，在上边左右拉丝，行动

自如。蜘蛛的行为使笛卡儿灵光乍现：可以把蜘蛛看作一个点。他在屋子里可以上、下、左、右运动，能不能把它的每一个位置用一组数确定下来呢？笛卡儿又想，屋子里相邻的两面墙与地面交出了三条线，如果把地面上的墙角作为起点，把交出来的三条线作为三根数轴，那么空间中任意一点 P 的位置就可以在这三根数轴上找到有顺序的三个数；反过来，任意给一组三个有顺序的数也可以在空间中找到一点 P 与之对应。同样道理，用一组数 (x, y) 可以表示平面上的一个点，平面上的一个点也可以用一组两个有顺序的数来表示，这就是坐标系的雏形。

与斯宾诺莎（Baruch de Spinoza, 1632—1677）、牛顿、莱布尼茨（Gottfried Wilhelm Leibniz, 1646—1716）一样，笛卡儿终身未婚。但后人却为他编织了一个凄美的爱情故事：17 世纪欧洲大陆暴发黑死病时笛卡儿流浪到瑞典，在那里他认识了瑞典一个小公国 18 岁的公主克里斯蒂娜（Drottning Kristina, 1626—1689），并成为她的数学老师。日日相处使他们彼此产生爱慕之心，公主的父亲国王知道后勃然大怒，下令将笛卡儿处死，后因克里斯蒂娜求情而将其流放回法国，公主也被父亲软禁起来。笛卡儿回法国后不久便染上黑死病，他日日给公主写信，因被国王拦截，克里斯蒂娜一直没收到笛卡儿的信。笛卡儿在给克里斯蒂娜寄出第十三封信后就气绝身亡了，这第十三封信内容只有短短的一个公式：$\rho=a(1+\cos\theta)$。国王看不懂，觉得他俩之间并不总是说情话的，大发慈悲就把这封信交给一直闷闷不乐的克里斯蒂娜。克里斯蒂娜公主看到后，立即明了恋人的意图，她马上着手把方程的图形画出来。看到图形，克里斯蒂娜开心极了，她知道恋人仍然爱着她，原来方程的图形是一颗心的形状（图 3.2）。公主在纸上建立了极坐标系，用笔在上面描下方程的点，看到了方程所表示的心脏，理解了笛卡儿对自己的深深爱意。这也就是著名的"心形线"。国王死后，克里斯蒂娜登基，立即派人在欧洲四处寻找心上人，无奈斯人已故，先她一步走了，徒留她孤零零在人间……①

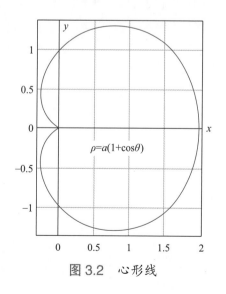

图 3.2 心形线

国内的"百＊山"矿泉水，根据这个传说，连发三集销售广告，一时让观众摸不着头脑。如果了解这个故事，就能猜懂广告的意思。

事实上，笛卡儿和克里斯蒂娜的确有过交情。但 1649 年，55 岁笛卡儿是应克里斯蒂娜邀请才来到瑞典的，而当时克里斯蒂娜已成为瑞典女王。笛卡儿与

① 《数学的故事》（理查德·曼凯维奇，海南出版社，2014 年）。

克里斯蒂娜谈论的主要是哲学问题而不是数学。有资料记载，由于克里斯蒂娜女王的时间安排很紧，笛卡儿只能在早晨五点与她探讨哲学。笛卡儿真正的死因是天气寒冷加上过度操劳而患上的肺炎，客死他乡，而不是在法国死于黑死病。

在物理学方面，笛卡儿靠着天才的直觉和严密的数学推理，在物理学领域做出了有益的贡献和探索。1619 年，笛卡儿读了开普勒（Johannes Kepler，1571—1630）的光学著作后，就一直关注着透镜理论，并从理论和实践两方面参与了对光的本质、反射与折射率以及磨制透镜的研究。笛卡儿运用他的坐标几何学从事光学研究，并在《屈光学》中首次对光的折射定律提出了理论论证，与荷兰的斯涅耳（Willebrord van Royen Snell，1580—1626）共享了发现光的折射定律的荣誉。他还用光的折射定律解释彩虹现象，并且通过元素微粒的旋转速度分析颜色。他比较完整地第一次表述了惯性定律：只要物体开始运动，就将继续以同一速度并沿着同一直线方向运动，直到遇到某种外来原因造成的阻碍或偏离为止。这里他强调了伽利略（Galileo Galilei，1564—1642）没有明确表述的惯性运动的直线性。他还第一次明确地提出了动量守恒定律：物质和运动的总量永远保持不变，这为能量守恒定律奠定了基础。

回到成语"刻舟求剑"，我们现代人不能苛求那个 2000 多年前的楚人。他根本就不懂几何学，更没有坐标系（参考系）的概念，因此错建了参考系。他应该将参考系建在静止的岸边，而不是运动的船上。

刻舟求剑的故事发生在 2300 年前的楚人身上是可以原谅的，但遗憾的是，直到当下，在我们现代人身上也不断发生相似的错误。

4 朝三暮四·现实的不确定性

　　战国时期的宋国有位老人，他十分喜欢猕猴，家里养了好多猕猴，整天围着他转悠，和他一起玩，跟他的孩子一样。所以，左邻右舍都称他"狙公"（狙：猕猴的古称）。

　　狙公与猕猴相处久了，人猴之间的信息沟通就成了一种心领神会的交流。不仅狙公可以从猕猴的一举一动和喜怒哀乐中看出它们的欲望，而且猕猴也能从狙公的表情、话音和行为举止中领会他的意图。

　　因为狙公养的猕猴太多，每天要消耗大量的瓜、菜和粮食，所以他必须节制家人的消费，把俭省下来的食物拿去给猕猴吃。然而一个普通的家庭很难有足够的财力物力来长期满足一群猕猴对食物的需要。有一天，狙公发觉家里的存粮难以维持到新粮入库的时候，意识到限制猕猴食量的必要性。

　　猕猴这种动物不像猪、羊、鸡、犬，吃不饱时仅仅只是哼哼叫叫，或者外出自由觅食。对于猕猴，如果不提供良好的待遇，想让它们安分守己是办不到的。它们会像一群顽皮的孩子，经常给人闹一些恶作剧。既然没有条件让猕猴吃饱，又不能让它们肆意捣乱，狙公只好想办法安抚它们。

图 4.1　甲申（2004）和丙申（2016）猴年邮票

　　狙公家所在的村子旁边，有一棵高大的栎树。每年夏天，栎树枝杈上长出密密麻麻的长圆形树叶，把树冠装点得像一顶华盖。树下成了人们休息、纳凉的好地方。到秋天，栎树上结满了一种猕猴爱吃的球形坚果橡子。在口粮不足时，用橡子去给猕猴解馋充饥是个好办法。于是狙公对猕猴说："今后你们每天饭后，另外再吃一些橡子。你们每天早上吃三粒，晚上吃四粒，够不够？"猕猴只弄懂了狙公前面说的一个"三"。一个个立起身子，对着狙公叫喊发怒。它们嫌狙公给的橡子太少。狙公见猕猴不肯驯服，就换了一种方式说道："既然你们嫌我给的橡子太少，那就改成每天早上给四粒，晚上给三粒，这样总够了吧？"猕猴把狙公前面说的一个"四"当成全天多得了橡子，所以马上安静下来，眨着眼睛挠着腮帮，露出高兴的神态。此时老猴子一声召唤，群猴一齐伏下身子，不住地给狙公磕起头来——它们是在向狙公谢恩。狙公看着这情景，也捋着长胡子高兴地笑了。[①]

因此，"朝三暮四"原指养猴人以果子饲养猴子，施以诈术骗猴的故事，后用以比喻变化多端，捉摸不定，反复无常。其自身结构为联合式，在句子中可作谓语、定语、状语，多用于书面语，含贬义。"朝三暮四"最早出自《庄子·齐物论》，但在《齐物论》中，庄子（前369—前286）写道："狙公赋芋，曰：'朝三而暮四。'众狙皆怒。曰：'然则朝四而暮三。'众狙皆悦。"据此，后人演绎出多种说法或故事，以上就是其中一种。

与朝三暮四近义的成语有朝秦暮楚、反复无常、朝令夕改等。反义的成语有墨守成规、一成不变、始终不渝等。

朝三暮四这个成语，现在多用来形容反复多变，特别是感情上不专注。也有人嘲笑猕猴，认为猕猴好骗，还不是每天7个果子，怎么就高兴起来了呢？可真的是这样的吗？我们来仔细分析一下。

我们总是习惯站在狙公的立场（把参考系建在狙公身上），这就有了欺骗的成分。猕猴是弱势一方，提出先要4个果子完全是合情合理的。首先，如果哪天狙公不高兴，晚上不给那4个已承诺的果子，岂不是那天就只得到3个果子？早上要4个，保证了每天都能取多；而早上只得到3个，说不定最后只能取少。前者保障了得到较多果子的最大确定性。其次，如果天公不作美，粮食歉收，狙公可能会将果子卖了，换自己的粮食。先多取果子，保证自己的现实利益，才是最佳选择。

在现实生活中，我们是不是也常常遇到这种事？你去商店买东西，但付账时发现带的钱不够，想先欠着。店主人也认识你，会同意，但他总会让你有多少钱先付，剩下的下次再给。这样，店主也是在试图将可能的损失降到最低。现实中充满不确定性，即使以后你再不去该商店了，或者你出远门了，商家的损失也是最小的。

还有社会上总有人中大彩，中彩人明知道分月或分年提取会少交很多税，但几乎所有中彩人都会选择一次性将奖金全部取走。因为未来充满很多不确定性，万一出了意外呢？所以明知会少拿，但确保一次尽可能多地拿到。这是先建立确定性，在他看来是一种最佳选择。

[①] 崔钟雷主编.《成语典故大全》.哈尔滨：哈尔滨出版社，2018. 郑永安编著.《中华成语典故》. 昆明：云南人民出版社，2011。

　　再说今天被 50 后、60 后诟病的 90 后、00 后，前者总是以勤奋、节俭自居，而认为 90 后、00 后自幼生活在优越的环境里，丢失了先辈艰苦奋斗的优良品质，不存钱、当月光族，甚至超前消费。但 50 后、60 后恐怕未能意识到，世事已变，所存的钱根本抵不了物价的上涨。与其把钱存起来，不如趁未贬值前先花掉，以免后悔。90 后和 00 后情愿贷款消费，预支未来。如果大多数都这样选择，说明也是社会的一种最佳选择。前人不必说教后人，需知后浪总是推前浪。

　　自牛顿建立经典力学以来，确定性一直为我们生活的首选。我们知道昼夜交替，因为地球总是在自转；我们知道春夏秋冬，因为地球总是在公转。各大行星根据牛顿万有引力定律都有它自己运行的轨道，不会撞到一起，这是确定的，不用杞人忧天。海王星哪怕未被人类看到，它也在天上，根据牛顿万有引力定律还可以把它算出来。

　　海王星是太阳系八大行星之一，也是已知太阳系中离太阳最远的大行星。海王星的轨道半长轴为 30.07 天文单位（地球到太阳的平均距离），绕太阳公转一周需要 164.8 年，质量是地球质量的 17 倍，半径是地球半径的 3.86 倍，体积在太阳系中居第 4 位。人类最早凭肉眼观察到的行星是金、木、水、火、土 5 颗。

　　1781 年 3 月 13 日，音乐家和天文爱好者赫歇尔（Wilhelm Herschel，1738—1822）用自制精良的孔径为 15 厘米的反射望远镜在自家庭院发现了天王星。天王星被发现后，人们发现天王星的轨道与牛顿力学所计算出来的轨道总是存在一定的偏差（也是一种不确定性），天王星在轨道运行时像醉汉走路一样左右摆动，天文学家把这种摆动叫作摄动。因此，天文学家推测在天王星外面还存在一颗未被发现的大行星。法国工艺学院的天文学教师勒维耶（Urbain Le Verrier，1811—1877）根据摄动理论计算出这颗行星的轨道、位置、大小。1846 年 8 月 31 日，他的传世论文《论使天王星失常的行星，它的质量、轨道和当前位置的确定》发表在《法兰西数学学报》上，由于当时巴黎天文台没有详细完备的星图，他只好请拥有大量星图的柏林天文台的伽勒（Johann Galle，1812—1910）寻找这颗未知的行星。1846 年 9 月 23 日，伽勒根据勒维耶的预言，只花了一个小时，就在离勒维耶预言的位置不到 1° 的地方，发现了一颗新的行星，后来这颗新的行星被命名为海王星。恩格斯（Friedrich Engels，1820—1895）盛赞"勒维耶计算尚未知道的行星海王星的轨道的勋业……"认为海王星的发现可与元素周期律的发现相媲美。

　　海王星的发现，是牛顿力学的巨大成功，也使牛顿力学取得完全的胜利。在牛顿看来，空间是绝对存在而永恒不变的，时间是永远均匀流逝的。在牛顿力学主宰的世界，一切似乎都是可以被精确算出而百分百确定的。

　　但到了 20 世纪，量子力学横空出世，一切都变了。在微观世界，粒子不再永久是粒子，波也不再永久是波。有个叫德布罗意（Louis de Broglie，1892—1987）的人告诉我们，粒子有的时候是粒子，有的时候是波；还有个叫薛定谔的人建立了波动方程；另外一个叫海森伯（Werner Karl Heisenberg，1901—1976）的人提出了不确定性原理，又叫作不确定性原理。不要以为这些都是微观世界的事，影响不到我们的宏观世界。但根据这些微观理论，科学更进了一步，人类发明了晶体管、集成电路、芯片、计算机、智能手机，发展出人工智能、虚拟世界、平行时空、元宇宙等（图 4.2 ~ 图 4.4）。

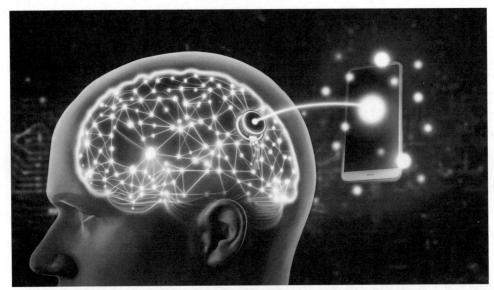

图 4.2　脑机接口

图 4.3　人工智能

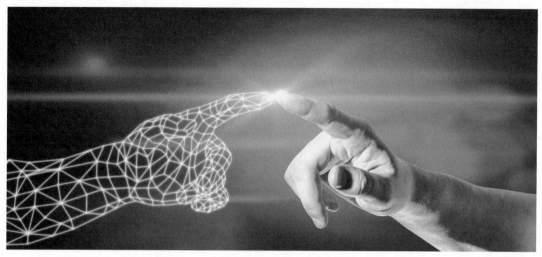

图 4.4　平行时空

这个时候，世界真的变了。空间可能会变弯曲，时间流逝的速度不再永恒不变，可能会变快或变慢。世界联系得更紧密，北京的蝴蝶轻轻地扇动一下翅膀，纽约就会刮起一场龙卷风。技术更发达了，人口更多了，但战争更残酷了（从冷兵器、热兵器到核武器），瘟疫频次更高了，疾病更多了，经济更起伏多变了，交通更拥挤了，环境污染更严重了，人的生活也变得更不确定了。

在不确定性越变越大时，人们首先要做的事是保证自己的确定性。在种种不确定性急剧增加的面前，我们还敢嘲笑那些朝三暮四的猕猴吗？

5 五颜六色 · 光的波粒二象性

成语"五颜六色",出自清·李汝珍(1763—1830)《镜花缘》第十四回:"惟各人所登之云,五颜六色,其形不一。"形容色彩复杂或花样繁多。五颜是指金银铜铁锡五种金属的颜色;六色是指三原色和三间色,即红黄蓝和橙绿紫。同义词有五彩缤纷、五光十色等。

在汉字中,表示颜色的字有近百个。例如甲骨文中就有四个:幽、白、赤、黄(图5.1),其中幽表示黑色,又指色度,幽代表色度时通黝。

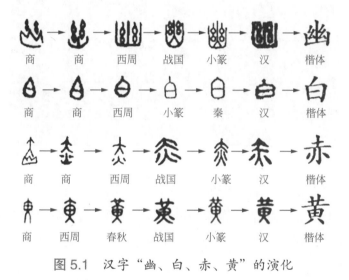

图 5.1 汉字"幽、白、赤、黄"的演化

如果以偏旁部首分,丝部的字,含颜色是最多的,这可能与中国最早的丝绸纺织与印染技术有关。人们需要将丝绸染成各种颜色,以满足不同的需要。丝部表示颜色的字有红、绿、紫、缫([suǒ],丝织品色彩鲜洁)、绀(红青,微带红的黑)、绛(火红)、绯(红)、绾(浅绛)、缃(淡黄)、缙(红)、缟(白)、纁(深红)、缁(黑)、缥(青白)、缇(橘红)。

由于古代的染料大多是从草本中提取,因此草部的字也有很多表示颜色:芊(碧绿)、苍(深蓝)、茶、堇(紫色的一种,紫罗兰花的颜色)、蔚(蓝色系的颜色,近似于天空的颜色)、葱、蓝、藕。

黑部:黑、墨、黛、黝、黅(黑中带黄)、黯、黱。金部:金、钛、铂、铁、铜、银、锴(青黑色)。木部:柳、栗、棕、棠、橙、檀。雨部:雪、霞、霓。水部:淄、湖。酉部:酡(饮酒后脸色变红)、酱。丹部:丹、彤。青部:青、靛。牙部:牙、鸦。其他:奶、玄(赤黑色)、冥（黑色）、石、朱、灰、竹、米、血、皂、豆、乳、昏、炎、驼、虹、殷（黑红）、素、彩、珋（玉采色）、猩、碧、翠、褐、赫（炽盛的赤色，《诗·邶风·简兮》："赫如渥赭，公言赐爵。"）、黎（黑）、月、粉、綦（青黑）、赭（紫红）、骍（马牛的赤色，亦泛指赤色）。

为什么物体呈现出五颜六色（图 5.2）？其实，物体本身是没有颜色的，一切都是因为光。

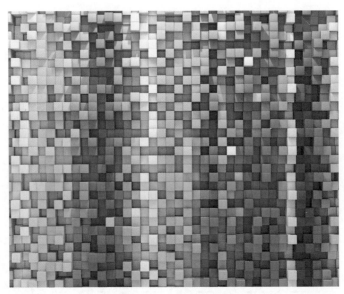

图 5.2 五颜六色

亚里士多德（Aristotle，前 384—前 322）认为，颜色不是物体客观的性质，而是人们主观的感觉，一切颜色的形成都是光明与黑暗、白与黑按比例混合的结果。1663 年，波义耳（Robert Boyle，1627—1691）也曾研究了物体的颜色问题，他认为物体的颜色并不是属于物体的带实质性的性质，而是光线在被照射的物体表面上发生变异所引起的。能完全反射光线的物体呈白色，完全吸收光线的物体呈黑色。古代无论是东方人还是西方人，都认为白色是最纯净的颜色。直到牛顿，让白光通过三棱镜后，白光被分出赤、橙、黄、绿、青、蓝、紫七种光（光谱）。

在牛顿之前，荷兰的数学家、物理学家斯涅耳在 16 世纪末对光在各种介质中传播时提出了著名的折射定律（图 5.3）。在平面内，当光在各种介质（折射率不同）中传播时入射光和折射光遵守如下规律：

$$n_1\sin\theta_1 = n_2\sin\theta_2$$

式中，n_1 是第 1 种介质的折射率，n_2 是第 2 种介

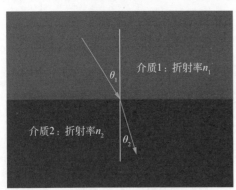

介质1：折射率n_1

θ_1

介质2：折射率n_2

θ_2

图 5.3 折射定律

质的折射率，θ_1 是入射角，θ_2 是出射角。

牛顿通过反复实验，并应用折射定律，最后提出光谱的解释：白光是由各种不同颜色的光组成的（图 5.4）。玻璃对各种色光的折射率不同，当白光通过棱镜时，各色光以不同角度折射，结果就被分成颜色光谱。白光通过棱镜时，向棱镜的底边偏折，其中紫光偏折最大，红光偏折最小。棱镜使白光分成各种色光的现象叫作色散（图 5.5）。严格地说，光谱中有很多各种颜色的细线，它们都极平滑地融在相邻的细线里，以至于人觉察不到它的界限。

图 5.4　牛顿：历史上第一次将白色光分出七种颜色的光

图 5.5　折射率随入射光波长（频率）的改变而改变的性质，称为色散

光的色散说明了光具有波动性。因为色散是由光的成分（不同色光）折射率不同引起的，而折射率由光波的波长（频率）决定。

在对光学的研究过程中，光的本性问题和光的颜色问题一直是焦点。关于光的本性问题，笛卡儿在他《方法论》的三个附录之一《折光学》中提出了两种假说：一种假说认为，光是类似于微粒的一种物质；另一种假说认为，光是一种以"以太"为媒质的压力。虽然笛卡儿更强调媒介对光的影响和作用，但他的这两种假说已经为后来的微粒说和波动说的争论埋下了伏笔。

17 世纪中期，光学有了进一步的发展。1655 年，意大利博洛尼亚大学的物理学家格里马尔第（Francesco Maria Grimaldi，1618—1663）在观测放在光束中的小棍子的影子时，首先发现了光的衍射现象。据此他推想光可能是像水波一样的一种流体。格里马尔第首次提出了光的衍射这一概念，是光的波动学说最早的倡导者。

不久后，英国物理学家胡克（Robert Hooke，1635—1703）重复了格里马尔第的实验，并通过对肥皂泡膜颜色的观察提出了"光是以太的一种纵向波"的假说（光波实际上是横波）。根据这一假说，胡克也认为光的颜色是由其频率决定的。

惠更斯（Christiaan Huygens，1629—1695）建立了向心力定律，提出了动量守恒原理，并改进了计时器。他提出了光的波动理论，解释了光波如何形成波前，沿直线传播。该理论也能很好地解释折射现象，但是，却在另一些方面遇到了困难。惠更斯也错误地认为，光波是纵波。但牛顿认为光是由微小粒子组成，这样他能够很自然地解释反射现象，并且，他也能稍显麻烦地解释透镜的折射现象，以及通过三棱镜将白光分解为七色光。

至此，光到底是粒子还是波，在物理学界的争论一直喋喋不休。

那么什么是波呢？说到波，首先要明确振动的概念。当一个物体在一个固定位置来回往复（周期性）运动时，这种运动就叫作机械振动。它可以用下面的公式表示：

$$y=A\cos\omega t$$

式中，y 就是任意时刻振动的幅度（离开平衡位置的距离），A 是振动幅度（离开平衡位置的最大距离），ω 是振动的圆频率，t 是时间。振动与时间的关系如图 5.6 所示。

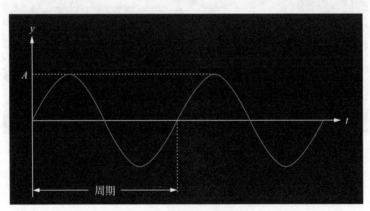

图 5.6 振动示意图

振动的例子很多，如像弹簧振子、钟摆等。

波是什么呢？波就是振动在空间中连续的弹性媒质里沿一定方向的传播。波分为两类：

如果振动方向和传播方向垂直，就是横波，如光波；如果振动方向与传播方向一致，就是纵波，如声波（图 5.7）。

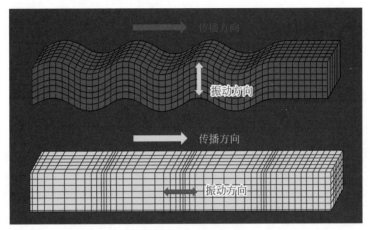

图 5.7　横波与纵波

对于平面简谐波，它的数学公式可以写为

$$y = A\cos\left[\omega\left(t - \frac{x}{u}\right)\right]$$

式中，u 是波的传播速度。如果让 x 固定不动，就是振动的方程；如果让 t 固定不动，就是某一时刻的波形图，如图 5.8 所示。

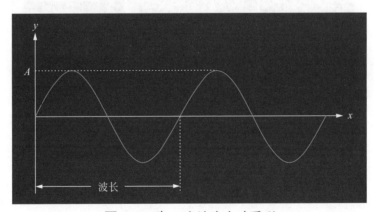

图 5.8　某一时刻的波动图形

在波动图形中，横坐标已不是时间 t，而是 x。

光的波动性究竟有哪些与粒子性不同的性质？光的波动性有三个性质是粒子性不具备的。

首先，波动性呈现出干涉，这是粒子性没有的性质。

除了用数学公式描述波动，惠更斯还用波阵面（简称波面）来形象地描述波动。波源发出的振动向四周扩散，惠更斯把那些在空间中振动情况相同的点（物理学上称为相位）连起来，构成一个面，叫作波阵面。最前面的那个波阵面叫作波前，波的传播方向用带箭头的波线表示（图5.9）。

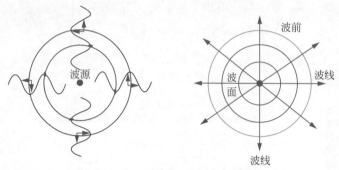

图 5.9　波源、波面、波前和波线

19世纪初，托马斯·杨（Thomas Young，1773—1829）通过双缝干涉实验，为惠更斯光的波动理论提供了实验依据，并且通过双缝干涉实验还可以计算出光的波长。这个实验就是著名的杨氏双缝干涉实验（图5.10）。

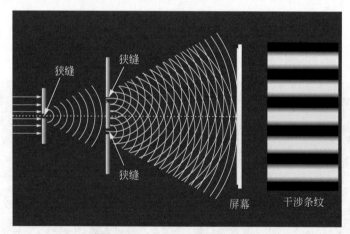

图 5.10　杨氏双缝干涉实验

杨用一束光（平面波）照射到一条狭缝上，经过这个狭缝后，形成球面波。这个球面波的同一个波面同时到达后面的两个狭缝后，再形成两个一样的球面波。当这两个球面波到达屏幕后，在屏上出现一组条纹，称为干涉条纹。亮条纹上光的强度是一个狭缝光的强度的4倍，而暗条纹上没有光强。

双缝干涉实验完全不能用光的微粒说解释，这为光的波动说提供了有力证据。

其次，光的波动性还体现在光可以衍射，这里就不再赘述。

为什么我们在日常生活中没有看到干涉和衍射现象？这是因为干涉和衍射只有在光经

过很微小的狭缝和小孔时才表现出来。究竟有多小呢？只有当它们的宽度与光波的波长可以相比时，这些波动性才出现。而自然光的波长在 360~700nm（1nm=10⁻⁹m），因此，只有通过专门的装置，才能观察到光的干涉和衍射现象。

再者，光还具有偏振性。一束普通的自然光的光矢量沿各个方向振动。根据矢量的投影法则，可以投影到相互垂直的两个方向（图 5.11）。

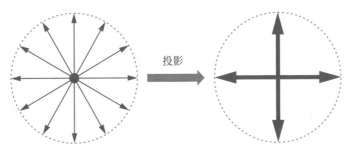

图 5.11 自然光（左）投影到相互垂直的两个方向（右）

这时候，可以用起偏片（镜）只让一个垂直或水平方向的光通过，通过起偏镜后的光就是偏振光。并且，光经过反射后，也会形成偏振光或部分偏振光。偏振光比自然光柔和，肉眼看起来要舒服得多。比如月光，就是从太阳反射后产生的部分偏振光，特别是在中秋时，由于太阳、地球和月球形成的特殊角度，致使月光中的偏振光最多，看起来最柔和，再加上此时丹桂飘香、秋高气爽，人们也因此形成在此时观花赏月的习俗。

日常生活中，我们经常使用偏振片。照相机加上偏振片，拍出来的照片更清楚，效果更好（图 5.12）。人们佩戴的墨镜，一般上面有"polar"标识字样的是偏振镜片。偏振片戴上后，会过滤掉漫射的光线，让眼睛看到的东西更加清晰。

图 5.12 索尼公司官网上展示的无偏振片（左）和加上蔡司偏振片后（右）拍出的照片

发现了光的干涉、衍射和偏振后，波动说一度占据上风。

在光学发展的同时，物理学家对电磁现象的认识也取得了很大的进展。1785 年，法国物理学家库仑（Charles-Augustin de Coulomb，1736—1806）在扭秤实验结果的基础上，建立了说明两个点电荷之间相互作用力的库仑定律。1820 年，奥斯特（Hans Christian Orsted，1777—1851）发现电流能使磁针偏转，从而把电与磁联系起来。其后，安培（Andre-Marie Ampère，1775—1836）研究了电流之间的相互作用力，提出了安培环路定律。法拉第（Michael Faraday，1791—1867）在电学的很多方面都有杰出贡献，尤其是 1831 年发表的电磁感应定律，是电磁学史上的一大高峰。

1855—1865 年，麦克斯韦（James Clerk Maxwell，1831—1879）在全面地审视了库仑定律、毕奥 – 萨伐尔定律和法拉第电磁感应定律的基础上，把数学分析方法带进了电磁学的研究领域，由此诞生了麦克斯韦电磁理论。

麦克斯韦继承了法拉第的观点，参照流体力学的模型，应用严谨的数学形式总结了前人的工作，提出了位移电流的假说，推广了电流的含义，将电磁场基本定律归结为四个微分方程，这就是著名的麦克斯韦方程组。

$$\nabla \cdot \boldsymbol{E} = \frac{\rho}{\varepsilon_0}$$
$$\nabla \cdot \boldsymbol{B} = 0$$
$$\nabla \times \boldsymbol{E} = -\frac{\partial \boldsymbol{B}}{\partial t}$$
$$\nabla \times \boldsymbol{B} = \mu_0 \boldsymbol{J} + \mu_0 \varepsilon_0 \frac{\partial \boldsymbol{E}}{\partial t}$$

麦克斯韦方程组揭示了电场与磁场相互转化中产生的对称性优美，这种优美通过以现代数学形式得到了充分的表达。从这个方程组出发，麦克斯韦预言了电磁波的存在，并且认为，光波就是电磁波的一部分。

这是一个伟大的预言，一个伟大的发现。1887 年，赫兹（Heinrich Hertz，1857—1894）用实验方法产生和检测到了电磁波（图 5.13，图 5.14），证实了麦克斯韦的预言。从此，人类进入了一个新时代。

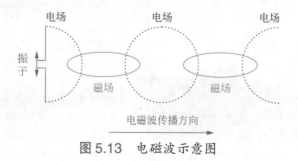

图 5.13　电磁波示意图

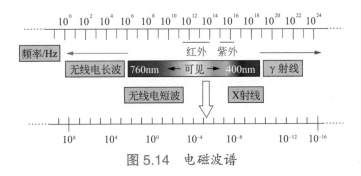

图 5.14　电磁波谱

　　麦克斯韦的电磁理论建立后，光的波动说完全占据上风。但赫兹在 1887 年，也就是他证实麦克斯韦电磁波的那一年，发现了光电效应，光的粒子性再一次被提出。直到 1905 年，爱因斯坦（Albert Einstein，1879—1955）提出光量子完美地解释了光电效应。至此，物理学家认识到，光具有波粒二象性，光的神秘面纱终于被揭开。

　　1924 年，德布罗意在光的波粒二象性的启发下，从自然界的对称性出发，提出了与光的波粒二象性完全对称的设想，即实物粒子（如电子、质子等）也具有波粒二象性的假设，即物质波。

　　1927 年，海森伯提出"测不准原理"。1926 年，薛定谔在爱因斯坦关于单原子理想气体的量子理论和德布罗意物质波假说的启发下，从经典力学和几何光学间的类比，提出了对应于波动光学的波动力学方程，即薛定谔方程。从此，人类进入量子时代。

6 心中有数 · 万物皆数

"心中有数"这则成语，出自《庄子·天道》："不徐不疾，得之于手而应于心，口不能言，有数存焉于其间。"它的本意是，对情况和问题有基本的了解，处理事情有一定把握。

这里，把它的意思引申一下，像王阳明说的：只要心中有光，光便无处不在。只要心中有数，万物皆数！

中国古人很早就对数进行了归类：1、3、5、7、9为阳数，2、4、6、8为阴数。但对数达到痴迷的当属古希腊的毕达哥拉斯（Pythagoras，约前580—约前500）。他出生在爱琴海中的萨摩斯岛（今希腊东部小岛）的贵族家庭。年轻的毕达哥拉斯曾向泰勒斯（Thales，约前624—前547）求教，泰勒斯建议他像自己一样去埃及留学。毕达哥拉斯听从了泰勒斯的建议，在埃及住了相当长的时间。

毕达哥拉斯后来广招弟子，成立了毕达哥拉斯学派。他们很重视数学，尝试用数来解释一切。毕达哥拉斯学派宣称："数是宇宙万物的本原，研究数学的目的并不在于使用而是为了探索自然的奥秘。"毕达哥拉斯学派认为"1"是数的第一原则，万物之母，也是智慧；"2"是对立和否定的原则，是意见；"3"是万物的形体和形式；"4"是正义，是宇宙创造者的象征；"5"是奇数和偶数，雄性与雌性的结合，也是婚姻；"6"是神的生命，是灵魂；"7"是机会；"8"是和谐，也是爱情和友谊；"9"是理性和强大；"10"包容了一切数目，是完满和美好。

有一天毕达哥拉斯走在街上，在经过铁匠铺时听到铁匠打铁的声音非常好听，于是驻足倾听。他发现铁匠打铁的节奏很有规律：音乐和谐美由数之间的比值决定。这个声音的比例被毕达哥拉斯用数学的方式表达出来，这就是黄金分割。

黄金分割的数学定义是，把一条线段分为两部分，使其较大部分与全长的比值等于较小部分与较大部分的比值，这个比值即黄金比，即 $\dfrac{2}{\sqrt{5}+1}=\dfrac{\sqrt{5}-1}{2}$，非常接近于0.618。黄金分割具有非常高的审美价值，古希腊维纳斯雕像的上下半身比例就是黄金比，画像《蒙娜丽莎》也体现了黄金分割（图6.1）。现代女性腰身以下的长度与身高的比值平均为0.58，因此女性喜欢穿高跟鞋，增加腿的视觉长度，以使其接近0.618的黄金比。

严格地讲，毕达哥拉斯和毕达哥拉斯学派还不是数学家和数学学派。他们是一个研究哲学和自然的团体，后来发展成为一个有秘密仪式和严格戒律的宗教性学派组织，甚至在那个女性不具备公民权的时代允许女性加入。他们认为"数是地球乃至宇宙的核心，甚至是灵魂，世界是按照数排列组合就绪的，美表现于数量比例上的对称和和谐"，进而提出"万物皆数"。其实，没有人知道"万物皆数"的真正含义，是指万物都可以用数来描述，还是有更深远的意义。不过他们发现了数字的很多谜趣，例如，一年有 365 天，而 365 可以是两个连续数的立方和（$365=13^3+14^3$）；平年 2 月的天数是 28，而 28 是它自己所有约数（被它除后无约数）之和，$28=1+2+4+7+14$，另外，还是最小的两个奇数的立方和，$28=1^3+3^3$；还有 100，它可以写成 1、2、3、4 的立方和：$100=1^3+2^3+3^3+4^3$。

图 6.1 黄金分割

亲和数

毕达哥拉斯学派还注意到整数 48 可以被 2、3、4、6、8、12、16、24 整除，这 8 个数都是 48 的因子，这些因子的和是 75；奇妙的是，75 的因子有 3、5、15、25，而它们的和又恰好是 48。48 与 75 这一对数称为"半亲和数"。140 与 195 也是一对半亲和数。考虑到 1 是每个整数的因子，把除去整数本身之外的所有因子称为这个数的"真因子"。如果两个整数，其中每一个数的真因子的和都恰好等于另一个数，那么这两个数就构成一对"亲和数"。

220 与 284 是毕达哥拉斯最早发现的一对亲和数，同时也是最小的一对亲和数。因为 220 的真因子是 1、2、4、5、10、11、20、22、44、55、110，而它们的和是 284。284 的真因子是 1、2、4、71、142，其和恰好是 220。

亲和数一直让后来的数学家放不下，他们一直在尝试发现更多亲和数。1636 年，费马（Pierre de Fermat，1601—1665）发现了第二对亲和数，它们是 17962 与 18416。两年后笛卡儿找出了第三对亲和数。瑞士的大数学家欧拉（Leonhard Euler，1707—1783）曾系统地去寻找亲和数，1747 年他一下子找出了 30 对，3 年后他又把亲和数增加到了 60 对。令人惊奇的是，220 与 284，1184 与 1210 这两对最小的亲和数竟然被这些数学大师们漏掉了，直到 1886 年被一个 16 岁的意大利男孩帕加尼尼发现。目前，已被发现的亲和数已有 1000 对以上。

毕达哥拉斯学派还认为太阳、月球以及金、木、水、火、土五大行星和地球都是球形的，悬浮在太空中，这是最完美的立体，星辰运行的轨道是圆，而圆是最完美的平面图形。它们与地球的距离之比，分别等于三种协和的音程，即八度音、五度音、四度音。

可以说，毕达哥拉斯学派对数的研究，推开了数学厚重的大门。

数学是打开科学大门的钥匙；数学是一种别具匠心的艺术；数学是人类思考中的最高成就。历史上任何一门理论都会有被证伪的时候，亚里士多德的物理学、牛顿的经典力学、玻耳兹曼的统计物理，甚至爱因斯坦的相对论概莫能外。但唯有一门除外，它就是数学。它是人类纯理性的思维产物，它具有极强的逻辑性，是大自然唱给人类的赞美诗。它虽经历三次危机，但终能屹立不倒。牛顿发明了微积分才能得出万有引力定律，麦克斯韦因为数学才能建立电磁波理论，爱因斯坦由于有了非欧几何才能建立引力理论。

完全数

完全数又称为完美数或完备数，是一些特殊的自然数。它所有的真因子（即除了自身以外的约数）的和（即因子函数），恰好等于它本身。

第一个完全数是 6，它有约数 1、2、3、6，除去其本身 6 外，其余 3 个数相加，1+2+3=6。

第二个完全数是 28，它有约数 1、2、4、7、14、28，除去其本身 28 外，其余 5 个数相加，1+2+4+7+14=28。

第三个完全数是 496，有约数 1、2、4、8、16、31、62、124、248、496，除去其本身 496 外，其余 9 个数相加，1+2+4+8+16+31+62+124+248=496。

后面的完全数还有 8128、33550336 等。截至目前，已经找到 51 个完全数。

（1）所有的完全数都是三角形数。例如，6=1+2+3，28=1+2+3+…+6+7，496=1+2+3+…+30+31，8128=1+2+3+…+126+127+…。

（2）所有的完全数的倒数都是调和数。例如，1/1+1/2+1/3+1/6=2，1/1+1/2+1/4+1/7+1/14+1/28=2，1/1+1/2+1/4+1/8+1/16+1/31+1/62+1/124+1/248+1/496=2…。

（3）可以表示成连续奇立方数之和。除 6 以外的完全数，都可以表示成连续奇立方数之和，并规律式增加。例如，$28=1^3+3^3$，$496=1^3+3^3+5^3+7^3$，$8128=1^3+3^3+5^3+\cdots+15^3$，$33550336=1^3+3^3+5^3+\cdots+125^3+127^3\cdots$。

（4）都可以表述为 2 的一些连续正整数次幂之和。不但如此，而且它们的数量为连续质数。例如，$6=2^1+2^2$，$28=2^2+2^3+2^4$，$496=2^4+2^5+2^6+2^7+2^8$，$8128=2^6+2^7+2^8+2^9+2^{10}+2^{11}+2^{12}$，$33550336=2^{12}+2^{13}+\cdots+2^{24}$，$\cdots$。

（5）完全数都是以 6 或 8 结尾（都是偶数）。如果以 8 结尾，那么就肯定是以 28 结尾。

毕达哥拉斯是最早研究完全数的人，他已经知道 6 和 28 是完全数。毕达哥拉斯曾说："6 象征着完满的婚姻以及健康和美丽，因为它的部分是完整的，并且其和等于自身。"6 不仅是第一个完全数，甚至 6 还可以写成 $6=3\times2\times1$。

在中国文化里，有六谷（稻、黍、稷、粱、麦、苽 [gū]）、六畜（猪、牛、羊、马、鸡、狗）、六常（仁、义、礼、智、信、孝）、天上四方有二十八宿，等等。6 和 28，在中国历史长河中，之所以熠熠生辉，是因为它暗合完全数。

黑洞数字

黑洞原是天文学中的概念，表示这样一种天体：它的引力场是如此之强，就连光也不能逃脱出来。在数学上，有些数字被称为"黑洞数字"。它也可以是某种运算，这种运算一般限定从某个整数出发，反复迭代后结果必然落入一个点或若干点的情况叫作数字黑洞。

1. 西绪福斯黑洞（123 数字黑洞）

数学中的 123 就跟英语中的 ABC 一样平凡和简单。然而，按以下运算顺序，就可以观察到这个最简单的数字黑洞。

设定一个任意数字串，数出这个数中的偶数个数、奇数个数，以及这个数中所包含的所有位数的总数。例如，1234567890，其中，

（1）偶：该数字中的偶数个数，在本例中为 2、4、6、8、0，总共 5 个。

（2）奇：该数字中的奇数个数，在本例中为 1、3、5、7、9，总共 5 个。

（3）总：该数字的总个数，本例中为 10 个。

（4）新数：将答案按"偶–奇–总"的位序排出，得到新数 5510。

（5）重复：将新数 5510 按以上算法重复运算，可得到新数 134。

（6）重复：将新数 134 按以上算法重复运算，可得到新数 123。

（7）结论：对数 1234567890，按上述算法，最后必得出 123 的结果。可以用计算机写出程序，测试出对任意一个数经有限次重复后都会是 123。换言之，任何数的最终结果都无法逃逸 123 黑洞。

2. 卡普列加黑洞

1）三位数黑洞：495

1949 年，印度数学家卡普列加（D. R. Kaprekar，1905—1986）研究出一种三位数的变换，只要你输入一个三位数，要求个、十、百位数字不相同（例如不允许输入 111、222 等），那么你把这个三位数的三个数字按大小重新排列，得出最大数和最小数，两者相减得到一个新数，再按照上述方式重新排列，再相减，最后总会得到 495 这个数字。

例如，352，排列得最大数为 532，最小数为 235，两者相减得 297；再排得 972 和 279，两者再相减得 693；接着排列得 963 和 369，两者又相减得 594；最后排列得到 954 和 459，再相减得 495。

2）四位数黑洞：6174

1955 年，卡普列加又研究出一种四位数的变换：任意列出 4 个自然数（不能全部相同，如 1111、2222），把这四个数字组成的最大四位数与最小四位数相减，得到的四个数字再用相同方式相减法（不足四位补 0），最多七轮减下来，最后得到的数字一定是 6174。

例如：

$5200 - 0025 = 5175$

$7551 - 1557 = 5994$

$9954 - 4599 = 5355$

$5553 - 3555 = 1998$

$9981 - 1899 = 8082$

$8820 - 0288 = 8532$

$8532 - 2358 = 6174$

$7641 - 1467 = 6174$

3）水仙花数黑洞：153

水仙花数是指一个 n 位数（$n \geq 3$），它的每个位上的数字的 n 次幂之和等于它本身（例如，$1^3 + 5^3 + 3^3 = 153$）。

（1）63，63 是 3 的倍数，按上面的规律运算如下：

$6^3 + 3^3 = 216 + 27 = 243$

$2^3 + 4^3 + 3^3 = 8 + 64 + 27 = 99$

$9^3 + 9^3 = 729 + 729 = 1458$

$1^3 + 4^3 + 5^3 + 8^3 = 1 + 64 + 125 + 512 = 702$

$7^3 + 0^3 + 2^3 = 351$

$$3^3+5^3+1^3=153$$

$$1^3+5^3+3^3=153$$

（2）3。

$$3^3=27$$

$$2^3+7^3=351$$

$$3^3+5^3+1^3=153$$

⋮

除了 0 和 1，自然数中各位数字的立方之和与其本身相等的只有 153（$=1^3+5^3+3^3$）、370（$=3^3+7^3+0^3$）、371（$=3^3+7^3+1^3$）和 407（$=4^3+0^3+7^3$），此四个数称为"水仙花数"。

除了"水仙花数"，同理还有四位的"玫瑰花数"，1634（$=1^4+6^4+3^4+4^4$）、8208（$=8^4+2^4+0^4+8^4$）、9474（$=9^4+4^4+7^4+4^4$）；五位的"五角星数"，54748（$=5^5+4^5+7^5+4^5+8^5$）、92727（$=9^5+2^5+7^5+2^5+7^5$）、93084（$=9^5+3^5+0^5+8^5+4^5$）；当数字个数大于五位时，这类数字就称为"自幂数"。

雷劈数

曾经在电视竞赛中出现了一道快答题：$(5288+1984)^2=$？要求参赛者在数秒内答出。双方选手不知其故，都面面相觑。其实，这是出题人设下的陷阱，这个数的值为 52881984，就等于前后两个数合起来。这样的数还比较多，叫作雷劈数。

印度数学家卡普列加在一次旅行中，遇到猛烈的雷暴雨。突然，他看到路边一块牌子被雷劈成了两半，一半写着 30，另一半写着 25。这时，他忽然发现 $30+25=55$，$55^2=3025$，把劈成两半的数加起来，再平方，正好是原来的数字，即 $(30+25)^2=3025$，这是卡普列加发现的第 1 个雷劈数。从此他开始专门研究和搜集这类数字——雷劈数（卡普列加数）。

紧接着他发现了第 2 个雷劈数：$(20+25)^2=45^2=2025$；接着又发现 $(6048+1729)^2=7777^2=60481729$。后来，更多的雷劈数被发现。

最小的奇雷劈数是 81：$8+1=9$，$9^2=81$。

最小的偶雷劈数是 100：$10+0=10$，$10^2=100$。

大部分的雷劈数为 9 或 11 的倍数。

印度的数学家似乎对数有一种天生的敏感。拉马努金（Srinivasa Ramanujan，1887—1920）是印度著名数学家。一次拉马努金在伦敦病重住院，英国数学家哈代（Godfrey Harold Hardy，1877—1947）前往探望。见到拉马努金后，哈代幽幽地说："我乘出租车来，车牌号码是 1729。这个数真没趣，希望不是不祥之兆。"拉马努金答道："不，这个数有趣得很。它可以用两个立方之和来表达，而且有两种表达方式。"（即 $1729 = 1^3 + 12^3$，$1729 = 9^3 + 10^3$，后来，根据这个故事，这类数被称为"的士数"。）

走马灯数

走马灯数，是世界上最著名的几个数之一。当 142857 与 1 至 6 中任意一个数字相乘时，乘积中仍然是 1、4、2、8、5、7 这六个数字轮流出现，就好像 1、4、2、8、5、7 是六个卫兵，他们每天出来站岗，六个人排队的顺序不断变化，但每次都是他们六个人。反过来，用 1~6 中任意数字除以 7，得到的六个结果都是循环小数，而且全都是 142857 这六个数重新组合后的循环。

142857，看似平凡的数字，为什么说它神奇呢？

$142 + 857 = 999$

$14 + 28 + 57 = 99$

$1+4+2+8+5+7=27$（$2+7=9$）

它们的单数和竟然都是"9"。我们再把它从 1 乘到 6 看看：

$142857 \times 1 = 142857$

$142857 \times 2 = 285714$

$142857 \times 3 = 428571$

$142857 \times 4 = 571428$

$142857 \times 5 = 714285$

$142857 \times 6 = 857142$

里面居然都只包含 1、2、4、5、7、8 这几个数字，只是调换了位置。再乘以数字 7：

$142857 \times 7 = 999999$

那么把它继续乘下去：

$142857 \times 8 = 1142856 \quad 1+142856 = 142857$

$142857 \times 9 = 1285713 \quad 1+285713 = 285714$

$142857 \times 10 = 1428570 \quad 1+428570 = 428571$

$142857 \times 11 = 1571427 \quad 1+571427 = 571428$

$142857 \times 12 = 1714284 \quad 1+714284 = 714285$

$142857 \times 13 = 1857141 \quad 1+857141 = 857142$

$142857 \times 14 = 1999998 \quad 1+999998 = 999999$

$142857 \times 15 = 2142855 \quad 2+142855 = 142857$

$142857 \times 16 = 2285712 \quad 2+285712 = 285714$

$$142857 \times 17 = 2428569 \quad 2 + 428569 = 428571$$
$$142857 \times 18 = 2571426 \quad 2 + 571426 = 571428$$
$$142857 \times 19 = 2714283 \quad 2 + 714283 = 714285$$
$$142857 \times 20 = 2857140 \quad 2 + 857140 = 857142$$
$$142857 \times 21 = 2999997 \quad 2 + 999997 = 999999$$
$$\vdots$$

从 8 到 13 和 15 到 20，都只包含 1、2、4、5、7、8 这几个数字，而每到 7 或 7 的倍数时，总可以凑成全部含 9 的数字。

142857 最早是在金字塔中发现的，说明古埃及文明中数学还有不为人们认知的辉煌（图 6.2，图 6.3）。

图 6.2 142857 的古埃及符号

图 6.3 金字塔，里面还有多少秘密？

能被 7 整除的自然数的个数：

10 以内有 1 个

100 以内有 14 个

1000 以内有 142 个

10000 以内有 1428 个

100000 以内有 14285 个

1000000 以内刚好有 142857 个

$\vdots$

那么 142857 是怎么来的呢（图 6.4）？看来它和数字 9 肯定有渊源：

9÷7=1.2857 142857 142857 142857 142857…

99÷7=14.142857 142857 142857 142857 142857…

999÷7=142.7 142857 142857 142857 142857…

9999÷7=1428.42857142857142857142857…

99999÷7=14285.5714285714285714285…

999999÷7=142857

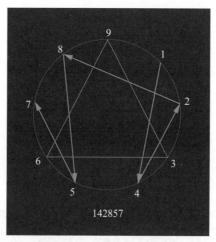

图 6.4　走马灯数 142857

刚好，142857 整数出现了，如果我们继续：

9999999÷7=142857 1.2857 142857 142857 142857 142857…

99999999÷7=142857 14. 142857 142857 142857 142857…

999999999÷7=142857 142.7 142857 142857 142857 142857…

9999999999÷7=142857 1428.42857 142857 142857 142857 142857…

99999999999÷7=142857 14285.57 142857 142857 142857 142857…

999999999999÷7=142857 142857（12 个 9，和 6 个 9 一样得到的是整数）

生理周期数

生理周期数为 7 和 8。

据《黄帝内经》记载：（在自然状态下）女七男八，即女子以 7 年为生理周期，男子以 8 年为生理周期。7 岁、14 岁、21 岁、28 岁、35 岁、42 岁、49 岁、56 岁、63 岁是女子生长变化的周期年龄。一七时，开始肾气旺盛，更换牙齿，头发生长加快；二七时，任脉通，太冲脉盛，开始有月经，能怀孕生育；三七时，肾气平衡，平稳了，发育基本完成；

四七时，筋骨最强健，头发长到极点，身体达到顶峰；五七时，面容开始憔悴，头发开始掉落；六七时，三阳脉开始衰落，面色枯槁，头发白了；七七时，任脉虚，太冲脉衰少，进入绝经期。8岁、16岁、24岁、32岁、40岁、48岁、56岁、64岁是男子的生长变化周期年龄。一八时，肾气开始充实，头发茂盛，牙齿更换；二八时，肾气盛，天癸至，有了生殖能力；三八时，肾气平和、均衡，身高也达到极限；四八时，筋骨强盛，肌肉健壮，生命力达到极点；五八时，肾气开始衰落，头发脱落；六八时，头面部的三阳经气衰微，脸色枯焦，头发变得花白；七八时，肝气衰微，筋脉迟缓，行动不便，精气不足；八八时，牙齿、头发都脱落，没有生殖能力了。

还有一种蝉，它们的生命周期都是质数，13或17（见后"金蝉脱壳"）。

真是万物皆数啊！

现在，全世界都通用阿拉伯数字。但这"阿拉伯数字"却是印度人发明的，它由阿拉伯人传到欧洲，后又传遍世界各地，所以称为阿拉伯数字。这些数字在使用的过程中被逐步改进。原来的印度数字由线段组合构成，它是每条线段间构成不大于180°的个数（图6.5）。

图6.5　0没有角，1有1个角，2有2个角，…，9有9个角（大于180°的外角不算）

7 面面俱到·柏拉图正多面体

"面面俱到"这则成语的意思是各方面都照顾得很周到，也指不仅各方面都照顾到，而且每个方面都处理得当。出自清·李宝嘉（1867—1906）《官场现形记》第57回："他八股做得精通，自然办起事来亦就面面俱到了。"

真正能做到面面俱到的，只有柏拉图（Plato，前427—前347）多面体（图7.1）。

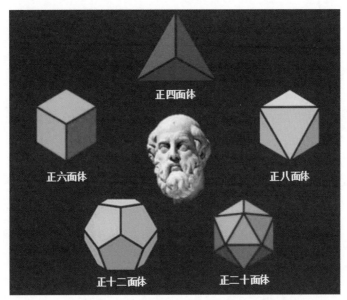

图 7.1　柏拉图与 5 个正多面体

柏拉图多面体共有 5 个，即正四面体（tetrahedron）、正六面体（hexahedron）、正八面体（octahedron）、正十二面体（dodecahedron）和正二十面体（icosahedron），它们的每个面都有相同的形状和大小。正四面体是由四个全等的等边三角形组成的；正六面体是由六个全等的正方形组成的；正八面体是由八个全等的等边三角形组成的；正十二面体是由十二个全等的正五边形组成的；正二十面体是由二十个全等的等边三角形组成的。柏拉图多面体并不是由柏拉图发现的，它们的真正发现者是毕达哥拉斯。据说当发现正十二面体时，毕达哥拉斯宰杀了 100 头牛来庆祝。现在，数学家已经证明，正多面体只有这 5 种，它们的一些性质如下：

类型	面数	棱数	顶点数	每面边数	每顶点棱数
正四面体	4	6	4	3	3
正六面体	6	12	8	4	3
正八面体	8	12	6	3	4
正十二面体	12	30	20	5	3
正二十面体	20	30	12	3	5

除正四面体外，正多面体的对棱、对面都平行。判断正多面体的依据有三条：①正多面体的面由正多边形构成；②正多面体的各个顶角相等；③正多面体的各条棱长都相等。这三个条件都必须同时满足，否则就不是正多面体，比如五角十二面体，虽然和正十二面体一样是由十二个五角形围成的，但是由于它的各个顶角（或边长）并不相等，因此不是正多面体。

由于在成书于公元前350年的《蒂迈欧篇》中柏拉图逐一提及上述多面体，以及柏拉图的追随者对它们所做的研究，因而它们被命名为柏拉图多面体。柏拉图多面体具有高度的对称性及秩序感，因而通常被称为正多面体（图7.2）。

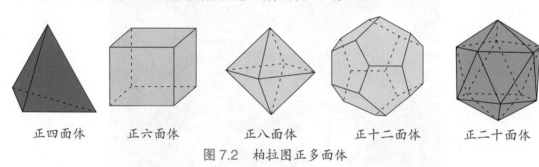

| 正四面体 | 正六面体 | 正八面体 | 正十二面体 | 正二十面体 |

图7.2　柏拉图正多面体

很早以前，东西方的先哲们就在思索万物的本源。春秋时期，老子（约前571—约前471）在《道德经》中写道："道生一，一生二，二生三，三生万物"也似乎有点"万物皆数"的味道。《尚书》还认为，五行一是水，二是火，三是木，四是金，五是土。水的性质是润物而向下，火的性质是燃烧而向上，木的性质是可曲可直，金的性质是可以熔铸改造，土的性质是可以耕种收获。并且认为："天有五行，水、火、金、木、土，分时化育，以成万物。"五行相生即金生水，水生木，木生火，火生土，土生金。五行相克即金克木，木克土，土克水，水克火，火克金（图7.3）。

在古希腊，泰勒斯认为水是万物之源。阿那克西曼德（Anaximander，约前610—约前545）则认为万物都出自气，气稀释成了火，浓缩则成了风，风浓缩成了云，云浓缩成了水，水浓缩成了石头，然后由这一切构成了万物。在赫拉克利特（Heraclitus，前554—前480）看来，乙太火才是基本元素或实在，这是一种灵魂材料，一切都用它造成，也都要回到它那里去。

图 7.3 五行相生相克图

柏拉图认为，万物由四元素构成，即火、气、水和土，并且这四个元素分别对应：

火→正四面体；气→正八面体；水→正六面体；土→正二十面体

剩下没有用到的正多面体——正十二面体，柏拉图以不清晰的语调写道："神使用正十二面体以整理整个天空旳星座（图 7.4）。"柏拉图的学生亚里士多德添加了第五个元素——以太，并认为天空由此组成，但他没有将以太和正十二面体联系起来。

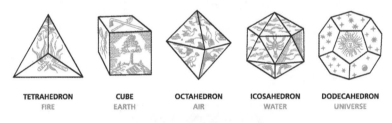

图 7.4 五个柏拉图多面体的含义

2000 年后，天文学家和数学家开普勒依随文艺复兴建立数学对应的传统，将五个正多面体对应五个行星——水星、金星、火星、木星和土星（除地球外，当时只发现了这五颗行星）。开普勒最初认为的太阳系最里面是一个八面体，接着是一个二十面体、十二面体、四面体，最后是立方体。

自毕达哥拉斯发现五种正多面体以来，让人迷惑不解的是，正多边形有无数种，为什么只发现了五种正多面体？在几何上能否构成更多的正多面体？

欧几里得在《几何原本》中试图证明只有这五种正多面体，但没有成功。这个问题就一直悬而未决，后来人们逐渐认识到，应该从多面体的顶点数、棱边数和面数入手。1639年，笛卡儿根据正多面体的顶点数（V）、棱边数（E）和面数（F）的关系，猜测顶点数（V）与面数（F）之和减去棱边数（E）应该是一个不变量 2，即 $V+F-E=2$。但他没有给出严格的证明，也未公开发表。

1751 年，一位天才数学家独立发现并证明了这个公式：

$$V+F-E=2$$

这就是多面体欧拉定理：

顶点数 − 棱边数 + 表面数 =2

根据多面体欧拉定理，就可以找出到底有多少种正多面体。正多面体的每一条边都是由两个顶点确定，两个面交于一条边。假设正多面体的每个面是 $p-$ 边形（$p>2$），每个顶点连接着 q 条边（$q>2$），则有 $pF=2E=qV$。由欧拉公式 $V-E+F=2$，联立求解，可以得到

$$V = \frac{4p}{4-(p-2)(q-2)}; \quad E = \frac{2pq}{4-(p-2)(q-2)}; \quad F = \frac{4q}{4-(p-2)(q-2)}$$

p 和 q 的解只有 5 种可能：

（p=3，q=3）→正四面体

（p=4，q=3）→正六面体

（p=3，q=4）→正八面体

（p=5，q=3）→正十二面体

（p=3，q=5）→正二十面体

欧拉多面体公式（图 7.5）不仅能证明只有 5 种正多面体，而且适用于任意多面体，甚至适用于一个球体。如果考虑所有的经纬线，计算整个地球的顶点、面和边，并使用多面体欧拉定理公式，则会得到 2。

图 7.5 邮票上的欧拉多面体公式

物理学家根据欧拉多面体公式，成功发现了富勒烯（C60），甚至还预言了 C28、C32、C50、C70、C240、C540 等结构（图 7.6）。

图 7.6 从左到右依次为富勒烯、足球、C70 和 C540

有些化学元素和化合物的结晶体呈正多面体的形状，如甲烷、四氯化碳、四氟化硅是

正四面体结构，食盐的结晶体、苯分子（C_6H_6）是正六面体，明矾、硫化镍、硫化铜、硫化镁的晶体是正八面体，C20（最小的富勒烯）和可燃冰中的水分子（甲烷在中心）是正十二面体，α-菱形硼（B12）以及一些病毒的衣壳（甲肝、乙肝病毒等）为正二十面体。

实际上，多面体欧拉定理适用于任意维度空间。在三维空间中它的表达式为 $V+F-E-S=1$，其中 S 是三维物体的总数。对于一个多面体，$S=1$。所以才有 $V-E+F=2$。

在二维空间，没有多面体存在，所以 $S=0$，相应的欧拉公式为：$V+F-E=1$（图7.7）。在平面内画一条直线 AB，它有 2 个顶点（A 和 B，$V=2$），0 个面（$F=0$）以及 1 条边（$E=1$），所以 $V+F-E=2+0-1=1$。

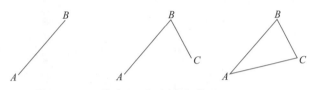

图7.7 二维空间的欧拉公式：$V+F-E=1$

如果在 B 点再画一条直线 BC，则此时有三个顶点（A、B 和 C，$V=3$）和两条边（AB 和 BC，$E=2$），但是两条直线不能形成面（$F=0$），所以 $V+F-E=3+0-2=1$。

之后，再作直线 AC，这样就构成一个三角形 ABC。此时，顶点个数 $V=3$，有一个面 $F=1$，还有三条边 $E=3$。因此，$V+F-E=3+1-3=1$。

当然，除开 5 个正多面体，还有无穷多面体，例如大数学家阿基米德（Archimedes，前287—前212）就发现了 13 个多面体，称为阿基米德多面体（半正多面体）。它们是由边数不全相同的正多边形为面的多面体。半正多面体的面和正多面体一样，是由正多边形组成的；不同的是，正多面体的所有面是同一种类型的正多边形，而半正多面体的却是两种或两种以上类型的正多边形面。由于各种形体在每一顶点处的面是同样规律排列的，所以它的每一顶点处的面角和必定是一样的。

如将正方体沿交于一顶点的三条棱的中点截去一个三棱锥，如此共可截去 8 个三棱锥，则得到一个有 14 个面的半正多面体（图7.8），它们的边都相等，其中 8 个为正三角形，6 个为正方形，称这样的半正多面体为二十四等边体。类似地，若以正方体的各个顶角为圆心，以面之对角线之半为半径作弧截各边，每边得两交点。依交点于面上作与边平行的纵横呈井字形线，共有 24 个交点，即得四十八等边体之顶角，依各角顶削原体，即成四十八等边体。设原正方体棱长为 a，则四十八等边体的棱长为 $a(\sqrt{2}-1)$。

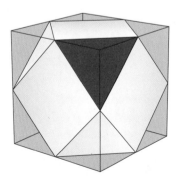

图7.8 十四面半正多面体

很多非正多面体都可以从其他多面体切角产生。但是，它们每个面的形状、面积、顶角和棱边长（都）不相等，无法做到面面俱到。

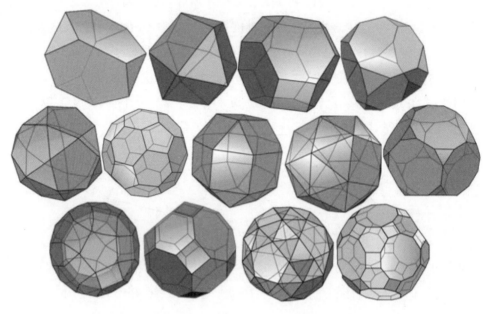

图 7.9　13 个阿基米德多面体

8 胡说八道·地心说与日心说

"胡说八道"这则成语，见于宋·释普济《五灯会元·龙门远禅师法嗣》："祕魔岩主擎个义儿，胡说乱道，遂将一捆成齑粉，散在十方世界。"《五灯会元》是中华文化史上一部伟大的禅宗经典巨著。宋代大儒沈静明认为：禅宗语要，尽在五灯。自六祖慧能始，禅宗更以灯喻佛法智慧，传灯意味着传法。"一灯能除千年暗，一智能灭万年愚。"灯灯相传，光明不断，即禅宗的要旨。禅宗所谓禅之至境，乃在"直指人心，见性成佛"。

东汉末年（157年），中原的人口大约有5600万。后经各种天灾人祸以及三国时期的大混战，至280年吴国灭亡时，人口仅剩767万。曹操（155—220）的《蒿里行》诗云："白骨露於野，千里无鸡鸣。生民百遗一，念之断人肠。"在还不算发达的农业社会，人口就是生产力。因此，魏晋不断"招抚五胡"。百年间，内迁的五胡约数百万人，其中，匈奴70万，羌人80万，氐人100万，鲜卑250万等。到了西晋"八王之乱"后，北方总人口1500万，汉人只占三分之一。以匈奴、羯、鲜卑、氐、羌为代表的"五胡"纷纷入主中原，在很大程度上改变了中原地区的民族构成，民族分布格局也相应地发生了很大的变化。

在胡人建立独立政权之前，汉族占支配地位，是汉尊胡卑；胡人政权建立后，胡人占据支配地位，开始胡尊汉卑。此时，大量胡僧开始建庙筑寺，开坛讲经，力图掌控话语权。

这里的"胡"，指的是胡僧。"胡"在中原原是一个有歧视性的字，如同"蛮""夷"等。由于地域的不同，发音的差异，胡人说的语言中原人听不懂，就称为"胡说"。"八道"指的是其一入道，其二学道，其三访道，其四修道，其五得道，其六传道，其七了道，其八成道。又或指"八正道"，包含于佛教三十七道品，"引生彻见，引生真知"，意指达到佛教最高理想境地的八种方法和途径，分别是正见、正思维、正语、正业、正命、正精进、正念、正定。

正见，即正确理性地看待世间诸法，不谬误，坚持佛教四圣谛的真理；

正思维，又称为正志，坚持思考佛教四圣谛，抛弃脑中诸多杂念；

正语，指的是正确的话语，即不要口出妄语，不要说谎话，一字一句要符合佛陀教导，不可违背；

正业，指正确的行为，一切行为都要符合佛陀的教导，不做杀生、偷盗、邪淫等恶行；

正命，即过符合佛陀教导的正当生活；

正精进，一心专一，无有间歇，勤修定慧，是谓精进；

正念，就是学会觉知自己，打正自己的念头；

正定，即佛教的两种禅定，"谓人摄诸散乱，身心寂静，正住真空之理，决定不移，是名正定"。①

胡僧在中原传播佛家八道，一本正经地讲经说道，可能说得很有道理，但中原人完全听不懂，因此就将这种情形描述为"胡说八道"。但后来在使用这个成语的过程中，意思逐渐演变，成了信口开河的近义词。胡僧明明引经据典、有凭有据，中原人却因为自己听不懂，而认为是胡言乱语。

图8.1　法门只渡有缘人

其实，被认为是胡言乱语的，远非讲经说道的胡僧。在地心说学家的眼里，哥白尼（Nicolaus Copernicus，1473—1543）的《天体运行论》就是胡说八道。

我们先来看看地心说是怎样建立起来的。

古希腊的哲学家们认为，永恒的、神圣的天体只能相应于其高贵的地位作匀速圆周运动。毕达哥拉斯认为："一切立体图形中最美的是球形，一切平面图形中最美的是圆形。"因而，天体的形状是球形，而其运动轨道是圆形。出于这种美学观念，毕达哥拉斯提出了

① 张晓耕. "胡说八道"探源. 学语文，2014(6)：62.

图 8.2 的宇宙结构图像：宇宙中心是球形的地球。地球外面的球形区域称为"乌拉诺斯"，即天空，那里充满空气和云；在这之外的球形区域称为"科斯摩斯"，即和谐，是太阳、月球、行星和谐地在其轨道上作圆周运动的地方；再往外的一个球形区域称为"奥林匹斯"，即天界，是纯元素聚集之地，也是恒星所在之处；最外层则是永不熄灭的天火。

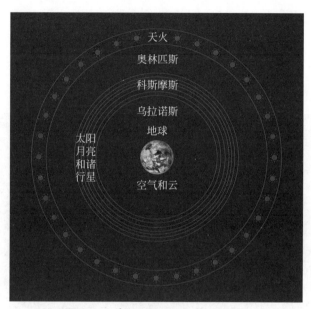

图 8.2　毕达哥拉斯的宇宙图像

但少数天体，如太阳、月球和一些行星的视运动（从地球上观察到的运动）却并不像圆周，甚至还出现复杂的双纽线轨迹。

因此，柏拉图给他的学生们提出了一个问题：怎样用若干个特殊的匀速圆周运动的组合，去解决理想情况与现实的这个矛盾？这里所提出的运动的合成和分解的思想，对后来物理学研究方法的发展起了启示性的作用。

大约在公元前 387 年，欧多克斯（Eudoxus of Cnidos，约前 409—约前 355）旅行到了雅典，与苏格拉底的追随者一起学习。他参加了柏拉图和其他哲学家的讲座，但由于意见分歧，他们发生了争吵。欧多克斯很穷，只能在很远的比雷埃夫斯（Piraeus）购房置地。为了参加柏拉图的演讲，他每天需要步行 11 千米。欧多克斯探赜索隐、钩深致远，是历史上致力于建立宇宙几何模型的第一人。他无视柏拉图不许做观测的规定，通过天文观测为他的几何模型提供实际依据。在吸收了巴比伦人把天上复杂的周期运动分解为若干个简单周期运动的思想后，他发现用三个球壳就可以复制出日月的运动（图 8.3）。但行星的视运动很不规则，所以每个行星需用 4 个相互关联的同心球壳的联合旋转来作出说明。五大行星加上日月和恒星天，一共需要 27 个球壳。通过适当地选取这些球的旋转轴、旋转速度和球半径，就可以由这套系统比较准确地再现当时所观测到的天体的视运动。最外面的一个球层（遥远的恒星天）描述了天界的周日运动。

进一步观测，人们发现天体还有另外的周期现象。欧多克斯的学生卡里普斯（Callipus，前387—？）给每个天体又加上一个新的球壳，使总数达到34个。但在亚里士多德看来，这还不够完美解释天体，他进一步增加了22个，使球壳总数达56个，这22个是"不转动的球层"，这是为了避免每个天球把自己特有的转动都直接传给它内层的天体，这就需要在载有行星的每一组球层之间插进若干"不转动的球层"，它们和外面的球层作相反方向的运动，从而抵消了外球层的运动，只把周日运动传给内层的行星。

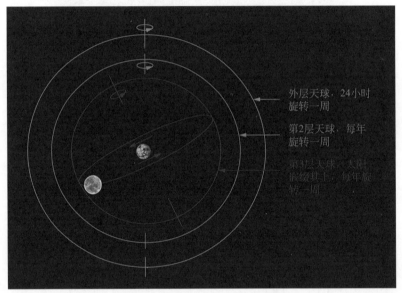

外层天球，24小时旋转一周

第2层天球，每年旋转一周

第3层天球，太阳镶缀其上，每年旋转一周

图8.3 太阳的同心球层模型

同心球层体系一开始就招致了某些困难，因为它要求天体永远和地球保持同一距离。但行星亮度的变化以及日食有时是全食、有时是环食的现象说明，行星、太阳、月球离地球的距离是不断变动的。为了摆脱这一困难，阿波罗尼奥斯（Apollonius of Perga，前262—前190）提出了另一种几何模型，他的模型中只有天体的轨道，而无实体的同心球，这是一个很大的进步。为了解释太阳和月球与地球间距离的变化，他设计了偏心轮——地球在天体圆轨道中心的一旁；为了解释行星的逆行现象，他提出了"本轮－均轮"结构——行星沿本轮作圆周运动，本轮的中心又在另一均轮圆周上以地球为中心运行。

"地心说"理论体系由希腊化时代的亚历山大城的数学家、天文学家托勒密（Claudius Ptolemaeus，约90—168）所完成。他提出了进行理论研究的基本原则，力求以最简单的假设对各种现象作出统一的解释。这就是"简单性原则"，它在近代科学发展中起着重要的作用。在他所写的《天文学大成》，后来用阿拉伯语简称为《至大论》（*Almagest*）一书的前言中，他明确提出："……天宇是球形的并且作球体运动，大地就形状来说，显然是球状的……就位置来说，它恰在天宇的中央，像几何中心一样，就大小和距离来说，（大地）与恒星比较就是一个点，它本身完全没有运动。"

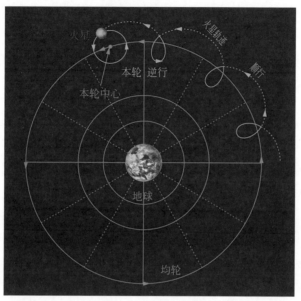

图 8.4　"地心说"的火星（行星）运动轨迹

托勒密根据当时人们所接受的动力学原理提出论证，如果地球自身在转动，其周围的大气将会被带走，因而云将向西离去，鸟和大气中的其他东西都会被带向西方，地球将会失掉它上面的所有东西。他正是根据这种判据否定地动思想的。于是他便由近及远地按照月球、水星、金星、太阳、火星、木星、土星，最后是恒星天球的顺序，安排了他的"地心说"宇宙结构。

"地心说"的建立，从柏拉图开始到托勒密，前后经历了 5 个世纪，期间由大量的天文学家和数学家呕心沥血共同完成。此后"地心说"被奉为天文学的圣经，容不得丝毫怀疑。有一个例外，就是古希腊的数学家和天文学家阿利斯塔克（Aristarchus，前 315—前 230）也曾提出过日心说，认为地球每天在自己的轴上自转，每年沿圆周轨道绕日一周，太阳和恒星都是不动的，而行星则以太阳为中心沿圆周运转。但阿利斯塔克的宇宙观，远远地走在当时时代的前面，且阿利斯塔克的日心说未能形成完整的理论体系，因此在如此强大的"地心说"阵营面前，在缺乏精确天文观察数据的时代，阿利斯塔克和他的日心说几乎完全被人遗忘，如同一颗珍珠掉进了大海。

直到约 1500 年后，一位神父，同时也是数学家和天文学家的哥白尼，经过长年的观察和计算，发现"地心说"的理论和天文实际现象存在很大的差异。1497 年 3 月 9 日，哥白尼进行了一次著名的观测。那天晚上，夜色清朗，繁星闪烁，一弯新月浮游太空。他站在圣约瑟夫教堂的塔楼上，观测金牛座的亮星毕宿五，看它怎样被逐渐移近的蛾眉月所隐没。当毕宿五和月球相接而还有一些缝隙的时候，毕宿五很快就隐没起来了。他精确地测定了毕宿五隐没的时间，计算出确凿不移的数据，证明那一些缝隙都是月球亏食的部分，毕宿五是被月球本身的阴影所隐没的，月球的体积并没有缩小。哥白尼意识到，用"地心说"解释不了这个现象，而如果太阳在中心，一切便都能解释。哥白尼把托勒密的地心说打开了一个小缺口，再次将日心说摆到大家眼前。

哥白尼认识到，天文学不应该继续"修补"托勒密的旧学说，而是要发现宇宙结构的新学说。他打过一个比方：那些站在托勒密立场上的学者，从事个别的、孤立的观测，拼凑些大小重叠的"本轮"来解释宇宙的现象，就好像有人东找西寻地捡来四肢和头颅，把它们拼凑在一起，结果并不像人，却像个怪物。

但罗马天主教廷认为他的日心说是胡说八道，哥白尼直到去世前，才敢将他的成果公之于众。1543 年 5 月 24 日，垂危的哥白尼才在病榻上收到出版商寄来的《天体运行论》样书，他只摸了摸书的封面，便与世长辞了！

日心说的基本思想是：①地球是球形的；②地球在运动，并且 24 小时自转一周；③太阳是不动的，而且在宇宙中心，地球以及其他行星都一起围绕太阳作匀速圆周运动，只有月球环绕地球运行（图 8.5）。

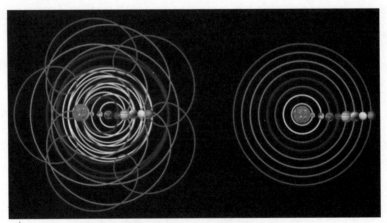

图 8.5　复杂的地心说与简单的日心说

尽管哥白尼在日心说中仍然使用行星在圆形轨道上作匀速运动的观念，因为古希腊数学家认为所有运动中，匀速圆周运动是最完美的运动，但哥白尼的《天体运行论》的出版已算得上是石破天惊，为地心说刻好了墓志铭。虽然阿利斯塔克比哥白尼提出日心学说早1700 多年，但是事实上日心说的荣誉应归哥白尼所得。阿利斯塔克只是凭借灵感做了一个猜想，并没有加以详细讨论，未能形成科学理论，而哥白尼逐个解决了猜想中的数学问题后，就把它变成了有用的科学学说：一种可以用来预测的学说。哥白尼的《天体运行论》是人类对宇宙认识的革命，它使人们的整个世界观都发生了重大变化。

但要证明《天体运行论》并非"胡说八道"，还得有很多科学家付出心血、自由甚至生命。布鲁诺（Giordano Bruno，1548—1600）付出的是生命，伽利略付出的是自由，开普勒付出的是心血。

开普勒几乎耗其一生，总结出火星（行星）运动的三大定律：①行星运动的轨道是一个椭圆，太阳位于椭圆的一个焦点上，（图 8.6）；②行星在轨道上的运动速度不是匀速的，行星在轨道上运动时，相同的时间扫出相等的面积（图 8.7 中绿色区域）；③行星公转周期的平方和椭圆半长轴的立方成正比（图 8.8）。

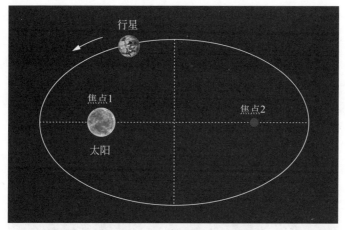

图 8.6　开普勒第一定律

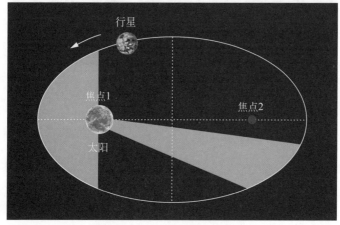

图 8.7　开普勒第二定律

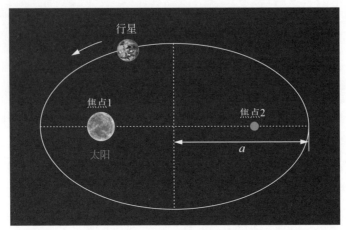

图 8.8 开普勒第三定律：行星公转周期的平方和椭圆半长轴 a 的立方成正比

至此，"日心说"才真正摆脱被视为"胡说八道"的命运。其实，"地心说"也像"刻舟求剑"一样，最大的问题在于选错了参考系。如果把参考系选为太阳，行星的轨迹就是均轮的轨迹，各行星的卫星沿本轮运动，其轨迹就是"地心说"里行星的轨迹（图 8.9）。

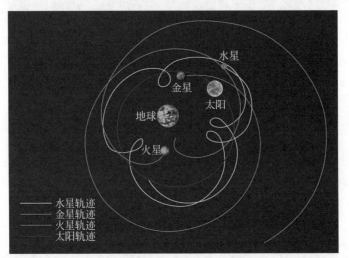

图 8.9 2005 年 11 月从地球上方观察到的水星、金星、火星和太阳的视运动轨迹

此外，"地心说"也并非一无是处。从图 8.9 可以看出，如果以地球为参考点，同样可以描述太阳与行星的运动，但轨迹变得十分繁杂。科学的原理应该是简洁的，就像欧几里得从 5 个公设就得到整个平面几何学一样，从地心说到日心说是历史的必然。

总是站在自己的位置选择参考系，说明地球人曾经、现在乃至将来也是多么愚蠢和故步自封。经历同样命运的还有很多，像《非欧几何》《量子论》《相对论》，它们也曾被认为是"胡说八道"。

9 彩云易散·玻璃与科技

白居易《简简吟》

苏家小女名简简，芙蓉花腮柳叶眼。

十一把镜学点妆，十二抽针能绣裳。

十三行坐事调品，不肯迷头白地藏。

玲珑云髻生花样，飘飘风袖蔷薇香。

殊姿异态不可状，忽忽转动如有光。

二月繁霜杀桃李，明年欲嫁今年死。

丈人阿母勿悲啼，此女不是凡夫妻。

恐是天仙谪人世，只合人间十三岁。

大都好物不坚牢，彩云易散琉璃脆。

白居易（772—846）是唐代著名诗人，他的作品朗朗上口、通俗易懂、脍炙人口。白居易 16 岁时，就写出"野火烧不尽，春风吹又生"（《赋得古原草送别》）这样的千古名句，《长恨歌》与《琵琶行》更是被选入中学语文教材。

成语"彩云易散"就是来自《简简吟》这首诗的最后也是最精彩的一句，曹雪芹在《红楼梦》中将"彩云易散"判给晴雯。

"大都好物不坚牢，彩云易散琉璃脆。"读完《简简吟》，仿佛听见了一声玻璃落地让人心碎的脆响（图 9.1，图 9.2）。

琉璃（colored glaze）是以各种颜色（颜色由各种金属元素产生）的人造水晶（crystal，高铅玻璃）为原料，在 1000 多摄氏度的高温下烧制而形成的凝聚物（含 24% 的二氧化铅，PbO_2），它的折射率大，反射光五彩十色；硬度高，耐磨。中国古代最初制作琉璃的材料，是从青铜器铸造时产生的副产品中获得的。琉璃色彩流云漓彩、美轮美奂、晶莹剔透、光彩夺目。琉璃的颜色多种多样，古人也叫它"五色石"。

还有一种物质与琉璃十分相近，那就是玻璃。

玻璃（glass）是无机非金属材料，一般是用多种无机矿物（如石英砂、硼砂、硼酸、重晶石、碳酸钡、石灰石、长石、纯碱等）为主要原料，另外加入少量辅助原料制成的。

图 9.1　大都好物不坚牢：失火的巴黎圣母院

图 9.2　彩云易散

普通玻璃的化学组成是二氧化硅（SiO_2）。

据李时珍（1518—1593）《本草纲目》记载："玻璃，本作颇黎。颇黎国名也。其莹如水，其坚如玉，故名水玉。与水精同名。"

据信人类自石器时代已使用天然的火山玻璃。人造玻璃的制造起源众说纷纭，以下是众多说法的一种。

古罗马百科全书式的作家塞孔都斯（Gaius Plinius Secundus，23—79）在其所著《自然史》（*Naturalis Historia*，又常译为《博物志》）一书中记载，3000 多年前，一艘腓尼基人的商船，满载着一船天然苏打矿石，航行在地中海沿岸的贝鲁斯河上。由于海水落潮，商船搁浅了，于是船员们纷纷登上沙滩。有的船员还抬来大锅，搬来木柴，并用几块矿石作为大锅的支架，在沙滩上做起饭来。船员们吃完饭，潮水开始上涨了。他们正准备收拾一下登船继续航行时，有人发现锅下面的沙地上有一些晶莹明亮、闪闪发光的东西。

船员们把这些闪烁光芒的东西，带到船上仔细端详起来。他们发现，这些亮晶晶的东西上粘有一些石英砂和熔化的天然苏打石。原来，这些闪光的东西，是他们做饭时的支架苏打石，在火焰的作用下，与沙滩上的石英砂发生化学反应而产生的物质，这就是最早的玻璃。后来腓尼基人把石英砂和苏打石混合在一起，然后用一种特制的炉子熔化，制成玻璃球。这个方法后来传入罗马，欧洲在公元1世纪前后罗马的波特兰瓶即玻璃浮雕作品。到了11世纪，德国发明了制造平面玻璃的技术，先把玻璃吹成球状，然后造成圆筒形。在玻璃仍热时切开，然后摊平。这种技术在13世纪的威尼斯得到了进一步改良。此时的玻璃都是不透明的或半透明的，威尼斯威尼塔潟湖中穆拉诺岛（Murano Island）的安吉洛·巴罗维耶（Angelo Barovier，生卒年不详）对富含矿物质的猪毛菜（salsola collina）进行燃烧，然后从灰烬中提取矿物质，再将所提取的矿物质加入熔融玻璃。混合物冷却后得到一种不同寻常的玻璃——透明玻璃。从此，现代玻璃诞生了。14世纪欧洲的玻璃制造中心是威尼斯，很多以玻璃制成的餐具、器皿等都是由威尼斯制作。1827年发明的玻璃压印机器，开展了大规模生产廉价玻璃器具的道路。

玻璃（图9.3）一般而言是透明、脆性、不透气，并具一定硬度的物质。最常见的玻璃是钠钙玻璃（soda-lime glass），包括75%的二氧化硅（SiO_2）、由碳酸钠中制备的氧化钠（Na_2O）以及氧化钙（CaO）和其他添加物。玻璃在日常环境中呈化学惰性，亦不会与生物起作用。玻璃一般不溶于酸（例外：氢氟酸与玻璃反应生成SiF_4，从而导致玻璃的腐蚀）；但溶于强碱，例如氢氧化铯。

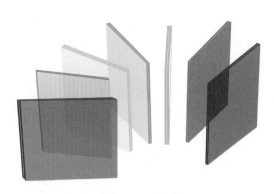

图9.3　玻璃

玻璃不是晶态，理论名称叫作玻璃态（不是物质的一个状态，是它的结构）。玻璃态在常温下的特点是短程有序，即在数个或数十个原子范围内，原子有序排列，呈现晶体特征；长程无序，即再增加原子数量后，便成为一种无序的排列状态，其混乱程度类似于液体。在宏观上，玻璃又是一种固态的物质。

玻璃这种结构形成的原因是：玻璃的黏度随温度的变化速度太快，而结晶速度又太慢。当温度下降，结晶刚刚开始的时候，黏度就已经变得非常大，原子的移动被限制住，造成了这种结果。所以，玻璃态类似于固态的液体，物质中的原子永远都是处于结晶的过程中。

因此，玻璃中的原子位置看似固定，但是原子间依然有作用力促使它具备重新排列的趋势。玻璃并不处于一个稳定的状态，这和石蜡中的原子状态不同。它们同样不是晶体，但常温下，石蜡完全是固体，而玻璃却可以被看作是黏度极大的液体。

英国布里斯托尔大学科学家帕蒂·罗伊尔（Paddy Royall，生卒年不详）说："一些材料在冷却时会形成结晶，其原子会以高度规则的模式进行排列，称为'晶格'（lattice）。不过玻璃在冷却时，原子拥堵在一起，几乎随机排列，妨碍了规则晶格的形成。"其相关论文 2008 年 6 月 22 日在线发表于《自然·材料学》（Nature Materials）上。

为了观察微观原子的真实运动情况，研究人员利用较大的胶体微粒模拟原子，并用高倍显微镜进行观察。结果发现，这些粒子形成的凝胶因为构成了二十面体结构而无法形成结晶——这与 20 世纪 50 年代布里斯托尔大学查尔斯·弗兰克（Charles Frank，1911—1998）做出的预测一致。这种结构解释了为什么玻璃是"玻璃"而不是液体或固体。

我们在生活中见惯不惊的玻璃，曾经对科学发现起了巨大的推动作用。

温度计（thermometer）：1593 年，伽利略发明了玻璃温度计。他发明的温度计是一根一端敞口的玻璃管，另一端带有核桃大的玻璃泡。使用时先给玻璃泡加热，然后把玻璃管插入水中。随着温度的变化，玻璃管中的水面就会上下移动，根据移动的多少就可以判定温度的变化和温度的高低。

这是历史上第一支温度计，从此人类对温度进入定量时代。

望远镜（telescope）：1608 年，荷兰米德尔堡眼镜师利波赛（Hans Lippershey，1570—1619）造出了世界上第一台望远镜。1608 年 10 月 2 日，利波赛向荷兰国会提交对其发现的"能看到很远的地方，好像它们就在你附近一样的东西"的专利申请，并遵从荷兰当局的要求，造了一个实物模型，这台后来被称为"荷兰透视望远镜"的望远镜有着 3× 的倍率。

1609 年，伽利略在利波赛望远镜的基础上经过改进，制造出首台天文望远镜（图 9.4）。利用自己发明的望远镜，伽利略先观测到了月球的高地和环形山投下的阴影，接着又发现了太阳黑子，此外还发现了木星的 4 个最大的卫星，他甚至差点发现了海王星。伽利略的天文发现为哥白尼学说找到了确凿的证据，标志着哥白尼学说开始走向胜利，天文学从此告别了靠裸眼观察的时代，近代天文学的大门被推开。后来牛顿在前人的基础上，发明了反射式望远镜，主镜使用抛物面镜，第二反射镜是平面的对角反射镜，这种设计方法相较于使用透镜，将物体放大的倍数高出数倍。目前，巨型望远镜几乎都是反射望远镜。

三棱镜（prism）：笛卡儿和惠更斯很早发现，白色自然光通过三棱镜后会散射为 7 种颜色的光。但惠更斯认为白色是最纯净的颜色，光线经过玻璃后，由于玻璃掺入了不同的杂质而变成不同的颜色，因而最初未能正确解释实验现象。

图 9.4　油画描绘的 300 年前伽利略用自制望远镜观察星空

1666 年 3 月 21 日，牛顿使用三棱镜，成功进行了著名的太阳光色散实验（图 9.5）。光从棱镜的一个侧面射入，从另一侧面射出，出射光线发生偏折。牛顿正确地解释了实验结果：太阳光由 7 种颜色（波长）构成，红光波长最长，折射率最小；紫光波长最短，折射率最大。由于玻璃对各种颜色光的折射率不同，产生的折射角就不同，不同颜色的光各自分离，形成色散。牛顿的这一重要发现成为光谱分析的基础，揭示了光色的秘密。1704 年，牛顿著成《光学》，系统阐述他在光学方面的研究成果，其中详述了光的粒子理论。

图 9.5　牛顿进行棱镜实验的油画

显微镜（microscope）：荷兰的列文虎克（Antony van Leeuwenhoek，1632—1723），16 岁时因家境贫寒开始在布料店做学徒。20 岁时自己开了一家裁缝店，但仅能勉强度日。40 岁时，谋到一个市政厅看门人的职位，从此生活得以稳定。一次偶然的机会，列文虎克得知凸透镜能将镜子下面的物体放大，但凸透镜价格昂贵，自己无力购买。在眼镜店里观察到磨制凸透镜的过程后，列文虎克决定购买玻璃自己磨。从此他每天黎明即起，手持油石和玻璃，单调、反复但认真地磨制，这一磨就是 40 年。他一生磨制了 400 多个各式各样的透镜，他的房间是当时全世界最大、最齐全的透镜库。列文虎克还制作了一台简单的显微镜，透镜的直径只有 0.3 厘米，其放大率竟高达 266 倍，是当时倍率最高的。这台看似十分简单的显微镜的秘密直到 300 年后被科学家用 X 射线和中子层析（Neutron Tomography）才得以揭开。[①]1674 年他开始观察细菌和他所谓的"原生动物"，还测算了它们的大小。1677 年首次描述了昆虫、狗和人的精子。1684 年他准确地描述了红细胞，证明马尔皮基（Marcello Malpighi，1628—1694，显微镜学之父）推测的毛细血管层是真实存在的。

此前，意大利生物学家、组织学家马尔皮基用显微镜研究人体的微细结构，发现了肾小球、肾小管、红细胞、毛细血管网等，还观察到血液通过毛细血管网，从而证实了哈维（William Harvey，1578—1657）的血液循环学说。马尔皮基还研究了不同植物的显微解剖，发现动物和植物结构有相似之处。

1702 年列文虎克在细心观察了轮虫以后，指出在所有露天积水中都可以找到微小生物，因为这些微生物附着在微尘上，飘浮于空中并且随风转移。1673—1677 年，列文虎克制成单组元放大镜式的高倍显微镜（图 9.6），其中九台保存至今。列文虎克将他的发现写信报告给英国皇家学会，但由于列文虎克未受过正规教育，他写的报告既不像论文，又不像通信，只是一些现象的记录，所以一开始并未受到重视。但列文虎克的信件被秘书长罗伯特·胡克看见，大为惊异。胡克曾用自己制作的显微镜，观察过一些物体的细微结构（图 9.7），曾出版过一本《显微图谱》的书（图 9.8），并第一个提出细胞的概念，但未能像列文虎克那样进行广泛的观察。很快，列文虎克的报告被翻译成英文，发表在《皇家学会哲学杂志》上。1680 年，这个未受过多少教育的看门人被吸收为皇家学会会员，英女王亲自写信祝贺。在列文虎克广泛的研究中，微生物学的大门从此被推开。

图 9.6　列文虎克和他制造的显微镜

---

① Cocquyt, T, Zhou, Z, Plomp, J, & Van Eijck, L. Neutron tomography of Van Leeuwenhoek's microscopes. Science Advances, 2021: 7(20), eabf2402 和 van Zuylen, J. The microscopes of Antoni van Leeuwenhoek. Journal of microscopy, 1981: 121(3), 309-328.

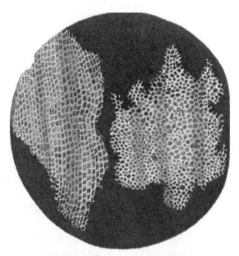

图 9.7   1665 年罗伯特·胡克用显微镜观察到软木薄片的结构并用手绘出

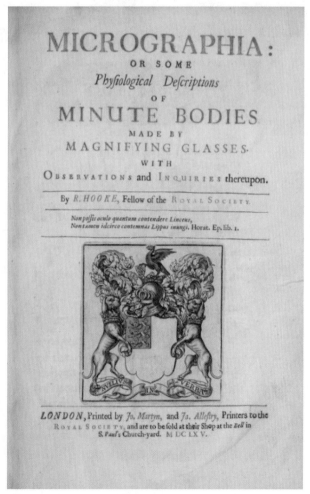

图 9.8   1665 年罗伯特·胡克出版的《显微图谱》

1938 年，恩斯特·鲁斯卡（Ernst Ruska，1906—1988）发明第一台透射电子显微镜，因此在 1986 年获诺贝尔物理学奖。从此，除了透射电镜本身性能的不断提高，该领域还发展了其他多种类型的电镜，如扫描电镜、分析电镜、超高压电镜、低温电镜等，用于物理、化学、生物、材料、医学等领域。随着技术的进步，电子显微镜可把物体放大到 200 万倍（图 9.9，图 9.10）。

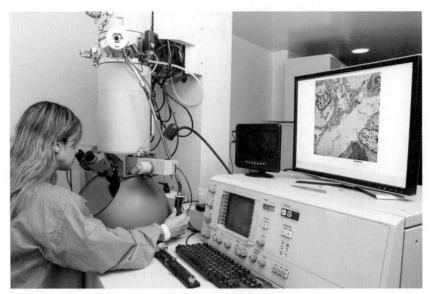

图 9.9　电子显微镜

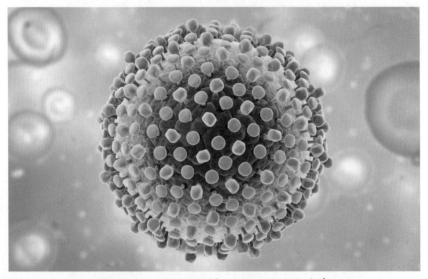

图 9.10　电子显微镜下的丙型肝炎病毒

气压计（barometer）：伽利略的学生托里拆利（Evangelista Torricelli，1608—1647）发明了水银气压计，历史上压强的单位曾用"托"（Tor，Torricelli 的前 3 个字母）表示。

　　曲颈瓶（retort）：公元 9 世纪，阿拉伯学者贾比尔·伊本·哈亚恩（Jābir ibn Hayyān，生卒年不详）发明了曲颈瓶（又称鹅颈瓶）。曲颈瓶是玻璃仪器最先创始的一种蒸馏烧瓶。1669 年，布兰德（Henning Brand，1630—1710）利用曲颈瓶制得元素磷。19 世纪 60 年代，法国微生物学家巴斯德（Louis Pasteur，1822—1895）进行了曲颈瓶实验，证明了细菌不是自然产生的。

　　烧杯（beaker）：烧杯是一种常见的实验室玻璃器皿，很早就由炼金术师发明。在拉瓦锡（Antoine-Laurent de Lavoisier，1743—1794）1789 年出版的《化学概要》里，附录中就有各式各样的烧杯。另外，拉瓦锡夫妇画像的桌上，也放着当时使用的烧杯。后来，贝采利乌斯（Jöns Jakob Berzelius，1779—1848）对烧杯进行了改进。现代烧杯是由格里芬（John Joseph Griffin，1800—1877）发明的，在德国留学期间他一直觉得当时德国人普遍使用的贝采利乌斯烧杯（Berzelius beaker）太高，很容易摔碎，所以他觉得应该做得矮一点。在 1855 年前后，他设计并出售了大量的带有导流口和刻度的矮烧杯，并以他自己的名字来命名这种不易被摔坏的"矮"烧杯。

　　今天，随着化学实验不同的需求，烧杯的种类越来越多，有低形烧杯、高形烧杯、夹套烧杯、塑料柄烧杯、染色烧杯等（图 9.11）。

图 9.11　各式各样的烧杯

　　有科学史家[①]进行过统计，人类的 20 项重大科学发现和发明中，有 16 项与玻璃有关。

　　2022 年是联合国国际玻璃年，也是联合国唯一一次以单一材料来命名的年份。国际玻璃年的主题是"庆祝玻璃的过去、现在和未来，共创可持续、公平和更美好的明天"。

---

① 罗姆·哈勒.伟大的科学实验.廖启端，译.北京：科学普及出版社，1985.

10 曲突徙薪·曲线与曲胜于直

东汉时期的班固（32—92），在《汉书·霍光传》里讲了一个故事：

> 客有过主人者，见其灶直突，傍有积薪。客谓主人："更为曲突，远徙其薪；不者，且有火患。"主人嘿然不应。俄而，家果失火，邻里共救之，幸而得息。于是杀牛置酒，谢其邻人，灼烂者在于上行，余各以功次坐，而不录言曲突者。人谓主人曰："乡使听客之言，不费牛酒，终亡火患。今论功而请宾，曲突徙薪亡恩泽，焦头烂额为上客耶？"主人乃寤而请之。

故事的意思是：有户人家，灶上的烟囱笔直地冲着屋檐，灶口堆着许多柴草。有人看到这种情形，对那家主人说："这样太危险了，弄不好要发生火灾的。应当把烟囱改成弯的，不要冲着屋檐，这样火星就不会飞到椽子上去了。要把灶口的柴草搬开，烧火时就是有炭火掉下来，也不要紧了。"主人不听劝告，依然照旧。不久，那家果然失火了，左邻右舍赶快来救火，终于把火扑灭了。于是，那家人家杀牛置酒，感谢邻居们奋力相救。伤势最重的人坐在首席，其他人也按功劳大小依次就座，但是没请建议他把烟囱改弯、把柴草从灶口搬开的人。有人提醒说："当初要是听了他的意见，及时采取措施，就不会发生火灾了。要是不发生火灾，大伙儿不会受伤，你家也不会受损失，更不会破费钱财置办酒席。要说功劳，数他的功劳最大，你为什么把他忘了？"主人听了这番话，觉得很有道理，连忙恭恭敬敬地把他请来，坐在上首。

这就是成语"曲突徙薪"的来源，比喻事先采取措施，才能防患于未然。

徙薪，很好理解，就是把薪柴挪开，远离火源。但是，曲突，把烟囱做成弯曲的，还能起到作用吗？

烟囱（图 10.1）是一种为锅炉、炉子或壁炉的热烟气或烟雾提供通风的结构。烟囱通常是垂直的，或尽可能接近垂直，以确保气体平稳流动、吸入空气进入燃烧或所谓的烟囱效应。烟囱的作用主要是排烟和提火，同时寒冷地区还有保暖的作用。

烟囱的高度影响其通过烟囱效应将烟道气输送到外部环境的能力。烟囱越高，燃料的燃烧越充分，排出的污染物就会越少。世界上最高的烟囱是位于哈萨克斯坦的 GRES-2 发电站烟囱，高达 420 米。我国最高的烟囱是山西神头第二发电厂的烟囱，高达 270 米。

图 10.1　高耸直立的烟囱

　　高高的烟囱，保证了完全燃烧，排出的只是烟气，没有火星冒出，不会产生火灾。但是，家用炉灶的烟囱一般都比较低矮（图 10.2），不会超过数米，直的烟囱在排烟提火的同时，将未燃尽的燃料连同火星一起带出，就很有可能引发火灾。

图 10.2　低矮的直烟囱，可能排出火焰，引起火灾

　　为了避免火星从低直的烟囱排出引起火灾，于是人们开始思考：能不能将烟囱设计成弯曲的？像图 10.3 中的三道烟囱。

　　但是，三道烟囱有两个 180° 的大拐弯，炉膛里的烟会如设计者所愿沿图中白色箭头线拐弯排出去吗？如果能，这个排烟的原理又是怎样的呢？

　　首先，在整个系统中，炉膛里由于有燃料的燃烧，温度是最高的。由于热虹吸，烟会沿烟道一向 A 区排去。烟雾集中在 A 区，使得 A 区的压强升高，形成高压区。而 B 区由于直接受到炉火的烤炙，温度比 A 区高，但是压强却比 A 区低。这样，A 区（低温高压区）的烟雾就会沿烟道二流向 B 区（高温低压区），从而造成 B 区的压强也升高。此时，B 区相对于室外是个高温高压区，因此能迅速通过烟道三排出到室外，而通过两个 180° 的大拐弯后，排出的只有烟雾，没有火星，不会带来火灾隐患，而且排烟速度更快。

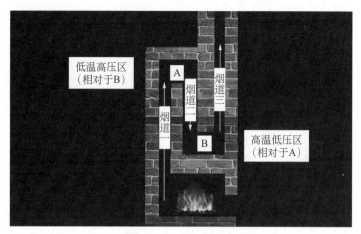

图 10.3　三道烟囱

这种三道（甚至多道）烟囱，在高纬度寒冷地区，不仅能煮食做饭，同时还解决了室内取暖的问题，中国北方地区的火炕也是利用这个原理。

烟雾是流体，它在烟道里的流动就是流体力学现象，可以用流体力学中的伯努利方程定量解释。流体力学现象，本书中还有解释，如"青萍之末"中的卡门涡街，这里就不再赘述了。

在生活中还有很多现象，表明直线并不是最短最快最好的，而曲线往往可以达到曲胜于直的结果。比如一个小球从同一高度沿不同的路径到达同一终点，它可以沿直线、抛物线、圆、摆线等很多路径下来，在这些路径上，假设受到的摩擦力都是相同的（图10.4）。

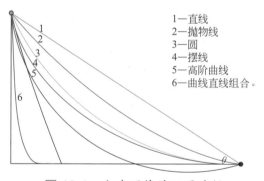

1—直线
2—抛物线
3—圆
4—摆线
5—高阶曲线
6—曲线直线组合。

图 10.4　小球下落的不同路径

在这些路径中，人们常常直觉地认为，直线是最短的，因此走直线应该最先到达终点。但事情的结果却是出乎人们意料的。

和其他几条路径比起来，小球走直线却是最后到达终点，而最先到达的路径是摆线，这条摆线称为最速下降曲线（图10.5）。

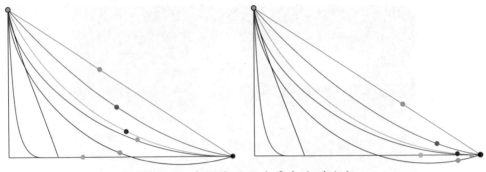

图 10.5 走摆线的小球最先达到终点

为什么小球在摆线上滚下来用时最短？因为在直线上运动，小球获得的加速度是恒定的。如果直线与水平线之间的夹角为 θ，那么小球在直线上运动的加速度一直为 $g\sin\theta$，这里 g 为重力加速度。而在曲线轨道上，小球一开始就获得比直线上更大的加速度 $g\sin\alpha$（前半程曲线上每点的切线与水平线的夹角 α 都大于 θ，当然 α 会越变越小，最后各条曲线的 α 都会小于 θ），因此它在前半程就可以获得比直线上更大的加速度，因而尽快获得更快的速度，所以利用这提前获得的速度可以用更短的时间到达终点，但其代价是要比直线走更多的路。

但为什么最初更陡的曲线，其最初的加速度更大，却不能最先到达？这是因为相比于最速下降曲线，在上述路径上所提前获得的速度收益抵不上它们额外要付出的距离。

那么，摆线是什么曲线？怎样画出摆线？我们可以认定一个圆环上的一点，当这个圆环在直线上滚动时，这一点的轨迹就是摆线（图 10.6）。

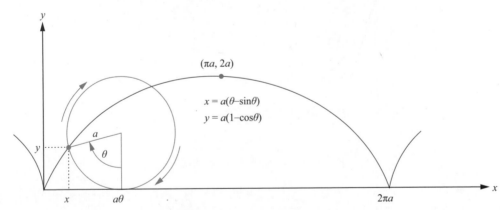

图 10.6 摆线及其数学方程

摆线轨道还有一个奇妙的性质，在摆线轨道上不同点放置相同的小球，如果同时释放，它们可以同时到达终点，尽管它们走过的路程是不相等的（图 10.7）。

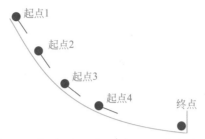

图 10.7 摆线上不同起点的 4 个小球，同时出发会同时到达终点

法国业余数学家费马在 1662 年提出：光传播的路径是光程取极值的路径。这个极值可能是极大值、极小值，甚至是函数的拐点。该假设最初提出时，又名"最短时间原理"：光线传播的路径是需时最少的路径。费马原理的数学形式可以写为 $\delta L = \delta \int_0^L n(s)\mathrm{d}s = 0$，这里 L 是光程，$n(s)$ 是介质的折射率。

但是，人们往往从费马原理简单推论出：光线走直线，因为直线最短，耗时最少。其实，光走直线只能是在同一种介质中，或者多种规则的、各向同性的介质中，像图 10.8 那样。

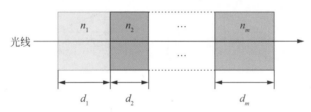

图 10.8 光线在不同介质中走直线的情况

可是，当光穿过不规则的介质时，它就不再走直线了。这是因为，在不同的介质（具有不同的折射率）中（或者在各向异性的介质中），光线有不同的入射角和折射角。折射定理也称为斯涅尔定律，在界面处光线变成折线，因而在这些介质中，光线走出弯曲的折线（图 10.9）。

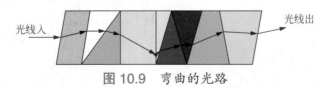

图 10.9 弯曲的光路

不过必须强调的，费马定理仍然是成立的。费马说的是光传播的路径是光程取极值的路径。什么是光程呢？光程就等于光穿过介质中的路径长度乘以该介质的折射率。

在透镜中，还有一个等光程原理。如图 10.10 所示，光从 f_1（透镜 L_1 的焦点）出发，无论是哪条光线（A_1、A_2 还是 A_3），到达 f_2（透镜 L_2 的焦点）时，它们的光程是相等的。

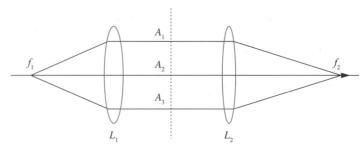

图 10.10　经过透镜的光程

为什么光穿过透镜再聚焦后光程相等呢？再看图 10.11，透镜的折射率为 n，像玻璃，$n \approx 1.5$，而空气的折射率近似为 1。以焦点为圆心，以焦距为半径作一圆（弧），那么线段 af 和 cf 是相等的。可以证明，$cd + n \times de + eg = n \times ab$，因此，光经过透镜，无论走哪些光路，所有光路的光程是相等的。

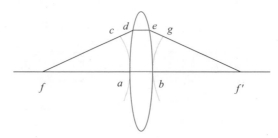

图 10.11　光程相同示意图

看了上面的弯道烟囱和最速下降曲线，有些时候我们真可以说曲胜于直。曲胜于直的例子在自然界里还有很多，比如闪电（图 10.12）。

图 10.12　闪电几乎都是走曲线

闪电之所以产生，是因为空中云层积累电荷过多，必须向地面放掉。由于空气是不良导体，无法传导电流，因此云层的电荷无法直接通过空气传播到地面。当云层的电荷积累得足够多时，它会产生电离而击穿空气。当带电云层击穿空气将电荷放给地面时，并不是走距离最短的直线，而是遵循耗能最小的原则。在空气中，有些部位的空气，由于密度和分子成分不同，最容易被击穿，闪电便直奔最容易被击穿的部分而去。击穿后闪电再找下一层最容易电离的部分，这样电荷向地面放电的过程便不能（也不可能）走直线，它走的是一条每一步都最节能的曲线。在击穿时，空气会剧烈振动，从而发出轰鸣，这就是雷声。由于声音的传播速度远小于光，通常要在看到闪电数秒后才能听到雷鸣。

江河奔流，往往弯曲，因为它走的每一步都是最节能的路线，因而形成曲折蜿蜒的走向（图 10.13）。不过站在更高的位置，如果江河能集中能量，冲破阻碍，走出一条较直的线，总体上会更省能量。但虽省能量，其流域面积和灌溉的土地却少了（而且流体力学的原理也不允许）。孰是孰非，谁能分辨？

但，青山遮不住，毕竟东流去！

图 10.13　蜿蜒曲折的河流

11 青萍之末·卡门涡街

    "青萍之末"（青蘋之末）这则成语，原始文献是"风，起于青萍之末"，出自战国时期楚国宋玉的《风赋》。原意是指风从地上产生，开始是在青萍草头上轻轻飞旋，最后会成为劲猛剽悍的大风，即大风是从小风发展而来。现在常指大的影响从微细不易察觉之处发源。

    宋玉（约前298—前222），字子渊，宋国公族后裔，楚国文人，中国古代四大美男之一，崇尚老庄。宋玉的文笔优美、细腻工致，抒情与写景自然贴切，与屈原并称"屈宋"。现节录《风赋》如下：

    楚襄王游于兰台之宫，宋玉、景差侍。有风飒然而至，王乃披襟而当之，曰："快哉此风！寡人所与庶人共者邪？"宋玉对曰："此独大王之风耳，庶人安得而共之！"王曰："夫风者，天地之气，溥畅而至，不择贵贱高下而加焉。今子独以为寡人之风，岂有说乎？"宋玉对曰："臣闻于师：枳句来巢，空穴来风。其所托者然，则风气殊焉。"王曰："夫风，安生始哉？"宋玉对曰："夫风生于地，起于青萍之末，侵淫溪谷，盛怒于土囊之口，缘太山之阿，舞于松柏之下，飘忽淜滂，激飏熛怒。眈眈雷声，回穴错迕，蹶石伐木，梢杀林莽。至其将衰也，被丽披离，冲孔动楗，眴焕粲烂，离散转移……"

    上文意思是：楚襄王在兰台宫游玩，由宋玉、景差陪同。一阵风飒飒吹来，楚襄王敞开衣襟迎着吹来的清风，说："这风好爽快！这是我与百姓共同享受的吗？"宋玉回答道："这只是大王享受的风，百姓怎么能与王共同享受它呢！"楚襄王说："风是天地间流动的空气，它普遍而畅通无阻地吹送过来，不分贵贱高下，都能吹到。现在你却认为只有我才能享受它，难道有什么理由吗？"宋玉答道："我听老师说，枳树弯曲多叉，就会引鸟作巢。有空洞的地方，风就会吹过来。由于所依托的环境条件不同，风的气势也就不同了。"楚襄王问道："那风，最初是从哪里生成的呢？"宋玉答道："风在大地上生成，从青萍这种水草的末梢飘起。逐渐进入山溪峡谷，在大山洞的洞口怒吼。然后沿着大山弯曲处继续前进，在松柏之下狂舞乱奔。它轻快移动，撞击木石，发出乒乒乓乓的声响，气势昂扬，像恣肆飞扬的烈火，闻之如轰轰雷响，视之则回旋不定。吹翻大石，折断树木，冲击密林草丛。等到风势将衰微下来时，风力便四面散开，只能透入小洞，摇动门拴了。大风平息之后，景物鲜明，微风荡漾……"

塔科马位于西雅图南面约 60 千米，风景优美，它的西面有一条海峡，称为塔科马海峡（Tacoma Narrows）。通过海峡，蜿蜒曲折可通到太平洋。

塔科马海峡大桥（图 11.1），为跨越海峡的悬索桥，1940 年 7 月建成。该桥主孔跨度 853.4 米，两边跨度各 335 米，桥宽 11.9 米，加劲钢板梁高 2.74 米。

整座大桥耗资约 880 万美元，是当时世界上第三长的悬索桥。桥梁的设计师是业界精英，曾先后参与各著名大桥的建造。该桥设计抗风速为 60 米每秒。建筑方兢兢业业，使用的是高质量的板型钢材及性能稳定的水泥；监督方一丝不苟，整个施工过程被严格监督。但在通车之前，大桥就已经出现遇风摇晃的情况，这吸引了不少市民专门驱车来一探究竟。当时，人们对这种狭长的桥梁设计找不出可以指责的地方，认为桥梁具有一定的承载能力就足以安全了，设计师们认为这种波动不会引起严重后果。

图 11.1　塔科马海峡大桥

通车 4 个月后，即 11 月 7 日，本是风和日丽的一天，海面上吹来一阵速度为 19 米每秒的风。风虽不算大，但大桥却发生了剧烈的扭曲振动，且振幅越来越大（最高时接近 9 米），直到桥面倾斜到 45° 左右，吊杆逐根拉断导致桥面钢梁折断而塌毁，坠落到峡谷之中（图 11.2）。当时正好有一支好莱坞团队在以该桥为外景拍摄影片，他们记录了桥梁从开始振动到最后毁坏的全过程。并且通过影片可以看到，桥上桥下的行人戴着的礼帽都未被风吹落、衣袂未飘，表明风力确实不大。该片后来成为美国联邦公路局调查事故原因的珍贵资料。人们在调查这一事故收集历史资料时，惊异地发现：从 1818 年到 19 世纪末，由风引起的桥梁振动至少毁坏了 11 座悬索桥。

第二次世界大战结束后，人们对塔科马海峡大桥风毁事故的原因进行了研究。经过初步调查研究，调查小组发现大桥在设计上存在不可忽视的缺陷。大桥主跨长 853.4 米，桥宽却只有 11.9 米，不仅桥面过于狭窄，而且只有 2.74 米高的钢梁也无法使桥身产生足够的刚度。但对于坍塌的原因，业界一开始就有两种不同的意见。一部分航空工程师认为塔科马海峡大桥的振动类似于机翼的颤振；而以冯·卡门（Theodore von Kármán，1881—

图 11.2　毁坏瞬间

1963）为代表的流体力学专家认为，塔科马海峡大桥的主梁有着钝头的 H 型断面，与流线型的机翼不同，存在着明显的涡旋脱落，应该用涡激共振机理解释。冯·卡门 1954 年在《空气动力学的发展》一书中写道：塔科马海峡大桥的毁坏，是由周期性涡旋的共振引起的。设计的人想建造一个较便宜的结构，采用了平板来代替桁架作为边墙。不幸的是，这些平板引起了涡旋，使桥身开始扭转振动。这一破坏现象，是振动与涡旋发生共振而引起的。这种流体力学效应如今叫作卡门涡街（Karman vortex street）。

　　卡门涡街是流体力学中重要的现象，在自然界中经常可以遇到。在一定条件下的定常流绕流过某些物体时，物体两侧会周期性地脱落出旋转方向相反、排列规则的双列线涡。开始时，这两列线涡分别保持自身的运动前进，接着它们互相干扰，互相吸引，而且干扰越来越大，形成非线性的一条街——卡门涡街。例如，水流过桥墩，风吹过高塔、烟囱、电线等都会形成卡门涡街（图 11.3）。

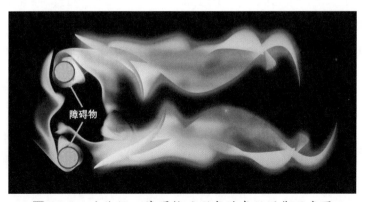

图 11.3　流体经二障碍物后形成的卡门涡街示意图

对圆柱绕流，涡街的每个单涡的频率 f 与绕流速度 v 成正比，与圆柱体直径 d 成反比，即 $f=Sr \cdot v/d$。Sr 是斯特劳哈尔数，主要与雷诺数有关。当雷诺数为 $3 \times 10^2 \sim 3 \times 10^5$ 时，Sr 近似于常数值（0.21）；当雷诺数为 $3 \times 10^5 \sim 3 \times 10^6$ 时，有规则的涡街便不再存在；当雷诺数大于 3×10^6 时，卡门涡街又会自动出现，这时 Sr 约为 0.27。出现涡街时，流体对物体会产生一个周期性的交变横向作用力。如果力的频率与物体的固有频率相接近，就会引起共振，导致物体损坏。这种涡街会使潜水艇的潜望镜失去观察能力，使海峡大桥受到毁坏，锅炉的空气预热器管箱发生振动和破裂。

冯·卡门令人信服而又成功地分析出塔科马海峡大桥未遇强风而坍塌的原因，为后来的大型工程建筑指出了一条规避风险的途径。

西奥多·冯·卡门，1881 年 5 月 11 日出生在匈牙利布达佩斯的一个犹太家庭，6 岁时对 5 位数的乘法稍加思索就能报出答案。他的父亲却对他超常运算的能力感到担忧，怕他将来变成一个畸形发展的人。在父亲的干预下，冯·卡门便和数学科目断绝来往，直到十几岁才重新开始学习数学。父亲让他读地理、历史、诗歌来代替做数学习题，他后来始终很感激父亲。

1902 年，冯·卡门在布达佩斯皇家理工综合大学获得硕士学位。1903—1906 年，他在理工大学任职，并担任匈牙利一家发动机制造厂的顾问，在航空器结构和材料强度方面从事过一些有价值的工作。这段时间，他还到德国哥廷根大学攻读博士学位，师从现代流体力学开拓者之一的普朗特（Ludwig Prandtl，1875—1953）教授，1908 年获得哥廷根大学博士学位，留校任教 4 年。

1911 年，冯·卡门在哥廷根大学当助教时，流体力学奠基人普朗特当时的研究兴趣主要集中在边界层问题上。普朗特交给博士生哈依门兹（Karl Hiemenz，生卒年不详）的任务，是设计一个水槽，以能观察到圆柱体后面的流动分裂，用实验来验证按边界层理论计算出来的分裂点。为此，必须先知道在稳定水流中圆柱体周围的压强是如何分布的。哈依门兹按方案做好了水槽，但出乎意外的是在进行实验时，发现在水槽中的水流不断发生激烈的摆动。

哈依门兹向普朗特报告这一情况后，普朗特告诉他：“显然，你的圆柱体不够圆。”可是，当一贯以严谨著称的德国人哈依门兹一丝不苟地将圆柱体做了非常精细的加工后，水流还是继续摆动。普朗特又说：“水槽可能不对称。”哈依门兹于是又开始细心地调整水槽，但仍不能解决问题。

冯·卡门当时所做的课题与哈依门兹的工作并没有关系，而他每天早上进实验室时总要跑过去问哈依门兹，现在流动稳定了没有？哈依门兹依旧非常懊丧地回答："始终在摆动。"

哈依门兹一直解决不了的问题让冯·卡门开始思索起来。他想，如果水流始终在摆动，这个现象一定有内在的原因。一个周末，冯·卡门用粗略的运算方法，试计算了一下涡系的稳定性。他假定只有一个涡旋可以自由活动，其他所有的涡旋都固定不动，然后让这一涡旋稍微移动一下位置，观察计算的结果。冯·卡门得到的结论是：如果是对称的排列，那么这个涡旋就一定离开它原来的位置越来越远；而对于反对称的排列，虽然也得到同样的结果，但当行列的间距和相邻涡旋的间距一定时，这涡旋却停留在它原来位置的附近，并且围绕原来的位置作微小的环形路线运动。

星期一上午，冯·卡门向普朗特教授报告了他的计算结果，并问普朗特对这一现象的看法。普朗特说，"这里面有些道理，写下来吧，我把你的论文提交到学院去。"冯·卡门后来回忆此事时写道："这就是我关于这一问题的第一篇论文。之后，我觉得，我的假定有点太武断。于是又重新研究一个所有涡旋都能移动的涡系。这样需要稍微复杂一些的数学计算。经过几周后，计算完毕，我写出了第二篇论文。有人问我：'你为什么在三个星期内提出两篇论文呢？一定有一篇是错的吧。'其实并没有错，我只是先得出个粗略的近似，然后再把它细致化，基本结果是一样的；只是得到的临界比的数值并不完全相同。"

冯·卡门是针对哈依门兹的水槽实验，进行涡旋排列的研究的。由于冯·卡门对其机理详细而又成功的研究，后来人们称其为卡门涡街。不过，冯·卡门自己认为这些涡旋早就存在，他小时候在教堂里的画上就看到过这样的涡旋。他还说，在他之前有一位英国科学家马洛克（Henry Mallock，1851—1933）也已观察到障碍物后面交错的涡旋，并摄有照片；还有一位法国教授贝尔纳（Henry Bérnard，1874—1939）也做过关于这一问题的大量研究。

1930 年，冯·卡门移居美国，指导古根海姆气动力实验室和加州理工学院第一个风洞的设计和建设。在任实验室主任期间，他还提出了边界层控制理论，1935 年又提出了超声速阻力的原则。1938 年，冯·卡门在美国东北部指导进行了第一次超声速风洞试验，发明了喷气助推起飞，使美国成为第一个在飞机上使用火箭助推器的国家。

1939 年，冯·卡门要求他的学生钱学森[①]（1911—2009）（图 11.4）把两大命题作为他博士论文的研究课题，从而建立崭新的"亚声速"空气动力学和"超声速"空气动力学。而其中一个命题就是著名的"卡门 - 钱学森公式"。这个公式是由冯·卡门提出命题，钱学森做出结果。原理是对亚声速气流中空气压缩性对翼型压强分布情况的计算，就是"一种计算高速飞行着的飞机机翼表面压力分布情况的科学公式"。这个公式第一次发现了在可压

图 11.4　冯·卡门（左）与钱学森（右）

---

① 钱学森，著名航天科学家，中国科学院、中国工程院资深院士，中国人民政治协商会议第六届、七届、八届全国委员会副主席，中国航天事业奠基人。钱学森开创了工程控制论、物理力学两门新兴学科，为人类科学事业的发展做出了重要贡献。钱学森最先为中国火箭导弹技术的发展提出了极为重要的实施方案，并长期担任中国火箭、导弹和航天事业的技术领导职务，为实现中国国防尖端技术的新突破建立了卓越功勋。他潜心研究的工程控制论、系统工程理论，广泛应用于军事、农业、林业乃至社会经济各个领域的实践活动，在中国现代化建设中发挥了重要作用。1991 年 10 月，钱学森被授予"国家杰出贡献科学家"荣誉称号，被授予一级英雄模范奖章。1999 年 9 月，被授予"两弹一星功勋奖章"。

1934 年夏，钱学森以航空专业第一名的成绩考取公费留美，开始涉足航空工程领域。在美期间，钱学森的研究工作取得了相当成就。同时由于美国在第二次世界大战中军事科学研究的需要，暂时放松了对外国人的限制，他得以参加机密性工作。钱学森在冯·卡门的指导下，与马林纳等一起研究火箭发动机的热力学问题、探空火箭问题和远程火箭问题等，并参与了美国早期用可储存液体推进剂的几种试验性探空火箭和后来的下士导弹研制工作。

1947 年，钱学森与蒋英在上海结婚。同年 9 月，前往美国波士顿。1948 年，祖国解放事业胜利在望，钱学森开始准备回国，为此，他要求退出美国空军科学咨询团。1950 年 7 月，美国政府决定取消钱学森参加机密研究的资格，并指控钱学森是美国共产党员，非法入境。钱学森这时立即决定以探亲为名回国，准备一去不返。但当他一家将要出发时，钱学森被拘留起来，两星期后虽经同事保释出来，但继续受到移民局的限制和联邦调查局特务的监视，滞留达 5 年之久。

1955 年 6 月，中美大使会谈前夕，美方想利用会谈的机会，赎回在朝鲜战争期间被俘获的军事人员。美国总统艾森豪威尔的误判使事情最终出现转机，他认为："（经过 5 年的滞留）钱学森掌握的信息已不再有价值了。现在看来，他（钱学森）那个时候掌握的涉密信息可能被最新研究所超越。"因此，在 1955 年 6 月中旬，美方最终同意钱学森回国。

1955 年 8 月 5 日，在中国政府交涉下，钱学森收到美国司法部移民规划局的信件，被告知可以离开美国。在码头上面对媒体记者和赶来送行的朋友们，钱学森说："我将尽我所能帮助中国人民建设一个幸福而有尊严的国家。"

图 11.5　晚年的冯·卡门

缩的气流中，机翼在亚声速飞行时的压强和速度之间的定量关系。通俗地说，就是当飞机
的飞行速度接近 340 米每秒的声速时，空气的可压缩性对机翼和机身的升力的影响究竟有
多大。"卡门 – 钱学森公式"回答了这个问题，准确地表达了这种量的关系，并且为实验所
证明。

　　1946 年，冯·卡门提出跨声速相似律，与普朗特的亚声速相似律、钱学森的高超声
速相似律和阿克莱的超声速相似律结合起来，为可压缩空气动力学形成一个完整的基础理
论体系。同年，他在第 10 届"莱特兄弟纪念演讲会"上作了题为《超声速空气动力学的
理论和应用》的重要演讲，向人们宣告了超声速时代即将到来。

　　20 世纪科学技术得到了迅猛发展，然而像冯·卡门那样在航天技术中独领风骚的人
物则凤毛麟角，几近绝迹。因而他被后人誉为"航空航天时代的科学奇才"。

　　德国火箭专家、导弹之父冯·布劳恩（Freiherr von Braun，1912—1977）曾说："冯·卡
门是航空和航天领域最杰出的一位元老，远见卓识、敏于创造、精于组织……正是他独具
的特色。"鉴于冯·卡门在科学、技术及教育事业等方面的卓著贡献，美国国会授予他第
一枚"国家科学勋章"。1963 年 2 月 18 日上午，名人聚集，宾客如云，授勋仪式即将举行。
当年迈的冯·卡门走下台阶时，患有严重关节炎的他步履不稳，险些摔倒。年轻的总统肯
尼迪（John Kennedy，1917—1963）赶紧走上前，一把将他扶住。老人抬头报以感激的微
笑，继而轻轻推开总统伸出的手，淡淡地说："总统先生，下坡而行者无需搀扶，唯独举
足高攀者才求一臂之力。"

　　据说，冯·卡门在推导公式时，常会先陷进自己故意设置的死胡同，然后再以高度技
巧从困境中摆脱出来。在场的学生，时而屏息无声，时而惊呼叫绝。在学生看来，他就像

在耍木偶，把死东西玩儿活了。

曾有人把他和达·芬奇（Leonardo da Vinci，1452—1519）相提并论，认为达·芬奇创造了新奇的机件，而冯·卡门则培育出大批杰出的人才。他的学生遍及五大洲，被人们称为"卡门科班"，他为教育事业做出了杰出的贡献。在他的指导下，加州理工大学一批航空工程师，包括他心爱的中国弟子钱学森、钱伟长[①]（1912—2010）、郭永怀[②]（1909—1968）开始研究喷气推进和液体燃料火箭、力学和应用数学，推动了后来喷气推进实验室的成立。该实验室是美国政府第一个从事远程导弹、空间探索的研究单位，有很多重要的研究成果，其中包括在他指导下，钱伟长发表了世界上第一篇关于奇异摄动理论的论文，钱伟长也因此被国际上公认为该领域的奠基人。

1963年5月6日，冯·卡门在前往德国亚琛的路上逝世，一颗科学巨星陨落了。这不仅仅是一个学科领域是一所大学的损失，更是全人类的损失。冯·卡门葬在帕萨迪纳（Pasadena），享年82岁。他的灵柩后面跟着数不清的送葬的人，他们从世界各地匆忙赶来，肤色不同，信仰不同，文化观念也不同，但是他们此刻的表情都无比悲怆。

---

① 钱伟长，物理学家、力学家、应用数学家、教育家、社会活动家，中国科学院院士，上海大学原校长、上海市应用数学和力学研究所所长。钱伟长创建了板壳内禀统一理论和浅壳的非线性微分方程组，在波导管理论、奇异摄动理论、润滑理论、环壳理论、广义变分原理、有限元法、穿甲力学、大电机设计、高能电池、空气动力学、中文信息学等方面都有卓著贡献。

② 郭永怀，著名力学家、应用数学家、空气动力学家，中国科学院院士，中国科学技术大学化学物理系首任系主任，近代力学事业的奠基人之一。郭永怀长期从事航空工程研究，发现了上临界马赫数，发展了奇异摄动理论中的变形坐标法，即国际上公认的PLK方法。郭永怀主导了中国的高速空气动力学、电磁流体力学和爆炸力学等新兴学科的研究，在原子弹、氢弹的研制工作中领导和组织爆轰力学、高压物态方程、空气动力学、飞行力学、结构力学和武器环境实验科学等研究工作，解决了一系列重大问题，是一位为中国"两弹一星"实验工作均做出巨大贡献的科学家。1968年12月5日因飞机失事不幸牺牲，同年12月25日被追认为烈士。2018年7月，国际小行星中心正式发布公告，编号为212796号的小行星被永久命名为"郭永怀星"。

12 不测风云 · 花旗大厦

"不测风云"，即天有不测风云，有时也被归为俗语，表示自然界有些灾祸的发生，事先无法预料。此成语的最早出处已无考，但北宋吕蒙正（944—1011）在《寒窑赋》中引用后，为世人所熟悉。

《寒窑赋》的一个版本的第一段如下：

天有不测风云，人有旦夕祸福。蜈蚣百足，行不及蛇；雄鸡两翼，飞不过鸦。马有千里之程，无骑不能自往；人有冲天之志，非运不能自通。

花旗银行的前身是 1812 年 6 月 16 日成立的"纽约城市银行"（City Bank of New York），在 1894 年成为美国最大的银行。1960 年初，花旗银行位于曼哈顿公园大道的总部由于发展的需要，欲在纽约市中心建造一栋全新的摩天大楼。

他们在市中心相中了一块不规则的地皮。说是不规则，是因为这块地是属于教会的，教堂年久失修，又无钱维护，只好出售土地，但同时提出了一个苛刻的条件，要在原址上为教会新修一座教堂，同时摩天大楼的任何建筑部分不能穿过教堂。

经过数年的谈判，花旗银行用大约 4000 万美元的价格买下了这块位置优良的地皮，准备在这里修建一座 58 层、高度达 279 米的摩天大楼。

这些苛刻条件难倒了大厦首席设计师梅苏里尔（William Le Messurier，生卒年不详）和首席建筑师斯塔宾斯（Hugh Stubbins Jr.，1912—2006）。梅苏里尔先是在哈佛大学读数学，随后在麻省理工学院获得了建筑工程的硕士学位。斯塔宾斯则是纽约颇有声誉的建筑师，他在学生时代就读于佐治亚理工学院，并在哈佛大学获得了硕士学位。

为了修建新的教堂，大厦必须抬高 35 米，这就需要四根柱子。但四个角立了柱子后，教堂的位置就不够了。如果柱子穿过教堂，教会又不答应。他们也想过像树一样中间立根柱子，但一根柱子支撑这么高的大楼，在结构力学上又不稳定。突然间，梅苏里尔灵光一闪，如果将四根柱子不放在四个角上，而是放在大楼的四个面（四条边）的下面（图 12.1），就可以稳定地支撑整座大厦。梅苏里尔又设计出了大胆的"V 型桁架"体系（图 12.2）。如果说中间的柱子是树干，V 型桁架就是树枝，这样相当于有四根树干，而 V 型桁架将楼层的重量稳定地传递给柱子。梅苏里尔还将大厦的上部设计为 45° 的斜面造型，使得整个大楼看起来美观时尚。

想出这个点子时，梅苏里尔当时正在餐厅用餐，他急忙在餐布上画出了大楼的草图，回去后就开始了认真的计算和设计。同时，为了抑制建筑物由于风荷载而造成的摇摆，梅苏里尔在塔楼顶部设计了调谐质量阻尼器，重达 400 吨的混凝土块在油面上滑动，通过活塞装置由计算机精准控制。当风向西吹时，活塞会把风门推向东方，从而减轻 50% 的风荷载对建筑的影响。

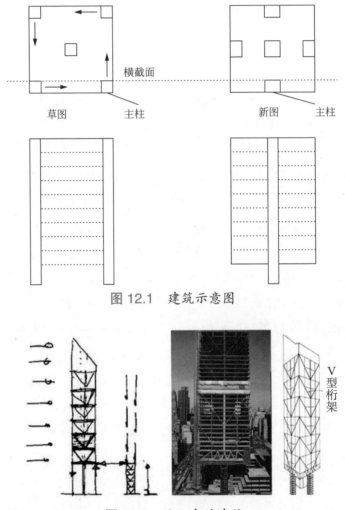

图 12.1　建筑示意图

图 12.2　施工中的建筑

1977 年，耗资约 2 亿美元的大楼建成，被命名为花旗集团总部大厦（Citicorp Center）（图 12.3，图 12.4），成为当时世界第七高的建筑。那些巨大的 V 型桁架被梅苏里尔认为是天才般的发明，他甚至试图说服建筑师好友斯塔宾斯将这些桁架布置在大厦最显眼的外部，不过被斯塔宾斯拒绝了。大厦的独特设计和成功修建为梅苏里尔带来了更大的声誉。

不过一年后接到的一个电话却让梅苏里尔感到了不安。普林斯顿大学工程系的学生哈特利（Diane Hartley，生卒年不详）在做毕业设计时，导师让她以花旗集团总部大厦为题，计算一下大楼的抗风能力。在准备论文时，哈特利从梅苏里尔公司一名助理工程师那里拿到了大厦的相关资料，并对大厦的结构工程进行复核。在复核的计算过程中，她发现大厦在抗风性能上异于常规的建筑物。当飓风迎面吹来时，大厦完全能抗住。但当风与楼面成45°吹来时，大楼结构受到的应力负荷将导致大厦遭到破坏甚至坍塌。

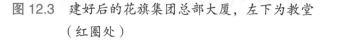

图 12.3　建好后的花旗集团总部大厦，左下为教堂（红圈处）　　图 12.4　花旗集团总部大厦底部

梅苏里尔一开始对一个本科生对大楼所做的计算并不在意，他对自己的设计有足够的信心，并且为了周全，大楼里还安装有阻尼装置。刚好不久后他在哈佛大学有一个工程讲座，他准备把哈特利的毕业设计作为反例在讲座上提出来。不过，在准备讲稿时，梅苏里尔又认真地计算了一遍。梅苏里尔首先计算了风垂直于建筑表面的工况，在不同方向的风荷载下，大厦的 V 型桁架构件呈现出受压或受拉的力学响应。随后，梅苏里尔又计算了对角风的情况。对角风可以按 45° 分解为两个垂直于建筑表面的分力，大小为两个面风力的 70%。在通常情况下，构件引起的力学响应是小于垂直面风工况的。然而，梅苏里尔惊奇地发现，在他设计的 V 型桁架中，在受到对角风力的情况下，部分桁架的应力竟然比垂直面风工况，也就是比设计的高出 40%。经过仔细分析后，梅苏里尔惊愕地发现，整个大厦只能经受风速为 120 千米每小时的强风。

在梅苏里尔的设计中，桁架支撑是通过焊接来固定构件的。但当时也有其他摩天大楼用螺栓代替焊接来连接构件，因为焊接需要大量合格的焊工，成本高昂。梅苏里尔觉得必须马上确定花旗新大楼在施工时是否也用了螺栓代替焊接，因为螺栓连接虽然比焊接连接要弱一些，但也在安全度以内；如果是焊接，设计时预留的安全度可以覆盖掉意料之外的 40% 内力。

不幸的是，得到的答复为螺栓连接，并且建造方得到了梅苏里尔自己团队的同意。

梅苏里尔利用纽约市气象局的天气记录，计算了一场足以撕裂大楼的暴风雨出现的概率。数据告诉他，这种事件发生的概率统计为 1/16——气象学家称之为 16 年一遇；再考虑到楼顶大型阻尼器的缓冲作用，概率降低到 1/55，即 55 年一遇。可阻尼器的运行需要电源，一旦大风暴来袭，随时可能会停电，那样的话，阻尼器随时会瘫痪。

梅苏里尔手里只有 3 个选择：①沉默，知道的人极少，也许不会出事；②自杀；③补救。梅苏里尔犹豫再三还是选择了第 3 个方案。

梅苏里尔将事情原委告诉了花旗集团，提出补救计划，并告知了红十字会。据估计，如果发生大楼倒塌，会带来 20 万人伤亡。

修复工作从 8 月份开始，包括将大量 5 厘米厚、1.8 米长的钢板焊接到 200 多个螺栓连接上，同时为阻尼器配上应急电源。因为担心刺鼻的烟雾会引起租户的恐慌，修复工作只能在下班后进行。电焊工从晚上 8 点一直焊接到凌晨 4 点，每周工作 7 天。

但一个更加令人不安的消息传来，一场大风暴——飓风艾拉（Hurricane Ella）已经生成，正向纽约逼近，风速达到时速 200 千米，而加固工作至少还需要 1 个月的时间。梅苏里尔整天焦虑，度日如年，不断祈祷。万不得已，只有通过红十字会疏散周边 20 万人。

此时飓风艾拉不断从东南方向逼近纽约，情况一天比一天危急。看着快速逼近的灾难，梅苏里尔心急如焚。

但天有不测风云，艾拉快接近纽约时，忽然转向（图 12.5），奇迹般朝东北方向的加拿大奔去，花旗集团总部大厦就此躲过一劫。

图 12.5 飓风艾拉行进轨迹

焊接工作一如既往地进行，最终在 10 月底前完成。加固工作完成后，这座大楼已是最安全的建筑之一，即使阻尼器失效，也能够抵挡 700 年一遇的风暴。

13 蚍蜉撼树·蚂蚁的世界

唐代（618—907）是中国历史上最为强盛的历史时期之一，最令人瞩目的文学成就是唐诗。而且在唐代任何一个时期，也无人能独领风骚，而是群峰突起，如初唐时期（618—683）的陈子昂（约659—约700）、王勃（650—约676）、杨炯（650—693）、卢照邻（生卒年不详）、骆宾王（640—684），盛唐时期（684—755）的李白（701—762）、杜甫（712—770）、岑参（约717—770）、王维（701—761），中唐时期（756—874）的李贺（790—816）、韩愈（768—824）、白居易（772—846）、刘禹锡（772—842），晚唐时期（875—907）的李商隐（813—858）、杜牧（803—852）就是其中的几位代表。

韩愈是唐代古文运动的倡导者，被后人尊为"唐宋八大家"之首，与柳宗元（773—819）并称"韩柳"，有"文章巨公"和"百代文宗"之名。后人将其与柳宗元、欧阳修（1007—1072）和苏轼（1037—1101）合称"千古文章四大家"。韩愈的作品非常多，现存诗文700余篇，其中散文近400篇，苏轼称他"文起八代之衰"。韩愈在他的诗文中为后世留下了三百多个成语，如蝇营狗苟、佶屈聱牙、蚍蜉撼树等。

蚍蜉撼树这个成语，出自韩愈《调张籍》一诗，作于唐宪宗元和十年（815年）。当时，李白、杜甫已先后过世，但还不曾受到人们普遍的尊重。在韩愈以前，李白诗名高于杜甫；到韩愈时，又有人尊杜抑李。例如，元稹（779—831）在唐宪宗元和八年（813年）为杜甫作墓志铭并序中说："诗人已来，未有如杜子美者。时山东李白，亦以奇文取称，时人谓之李杜。余观其乐府歌诗，诚亦差肩于子美矣。"而与元稹并称"元白"的白居易更在《与元九书》中说："又诗之豪者，世称李、杜。李之作，才矣！奇矣！人不逮矣！索其风雅比兴，十无一焉。杜诗最多，可传者千余首……尽工尽善，又过于李焉。然撮其《新安》《石壕》……诸章，'朱门酒肉臭，路有冻死骨'之句，亦不过十三四。杜尚如此，况不逮杜者乎？"但韩愈却对李杜都甚为推崇，在这首《调张籍》诗中，热情地赞美李白和杜甫的诗文，表现出对李杜高度的倾慕之情：

> 李杜文章在，光焰万丈长。
>
> 不知群儿愚，那用故谤伤。
>
> 蚍蜉撼大树，可笑不自量！
>
> 伊我生其后，举颈遥相望。
>
> ……

蚍蜉撼树比喻力量本来很微弱，而又妄想动摇强大的事物，不自量力。

蚍蜉是一种体型相对较大的蚂蚁，喜欢生活在潮湿温暖的土壤之中。蚂蚁，大家熟悉而陌生，是一种称为昆虫的小动物。熟悉，是因为人人都见过；陌生，是因为它们生活的巢穴往往在地下，人们不得窥见，对它们的生活习性和方式知其一，不知其二。

据生物学家统计，目前地球上已知的动物大约有 150 万种，被描述过的大约有 120 万种。最早，古希腊哲学家亚里士多德采取对动物性状对比的方法区分物类，例如把热血动物归为一类，以与冷血动物相区别。中国的《汉书·艺文志·尔雅》（佚名）把动物分为虫、鱼、鸟、兽 4 类：虫包括大部分无脊椎动物；鱼包括鱼类、两栖类、爬行类等低级脊椎动物，以及鲸和虾、蟹、贝类等；鸟是鸟类；兽是哺乳动物。

近代动植物的分类是由瑞典生物学家林奈（Carl von Linné，1707—1778）提出来的。他在 1735 年出版的《自然系统》一书中，把动植物按属性分为界、纲、目、属、种（图 13.1）。今天，生物学界将生物分成界（kingdom）、门（phylum）、纲（class）、目（order）、科（family）、属（genus）、种（species）7 个等级。

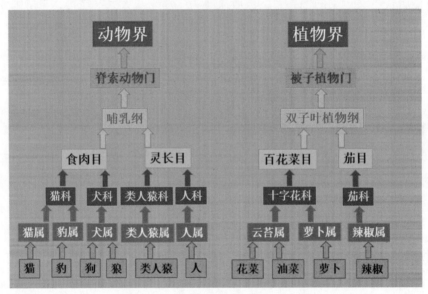

图 13.1　界门纲目科属种示意图

界：所有的动物都属于动物界，动物界中包含许多门，最早林奈只分了两个界——植物界和动物界。现在随着分子生物学的发展，可分为 6 个界。

门：具有一些共同特征的来自不同纲的生物归入同一个门，如原生动物门、裸子植物门等。

纲：具有一些共同特征的来自不同目的生物，归入同一个纲。

目：具有一些共同特征的来自不同科的生物，归入同一个目。

科：具有一些共同特征的来自不同属的生物，归入同一个科，如猫科动物、犬科动物。猫和犬又属于脊索动物门、哺乳纲、食肉目。

属：一些不同种类的生物，例如狗与狼的特征相似，它们归入同一个属；再如海棠是蔷薇科木瓜属植物。

种：每一种生物。例如每只狗是一个动物体，所有的狗属于同一个物种。种是分类学的基本单位，是一个客观存在的实体，因为种内个体不仅有相似的形态、生理及生态学特征，而且种内个体间可以交配繁殖，而种间是生殖隔离的，即种间个体不能交配，或虽能交配但不能产生有繁殖力的后代。例如骡，就是马和驴交配繁殖的后代，虽然生命力和抗病力强，但几乎没有繁殖力。

回到蚂蚁（图 13.2），其属节肢动物门（Arthropoda）、昆虫纲（Insecta）、膜翅目（Hymenoptera）、蚁科（Formicidae）。蚂蚁的种类繁多，世界上已知有 11700 多种，有 21 亚科 283 属，中国境内已确定的蚂蚁种类有 600 多种。

图 13.2　蚂蚁（蚍蜉）

蚂蚁体形小，小的一般只有 1~2 毫米，大的有 7~8 厘米；颜色有黑、褐、黄、红等，体壁具弹性，且光滑或有微毛；口器咀嚼式，上颚发达；触角膝状，柄节很长，末端 2~3 节膨大，全触角分 4~13 节；腹部呈结状；分有翅或无翅；前足的距离大，梳状，为净角器（清理触角用）。人被蚂蚁咬后，皮肤上常起红点，有的甚至会鼓起较大的包。

蚂蚁在地球上出现的时间极早，可能在白垩纪（Cretaceous Period）就进化成了。白垩纪开始于 1.45 亿年前，结束于 6600 万年前，历经 7900 万年，是显生宙最长的一个阶段。白垩纪时期，大陆被海洋分开，地球变得温暖、干旱。裸子植物和蕨类植物遍布地球，松柏、苏铁、银杏、真蕨及有节类组成的主要植物群遍地可见，山毛榉、榕树、木兰、枫、栎、杨、樟、胡桃、悬铃木等都已出现。白垩纪也是最大的恐龙出现时期，许多新的恐龙种类开始出现，恐龙统治着陆地，翼龙在天空中滑翔，巨大的海生爬行动物统治着浅海。最早的蛇类、蛾、蜜蜂以及许多新的小型哺乳动物也出现了。被子植物也出现于此时期，蚂蚁就在这个时期出现了。

蚂蚁是地球上最常见的昆虫，是数量最多的一类昆虫。小小的蚂蚁还是一种社会性动物。在一个蚂蚁社会（窝）里，大约有2000只蚂蚁成员，它们分工明确，各司其职（图13.3）。

图 13.3　蚁后、雄蚁和工蚁

（1）蚁后：有生殖能力的雌性蚂蚁，或称母蚁，在群体中体型最大，特别是胸部大，生殖器官发达，在大部分种类和情况下只有蚁后负责产卵，但是蚁后不能掌控整个蚁群。

（2）雌蚁：交尾后有生殖能力的雌性蚂蚁，交尾后脱翅成为新的蚁后。

（3）雄蚁：有翅，头圆小，上颚不发达，触角细长。有发达的生殖器官和外生殖器，主要职能是与蚁后交配，完成交配后不久即死亡。

（4）工蚁：无翅，是不发育的雌性蚂蚁，一般为群体中最小的个体，但数量最多。复眼小，单眼极微小或无。上颚、触角和三对足都很发达，善于步行奔走。工蚁没有生殖能力，主要职责是建造和扩大巢穴、采集食物、饲喂幼虫及蚁后等。为了冬眠，蚂蚁们要在秋天吃大量的食物来储存体内的脂肪，而在接下来的整个冬天不进食。正因为如此，蚁群中的工蚁几乎每天都在寻找食物，以保证蚁群中的每个成员都能吃到足够的食物来抵御冬季的寒冷。

（5）兵蚁：是对某些种类蚂蚁的大工蚁的俗称，是没有生殖能力的雌蚁。头大，上颚发达，可以粉碎坚硬的食物，在保卫群体时即成为战斗的武器。

图 13.4　邮票上的蚂蚁

蚂蚁一般都会在地下筑巢，地下巢穴的规模非常大，有良好的排水、通风措施。一般由工蚁负责建造巢穴。而出入口大多是一个拱起的小土丘，像火山那样中间有个洞；也有用来通风的洞口。巢穴里房间众多，每个房间都有明确分类。温暖潮湿的土壤是蚂蚁的最爱，可它们通常生活在干燥的区域。令人想不到的是，它们也能勉强在水中存活两个星期。它们的寿命短的只有几周，长的可达十年左右。它们肉食、杂食和素食都有。

蚂蚁这种神奇的昆虫，力量奇大，通过群体合作，往往可抬起几十倍于自己体重的物体（图13.5）。生物学家通过仔细观察，发现有少数蚂蚁既不外出觅食、搬运，也不参与筑巢、清洁，整天东游西逛，似乎无所事事、游手好闲。但当自然灾害（暴雨、地震）将要来临时，却是由它们带着全体蚂蚁，去往早已观察好的安全地带避难。

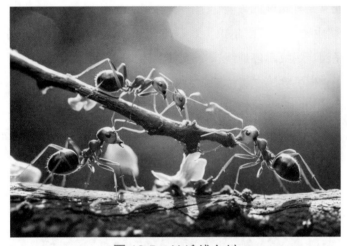

图13.5 蚍蜉撼大树

令人惊奇的是，地球上不仅人类有畜牧业，连小小的蚂蚁世界也有。蚂蚁会放牧，而且效果奇好。圈养蚜虫是蚂蚁最喜欢的畜牧业，蚜虫是比蚂蚁体型还要小的昆虫，会不停地吸取植物的汁液。它们排出的粪便富含糖分，也被称为"蜜露"，是蚂蚁的最爱。工蚁吸食后，回到巢穴内吐出，由专门储藏蜜露的工蚁储藏起来备用。为了让蚜虫多产"蜜露"，蚂蚁还会用触角不断地拍打蚜虫的背部，促使蚜虫分泌得更多，这一点和人类的挤奶很像。工蚁把成群的蚜虫养在蚁穴中，每天晚上都把它们驱赶到植物枝叶上，为安全起见，每次放牧之前，工蚁总是先爬到树枝上把甲虫、草蛉之类的昆虫赶走，好让蚜虫高枕无忧地吃食。蚂蚁还会保护它们圈养的这些蚜虫，雨季到来时将它们搬到树上，避免被雨水侵袭，这就是常见的蚂蚁上树。通常我们在花盆的底部发现一群蚂蚁的时候，往往能看见和它们一起的还有蚜虫。蚂蚁将蚜虫圈养在隐秘的地方，为它们提供源源不断的食物。

蚂蚁不仅会放牧，有的物种甚至还发展出农业，这种蚂蚁就是切叶蚁（leafcutter ant）（图13.6）。

图 13.6 正在搬运叶片的切叶蚁

切叶蚁的农业就是种植蘑菇。

1936 年，蚂蚁生物学家施耐尔拉（T. C. Schneirla，生卒年不详）偶然遇到了几百只蚂蚁组成运动的怪圈。蚂蚁不停地绕这个怪圈旋转，这一现象持续了一整天时间，一场大雨甚至都没能阻止它们。到第二天施耐尔拉观察到大部分蚂蚁已经死亡，可仍然有一些蚂蚁在虚弱地转着圈，它们已处于濒死状态。施耐尔拉把这种现象称为 "蚂蚁死亡旋涡"（ant mill）（图 13.7），在一篇论文中他描述道："整个区域遍布已经死去和濒死的蚂蚁尸体，少量的幸存者围绕着一个小而且不规则的圆环迈着沉重的脚步。"

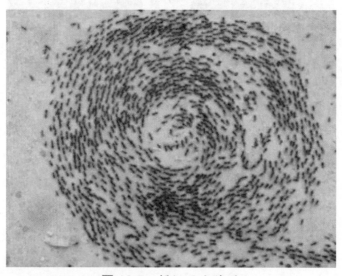

图 13.7 蚂蚁死亡旋涡

是什么导致这些蚂蚁近乎疯狂地形成蚂蚁死亡旋涡？蚂蚁死亡旋涡是由没有视力的行军蚁组成，行军蚁与大多数蚂蚁物种不同。地球上生活着 200 多种行军蚁，但遗传证据表明它们可能都有共同祖先，并且在进化上的优缺点已保留了 1 亿多年。所有行军蚁物种都有共同的特点：集体觅食、游牧生活和无翅的蚁后。这些形态和行为上的相似性迫使它们必须集体活动，单个蚂蚁无法独自生存。但它们是看不见的，没有固定的巢穴，而且不会生活在一个地点。行军蚁蚁群会不断外出寻找食物，由一只"领头蚁"带领，这只领头蚁会分泌踪迹信息素（费洛蒙）（trail pheromone），这是一种其他行军蚁能嗅出的气味，让它们跟随领头蚁前进。但当领头蚁出现问题的时候，追踪信息素痕迹的蚂蚁可能会形成一个死循环，而且如果这个循环不被打破的话，尾随的行军蚁或许永远都无法逃离，直到全部旋转死亡为止。目前，有记录的最大的蚂蚁死亡旋涡直径超过 360 米，外围的蚂蚁要花两个多小时才能跑完一圈。

人们通常错误地认为蚂蚁是二维生物，因为它们的活动范围常常在地面。但是，蚂蚁是可以在三维空间活动的，且不说蚁穴就是一个复杂的三维空间，行军蚁甚至可以搭桥进攻蜂巢（图 13.8）。

图 13.8　成群的行军蚁"搭桥"进攻蜂巢

更令人惊奇的是，科学家在研究了蚂蚁的行为后，提出了一种模型——"兰顿蚂蚁"（Langton's ant）。1986 年，生物学家兰顿（Christopher Langton，1948—）将一只"蚂蚁"放在一张有黑白格子的纸上，"蚂蚁"位于一个格子中，它的头部朝向上下左右其中一方。兰顿定下的规则很简单：若蚂蚁在黑格，就将该格改为白格，右转 90°，向前移一步；若蚂蚁在白格，就将该格改为黑格，左转 90°，向前移一步。如此不断重复。若从全白的背景开始，则在一开始的数百步，"蚂蚁"留下的路线会出现许多对称或重复的形状，表现出随机性；但在约 10000 步后，会出现以 104 步为周期无限重复的"高速公路"朝固定方向移动（图 13.9）。

图 13.9 "兰顿蚂蚁"：百步后出现的无序（左），千步后出现的伪无序（中），万步后出
　　　现的"高速公路"（右）

　　"兰顿蚂蚁"究竟要告诉我们什么？遵循一些简单的规则，初期走出的是看似无序的
路径，但最后会走出一条属于自己的"高速公路"。也许，"兰顿蚂蚁"中还有启示，只是
我们现在还不知道而已。

14 庄周梦蝶·蝴蝶飞行与蝴蝶效应

庄子在《庄子·内篇·齐物论》中写道

昔者庄周梦为胡蝶，栩栩然胡蝶也，自喻适志与！不知周也。俄然觉，则蘧蘧然周也。不知周之梦为胡蝶与，胡蝶之梦为周与？周与胡蝶，则必有分矣。此之谓物化。

上文意思是：有一次我（庄周）倒地而眠，做了一个梦。我在睡梦中觉得自己变成了一只蝴蝶，蝴蝶在空中翩翩然飞舞着，四处游荡，快乐得忘记了自己本来的样子，也忘了蝴蝶是由庄周自己变化而成的。过了一会儿，我忽然醒了过来，但是梦境还清晰地印在脑海里。起身看了看自己，又想了想梦中的事情，一时间有些迷惘，竟然弄不清自己到底是庄周还是蝴蝶了。究竟是我在自己的梦中变成了蝴蝶，还是蝴蝶在它的梦中变成了我庄周？哎，到底哪一个是真的？

后人从《齐物论》里的这段文字，化出"庄周梦蝶"这个成语，借指奇妙的梦境，或以此比喻人生变幻无常。庄周梦蝶，梦见的是自然中的生灵而非他物，在梦中，庄周与蝴蝶化为一体。由此可见，庄周在内心深处非常亲近自然，热爱自然，愿与自然融为一体，达到"天人合一"的状态。

晋·夏侯湛《庄周赞》
迈迈庄周，腾世独游。
遁时放言，齐物绝尤。
垂钓一壑，取戒牺牛。
望风寄心，托志清流。

英国作家王尔德（Oscar Wilde，1854—1900），偶然间读到了距今 2000 多年前的《庄子》，立刻就深陷在庄子的魅力里。王尔德对于庄子，用他自己的话说，"这个生活在黄河边上，长着一双杏眼的智者"由衷地崇拜。王尔德还曾说过："这部完成于 2000 年前的中国书，对欧洲人来说，已然早了 2000 年。"

庄子的幽默感深深地吸引着王尔德：庄子可以用有趣的寓言表述方式，来表达自己的思想，这是表面上的一层幽默。更让人着迷的深层次的幽默，是庄子批评世俗的价值观的态度，他顺其自然地让生死、贵贱、贫富、寿夭、穷达、祸福、智愚，乃至是非也失去了意义。

德国戏剧家布莱希特（Bertolt Brecht，1898—1956）成功地从庄子那里汲取了丰富的哲学思想。他怀着极大的兴趣，阅读和研究《庄子》，不仅从中获得表现主义戏剧的理论支撑，而且激活了创造性思维，开阔了学术视野，从哲学层面上推进了认知的深度与广度，从而"由一个欧洲人变成了一个世界性的人"。

对于《庄子》这部哲学杰作，布莱希特五体投地地折服，曾发表这样的感言："这样的书，在我们这里再也写不出来了，因为缺乏这种智慧。人们只能在自家的作坊里炮制思想，结果这种思想总也摆脱不了迂腐气息。"

墨西哥诗人奥克塔维奥·帕斯（Octavio Paz，1914—1998），1990年由于"他的作品充满激情，视野开阔，渗透着感悟的智慧并体现了完美的人道主义"而获得诺贝尔文学奖。帕斯对于庄子的自由精神、人格独立、自然天性和逍遥境界甚为关注。面对世界的荒谬、社会的黑暗、民生的疾苦，庄子并不高居上游，脱略尘世，也不去同流合污，而是在与众生同游共处之中，坚持自我的价值取向，实现精神对现实的超越。庄子所秉持的，既不是真正的入世，也不是纯然的出世，而是介于两者之间的游世，这正是诗人的境界。

1964年，帕斯与法国姑娘玛丽·何塞（Marie Jose，生卒年不详）结婚，在赠诗中，他将爱侣与自己共同镶嵌进庄子的"蝴蝶梦"里：

一只蝴蝶在汽车丛中
飞来飞去
玛丽·何塞对我说
那一定是庄子
正路过纽约
但那只蝴蝶
不知道是梦见成为庄子的蝴蝶
还是梦见成为蝴蝶的庄子
蝴蝶不会疑惑
它自在飞舞

李商隐在诗中写道："庄生晓梦迷蝴蝶，望帝春心托杜鹃。"白居易："鹿疑郑相终难辨，蝶化庄生讵可知。"刘禹锡："欹枕醉眠成戏蝶，抱琴闲望送归鸿。"陆游（1125—1210）："但解消摇化蝴蝶，不须富贵慕蚍蜉。"范成大（1126—1193）："纷纭觉梦不可辨，蓬蓬栩栩知谁钦？"阿根廷著名作家博尔赫斯（Luis Borges，1899—1986）说："魔幻文学的祖师爷，2000多年前的庄周当之无愧。"

庄周梦中出现的为什么是蝴蝶，而不是蜻蜓或其他昆虫？让我们先来认识蝴蝶。

蝴蝶（butterfly）是昆虫纲类脉总目（Amphiesmenoptera）鳞翅目（Lepidoptera）中一类昆虫的统称，全世界已记载近2万种，中国有2000多种。蝴蝶和蛾属于节肢动物门昆虫纲四大目之一的鳞翅目，地球上已知的鳞翅目动物已超过15万种，是仅次于鞘翅目的第二大目，种类数多于蚊子和苍蝇所属的双翅目，以及黄蜂、蜜蜂和蚂蚁所属的膜翅目。

图 14.1　各国邮票上的各种蝴蝶，表达了人们对蝴蝶的喜爱

蝴蝶的身体由头、胸、腹、两对翅、三对足五部分组成（图14.2）。在头部有一对锤状的触角，触角端部加粗，触角为棒形，触角端部各节粗壮。翅宽大，停歇时翅竖立于背上，腹部瘦长。体和翅遍布扁平的鳞状毛，翅膀上的鳞片不仅能使蝴蝶艳丽无比，还像是蝴蝶的一件雨衣。因为蝴蝶翅膀的鳞片里含有丰富的脂肪，能把蝴蝶保护起来，所以即使下小雨时，蝴蝶也能飞行。目前已知最大的蝴蝶是新几内亚岛东部的亚历山大女皇鸟翼凤蝶，雌性翼展可达31厘米；最小的是阿富汗的渺灰蝶，展翅只有7毫米。蝴蝶的口器是下口式；足是步行足；翅是鳞翅；属于全变态。

图 14.2　蝴蝶的各部位

蝴蝶的寿命长短不一，有的品种可活 10 个月，最短的只能活 3~5 天。蝴蝶的一生有四个阶段：卵期、幼虫期、蛹期和成虫（图 14.3）。

卵是蝴蝶生命的开始，受精卵在有保护作用的卵壳内发育。卵有各种颜色和形状，一些卵还有花纹或卵帽。刚产下的卵颜色较淡，以后颜色越来越深。

幼虫就是毛毛虫，是蝴蝶的生长期。幼虫生活在植物上，以叶片、茎秆为食物。幼虫一般要蜕 3~5 次皮，以适应不断增长的身体。

蛹是蝴蝶的转变期，这时候蝴蝶不吃不喝不动，而体内却发生巨大的变化，长出成虫的新器官。

成虫是蝴蝶发育的最后阶段，称为有性时期，发展成雌雄两种形态。成虫在蛹壳内发育成熟后，急需脱离蛹壳外出，称为羽化。羽化后，柔弱皱缩的翅片，在 5~6 分钟内迅速完成伸展。但此时翅膜未干，翅身过软，尚不能飞行，必须再过 1~2 小时，才能振翅飞行，随风轻舞。

蝴蝶的天敌有蚂蚁、甲虫、鸟类、蝇、蜥蜴、蛙、蟾蜍、螳螂、蜘蛛、黄蜂、寄生蜂等。

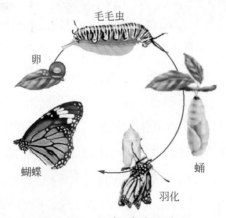

图 14.3　从卵到蝶的过程

　　蝴蝶飞行的模样非常特别,尤其是摇摆不定的飞行方式不同于大多数的昆虫。蝴蝶的飞行轨迹是飘忽不定的,很难按照直线飞行(图14.4)。蝴蝶的翅膀在进行某些类型的拍动时会产生独特的气流模式,例如旋涡。蝴蝶复杂的动作和组成能提供更多的升力和灵活性,使高度和方向的快速变化成为可能。蝴蝶在改变方向或高度之前的瞬间,它们身体的重心都发生了变化。蝴蝶在飞行过程中不断地旋转和倾斜它们的身体,以便每一次拍打翅膀时都能利用到更多能量,而自己付出的能量达到最小。蝴蝶的飞行速度不算快,一小时约能飞行25千米,而蜜蜂能飞行40千米,鸟类的飞行速度则达每小时上百千米。有骨骼的动物的前进路线都是确定的,蝴蝶没有骨骼,再加上蝴蝶的视力不好,因此飘忽不定的飞行轨迹使得捕食者难以捕捉到它。

图 14.4　蝴蝶飘忽不定的飞行线路

　　蝴蝶飞行利用的是微小尺度的空气旋涡或小尺度的不稳定气流,与大鸟的飞行原理是完全不同的。蝴蝶飞行时左、右翅膀的拍动运动以及跟随身体一起的俯仰运动,需要用流体力学中的纳维-斯托克斯方程才能解释,主要用"阻力原理"作拍动飞行,即平衡身体重量的举力和克服身体阻力的推力均主要由翅膀的阻力提供。蝴蝶翅在下拍中产生很大的瞬态阻力,产生此力的机制是由于蝴蝶每次下拍中产生了一个由前缘涡、翅端涡及起动涡构成的强涡环,其包含一个沿拍动方向的射流,产生此射流的反作用力即翅膀的阻力。

图 14.5　枯叶蝶(左)、玻璃蝴蝶(中)和燕尾蝶(右)

图 14.6　帝王蝶（左）、多涡蛱蝶（中）和鸟翼蝶（右）

目前，人们经常听到的一个词组就是"蝴蝶效应"（图 14.7）。通俗的说法是，一只蝴蝶在北京扇动几下翅膀，两周后就会在纽约引起一场龙卷风。

图 14.7　蝴蝶效应

蝴蝶效应是一种混沌现象，说明任何事物发展均存在定数与变数。事物在发展过程中的发展轨迹有规律可循（定数），同时也存在不可测的"变数"，往往还会适得其反，一个微小的变化能剧烈影响事物的发展，这证实了事物的发展具有复杂性。

蝴蝶效应是美国气象学家爱德华·洛伦茨（Edward N. Lorenz，1917—2008）于 1963 年在一篇提交纽约科学院的论文中提出的，并分析了这个效应。蝴蝶扇动翅膀的运动，导致其身边的空气系统发生变化，并产生微弱的气流，而微弱的气流又会引起四周空气或其他系统相应变化，由此产生一个连锁反应，最终导致其他系统的极大变化，不起眼的一个小动作却能引起一连串的巨大反应。

之前，这位气象学家制作了一个计算机程序，可以模拟气候的变化，并用图像来表示，他随手设定了一些参数，这组参数和以前的略有不同，然后让计算机进行计算和模拟。洛伦茨喝了一杯咖啡回来之后惊讶地发现：结果的差异非常大。由于误差会以指数形式增长，在这种情况下，一个微小的误差随着时间的不断推移造成了巨大的后果。后来的一次演讲里，洛伦茨说就像海鸥扇动翅膀一样，而后又改成了蝴蝶这个更有诗意的象征，于是便有了上述的说法。

2003 年，美国发现一宗疑似疯牛病的案例，马上就给刚刚复苏的美国经济带来一场破坏性很强的"飓风"。扇动"蝴蝶翅膀"的，是那头倒霉的"疯牛"，受到冲击的首先是总产值高达 1750 亿美元的美国牛肉产业和 140 万个工作岗位；而作为养牛业主要饲料来源的美国玉米和大豆业，也受到波及，其期货价格呈现下降趋势。但最终推波助澜，将"疯牛病飓风"损失发挥到最大的，还是美国消费者对牛肉产品出现的信心下降。在全球化的今天，这种恐慌情绪不仅造成了美国国内餐饮企业的萧条，甚至扩散到了全球，至少 11 个国家宣布紧急禁止美国牛肉进口，连远在大洋彼岸的中国等国的居民都对西式餐饮（牛排）敬而远之。对禽流感、非洲猪瘟也莫不如此。

同样在金融领域（特别是敏感的股票市场）、气象领域（厄尔尼诺现象）、雪崩、军事冲突甚至恐怖活动中都存在蝴蝶效应。

《吕氏春秋·察微》记载了这样一件事。楚国有个边境城邑叫卑梁，那里的姑娘和吴国边境城邑的姑娘同在边境上采桑叶，游戏时，吴国的姑娘弄伤了卑梁的姑娘。卑梁的人带着受伤的姑娘去责备吴国人。吴国人出言不恭，卑梁人十分恼火，杀死吴国人走了。吴国人去卑梁报复，把那个卑梁人全家都杀了。卑梁的守邑大夫大怒，说："吴国人怎么敢攻打我的城邑？"于是发兵反击吴国人，把吴国人老幼全都杀死了。吴王夷昧听到这件事后很生气，派人领兵入侵楚国的边境城邑，占领并夷为平地以后才离去。吴国和楚国因此发生了大规模的冲突。吴国公子光又率领军队在鸡父和楚国人交战，大败楚军，俘获了楚军的主帅潘子臣、小帷子以及陈国的大夫夏啮。又接着攻打郢都，获得楚平王的夫人而回。这就是鸡父之战，这也是蝴蝶效应。

其实，蝴蝶效应也有正向的作用，甚至可以说，生命起源也与蝴蝶效应有关。早期地球上仅有甲烷、氨气、水、氢气和原始海洋，闪电作用把这些气体聚合成氨基酸。即便地球上还存在碳、氢、氧、氮、磷、硫等构成生命的主要元素，但离生命诞生还差得很远。但一次偶然，波澜起伏，由于蝴蝶效应，原始细胞产生了。在这之后，还是因为蝴蝶效应，生命从此迈开步伐。

看到这里，读者可以合上书页，慢慢进入梦乡。不过，在梦中，你愿意梦见自己是一只蝴蝶呢，还是一只蜜蜂，抑或是一只蜻蜓？

15 蜂拥而至·蜜蜂的行为与蜂巢结构

蜂拥而至，意思是像一窝蜂似地拥来，形容很多人乱哄哄地朝一个地方聚拢。其出自清·李汝珍《镜花缘》第二十六回：

徐承志等他去远，刚要回船，前面尘头滚滚，喊声渐近，又来许多草寇。个个头戴浩然巾，手持器械，蜂拥而至。

蜂，英文为 bee，拉丁学名为 Apoidea，是节肢动物门（六足亚门）昆虫纲（有翅亚纲）膜翅目蜜蜂总科（胡蜂科及蜂族两类）的昆虫，分布遍及全球，其中热带、亚热带种类较多，约 1.5 万种。膜翅目是昆虫中进化最为高级的类群，也是一个十分多样化的昆虫类群。叶蜂、树蜂、锯蜂、瘿蜂、小蜂、蜜蜂、蚂蚁和胡蜂等都是本目昆虫，物种包括蜜蜂、马蜂、黄领花蜂、中国蜂、红脚细腰蜂、绒蚁蜂、台湾蛛蜂、黄腰虎头蜂、黑腹虎头蜂、黄脚虎头蜂、黑尾胡蜂、黄长脚蜂、变侧异胡蜂、蜚蠊瘦蜂等，多成群住在一起。

蜂在全世界已知约 1.5 万种，中国已知约 1000 种。其中有不少种类的产物或行为与医学（如蜂蜜、王浆）、农业（如作物传粉）、工业（如蜂蜡、蜂胶）有密切关系，它们被称为资源昆虫。

图 15.1　苏联的蜜蜂邮票

蜂会飞，多有毒刺，能蜇人。蜂的形态特征为前翅具 2~3 个亚缘室，口器嚼吸式，适应吸食花蜜。触角雌蜂有 12 节，雄蜂有 13 节。但前胸不发达，腹部可见节雌蜂有 6 节，雄蜂有 7 节。雌性腹部末端具螫刺（少数无），雄性腹部末端的外生殖器构造因科而异，是比较重要的分类特征之一。除少数的种类体表光滑仅具少量绒毛和金属光泽外，大多数蜜蜂均有各色羽毛或分枝状绒毛。

中国人最爱蜜蜂，认为蜜蜂辛勤劳动，采花酿蜜，既为自己生存，又为百花授粉，还造福人类。一只蜜蜂，要飞行 10 万千米的路程，吮吸十万朵花蕊，才能酿造一千克的蜜，可见蜜蜂的勤劳。

唐末诗人罗隐（833—909）曾写下一首七言绝句《蜂》来赞美蜜蜂
不论平地与山尖，无限风光尽被占。
采得百花成蜜后，为谁辛苦为谁甜？

苏轼也曾赞美蜜蜂，他在《安州老人食蜜歌》中写道
安州老人心似铁，老人心肝小儿舌。
不食五谷惟食蜜，笑指蜜蜂作檀越。
蜜中有诗人不知，千花百草争含姿。
老人咀嚼时一吐，还引世间痴小儿。
小儿得诗如得蜜，蜜中有药治百疾。
东坡先生取人廉，几人相欢几人嫌。
恰似饮茶甘苦杂，不如食蜜中边甜。
……

这是苏轼写给僧人仲殊（生卒年不详）的诗，他们俩都喜欢吃蜂蜜，因而"香味相投"，一见如故，成为好友。
李商隐在《二月二日》写道
二月二日江上行，东风日暖闻吹笙。
花须柳眼各无赖，紫蝶黄蜂俱有情。
万里忆归元亮井，三年从事亚夫营。
新滩莫悟游人意，更作风檐夜雨声。

颔联"花须柳眼各无赖，紫蝶黄蜂俱有情"写江上春色，紫蝶和黄蜂在花柳间穿梭追逐，缠绵多情。

吟咏蜜蜂的还有：孟浩然（689—740）写"燕觅巢窠处，蜂来造蜜房"；岑参写"风恬日暖荡春光，戏蝶游蜂乱入房"；温庭筠（812—866）写"百舌问花花不语，低回似恨横塘雨。蜂争粉蕊蝶分香，不似垂杨惜金缕"；王安石（1021—1086）写"花发蜂递绕，果垂猿对攀"；李纲（1083—1140）写"秋风淅淅桂花香，花底山蜂采掇忙。但得蜜成功用足，不辞辛苦与君尝"；女僧智生（1635—1653）写"蜂蝶不知春已去，又衔花瓣到兰房"……均表现了对蜂的喜爱。

蜜蜂在生物分类学上属于节肢动物门、昆虫纲、膜翅目、细腰亚目、蜜蜂总科、蜜蜂科、蜜蜂亚科、蜜蜂属。蜜蜂属在生物学特性上都营社会性生活，能泌蜡筑巢，巢脾由上而下纵向发展，其两面均具六棱柱形巢房，且共用边、共用底；蜜蜂会采集、酿制、贮藏蜜粉。

蜜蜂是一群有社会分工的群体，它们中有蜂王（仅一只，一窝不容二王）、雄蜂和工蜂（图 15.3）。

图 15.2　细腰亚目和广腰亚目　　　　图 15.3　蜂群中的蜜蜂

蜂王的社会分工就是专职产卵，肩负着繁衍后代的社会重任。它的身体发展得很健壮，大腹便便，体重是工蜂的两倍，在产卵期间，蜂王每天都要让工蜂饲喂蜂王浆，以促进快速代谢保持旺盛的产卵能力。据专家统计，一般蜜蜂的蜂王 1 天可产 700~800 粒卵。而意大利蜜蜂的蜂王，产卵可达 1500~2000 粒。蜂王一旦离开蜂巢，群蜂便倾巢跟随而去，但如果是被新蜂王战胜的老蜂王，则只能带着部分忠于自己的部队离开。

图 15.4　中国邮票上的蜜蜂，蜂王（上左）、采蜜（上右）、中华蜜蜂（下左）和授粉（下右）

雄蜂的社会分工是与蜂王交配。雄蜂是由未受精卵发育而来的蜂群内的雄性蜂，一到交配季节，性成熟的雄蜂便会自动地聚集在某地空中飞舞，目的是招引蜂王。当蜂王出现时，所有的雄蜂便追逐而去，经过一番争夺，最终获得交配权的仅有一只，谁的个头最大、体格最健壮，谁就是最后的胜利者，能与蜂王进行交配。交配结束后，雄蜂便因生殖器官被全部拉了下来而立刻死亡。因此，雄蜂要履行社会分工的责任，是以生命为代价的。

工蜂的社会分工最多，任务最重（图 15.5）。可以说，除了蜂王与雄蜂各自的职责，蜂群内的其他所有工作都由工蜂承担。工蜂是雌性器官发育不全的雌蜂，但它的许多结构特化得更适应工作的需要，比如其前肠中的嗉囊特化为蜜囊，以便储存花蜜。工蜂一出生就开始工作，分工是按照日龄的增长而改变的。通常情况下，工蜂 1~3 日龄时，负责保温孵卵，清理蜂房；3~6 日龄时转为饲喂大幼虫，调剂花粉与蜂蜜；6~12 日龄时改为分泌蜂王浆，饲喂小幼虫和蜂王；12~18 日龄时又更换为泌蜡造脾，清理蜂箱；18 日龄之后，其任务就是采集花蜜、水分、花粉、蜂胶以及巢门防卫。还有经验丰富的工蜂承担侦察任务，它们随时发现适合建巢的地方，一旦出现分巢或需要转移，则由侦察蜂带领到新的地方重建家园。

图 15.5　工蜂筑成蜂墙堵住巢门，抵御外敌虎蜂入侵蜂巢偷食蜂蜜

蜜蜂之间是有交流的，如果侦察蜂找到了丰富的蜜源，就会立即将此消息通过舞蹈（摆尾舞）告诉其他蜜蜂。在此过程中，侦察蜂会在蜂巢中跳出两个闭合曲线，在中线位置蜜蜂会剧烈摆尾，头部方向显示朝向蜜源的位置，并通过舞蹈的节奏和时间告诉其他蜜蜂距离蜜源有多远（图 15.6）。

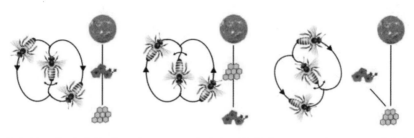

图 15.6　侦察蜂：蜜源在蜂巢和太阳之间（左），蜂巢在太阳与蜜源之间（中），蜜源在蜂
　　　　巢的左上方（右）

蜜蜂还是大自然中最懂"数学"的建筑师，蜂巢结构的精巧、建造时的节省令人叫绝。

蜜蜂在建造蜂巢时，它们将每一个小巢都建成正六边形（图 15.7），但是，它们为什么不建成圆形的呢？圆形曾经被毕达哥拉斯认为是最完美的形状，托勒密认为天体绕地球转动的轨迹是圆形，甚至哥白尼也认为行星绕太阳的公转也是完满圆形。人类也在生活中广泛使用圆形，例如硬币是圆形。下水道的井盖也是圆形，绝不会用六边形，因为只有圆形才能保证井盖不会掉落井内。

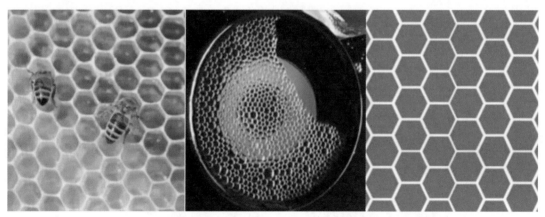

图 15.7　蜂巢、酒花与正六边形

现在，我们通过数学来计算一下，对于正方形、圆和正六边形，周长相等时，围成哪种形状其面积最小。设正方形的边长为 b（$b=1$）、圆的半径为 R，正六边形的边长为 a，则它们的周长是 $L=4b=2\pi R=6a$，这样就可以得到 $R=\dfrac{2b}{\pi}$，$a=\dfrac{2}{3}b$；它们的面积分别是 $S_{正方形}=b^2$、$S_{圆}=\pi R^2=\dfrac{4b^2}{\pi}$ 和 $S_{正六边形}=\dfrac{3\sqrt{3}}{2}a^2=\dfrac{3\sqrt{3}}{2}\left(\dfrac{2}{3}b\right)^2=\dfrac{2\sqrt{3}}{3}b^2$。如果让 $b=1$，这三个面积分别是 1、1.27 和 1.15。可见，周长相等时，圆的面积最大，正六边形次之，正方形最小。

古罗马作家普布留斯·维吉留斯·马罗（Publius Vergilius Maro，前 70—前 19）描述过艾丽莎（Elissa，公元前 9 世纪）与一张牛皮的故事。艾丽莎是泰尔（Tyre，又名推罗）

国王穆托（Mutto）的女儿，泰尔王国继任者皮格马利翁（Pygmalion）的妹妹，利比亚人称她为"狄多"（Dido），意思是"流浪者"。因为艾丽莎被王兄皮格马利翁放逐，带着随从逃离泰尔。经过塞浦路斯，艾丽莎一行最后到达北非海岸，并获得了附近的腓尼基的殖民地乌提卡（Utica）人的帮助。艾丽莎向当地国王伊阿鲁巴斯（Iarbas）提出请求，划一块地盘以安置自己及一众随从。伊阿鲁巴斯"爽快"地答应，但说只能给一张牛皮的大小。聪明的艾丽莎将牛皮切成非常细的绳子，并用这条绳子围成半圆形，以海岸为直径，里面还包围了一座山丘。后来他们在这座山丘上建立了堡垒，并以希腊语中表示"牛皮"的意思将其命名为"比卡尔山"（Byrsa Hill）。这个新定居点的名称就是迦太基[①]（Qart-hadasht，腓尼基语"新城"的意思）。随之，艾丽莎被尊为"狄多女王"。可见，艾丽莎的随从中一定有数学家。

从前面的数学计算反过来会发现，同样面积的圆形和正六边形，圆形的周长会比正六边形短。圆形的面积是 $S_圆 = \pi R^2$，其中 π 是圆周率，R 是圆的半径；正六边形的面积是 $S_{正六边形} = \dfrac{3\sqrt{3}}{2}a^2$，其中 a 是正六边形的边长。当面积相等时，$\pi R^2 = \dfrac{3\sqrt{3}}{2}a^2$，这样就可以得到 $R = \sqrt{\dfrac{3\sqrt{3}}{2\pi}}a \approx 0.822a$。因此圆的周长 $L_R = 2\pi R \approx 5.163a$，而正六边形的边长为 $L_a = 6a$。

那么，蜜蜂为什么会舍短求长呢？要知道蜜蜂吃 8 份蜜才能分泌 1 小片蜂蜡（1mm^2 左右，厚度仅 0.01mm），因此蜂蜡是蜜蜂十分宝贵的蜂巢建筑材料。我们知道，在同样一个正方形内布局圆形，会浪费很多空间，要么一个圆和 4 个圆相切布局（图 15.8），则每 4 个圆中间会留下一个空隙；也可以和 6 个圆相切布局，但每 3 个圆之间也会留下空隙，尽管后者浪费的空间少一点，但巢穴的空间就不会得到有效利用。

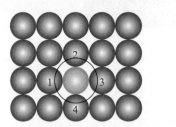 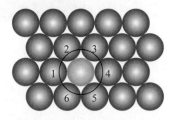

图 15.8　4 圆相切（左）和 3 圆相切（右）

这种圆的布局或者圆球的堆放问题的研究始于 16 世纪初，沃尔特·雷利爵士（Walter Raleigh，约 1552—1618）写信给一位英国数学家，希望他给出一种快速方法来估计船甲

板上堆积的炮弹个数。这位数学家又写信给德国数学家、天文学家开普勒求助，后者对堆积问题颇有兴趣：如何在空间排放同一种球，使球之间的空隙最少？开普勒找不到比船员堆放炮弹或者水果店老板堆放水果的最自然的方式更好的办法，这个最自然的方式就是以正方体诸面的中心作为球心的安排方式，上述推断就成为著名的开普勒猜想（图15.9）。这就是关于球填装（spherepacking）的开普勒猜想，它曾经难倒了将近四个世纪的数学家。

1611年开普勒写了一本未完成的书：《六角形的雪花》（*The Six-Cornered Snowflake*）（图15.10）。通过对六角形的雪花的观察使他得出了对称的观念，并推想到雪是由许多球体紧密堆积而成。

图 15.9　生活中的开普勒猜想

图 15.10　六角形的雪花（没有哪两片雪花是完全相同的）

为什么蜜蜂在建筑蜂巢时要选择正六边形？为了回答这个问题，我们来看一个数学问题。假设有A、B、C、D四座城市，分别位于一个矩形的四个顶点，A和B以及C和D之间的距离为100千米，而A和C以及B和D之间的距离为71千米（图15.11）。现在要修公路将这四座城市连接起来，怎样修才是最短的距离呢？

这四座城市构成一个矩形，所包围的面积都是相等的，由此看来，第 4 种方案的设计里程是最短的。那么还有没有其他路线，能构成一个较优化的方案呢？真的还有一种，看看图 15.12。

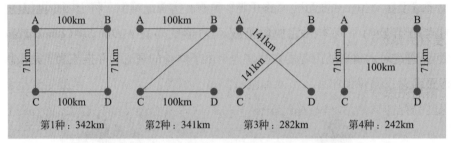

图 15.11　几种路径，第 4 种总里程最短

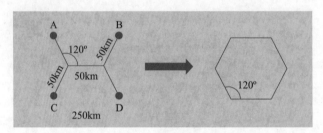

图 15.12　聪明的蜜蜂选择这种方案

这个设计方案由 5 条公路构成，每条的长度都是 50 千米，总长度为 250 千米。乍一看，这不是一条最短的公路方案，蜜蜂为什么会弃短选长呢？但是，只要重复这个方案，就可以轻易构成一个正六边形，而且这个正六边形的面积更小更紧凑，且它的稳定性远好于矩形或正方形。正方形（或矩形）是不稳定的，以这种方式筑的巢在遇到风吹或外敌入侵时非常容易被破坏。

矩形虽然总利用率高，但不稳定，且只有 4 个邻居（图 15.13），一个格子墙只能供 4 个格子共用，平均每面墙（公路）的长度为 86 千米。因此，正六边形就成了蜜蜂的天选。

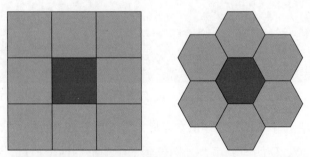

图 15.13　矩形有 4 个邻居，六边形有 6 个邻居

虽然一个六边形有 6 条边，但是它和周围有 6 个六边形相邻，这样完成大量的六边形柱体（除去边沿部分），蜜蜂实际上只需筑一面墙（一条公路）就可以了，每面墙的长度只有 50 千米。显然，六边形的蜂窝结构是最省料、省时和省工的方案。至于究竟蜜蜂是天生的数学家，还是冥冥之中自有天意，傲骄的人类就不得而知了。这种六边形的构造还更有利于蜂房的保温以及房内蜜蜂与更多周边蜜蜂的信息传递。

当然，蜂巢还是三维的，除了六面柱体，还要有一个底部才能形成蜂房。这个底部，蜜蜂也是做得出人意料。它由 3 个全等的菱形构成，每个菱形相邻的两个角，锐角均为 70°32'，钝角都是 109°28'，因此蜂房的底能够无间隙结合（图 15.14）。

蜂巢（蜂房）的建筑，可以说是巧夺天工，也是蜜蜂的造化（图 15.15）。其实早在公元 4 世纪古希腊数学家贝波司就提出，蜂窝的优美形状，是自然界最有效经济的建筑的代表。他猜想，人们所见到的、截面呈六边形的蜂窝，是蜜蜂采用最少量的蜂蜡建造成的。他的这一猜想被称为"蜂窝猜想"。从开普勒猜想开始，直到近 440 年后的 1999 年才由美国数学家黑尔斯（Thomas Hales，1958—   ）用计算机证明了，如果要将一个平面分割为许多个面积相同的区域，那么当采用正六边形镶嵌的方式时，所需的线条周长最小。也就是说，蜜蜂采用这种正六边形紧密镶嵌的蜂房设计，可以在材料用量最少的情况下尽量提高空间利用率。不过，黑尔斯使用计算机辅助的证明，只为数学家勉强接受。

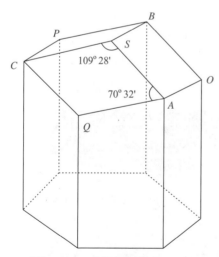

图 15.14 蜂房的底部细节

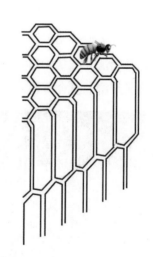

图 15.15 蜂房的重叠排列

人类在建筑、电信等很多领域都不得不虚心向蜜蜂学习（图 15.16，图 15.17）。

移动通信就采用蜂窝结构。因为顶点到几何中心等距的多边形中，能够完整（几乎无重叠）地覆盖某一区域可能的几何形状有正方形、等边三角形和正六边形三种形状。而在正方形、等边三角形和正六边形中，正六边形的面积最大。所以，移动通信中采用蜂窝式正六边形结构，常被称为蜂窝数据。

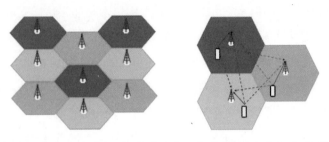

图 15.16　移动通信基站布局示意图（左），右图显示了手机定位原理（虚线）

图 15.17　足球网和建筑中的正六边形结构

2020 年 11 月 24 日，万众瞩目的"嫦娥五号"在长征五号运载火箭的帮助下进入太空，历时 112 小时进入了月球轨道，最终安全登陆月球背面。但"嫦娥五号"探测器（图 15.18）在向月球表面降落时，它的着陆支架承受的压力相当于探测器在地面重力的 4 倍，因此支架极有可能无法承受过载而断裂。为了解决这个问题，设计师在探测器的支架里装上了具有蜂巢结构的复合材料，以缓解压力，保证了探测器的成功着陆。

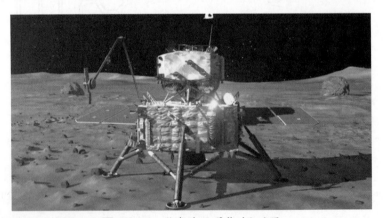

图 15.18　"嫦娥五号"探测器

其实，不仅是人类和动物选择了正六边形，甚至大自然本身也选择了这种结构。例如自然界中由碳（C）构成的石墨、石墨烯、碳纳米管、苯等原子结构都选用了正六边形（图 15.19）。

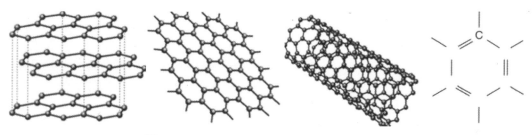

图 15.19　石墨、石墨烯、碳纳米管和苯

到此为止，我们知道三角形、四边形和六边形能铺满整个平面。那么五边形能否铺满平面？很多人认为是不能的，但五边形真的能！看看图 15.20，全部是由五边形铺满的。1918 年，德国数学家赖因哈特（Karl Reinhardt，1886—1958）在他的博士论文中指出，只要五边形的边和内角满足一定的条件，就可以铺满一个平面。实际上，目前已经找到有 15 种五边形能铺满平面。

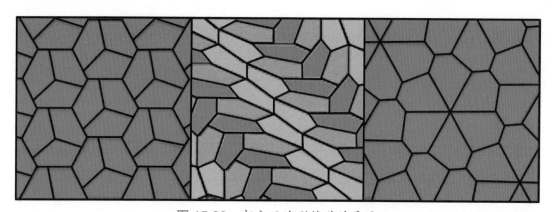

图 15.20　部分五边形铺满的平面

16 蜻蜓点水·蜻蜓和飞机

　　成语"蜻蜓点水"，意思是指蜻蜓在水面飞行时用尾部轻触水面的动作（图 16.1），出自杜甫的诗。

图 16.1　蜻蜓点水

蜻蜓

杜甫《曲江二首·其二》

朝回日日典春衣，每日江头尽醉归。

酒债寻常行处有，人生七十古来稀。

穿花蛱蝶深深见，点水蜻蜓款款飞。

传语风光共流转，暂时相赏莫相违。

晏殊（991—1055）《渔家傲·嫩绿堪裁红欲绽》

嫩绿堪裁红欲绽。蜻蜓点水鱼游畔。

一霎雨声香四散。

风飐乱。高低掩映千千万。

总是凋零终有恨。能无眼下生留恋。

何似折来妆粉面。

勤看玩。胜如落尽秋江岸。

释居简（164—246）《早过湖》
唤得航船傍采菱，柳桥竹榭曙烟深。
船头惊起蜻蜓睡，欲立还飞到涌金。

杨万里（1127—1206）《小池》
泉眼无声惜细流，树阴照水爱晴柔。
小荷才露尖尖角，早有蜻蜓立上头（图16.2）。

图16.2　小荷才露尖尖角

蜻蜓（dragonfly）是无脊椎动物门、昆虫纲、蜻蜓目、差翅亚目昆虫的通称。后翅基部比前翅基部稍大，翅脉也稍有不同。休息时四翅展开，平放于两侧。稚虫短粗，具直肠鳃，无尾鳃。

蜻蜓是食肉性昆虫。它们捕食苍蝇、蚊子、叶蝉、虻蠓类和小型蝶蛾类等多种农林牧业害虫。蜻蜓是有益于人类的一类重要昆虫。蜻蜓点水是蜻蜓将卵产在水中的生物学特征，其幼虫（稚虫）生活在水中，生活期因种类而异，一般为2年，有的长达3~5年。

已发现的最古老的蜻蜓化石，距今3.2亿年左右，所以说蜻蜓的出现比恐龙还要早很多。那时的地球环境含氧量要比现在高很多，那一时期的蜻蜓体型比现在要大很多。比如在美国所发现的二叠纪早期蜻蜓化石，其翼展达到了惊人的0.71米。

蜻蜓的翅膀构造还有更奇特之处，因为它的翅膀上有两对翼眼（图16.3），经研究人员研究发现，这两处翼眼不仅颜色更深，而且质量也比其他部位更大，其实这两处构造的主要功能就是来保持蜻蜓的平稳性。

也有研究人员尝试去除蜻蜓的翼眼，但当人为去除后，蜻蜓却如同醉汉一般，东倒西歪，飞行灵巧度受损严重。

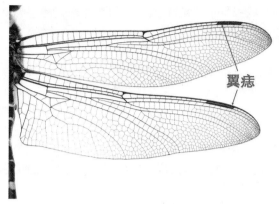

图 16.3 蜻蜓的翅膀结构

蜻蜓点水，其实就是蜻蜓产卵的过程，因为蜻蜓更倾向于把卵产在水中或水草上，蜻蜓卵孵化后的幼虫被称为水虿，虽然是刚刚孵化的蜻蜓幼虫，但它却已经十分凶猛，一些蜻蜓幼虫甚至可以直接捕食蝌蚪。

随着人类科技的发展，科研学者通过显微镜发现了蜻蜓翅膀表面遍布着一种十分微小的柱状结构，也正是这种结构，使蜻蜓的翅膀具有防水效果，甚至就连灰尘也难以沾染；并且这种结构还可以很大程度上减轻蜻蜓的飞行阻力，从而进一步提高它的飞行速度。

图 16.4 蜻蜓邮票

蜻蜓的飞行是极其灵巧的，它可以任意向任何角度飞行，甚至还能在空中随时停止。这就让很多科学家感到无比疑惑了。随着科研学者不断地深入研究，人们发现蜻蜓虽然具有 4 只翅膀，但这 4 只翅膀飞行时却互不干扰，且运动轨迹完全不同，从而使蜻蜓可以根据自己的想法随意地调整飞行方向。

蜻蜓是食肉性昆虫，且攻击性强，咀嚼式的口器，上颚非常发达。对它的捕猎对象而言，蜻蜓凶猛且残忍。

图 16.5　澳大利亚的蜻蜓邮票

豆娘

豆娘（Caenagrion）（图 16.6）属于昆虫纲、蜻蜓目、束翅亚科，统称蟌 [cōng]。其体形娇小，休息时翅束于背上方，是身体细长且软弱的飞行昆虫，类似小型的蜻蜓，但不是蜻蜓。它与蜻蜓的主要区别有以下几点：

（1）眼睛的距离：蜻蜓的复眼大部分是彼此相连或只有小距离分开；豆娘的两眼有相当大距离的分开，形状如同哑铃一般。

图 16.6　豆娘邮票

（2）翅膀的形状：属于蜻蜓目的蜻蜓，其前后翅形状大小不同，差异甚大；属均翅亚目的豆娘，其前后翅形状大小近似，差异甚小。

（3）腹部的形状：蜻蜓的腹部形状较为扁平，也较粗；豆娘的腹部形状较为细瘦，呈圆棍棒状。

（4）停栖方式：蜻蜓在停栖时，会将翅膀平展在身体的两侧；豆娘在停栖时，会将翅膀合起来直立于背上。

（5）胸部：蜻蜓的胸部肌肉较发达，健壮，宽阔，而豆娘的比较狭小。

（6）飞行能力：蜻蜓的飞行能力强，而豆娘的较弱。

豆娘成虫的身躯看起来十分纤弱，一副弱不禁风的样子，但豆娘是肉食性昆虫。它们擅长捕食空中的小飞虫，不过由于体型较小、飞行速度较慢，因此豆娘主要是以体型微小的蚊、蝇，以及蚜虫、介壳虫、木虱、飞虱、摇蚊等昆虫为主食，偶尔也会发生大豆娘捕食小豆娘的情形。大的蜻蜓会捕食豆娘。豆娘和蜻蜓行为上最大的区别在于，豆娘栖息时，翅膀会收起来，而蜻蜓的翅膀则永远张开。

飞机

望着蜻蜓和苍鹰在天空中飞行和翱翔，人类早就有了飞行的梦想，虽然屡次失败，但人类向往和探索飞行的脚步却从未停息。从古人向天空抛掷石头、长箭，到柏拉图的哲学家朋友阿尔库塔斯（Archytas，前428—前327）所制造的机械鸽（一套机械结构能让鸽子飞起来。鸽子靠震颤悬在空中，一股神秘的气流驱动着木鸽子，这股气流就来自鸽子体内的装置）到格利乌斯（Aulus Gellius，约125—180）的《阿提卡之夜》，再到墨子（约前476—约前390）制作和放飞风筝，人类无时无刻不向往着自己能在空中自由飞行。

图 16.7 代表中国古人飞行梦想的竹蜻蜓

多少人为了模仿鸟在空中飞行，自制了像鸟一样的翼，绑在自己的双臂上，从高山向下一跃，再迅速扇动"翅膀"，但无一意外都被摔得粉身碎骨。

到了欧洲文艺复兴时期，人们开始理性地探求飞行的方式。意大利艺术家和科学家达·芬奇仔细地研究了飞行问题，并把他对鸟类飞行的长期研究写成了《论鸟的飞行》一书，后人根据此书和他的一些其他手稿将他看作航空科学的先驱（图 16.8）。17世纪时意大利的另一位科学家博雷利（Giovanni Alfonso Borelli，1608—1679）深入探讨了人类肌肉骨骼和飞行的关系，指出人类没有鸟类那样轻质的骨架、发达的胸肌和光滑的流线型身体。一个重60千克的人，至少得具备1.8米宽的胸腔才能支持扇动翅膀所需的肌肉。博雷利因此得出结论，认为人类的肌肉力量不足以像鸟类那样，振动翅膀克服自身重力做长时间飞行。他的结论宣告了人类欲模仿鸟类那样进行自力扑翼飞行努力的失败。

但人类在模仿鸟类飞行的活动中积累了许多宝贵的知识和经验，为日后真正实现飞行带来了一线曙光。

图 16.8 达·芬奇设计的扑翼机

18 世纪的工业革命推动了科学和技术的发展，为人类实现真正的飞行奠定了基础。18 世纪中期纺织工业的发展带来了更轻巧更结实的布料，欧洲开始有人尝试制作大型的热气球。1783 年 6 月 4 日，法国的孟格菲兄弟（Joseph-Michel Montgolfier，1740—1810；Jacques-Étienne Montgolfier，1745—1799）设计了以麻布为材料的热气球，并进行了第一次成功的公开升空表演。他们在热气球的底部燃烧干草和羊毛，燃烧产生的热空气被导入气球内部，由于热空气的密度小于冷空气，气球被充满后便因为空气的静浮力而升空。热气球的原理和中国的天灯相同，但是此时欧洲人已经掌握了其中有关空气密度和浮力之间的关系。1783 年 11 月 21 日，两位法国人乘坐孟格菲热气球升到 1000 米的高空飞行了 12千米，完成了人类首次载人航空的壮举，标志着近代航空史的开端。热气球试飞后不久，氢气球也被发明了。氢气的密度比热空气更低，而且不会像热气球一样在短时间内就冷却下降，它的浮空和操作性能更好。1783 年 12 月 1 日，两名法国人乘坐氢气球在巴黎首次进行了自由飞行。1887 年 8 月 22 日，天津武备学堂教师华蘅芳（1833—1902）制造的中国第一个氢气球在天津成功升空（图 16.9）。

图 16.9 武备学堂演放气球（清《点石斋画报》）

19 世纪初英国人乔治·凯利（George Cayley，1773—1857）首先提出利用固定机翼产生升力，利用不同的翼面控制推进飞机的设计概念。为了验证自己理论的有效性，1849年他建造了第一架滑翔机并进行了试飞。

美国人莱特兄弟（Wilbur Wright，1867—1912；Orville Wright，1871—1948）（图 16.10），先通过风筝和滑翔机来检验机翼的升力设计和航空操纵系统，并在加装动力之前进行了大量滑翔机训练。在发现前人的研究数据可能有误后，他们制造了风洞进行了大量的实验，为 200 多种不同的翼型进行了上千次的测试。通过上述的技术积累，两兄弟发现了增加升力的原理，设计出控制飞机平衡俯仰和转弯的航空操纵方式，并找到了保持横侧稳定的方法，从而基本解决了飞机的操纵性和稳定性的问题，为飞机飞行原理奠定了理论基础。1903 年 12 月 17 日，他们在美国北卡罗来纳州基蒂霍克成功试飞了自行研制的"飞行者一号"，这次飞行作为"第一次重于空气的航空器进行的受控的持续动力飞行"，被国际航空联合会所认可。

图 16.10　莱特兄弟

这天清晨，美国北卡罗来纳州的基蒂霍克还在沉睡，天气寒冷，刮着大风，空旷的沙滩上静静地停放着一个戴着巨大双翼的怪家伙，这就是人类历史上第一架飞机——"飞行者一号"（图 16.11）。空旷的场地上冷冷清清，到现场观看的只有 5 个人。10 时 35 分，一切准备就绪。兄弟俩决定以掷硬币的方式确定谁先登机，结果弟弟奥维尔赢了。

图 16.11　莱特兄弟制造的第一架飞机"飞行者一号"

奥维尔爬上"飞行者一号"的下机翼，俯卧于操纵杆后面的位置，手中紧紧握着木制操纵杆，哥哥威尔伯则开动发动机并推动它滑行。飞机在发动机的作用下先是剧烈震动，几秒钟后便在自身动力的推动下从"斩魔丘"上缓缓滑下。在飞机达到一定速度后，威尔伯松开手，飞机像小鸟一样离地飞上了天空。虽然"飞行者一号"飞得很不平稳，甚至有点跌跌撞撞，但是它毕竟在空中飞行了 12 秒共 36.5 米，才落在沙滩上。接着，他们又轮换着进行了 3 次飞行。在当天的最后一次飞行中，威尔伯在 30 千米每小时的风速下，用 59 秒飞了 260 米。人们梦寐以求的载人空中持续动力飞行终于成功了！人类动力航空史就此拉开了帷幕。

飞机发明后，飞行的速度不断提高。但随之而来的问题是，飞机在达到一定速度后，机翼会发生颤振。颤振是一种自激振动，属于一种不稳定现象。当飞机在气流中运动并到达某一速度时，在非定常空气动力、惯性力和弹性力的相互作用下，刚好使机翼的振动持续下去，就发生颤振。

一般而言，飞机的空气动力将随着飞机飞行速度的增加而增加，因此存在一个临界速度，在这个速度下，飞机结构将变得不稳定。当飞行速度低于颤振速度时，振动是衰减的；等于颤振速度时，振动保持等幅；高于颤振速度时，振动是发散的，会导致飞机结构的破坏，对飞机的飞行安全构成极大的威胁。颤振的结果往往是机翼折断，发生空难事故。

怎样才能解决飞机的颤振问题？工程师想尽一切办法，但都无功而返。最后，科学家想到了蜻蜓的翅膀。无论蜻蜓以什么速度，顺风还是逆风飞行，蜻蜓的翅膀在飞行中从不发生断裂。它们是怎么消除颤振的呢？其原因就是蜻蜓翅膀上的翼眼，翼眼的质量比翅膀的其他部分的质量大，工程师在机翼两端加上较厚重的金属板，成功解决了机翼的颤振问题，增加了飞机飞行的安全性。

17 金蝉脱壳·蝉的习性与质数

金蝉脱壳这则成语出自元·关汉卿《钱大尹智宠谢天香》第二折："便使尽些伎俩，千愁断我肚肠，觅不得个金蝉脱壳这一个谎。"后来演化为金蝉脱壳。

金蝉脱壳的本意是寒蝉在蜕变时，本体脱离皮壳而走，只留下蝉蜕挂在枝头；后比喻制造或利用假象脱身，使对方不能及时发觉。

中国古人对蝉（图17.1）特别关注，关于蝉的成语就有二十多个，如噤若寒蝉、螳螂捕蝉……描写蝉的诗词更是多如牛毛。

图 17.1 蝉

唐代诗人李商隐在《蝉》中吟道
本以高难饱，徒劳恨费声。
五更疏欲断，一树碧无情。
……

同是唐代的虞世南在《蝉》中说
垂緌饮清露，流响出疏桐。
居高声自远，非是藉秋风。

宋代晏殊在《浣溪沙·湖上西风急暮蝉》中写道
湖上西风急暮蝉，夜来清露湿红莲。少留归骑促歌筵。
为别莫辞金盏酒，入朝须近玉炉烟。不知重会是何年。

古代文学中认为蝉餐风饮露，是高洁的象征，"蝉蜕于浊秽，以浮游尘埃之外"（《史记·屈原贾生列传》）。在西方文化中，蝉却是演奏家的形象。直到现在，竖琴都是用蝉来装饰并作为标志的。

蝉是一种昆虫，又称为蜩（音 tiáo，见《庄子·内篇·逍遥游》），拉丁学名为Cicadidae。蝉属节肢动物门、昆虫纲、半翅目[①]、蝉科。蝉在距今 2 亿多年前的侏罗纪就存在，是恐龙和小型兽类的主要取食对象。但当时的蝉被称为古蝉，和现代蝉有所不同。现代蝉的祖先在 1.5 亿年前已经存在。蝉的幼虫形象在公元前 2000 年的商代青铜器上就已经出现（图 17.2），因此，至少在商代之前中国人就已经认识了蝉。目前，蝉多分布在热带及亚热带，生活在沙漠、草原和森林中。

图 17.2　商代京鼎（左）、商代举方鼎（中）和商代青铜器上的蝉纹图案（右）

蝉目前约有 2000 多种，一般体长 2~5 厘米。少数种类，例如世界最大的帝王蝉翼展可达 20 厘米，体长约 7 厘米。蝉的外骨骼很坚硬，双翅相当发达，多为透明或半透明（双翅完全不透明的种类通常翅面颜色较为鲜明，且多分布于靠近热带的地区），上面有明显的翅脉。蝉翼一般很薄，可薄至微米数量级，因此有"薄如蝉翼"的修辞。

蝉是一种较大的吸食植物的昆虫，它有像针管一样中空的细嘴。蝉用其细嘴刺入树体，以此吸食树液。

蝉有两对膜翅，复眼突出，头部宽而短，具有明显突出的额唇基；视力相当良好，复眼不大，位于头部两侧且分得很开，有 3 个单眼。蝉的胸部包括前胸、中胸及后胸，其中前胸和中胸较长。3 个胸部都具有一对足，腿节粗壮发达。蝉的腹部呈长锥形，总共有 10 个腹节，第 9 腹节称为尾节。雄蝉第 1、第 2 腹节具发音器，第 10 腹节形成肛门；雌蝉第

---

① 蝉原属同翅目，根据现在的分子分类学，并入半翅目。

10 腹节形成产卵管，且较为膨大。

会鸣的蝉都是雄蝉，因为雄蝉腹基部的发声器像蒙上了一层鼓膜的大鼓，鼓膜受到振动而发出声音。由于蝉的鸣肌每秒能振动数百次，加之盖板和鼓膜之间是空的，能起到共鸣的作用，因此其鸣声特别高亢响亮。但雌蝉由于身体构造不完整，没有鼓膜，因而不能发声，被称为"哑蝉"。雄蝉可以发出三种不同的鸣叫声：①集合声，受天气的变动和其他蝉鸣声的调节；②求偶声，雌蝉听到令其心仪的鸣声便会前来与之交配，此后雌蝉将其尖尖的产卵管插入树中将卵产下；③被捉后或受惊飞走时粗粝的叫声。小、中型蝉的鸣叫声可达 80~90 分贝，大型蝉的鸣叫可达 100~130 分贝。有昆虫学家认为，雄蝉是个"半聋子"。它自己鸣叫时听不到声音，只有在静止不叫时，才能听到其他雄蝉的鸣叫。但真相到底如何，还需要对其进一步研究。

雄蝉在交配后随即死去，留下雌蝉。雌蝉用尖利的产卵器在嫩枝上刺一圈小孔，把卵产在树木的木质内部。再在嫩枝的下端，用口器刺破一圈韧皮，使着卵的树枝断绝水分和养料，造成着卵的嫩枝渐渐枯死。这样，着卵的树枝很容易被风吹落掉到地面，以便孵化后的若虫钻进地里。

直到第二年若虫才会孵出。它们迅速钻入地下后成为幼虫，再在土里生活几年甚至十几年。在漫长的生活中它们要经历多次脱壳，并从树木的根茎上吸食树液。幼虫一般经 5 次左右蜕皮。5 月，当蝉蛹的背上出现一条黑色的裂缝时，就开始蜕皮，整个过程大约 1 小时。

蝉会蜕皮是因为它们的外骨骼成形之后没有办法长大，影响身体的成长，所以只有把旧的外骨骼蜕去，才能让身体继续长大。此外，蝉的身体表面有一层比较坚硬的皮，这层皮使体内物质不外流，又能防止外界有害物的入侵，但对幼虫的成长却很不利，限制了其身体长大。因此，为了幼虫的成长和发育，蝉需要经常脱壳（图 17.3）。

很多蝉都是一年生，即每年从地下爬出繁殖一次，但也有不少蝉以 2、3、5、7 年为一个周期。少数蝉的生长周期甚至达到 13 年或 17 年。

仔细观察蝉的生长周期就会发现它们有一个共同点，所有蝉的生长周期都是质数（prime number）[①]。

为什么蝉的生长周期都是质数？有人说，蝉是天生的"数学家"。

20 以内的质数有：1、2、3、5、7、11、13、17、19。1977 年，美国著名的进化论科学家古尔德（Stephen Jay Gould，1941—2002）提出了一个具有无比创见的解释。他认为，很多蝉的天敌也有自己的生命周期，假如蝉的生命周期不是质数，那么就会有较大概率和天敌的周期重叠。比如蝉的生命周期为 12 年的话，就会和生命周期为 2、3、4、6 年的天

---

① 在数学中，那些只能被 1 和自身整除的自然数叫作质数或素数。

敌重叠，被吃的可能性就要大很多。蝉的这种较长的质数（13 或 17）周期，可以降低被其 2 年生、3 年生或 5 年生的天敌发现并被吃掉的可能性。比如经过 17 年的周期，很多天敌甚至已记不住蝉在其食谱范围内。也可能蝉在质数周期时大量同时破土而出，鸟类根本不可能将它们全部捕食，侥幸逃脱的幸存者会更多。

图 17.3　金蝉脱壳

还有人认为，这是因为质数周期的蝉可以有效防止和别的蝉类一起破土，争夺领土和食物。周期为 13 年和 17 年的蝉主要分布在北美洲，因此还有人认为蝉的发育周期和冰河期有关。蝉最早出现在大约 180 万年前，那个时候北美正处于冰河期，经常会遇到冷夏。成年蝉出土后如果遇到低温，就很难正常生存下来。科学家经过计算发现，假如在1500 年的时间里，每 50 年出现一次冷夏，那么 7 年蝉的成活率是 7%，11 年蝉的成活率是 51%，17 年蝉则是 96%。显然，在冰河时期，周期越长，成活率就越高。因此，短周期的蝉就这样被自然淘汰了。

甚至有人认为，蝉和人类一样也受到各种瘟疫的威胁，可能面临灭绝。比如可能 2 年出现一次病毒甲（蝉"流感"），3 年暴发一次病毒乙（蝉"天花"），4 年暴发一次病毒丙（蝉"水痘"），5 年暴发一次病毒丁（蝉"鼠疫"），6 年出现一次的病毒戊（蝉"新冠"）。假设从某一年开始计算（设这一年为初年），对于两年暴发一次的蝉"流感"，则 13 周期年在第一次破土时是安全的，但第二次破土时就不安全。那么对"流感"，13 年蝉在 100年内的不安全年共有 3 次，分别是 26 年、52 年、78 年。按照同样的方法，计算各种病毒暴发的蝉的不安全年，再假设蝉的破土周期分别是 12 年和 14 年，也计算出其不安全年，就可制出如下蝉不安全年对照表。

可见，只有 13、17 这样的质数周期，蝉才可以躲开多种病毒同时暴发而导致的蝉种灭绝。有数学家建立了一个数学模型，间接地验证了这一假说。在这个计算模型里，蝉和天敌们的生活周期一开始都不固定，但是两者都会随机地发生变异。如果周期重叠，蝉就被吃掉。经过很多年的演化后，蝉的周期无一例外地会停留在一个质数上。

100 年内 12 年、13 年、14 年和 17 年周期蝉不安全年

病毒种类	暴发周期	不安全年份						
		12 年生长蝉	13 年生长蝉	14 年生长蝉	15 年生长蝉	16 年生长蝉	17 年生长蝉	18 年生长蝉
病毒甲	2 年	第 12 年、24 年、36 年、48 年、60 年、72 年、84 年、96 年	第 26 年、52 年、78 年	第 14 年、28 年、42 年、56 年、70 年、84 年、96 年	第 30 年、60 年、90 年	第 16 年、32 年、48 年、64 年、80 年、96 年	第 34 年、68 年	第 18 年、36 年、54 年、72 年、90 年
病毒乙	3 年	第 12 年、24 年、36 年、48 年、60 年、72 年、84 年、96 年	第 39 年、78 年	第 42 年、84 年	第 15 年、30 年、45 年、60 年、75 年、90 年	第 48 年、96 年	第 51 年	第 54 年
病毒丙	4 年	第 12 年、24 年、36 年、48 年、60 年、72 年、84 年、96 年	第 52 年	第 28 年、56 年、84 年	第 60 年	第 16 年、32 年、48 年、64 年、80 年、96 年	第 68 年	第 72 年
病毒丁	5 年	第 60 年	第 65 年	第 70 年	第 15 年、30 年、45 年、60 年、75 年、90 年	第 90 年	第 85 年	第 90 年
病毒戊	6 年	第 12 年、24 年、36 年、48 年、60 年、72 年、84 年、96 年	第 78 年	第 42 年、84 年	第 90 年	第 96 年	—	第 18 年、36 年、54 年、72 年、90 年
备注		9 个不安全年，4 种病毒同时暴发 8 次（第 12 年、24 年、36 年、48 年、60 年、72 年、84 年、96 年）；5 种病毒同时暴发 1 次（第 60 年）	6 个不安全年，3 种病毒同时暴发 1 次（78 年）	7 个不安全年，4 种病毒同时暴发 1 次（第 84 年），3 种病毒同时暴发 1 次（第 42 年），2 种病毒同时暴发 2 次（第 28 年、56 年）	6 个不安全年，4 种病毒同时暴发 2 次（第 60 年、90 年），3 种病毒同时暴发 1 次（第 30 年），2 种病毒同时暴发 2 次（第 15 年、75 年）	7 个不安全年，4 种病毒同时暴发 1 次（第 96 年），3 种病毒同时暴发 1 次（第 48 年），2 种病毒同时暴发（第 32 年）	4 个不安全年，2 种病毒同时暴发 1 次（第 68 年）	5 个不安全年，3 种病毒同时暴发 3 次（第 54 年、72 年、90 年），2 种病毒同时暴发 3 次（第 18 年、36 年）

可见，蝉并不是"数学家"，大自然才是数学家，蝉只能被动地顺应大自然的规律。这里，不由得又想起毕达哥拉斯的那句名言：万物皆数！

在暗无天日的地下，看不见日出日落，也没有春夏秋冬，而周期蝉能精确计算时间从地里爬出。蝉的这种本事，至今令科学家困惑不已。

图 17.4　邮票上的蝉（左：毛里求斯；右：塞拉利昂）

18 井底之蛙·青蛙、木蛙与井底之蛙

中国古人对青蛙很是偏爱，曾写下无数吟蛙的诗和词。

唐·王建（765—830）《汴路水驿》
晚泊水边驿，柳塘初起风。
蛙鸣蒲叶下，鱼入稻花中。
去舍已云远，问程犹向东。
近来多怨别，不与少年同。

唐·韦庄（836—910）《梁氏水斋》
独醉任腾腾，琴棋亦自能。
卷帘山对客，开户犬迎僧。
看蚁移苔穴，闻蛙落石层。
夜窗风雨急，松外一庵灯。

宋·叶茵（1199—? ）《即事》
竹暗笋无数，江晴水有痕。
田蛙喧麦陇，野犬卧柴门。

宋·苏轼《雨晴后步至四望亭下鱼池上遂自乾明寺前东冈》
雨过浮萍合，蛙声满四邻。
海棠真一梦，梅子欲尝新。
拄杖闲挑菜，秋千不见人。
殷勤木芍药，独自殿余春。

宋·辛弃疾（1140—1207）《西江月·夜行黄沙道中》
明月别枝惊鹊，清风半夜鸣蝉。稻花香里说丰年，听取蛙声一片。
七八个星天外，两三点雨山前。旧时茅店社林边，路转溪桥忽见。

青蛙（图 18.1）是脊索动物门、两栖纲、无尾目、蛙科、侧褶蛙属的动物，头部略呈三角形，长大于宽；眼大而凸出；前肢短，指趾端钝尖，后肢较短粗，趾间几为全蹼；背部较粗糙，有蓝绿、黄绿、深绿，灰绿、灰褐色等，具有不规则的黑斑；腹面皮肤白色，光滑，无斑。

图 18.1　青蛙

青蛙适于水陆两栖环境，多栖息于水草丛生的江河、池沼、溪流、水沟、湖泊、浅滩等低洼、潮湿的地方，昼伏夜出。晚间时，它们四处活动，觅寻食物，捕食蝗虫、稻螟虫、稻虫蝉、稻蝼象、蝼蛄、金龟子、蝶蛾、蜻蜓、甲虫等水稻害虫，以及蚯蚓、黄粉虫、蝇蛆和小鱼虾等，也可以吞食鱼肉块及鸡、鸭、鱼的内脏。

青蛙身体可分为头、躯干和四肢三部分。青蛙前脚上有四个趾，后脚上有五个趾，还有蹼。青蛙头上两侧有两个略微鼓着的小包，那是它的耳膜，青蛙通过它可以听到声音。青蛙的背上是绿色的，很光滑、很软，还有花纹。腹部是白色的，可以使它隐藏在草丛中，捉害虫就容易些，也可以保护自己。它的皮肤还可以帮助它呼吸。只有雄蛙才有气囊。

青蛙嘴边有个鼓鼓囊囊的部位，能发出声音。它们最爱在夏日的雨天放声歌唱。但在炎热的夏天，青蛙一般都躲在草丛里，偶尔喊几声，时间也很短。如果有一只叫，旁边的也会随着叫几声。

蛙类的生殖特点是雌雄异体、水中受精，属于卵生。繁殖的时间在每年 3—6 月。在生殖过程中，蛙类有一个非常特殊的现象——抱对。蛙类的抱对并不是在进行交配，只是生殖过程中的一个环节。研究表明，如果人为地把雌雄青蛙分开（不抱对），那么即使是在青蛙的繁殖期里，雌蛙也不能排出卵细胞。蛙类通过抱对，促使雌蛙排卵。一般蛙类都在水中产卵、受精，卵孵化后变成蝌蚪，在水中生活，2 个月至 3 年内变态而成为蛙。在变态过程中肺得以发育，四肢出现，尾部吸收，口变成典型的蛙口，然后变成幼蛙登陆活动。蛙类的寿命为 5~15 年。

图 18.2　布隆迪发行的青蛙邮票

　　青蛙常发出"咕咕咕"的叫声，不同的蛙鸣声代表不同的含义。夏季，雄蛙发出响亮的鸣声，代表求偶信号。平时，蛙们在划分领土的时候会发出震耳欲聋的鸣声，表明它们存在很大争议。

　　还有一种体长仅 35~76 毫米，体重 8 克左右的木蛙（Lithobates sylvaticus）（图 18.3），其雌性比雄性大得多。它们表现出许多颜色，通常是褐色、棕色和锈色，也有绿灰色，下体胸腹部是白色或绿白色，向后逐渐变成淡橙色和黄色，是生活在北极地区的唯一的一种两栖动物。

图 18.3　木蛙

　　木蛙有很强的抗寒能力，随着气温下降而把自己冻成一块冰，然后随着气温回升再解冻。只要气温降到摄氏零度以下，在 10 分钟之内，木蛙的皮肤下面就开始结冰；3 小时后，动脉和静脉血管冰冻，心脏和大脑停止运作；24 小时之内，木蛙身体的 65% 都冻住了。

　　此时的木蛙就像一块有颜色的冰块，心脏停止跳动，呼吸停止数月，完全进入休眠状态（图18.4）。不过随着春天的到来，气温逐渐回升，此时木蛙慢慢解冻，心脏和大脑恢复功能，身体的其他部分也开始恢复。只需要几个小时，它就重新活蹦乱跳起来了。但奇怪的是，虽然阳光先温暖体表，木蛙却是体内器官先解冻，其中的秘诀就是——憋尿。木蛙可以保持8个月不排尿，其体内的微生物将尿液中的尿素转化为氮，储存在血液中。

图18.4　进入渐冻的木蛙

科学家发现，木蛙之所以具有这种神奇本领，在于它们的身体有把淀粉转化为葡萄糖和血糖的能力。每到秋天，木蛙就会大量进食各种昆虫和其他小型无脊椎动物，特别是蜘蛛、甲虫、蛾的幼虫、蛞蝓、蜗牛、蝌蚪。此时，木蛙在身体内储存了大量淀粉并将这些淀粉转化为葡萄糖和血糖，血糖是正常时的十倍，像是一个糖尿病患者。但正是这些葡萄糖和血糖，保证了木蛙在全身冰冻的情况下，器官内部的水分不会随之凝结。

回到成语"井底之蛙"前，先不得不说两个人，一个是公孙龙（前320—前250），另一个是魏牟（生卒年不详）。

公孙龙是战国时期赵国邯郸（今属河北省邯郸市）人，属诸子百家之一的"名"家学派。因为战国四君子之一的平原君赵胜喜好名家论辩的言论，公孙龙就成为平原君的门客。公孙龙著有《公孙龙子》一书，其中《白马论》《坚白论》等六篇流传至今，以《白马论》最著名。在《白马论》中，公孙龙说"白马非马"，因为"马"指的是马的形态，"白马"指的是马的颜色，而形态不等于颜色，所以白马不是马。公孙龙说这话的时候，是因为他牵着一匹白马准备出关，被守关的士兵拦住，不让把马带出去。当时，马就像现在的坦克一样，在战场上发挥着重大作用，属战略物资，是不让私自带出境的，也像今天的稀土，任何企业不能私自向境外出售。但在公孙龙的诡辩下，守关士兵愣住了，公孙龙趁机牵着白马出了关。另一篇《坚白论》中提出"离坚白"，说："视不得其所坚而得其所白者，无坚也；拊不得其所白而得其所坚者，无白也。"意思是一块白石头人们用眼睛看，不知道它是坚硬的，只知道石头是白颜色的，这就是没有坚硬；用手摸不知道石头是白颜色，而知道它是坚硬的，这就是没有白颜色。在前一种情况下，坚硬藏了起来；在后一种情况下，白色藏了起来。他又说：看到它的白颜色，摸到它的坚硬，有"见与不见"的情况，这就叫作离，因为石与坚、白不能互相包含，所以就分离了。分离了也就是藏起来了，这叫作"自藏"。后人称为"离坚白"。

　　再说魏牟，史书上关于魏牟的记载很少，我们只知道他是战国时期魏国人，和公孙龙以及庄子生活在差不多同一时期，家族封地在中山，魏牟也就是中山国（前414—前296）的王子。中山国的名称是因为城中有山，所以魏牟也叫中山公子牟。魏牟与公孙龙关系很好，两人常在一起交谈。公元前296年，中山国被赵国所灭，此后魏牟改投庄子门下。

　　之所以先说公孙龙和魏牟，是因为井底之蛙这个成语来自公孙龙和魏牟之间展开的辩论。据《庄子·外篇·秋水》记载，一次公孙龙问魏牟说："我年少的时候学习古代圣王的主张，长大以后懂得了仁义的行为；能够把事物的不同与相同合而为一，把一个物体的质地坚硬与颜色洁白分离开来；能够把不对的说成是对的，把不应认可的看作是合宜的；能够使百家智士困惑不解，能够使众多善辩之口理屈词穷；我自以为是最为通达的了。如今我听了庄子的言谈，感到十分茫然。不知是我的论辩比不上他呢，还是我的知识不如他呢？现在我已经没有办法再开口了，冒昧地向你请教其中的道理。"

　　魏牟靠着案几深深地叹了口气，然后又仰头朝天笑，说："你难道没听说过浅井里的青蛙吗？井蛙对东海里的鳖说：'我的生活惬意得很啊！我跳跃玩耍于井口栏杆之上，进入井里便在井壁砖块破损之处休息。跳入水中井水漫入腋下并且托起我的下巴，踏入泥里泥水就盖住了我的脚背，回过头来看看水中的那些赤虫、小蟹和蝌蚪，没有谁能像我这样的快乐！再说我独占一坑之水、盘踞一口浅井的快乐，这也是极其称心如意的了。你怎么不随时来井里看看呢？'东海之鳖左脚还未能跨入浅井，右膝就已经被绊住了。于是迟疑了一阵子之后又把脚退了出来，把大海的情况告诉给浅井的青蛙，说：'千里的遥远，不足以称述它的大；千仞的高旷，不足以探究它的深。夏禹时代十年里有九年水涝，而海水不会因此增多；商汤的时代八年里有七年大旱，而岸边的水位不会因此下降。海水不因为时间的短暂与长久而有所改变，不因为雨量的多少而有所增减，这就是东海最大的快乐。'井蛙听了这一席话，惊惶不安，茫然不知所措。再说你公孙龙的才智还不足以达到知晓是与非的境界，却想去察悉庄子的言谈，这就像驱使蚊虫去背负大山，驱使马蚿虫到河水里去奔跑，必定是不能胜任的……"

　　公孙龙听了魏牟这一番话，张着大口合不拢，舌头抬起放不下，于是快速逃走了。

　　后人从公孙龙和魏牟的对话中提炼出成语"井底之蛙"（图18.5），一直用来形容见识狭窄、思想保守，不知山外有山、井外有海的人。近义的成语还有"坐井观天"（韩愈《原道》："坐井而观天，曰天小者，非天小也"），甚至"鼠目寸光"。

《庄子·外篇》多半是庄子门人写的，对庄子赞扬的多，对其他诸子贬损的也多。也同庄子一样，常常通过寓言，汪洋恣肆地写出一些人物对话来取信。虽然是寓言，不必当真，但我们不妨站在另外角度来分析一下。

首先，《庄子·外篇·秋水》说的这口井是浅井，肯定不是蛙自己挖的，是人挖的，后来井水逐渐枯竭，被废弃了。要不然有人常来取水，哪还有蛙安家的份。但如果是口深井呢，蛙跳进去后就如同进入陷阱，哪还能跳出来与鳖对话？

其次，这口浅井离大海应该不太远。如果浅井离大海十万八千里，像是在四川盆地或者云贵高原，以鳖的爬行速度，并且没有北斗导航，是怎么也到不了这口浅井的。即便是鳖自带导航系统，比如体内的磁感应，真的到达了，井蛙也换了好几十代了。此时的井水完全干了吗？井里被扔塑料袋了吗？天还是那么蓝么？蛙还那么快乐么？

图 18.5 井底之蛙

所以，浅井与大海的距离应该不太远。既然鳖能爬到浅井，蛙跳到大海也不会有问题，因为蛙的跳行速度比鳖的爬行速度还快。蛙不识方向，找不到哪边是大海，只能跳一步停一步地跟着鳖走，最后来到大海边。

在大海边，蛙看到了天之阔、海之瀚，终于长见识了，兴奋得又跳又叫。

但是蛙也累了、渴了、饿了。宽阔的海滩上毫无遮掩，蛙不敢歇，遇到天敌怎么办？无边的海水不能饮，饮了更渴；海里鱼倒是多得很，但够不着，吞不下。海潮涌来，轻轻一推，蛙便被推回十几米。没有了小虫果腹，没有了井水解渴，没有了浅井休息，蛙只能瞪大眼睛鼓着肚子呱呱叫。蛙现在后悔了，真不该听信鳖的忽悠，背井离乡，来到大海。鳖倒好，来到大海就深潜了，现在蛙连个埋怨的对象也没有。自己还能回去吗，如此饥渴疲惫的情况下，回到浅井，真不敢想象啊！

不知道蛙是否回到了浅井。也许在路上，蛙因饥渴而死；也许，蛙真的很坚强，终于回到浅井。回去后的蛙，一定是一只有见识的蛙，还会像以往一样快乐吗？井还在吗？有没有被其他蛙占了？母蛙没走吧？总之，《庄子》没有说，我们也不知道。

可是，我们却常嘲笑别人是井底之蛙，胸无大志，目光短浅。但想想我们自己，曾经固执地以为天圆地方，也曾顽固地以为地球是中心，还曾执着地以为宇宙无边无际，今天也不可动摇地认为宇宙膨胀，这在更高维度的生物看来，我们是不是也在坐井观天？遗憾的是，自从我们体毛消退的那天开始，星辰大海就藏于心底，只等鳖来点拨；就注定要向往星辰大海，就注定要做一只痛苦的蛙，牛顿是，玻耳兹曼是，爱因斯坦也是。但每个人又会固守井栏边，如牛顿固守光的微粒说，玻耳兹曼固守经典物理，爱因斯坦固守光速最快。

其实，退一步想也可理解，井底之蛙，坐井观天，至少说明蛙还有一口井有一片天。

不知道谁说的："井底之蛙不知大海的宽广，却知晓天空的湛蓝。"因为这一小片湛蓝天空的诱惑，蛙注定最后会跳出井底，不管井的深浅。跳出井底的蛙，不奔向大海，就不是一只好蛙。

19 蝇营狗苟·苍蝇与莱特飞行

《诗经·小雅·青蝇》

营营青蝇，止于樊。岂弟君子，无信谗言。

营营青蝇，止于棘。谗人罔极，交乱四国。

营营青蝇，止于榛。谗人罔极，构我二人。

上文意为，苍蝇乱飞声嗡嗡，飞上篱笆把身停。平和快乐的君子，不要把那谗言信。苍蝇乱飞声嗡嗡，飞上酸枣树上停。谗人无德又无行，扰乱四方不太平。苍蝇乱飞声嗡嗡，飞上榛树枝上停。谗人无德又无行，离间我俩的感情。这里青蝇即苍蝇，比喻搬弄是非、颠倒黑白的小人（谗人）。

成语"蝇营狗苟"典出于唐代文学家韩愈的《送穷文》，形容某些人为了追逐名利不择手段，像苍蝇一样追腥逐臭，像狗一样苟且钻营，不知羞耻。《送穷文》的原文为：

凡此五鬼，为吾五患，饥我寒我，兴讹造讪，能使我迷，人莫能间，朝悔其行，暮已复然，蝇营狗苟，驱去复还。

"蝇营狗苟"四个字，音同字不同，词意贴切，含义深刻，已成为人们常用的成语之一。文中有五个穷鬼，韩愈想要送走，却又挥之不去，去后复还，着实让人心烦。

这五个穷鬼是愚昧无知的智穷鬼、不学无术的学穷鬼、不通文化的文穷鬼、运气糟糕的命穷鬼和人缘极差的交穷鬼。

韩愈，字退之，河南河阳（今河南省孟州市）人。自称"郡望昌黎"，唐代杰出的文学家、思想家、哲学家、政治家。他三岁而孤，随兄嫂游宦避乱。七岁读书，十三能文，后从独孤及、梁肃游学。

唐德宗贞元八年（792年），韩愈登进士第，作《争臣论》，标志着其正式步入文坛。两任节度推官，累官监察御史。后因论事而被贬阳山，历都官员外郎、史馆修撰、中书舍人等职。唐宪宗元和十二年（817年），出任宰相裴度的行军司马，参与讨平"淮西之乱"。其后又因谏迎佛骨一事被贬至潮州。晚年官至吏部侍郎，人称"韩吏部"。唐穆宗长庆四年（824年），韩愈病逝，年五十七，追赠礼部尚书，谥号"文"，故称"韩文公"。宋神宗元丰元年（1078年），追封昌黎伯，并从祀孔庙。

　　韩愈被后人尊为"唐宋八大家"之首，与柳宗元并称"韩柳"，有"文章巨公"和"百代文宗"之名。后人将其与柳宗元、欧阳修和苏轼合称"千古文章四大家"。他提出的"文道合一""气盛言宜""务去陈言""文从字顺"等散文的写作理论，对后人很有指导意义。代表作有《师说》等。

　　韩愈性格狷介疏狂，却又表现出小肚多疑、自树对立的一面，与韩愈同时代的有王叔文（753—806）及其同党，柳宗元、刘禹锡等文友，还有为人奸狡的王庭凑（？—834），以及贪婪无耻的李实（？—805）。

　　李实是李唐宗室子弟，唐高祖李渊（566—635）第十六子道王李元庆（623—664）的四世孙，唐德宗李适（742—805）的宠臣之一。唐德宗贞元八年（792年），李实任职军需官，期间克扣军费粮饷，导致士兵哗变，愤怒的士兵要杀了李实，李实乘夜以绳索逃出城外，仓皇跑回长安。但唐德宗并没有怪罪李实，这使得李实更加有恃无恐。

　　李实后来再升任司农卿、京兆尹等官职，袭爵道王，他自恃是宠臣，刚愎自用、徇私枉法。

　　贞元十九年（803年），韩愈升任监察御史。当时关中遭遇旱灾，京城周围也出现了难民乞讨的现象。韩愈奉命前往灾区调查，他发现关中地区饿殍遍野，民不聊生。而此时，身为京兆尹的李实却欺瞒朝廷，封锁消息，谎称关中地区风调雨顺，粮食丰收，百姓安居乐业，形势一片大好。

　　韩愈见状，异常愤怒，上疏《御史台上论天旱人饥状》给朝廷。不想恶人先告状，李实反而在皇帝面前进谗言诬陷韩愈。结果是，唐德宗将韩愈贬为阳山（今属广东省清远市）县令，而李实依旧受宠。

　　一次，李实和御史王播（759—830）的轿子在路中相遇，两人互不相让。李实因此而上书说王播的不是，王播随即被贬为三原令。权德舆（759—818）当礼部尚书的时候，李实私下向他举荐了20个人，并且威逼他说："这20人必须要用，否则你就等着被贬职！"权德舆拒绝了他。李实后来去吏部现任尚书赵宗儒（746—832）那里举荐自己人，仍遭到拒绝，李实竟公然劫持赵宗儒。

　　唐德宗驾崩后，李诵（761—806）即位，是为唐顺宗。唐顺宗即位不久，诏令官员不得强行征收百姓赋税，李实置若罔闻，强征赋税二十万贯，杀死抗税的百姓数十人，正处在守孝期的唐顺宗勃然大怒，将李实贬为通州长史。

　　在李实去往通州的路上，长安城百姓在路上守候，准备用瓦片、石块偷袭他。李实得到消息，十分害怕，只好连夜出城。

　　李实后来又得到了朝廷的特赦，返京途中，死于虢州（今河南省灵宝市）。

李实就是韩愈所说的蝇营狗苟。

唐代诗人徐夤作《逐臭苍蝇》写道
逐臭苍蝇岂有为，清蝉吟露最高奇。
多藏苟得何名富，饱食嗟来未胜饥。
穷寂不妨延寿考，贪狂总待算毫厘。
首阳山翠千年在，好莫冰壶吊伯夷。

明代朱之蕃在《苍蝇》中写道
生从污秽忽雄飞，鼓翅摇唇觅已肥。
剩酒残羹沾醉饱，青丝白璧妒光辉。
营营引类来同恶，恋恋依人不暂违。
驱斥虽严还易集，持将麈尾莫停挥。

可见从古至今，苍蝇都是人们讨厌和厌恶的昆虫。

苍蝇（图 19.1）是双翅目、蝇科、苍蝇属昆虫的统称。苍蝇头部呈球形或半球形，有一对触角；头下方有一个口器；胸部下方生有三对足，足的末端是其特有的"爪垫"。胸部背侧有不同的光泽、斑纹和颜色。

图 19.1　苍蝇

苍蝇遍布世界各地，孳生于粪便、垃圾、腐败物中。善飞行，有向光性，喜白天活动，夜间多栖息树上，或室内天花板、电线上。多以蛹或蛆过冬。成虫主要取食花蜜、植物汁液、发酵产物或人畜粪便。苍蝇一次交配终身产卵，雄蝇的精液可以长久贮存于雌蝇的受精囊中，刺激产卵，并持续 2~3 周使蝇卵不断受精，而不必与另一只雄蝇交配。这在其他昆虫中是罕见的，这也正是苍蝇繁殖力旺盛的重要原因。一只雌蝇一生可产卵 5~6 次，每次产卵 100~150 粒，最多可达 300 粒左右；一年内可繁殖 10~12 代。一只成蝇寿命仅 2 个月左右。

雌蝇产卵的高峰期在每日的傍晚。雌蝇的产卵前期（即从羽化至首次产卵的时间）长短，与环境温度密切相关：在 15℃时平均为 9 天，在 35℃时仅需 1.8 天，在 15℃以下时不能产卵。交配后的雌蝇常爬入人畜粪便等孳生缝隙中，伸出产卵管在孳生物深处产卵，以利卵粒得到充分保护。

苍蝇的体型为小型到中型，触角短，仅 3 节。末节末端有节鞭或末节背面有一根羽状刚毛，称触角芒。复眼 2 只，单眼 3 只。口器为舐吸式，上下颚均退化，仅余 1 对棒状的下颚须。前翅膜质，用来飞翔。后翅退化为平衡棒，隐于前翅基部的翅瓣下。下唇退化为长的喙，喙端部膨大成 1 对具环沟的唇瓣。喙的背面基部着生一剑状上唇，其下紧贴一扁长的舌，两相闭合而成食物道。

苍蝇的食性很杂，香、甜、酸、臭均喜欢，它取食时要吐出嗉囊液来溶解食物，其习惯是边吃、边吐、边拉。一般苍蝇从进食处理、吸收养分，一直到将废物排出体外，只需 7~11 秒。

苍蝇的活动受温度影响很大。它在 4~7℃ 时仅能爬行，10~15℃ 时可以飞翔，20℃ 以上才能摄食、交配、产卵，30~35℃ 时尤其活跃，35~40℃ 因过热而停止活动，45~47℃ 时致死。

苍蝇善于飞翔。飞行速度可达 6~8 千米每小时，最高每昼夜飞行 8~18 千米。但平常多在孳生地半径 100~200 米范围内活动，大多不超过 1~2 千米。

苍蝇是四害之一，携带的病菌很多，可以传播 30 多种疾病，主要有伤寒、副伤寒、脊髓灰质炎、传染性肝炎、小儿麻痹症、霍乱、痢疾、婴儿腹泻、食物中毒和肠寄生虫病等。

人人都厌恶苍蝇，人人都想消灭苍蝇，但看到苍蝇飞过时，却很难打到苍蝇（图 19.2）。为什么呢？因为苍蝇的飞行是莱特飞行。

莱特飞行以法国数学家保罗·莱特（Paul Lévy，1886—1971）命名，指的是步长的概率分布为重尾分布[①]的随机行走，也就是说在随机行走的过程中有相对较高的概率出现大跨步。与步长分布没有重尾的随机行走相比，莱特飞行的运动轨迹就像时不时可以飞行一样（图 19.3）。

莱特飞行是一种分形，也就是说不管放大多少倍，看起来还和原来的图案类似的图形。更重要的是，莱特飞行属于随机游走，也就是说它的轨迹并不能被准确预测，如同苍蝇的步伐一样鬼魅。

---

① 重尾分布（heavy-tailed distribution）是一种概率分布模型，它的尾部比指数分布还要厚。

图 19.2　很难打到的苍蝇

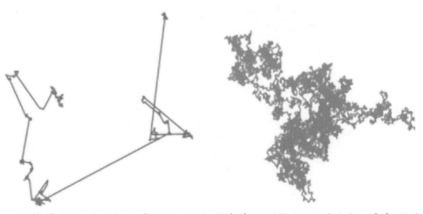

图 19.3　二维莱特飞行（左）和布朗运动的"莱特飞行"轨迹（右），前者用更少的距离和步数覆盖了更大的面积

　　莱特飞行不仅在苍蝇和其他昆虫中存在，还在许多其他生物中得到应用。海洋掠食者，如鲨鱼和剑鱼，在食物稀缺的情况下，采用莱特飞行以便能更好地开拓新地盘。海洋中 55 种掠食者，在食物匮乏时更倾向于莱特飞行。而许多其他动物，如土壤中的变形虫、浮游生物、白蚁、熊蜂、大型陆地食草动物、鸟类和灵长动物，在觅食时采用类似的莱特飞行策略。

　　在追逐猎物时，许多猛禽也倾向于采用莱特飞行策略，通过频繁的盘旋和滑翔来节省能量，并有效地捕捉猎物。这种策略使它们能更好地适应不同的环境，提高捕食成功率。

在金融市场研究方面，莱特飞行模型被广泛应用于股票价格的预测和波动性分析。根据莱特飞行的特征，股票价格的波动具有长尾分布，也就是说极端事件的发生概率较高。这一特性对于风险管理和投资决策非常重要。通过建立莱特飞行模型，可以更准确地分析股票价格的波动性，从而达到规避风险的目的。

没想到令人厌恶和作呕的青蝇在逃命时竟然用到了一个强大的数学模型！

20 照猫画虎·猫科动物

　　照猫画虎，意为照着猫的样子画老虎。比喻从形式上模仿，没有独立创造。该成语最早出自清代李海观（1707—1790）所著长篇白话小说《歧路灯》："这大相公聪明得很，他是照猫画虎，一见即会套的人。"

　　照着猫的形象能够画出老虎，这是因为同为猫科动物，猫和虎之间有诸多相似性。"猫"通常是"家猫"的简称，是一种小型猫科动物。根据遗传学及考古学分析，人类养猫的纪录最早可追溯至10000年前的新月沃土地区。古埃及人饲养猫的纪录则可追溯至公元前1000年前。现在猫是世界上饲养最广泛的宠物之一，饲养率仅次于狗；但同时，由于猫有捕猎的天性，它们也威胁着很多原生鸟类、啮齿类动物的生存，被世界自然保护联盟物种存续委员会列为世界百大外来入侵种之一。

　　传统汉字"貓"属于形声字，形旁"豸"表意、声旁"苗"表音。东汉许慎（生卒年不详）《说文解字》中，已经出现汉字"貓"的记录。"豸"后世通常认为是传说中的一种兽类，以该字为形旁的汉字通常为四足食肉哺乳动物，如"豹""豺""貔貅"等。但根据现代文字学家马叙伦（1885—1970）、马如森（1932—2017）考证，"豸"即"貓"的象形初文，后加注声符"苗"，是因为汉语"猫"和"苗"读音相近；而汉语之所以以"苗"相近的读音命名猫是因为猫叫声像"喵"，属拟声词。

　　在唐代，已经出现将"貓"写作"猫"的俗字写法，如《有唐相国赠太傅崔公墓志铭》中，将"豸"简写为"犭"。这个俗字在当时并未成为主流，直到现代日本新字体和中国政府于1955年颁布的《第一批异体字整理表》中，正式采用"猫"取代"貓"。

　　根据家猫从古至今都留存的喜温暖、畏寒冷的特点，人们推测家猫的祖先来自温暖地带。故非洲野猫或亚洲野猫极可能为家猫的直接近亲。相比狗，猫走入人类生活的过程比较缓慢，且猫的驯化最初是一种自然选择过程，而非人工选择。最早受驯化的猫是在大约一万年前中东的新石器时代的村落，那时的猫并不依赖人类提供食物，它们自行捕捉猎物，同时杜绝人类粮仓的鼠患。

　　在中国陕西省渭南市的泉护村也发现了5300年前（新石器时代）的两只猫的8件骨头。考古学和形态学研究表明，这些猫是原产于东亚、东南亚和南亚的豹猫。随着时间推移，驯养的豹猫逐渐被非洲野猫的后代——家猫所替代。

图20.1　中国邮票上的猫

图20.2　帕劳邮票上的猫

西周《逸周书·世俘解》记载："……武王狩，禽虎二十有二、猫二……鹿三千五百有八。"春秋《诗经·大雅·韩奕》记载："有熊有罴，有猫有虎。"当时的文献中将猫与虎、鹿、熊等并列，根据上下文推测，此"猫"并非家猫，而是豹猫、猞猁等野生小型猫科动物。两汉墓葬壁画中，家宅中捕鼠的形象是狗。《三国志·魏书》记载："我之有斐，譬如人家有盗狗而善捕鼠，盗虽有小损，而完我囊贮。"曹操没有把丁斐比作猫，而是比作"善捕鼠"的"盗狗"，可见三国甚至西晋时期，狗捕鼠更常见。

成书于北魏末年的《齐民要术·造神曲并酒》记载："其屋，预前数日著猫，塞鼠窟，泥壁，令净扫地。"说明此时猫在中国北方已经广泛豢养，用以防范鼠患。研究认为，家猫通过丝绸之路于十六国至南北朝时期进入中国北方，饲养范围逐渐扩大到长江以南。南唐周文矩《仕女图》中已经出现有类似现代家猫花纹的猫。

在中国民间故事中，狗往往被视为忠心耿耿的忠臣，而猫则被视为二三其德的奸臣。为什么人们对猫和狗的评价有这么大的差别？这是因为猫对人类的依赖远小于狗，有人甚至认为，猫的眼中没有主人的概念，只会把主人视为稳定的食物来源。家猫是否已经完全被驯化，是科学界一直争论的问题。

1983 年，考古学家在塞浦路斯岛上，发现了一块距今 8000 年的猫的颚骨。由于猫并不是岛上的土著，该发现表明，当时的人类已经将大陆上的猫带上岛屿。但是，这可能意味着人类已经开始了对猫的驯化。

而在此后，通过对非洲南部、阿塞拜疆、哈萨克斯坦、蒙古国和中东的 979 只野猫和家猫的 DNA 样本进行测序和分析，又将家猫的驯化历史往前推到了 10000 年前。该研究表明，野猫可以分为 5 个主要的谱系，分别是欧洲野猫（F.s. silvestris）、荒漠猫（F.s. bieti）、亚洲野猫（F.s. ornata）、南非野猫（F.s. cafra），以及一个囊括了家猫、非洲野猫和分布于中东的野猫的谱系，研究人员将这个谱系统称为非洲野猫（F.s. lybica）。当前分布在世界各地的家猫，其祖先都是非洲野猫这个亚种。值得一提的是，在非洲野猫这个谱系中，从以色列、阿联酋和沙特阿拉伯的偏远沙漠采集的非洲野猫 DNA 样本和家猫，在遗传上几乎无法区分，这意味着中东地区或许才是家猫们的"快乐老家"。

猫进入人类的生活并不意味着失去了自己的自由。猫能捕捉老鼠，由于体型较小不会造成太大破坏，况且其大大的眼睛、婴儿一样的脸庞还十分可爱，这就让人类对家猫祖先的容忍程度大大增加，从而使家猫随着人类农业文明的传播而向外传播。但猫和人类之间长期保持这种较为松散的联系，又使得家猫的基因中并没有留下太多被人工选择的痕迹。

此外，相比 30000 年前就开始被驯化的狗，猫被驯化的时间还相对较短。直到最近两个世纪，人们才开始有意识地培养家猫品种，现如今大多数家猫品种都是 19 世纪在不列颠群岛上培育出来的。所以，想要家猫有"家"的样子，需要的或许是更长的驯化时间，以及更大力气的人工选育。

猫是脊索动物门、哺乳纲、食肉目、猫科的动物。猫科包含家猫、猞猁、老虎、狮子等 41 个物种，是食肉目 9 个科中最具有肉食性的动物。由于猫科动物有一种基因异常，使它们尝不到甜味，亦无法消化大分子糖，故它们全部是纯肉食动物，与略有杂食倾向的犬科动物和杂食性较强的熊科动物有所不同。猫科动物的共同特征是：拥有柔软灵活的身体和四肢，脚底有软趾垫，绝大多数的爪子可以伸缩。其头部呈半球形，口鼻部较短，头骨具有宽阔的颧弓和明显的矢状嵴，可以附着强壮的颚部肌肉，为其提供强大的咬合力。它们的两眼朝前，十分接近人类的双目视野，眼球下有反光膜，视网膜中具有高比例的视杆细胞，且瞳孔可迅速变换大小，能适应光线变化，夜视能力较强。猫科动物分为豹亚科和猫亚科，其中豹亚科又分为豹属和云豹属，而猫亚科的分类则更为复杂。豹属包含5个物种，即豹、虎、狮、美洲豹、雪豹。由于豹属生性凶猛，是食物链中的顶级掠食者，且除雪豹外都能发出洪亮的吼叫声，它们被统称为大型猫科动物，或简称"大猫"。而豹亚科云豹属和所有猫亚科动物，无论体型大小，由于舌骨硬化，都无法吼叫而只能喵喵叫，它们被统称为小型猫科动物，或简称"小猫"。

猫科动物最早出现在2500万年前渐新世的欧洲，其最古老的成员叫作原猫（Proailurus），是一类体型较小，只比现代家猫大一些的小动物。它们的臼齿数量多达6颗，四肢相对身体的长度比例也较低，身形比较粗短。距今2000万年前，原猫的后继者假猫（Pseudaelurus）出现，部分无用的臼齿退化，身体也变得修长。

虎

虎俗称老虎，是现存体型最大的猫科动物之一（不包括狮虎兽等人工杂交物种）。虎是亚洲特有物种，分布范围极广，北起俄罗斯远东，南至印度尼西亚，踪迹遍及俄罗斯、中国、孟加拉国、不丹、印度、马来西亚、泰国等10余个国家。虎的栖息地包括热带雨林、常绿森林、稀树草原等。虎是独居动物，每只虎都有自己的领地，领地面积由猎物密度决定，从20平方千米至1000平方千米不等。

虎是猫科动物里最强大的猎手，是生态系统中的顶级掠食者。它们通常独自狩猎，捕

图20.3　壬寅虎年邮票

食野牛、水鹿、马鹿、野猪等大型有蹄类动物。虎也会捕食其他食肉动物，如豹、狗、狼、蟒、懒熊、鳄等。同其他大多数猫科动物一样，虎是夜行性动物，常在夜晚狩猎，捕猎时会选择伏击的方式，靠强大的爆发力瞬间击倒猎物，用自己的身体和力量让大型猎物失去平衡。虎有很强的跳跃能力，有报告称其一次水平跳跃最高可达 10 米，平均每次跳跃 5 米左右。但虎并非"百发百中"，平均 20 次捕猎中只有 1 次能成功。虎非常喜欢水，是猫科动物里少有的"游泳健将"。民间故事中虎不会爬树，实际上爬树也难不倒它，只不过由于体型较大，较细的树承受不住罢了。

从生物学分类来看，全世界的虎只有一种，即猫科豹属下的虎种。不过，这个种下面又分为 9 个亚种，分别是东北虎（西伯利亚虎）、孟加拉虎、华南虎、印支虎、马来虎、苏门答腊虎、爪哇虎、巴厘虎、里海虎，其中后 3 个亚种已经灭绝。而史前动物剑齿虎虽然名为"虎"，却并不是虎，因为剑齿虎与现代虎处在完全不同的猫科动物演化分支上。

不同亚种的虎体形大小各异。东北虎和孟加拉虎体型较大，东北虎的皮毛在冬季更厚更长一些，孟加拉虎中一部分是俗称的"白虎"。华南虎、印支虎、马来虎等则属于"南方系"老虎，毛色较深，脸较长，身材与东北虎和孟加拉虎相比瘦一些。长得最有"个性"的是生活在印度尼西亚岛屿上的苏门答腊虎，它在老虎家族中体型最小，还有着像张飞一样的络腮胡。

值得注意的是，白虎并不是一个特殊的虎亚种，而是孟加拉虎的一个色型。基因突变使它们原本的橙黄底黑纹变成了白底黑纹。第一只野生孟加拉白虎"莫罕"于 1951 年在印度被发现，世界上现有的几百只白虎全都是它的子孙。

有观点认为，虎身条纹的走向与草丛中一根根草的生长方向一致，有助于老虎伪装自己，伏击猎物。所有虎的条纹都是独一无二的，就像人的指纹一样。科学家常通过这些条纹来辨别老虎。

虎是世界上最广为人知的动物之一。人类自古以来就对老虎既畏惧又崇拜，它们出现在许多神话传说、民间故事中。虎为百兽之王，不仅形态魁伟、毛色庄严美丽，而且嗅觉发达、行动敏捷，一旦发怒，则虎啸龙吟、威风凛凛。因此，虎在人们心中，是威武、勇猛、雄健和生机勃勃的代名词。

虎崇拜与中华民族悠久的传统文化息息相关。在上古，虎是最主要的动物图腾之一，其地位甚至曾一度在后世象征皇权的龙之上。1987 年 8 月，在河南濮阳西水坡遗址的仰韶文化墓内，发现了一组用蚌壳摆塑的左虎右龙图案。根据战国以前的帝王礼仪（左为上，右为下），当时虎的地位显然是要高于龙的。古人以阳为主，阴为辅，根据《淮南子》记载，苍龙被视为"阴物"，而与虎阴阳相对。

上古的许多帝王都与虎有着千丝万缕的联系。传说中的三皇五帝之一伏羲,《三坟》《洞神记》称其姓风,《周易·乾卦》说"风从虎",可见虎是伏羲氏族的主要图腾之一。《列子·黄帝篇》说"黄帝与炎帝战于阪泉之野,帅熊、罴、狼、豹、虎为前驱",可见虎氏族是黄帝部落的重要一支。《礼纬·稽命征》说夏"禹建寅(虎),宗伏羲",与虎的关系紧密。此外一些少数民族如彝族、拉祜族等也都沿袭着古时祭祀虎祖的仪式。与虎崇拜相关的一些习俗经过漫长的历史发展,演化成崇虎的文化意识,并成为中华民族一种共有的文化观念。千百年来,虎文化贯穿于华夏文明中,有着丰富的内涵及巨大的影响力,渗透到经济、政治、军事、文化等各个领域,至今绵延不绝。

从古至今,虎的艺术造型比比皆是。商代晚期的青铜器珍品虎食人卣,造型取踞虎与人相抱的姿态,立意奇特,纹饰繁缛,以人兽为主题,表现怪异的思想,它的饰形与另类性质让人感受到虎的神秘与威猛。虎符是皇帝调兵遣将的兵符,最著名的虎符是国家博物馆所藏西汉堂阳侯错银铜虎符。在汉代石刻艺术中,虎的威猛也表现得淋漓尽致,如著名的霍去病墓前的伏虎石雕,就是这一艺术的集大成者。

在民间,虎的影子也随处可见:白虎是中国星官的四象之一,位于西方,代表秋季;十二生肖中,虎排行第三,在十二地支配属"寅";许多神明以虎为象征,如西王母、张天师、保生大帝、玄坛真君、虎将军等;由于虎被视为勇猛的象征,故在军事中常有出现——勇猛的战将称为"虎将",调兵的兵符称为"虎符",盾牌上常出现虎的图案以示威武,衙门前则立有"虎头牌"。

在我国,分布着虎的2个亚种,分别是东北虎和华南虎。东北虎生活在我国东北的大兴安岭、长白山等地,是体型最大的虎亚种。华南虎是我国的特有种,历史上分布在我国的华南、东南、西南地区和华北部分地区,目前已野外灭绝,现存73只圈养个体,全部由6只野生虎人工繁育产生。

图20.4 华南虎邮票

世界范围内，虎的生存状况也令人担忧。巴厘虎、爪哇虎、里海虎 3 个亚种已分别于 20 世纪 30 年代、20 世纪 80 年代和 20 世纪末宣布灭绝。国际自然保护联盟濒危物种红色名录评定虎为濒危（endangered）物种。世界自然基金会 2016 年发布的统计数据显示，自 20 世纪初以来，野生虎的数量下降了 95% 以上，目前全球野生虎数量仅有约 3900 只。

由于虎的栖息地与地球上人口稠密的地区相重叠，人虎冲突是其生存危机的最主要原因。人类活动导致的栖息地孤岛化、近亲繁殖、性别比例失衡等因素，导致虎的基因多样性丧失和遗传质量下降。非法捕猎也一直是严重的问题。尽管多个国家和地区已相继宣布禁止一切形式的虎及虎产品贸易，但虎皮一直为皮草市场所渴求，虎骨等虎产品亦被视作神奇的药物，这些都使得非法捕猎屡禁不止。

20 世纪 60 年代以来，对虎的一系列研究及相关通俗读物的出版，使虎的危机状况开始受到国际社会的关注。2010 年 11 月，在俄罗斯圣彼得堡召开的"保护老虎国际论坛"确定每年 7 月 29 日为"世界老虎日"。

近年来随着保护力度不断加大和生态环境持续向好，中国境内野生虎生存状况持续改善。东北虎豹国家公园管理局于 2021 年 10 月发布的数据显示，该园内野生东北虎数量已由公园 2017 年试点之初的 27 只增至 50 只，种群呈明显向中国内陆扩散的趋势。

虎是生态系统和文化的重要组成部分，如果林中老虎消失，那将只剩下遥远的传说和动物园中的踪迹。虎还是理想的环境指示物种和伞护种，如果虎的生存环境得以保障，则许多其他物种也能享受相应保护。保护虎归根结底是保护人类与其他生物共同生存的家园。

狮

狮俗称狮子，是豹属的一种大型猫科动物，栖息于热带草原、半沙漠地带、较稀疏的旱林与灌木丛等生境。狮子是现存唯一一种两性异形的猫科动物，体型大，躯体均匀，四肢中长；头大而圆，吻部较短，视、听、嗅觉均很发达；犬齿及裂齿极发达，臼齿较退化；爪锋利，可伸缩；尾较发达。野生雄狮重 138~275 千克，全长可达 3.2 米；雌狮重 85~182 千克，全长可达 2.7 米；毛发短，体色从浅灰、黄色到茶色不等。雄狮还有很长的鬃毛，一直延伸到肩部和胸部，属于第二性征。雌狮在特定条件下亦可以长出鬃毛，展露雄狮的特质。

狮子也是现存唯一以群居为常态的猫科动物。狮群成员通过相互配合进行协作狩猎，主要捕食斑马、羚羊、水牛、疣猪等中大型有蹄动物。狮子因此得以位居食物链顶端，与虎同享"兽王"的美誉。

同为陆生野生动物中的霸主，狮虎常常被人们相提并论。狮子群体协作、老虎独来独往，这是它们给人留下的最深印象。那么，狮子为什么会成为猫科动物中唯一选择群居的物种？

一是栖息地猎物密度高。只有非常丰富的猎物资源才能供养大猫过上群居生活。例如，东北虎生境内猎物密度只有不到 100 千克每平方千米，孟加拉虎生活的南亚次大陆在 1000~6000 千克每平方千米；而南非有蹄类密度高达6000 千克每平方千米，东非大草原甚至在一两万以上。独居大猫的种内密度制约性调节是比较强烈的，雌虎为保证自己和幼仔所需要的食物、水源和休息场所，必须要占一块领地。雄虎为了占有更多雌虎，更是尽可能扩张领地。雄虎和雌虎都不允许同性别的其他老虎踏入自己的领地，这在无形之中制约了老虎的密度，这也正是猫科固有密度比较低的主要原因。而狮子通过群居实现领地共享，更充分地利用了高度丰富的猎物资源，其结果是狮子的密度比老虎高得多。

图 20.5 狮子邮票

二是生境太过开阔。狮子主要分布在非洲的稀树草原，这里一望无际。开阔的环境消除了动物与动物之间的距离，有利于增强动物的社会性。虎、美洲豹等森林大猫靠伏击捕猎，而大草原上不适合搞伏击。要想捉住跑得快的猎物，狮子必须借鉴犬科动物如狼、豺、野犬等的围猎战术。在纳米比亚的埃托沙国家公园，学者斯坦德发现，一群狮子合作狩猎是有分工的：有的狮子负责从中心伏击，有的狮子则负责从两翼包围，而且特定的狮子总是负责特定的位置。

三是来自清道夫的压力。没有其他猫科动物像狮子一样，在充满如此多清道夫的环境中捕猎。通常狮子捕猎还没完成，兀鹫就已经发现了，鬣狗也会迅速到场。老虎捕获大型猎物有时能吃十几天，而狮子被众多饥肠辘辘的清道夫包围着，没有时间慢慢吃。这时候，群居就会是更好的选择了。与其把猎物丢给清道夫，狮子当然更愿意与自己的亲属共享。群居也有利于共同守卫猎物。在博茨瓦纳的观察发现，雌狮有时会被大群鬣狗（总数量超过雌狮 3.7 倍）抢走猎物，而有雄狮在场，鬣狗就不敢轻举妄动了。

总而言之，狮子群居习性的产生，是由狮子进化的地理环境和栖息地直接导致的。在狮子进化史上，群居是不可逆的。这也是亚洲狮这一亚种生活在类似老虎的生境中，捕捉着老虎的猎物，却依然保持着群居的原因。

最早狮子在汉语中被称为狻猊（suānní，又写作狻麑），可能是于阗语 sarvainai 的音译。后来又根据其他西域语言音译为"师"，最后才演变为"狮"。由于中国本土不产狮子，最早进入中国的狮子为产自南亚和西亚的亚洲狮，是东汉时月氏国送给皇帝的礼物。现代印地语中，狮子被称为 सिंह（sinha），旁遮普语称狮子为 ਸ਼ੇਰ（Śerā），波斯语称狮子为 شیر（shir）。

据成书于北魏的《洛阳伽蓝记》记载，东汉时的汉明帝曾做过狮子和老虎究竟谁更胜一筹的实验。当年波斯使者来到东汉朝贡，送来了一头狮子作为贡礼。汉明帝听说狮子能降伏老虎，为了试一试真假，便命人捕捉了两只老虎和一只豹子，送到了洛阳。汉明帝命令将虎豹和狮子一起放入华林园，结果，虎豹见了狮子，"皆瞑目不敢仰视"，完败。园内还有一头盲熊，汉明帝命人牵过来与狮子比试，结果盲熊一闻到狮子的气味就"惊怖跳踉，曳锁而走"。中国人初见狮子即被其威猛所震慑，并形容它："状如虎而小，黄色，头大尾长，亦有青色者。铜头铁额，钩爪锯牙，弭耳昂鼻，目光如电，声吼如雷。有耏髯，牡者尾上茸毛大如斗，日走五百里，为毛虫之长。怒则威在齿，喜则威在尾。每一吼则百兽辟易，马皆溺血。"《尔雅》注解说狮子能食虎豹，虞世南（558—638）言其能拉虎、吞貔、裂犀、分象，在这种难得一见与口耳相传之下，传入中国的狮子便因其凶猛、健壮的形象而被神化，形成有别于西方狮子的艺术造型，而自创出另一种神化艺术风格，成为能够食虎豹的神兽狻猊的化身。明代以后流传龙生九子之说，狻猊常常被列入其中。

无独有偶，在世界各地的文化中，狮子都普遍被视为是勇猛、力量和王权的象征。古埃及人将狮子视为东方与西方的看守者。在一些出土的古埃及文物和壁画上都有描绘捕猎野狮的场景，赞颂法老的力量，以凡人之姿也足以凌驾于雄狮之上。古埃及王室有捕捉、豢养狮群的记录，但只会挑选一只狮子驯养成为法老的宠物跟随在侧。征战时，它就会跟在法老身边，并攻击猎杀法老的敌人。

在欧洲，狮子被英国、瑞典等君主制国家视为王者的象征，皇家徽章、国徽等处大多绘有狮子。有的国家甚至直接将狮子作为国家的象征，如斯里兰卡、保加利亚、斐济这三个国家均素有"狮子之国"的美称。在印度，狮是十二生肖之一，相当于中国十二生肖中的虎。佛教中的文殊菩萨的坐骑是一头青毛狮子，中国古典名著《西游记》中这头狮子还曾下界为妖。

图 20.6　塞拉利昂的狮子邮票

图 20.7　石家庄出土的 3~4
世纪佛陀坐像，
法座两侧为狻猊

人类的猎杀和栖息地破坏，是狮子种群存续所面临的最大威胁。目前，非洲狮生活在撒哈拉沙漠以南，亚洲狮的大部分野生种群已灭绝，仅在印度古吉拉特邦的吉尔保护区内有零星分布。国际自然保护联盟濒危物种红色名录将狮子评定为易危（vulnerable）。

人类长期以来就有猎狮的习俗。非洲的马赛人曾有猎杀狮子的传统。为了证明他们高超的狩猎技能，马赛勇士会捕杀狮子，切下狮子的鬃毛和尾巴。勇士会保留狮子的尾巴，鬃毛则交给马赛妇女制成衣帽装饰。这些衣帽只有在隆重场合穿戴。如今，这种古老习俗及猎狮行为在东非都已经被禁止了。现在马赛人开始将一身猎狮的本领，运用到保护和引导狮群安全的工作中。从"狮子狩猎者"到"狮子保护者"，马赛人完成了华丽的转身。

豹

豹（图 20.8）是独居动物，具有很强的领地性。不同地区的豹由于猎物密度的不同而拥有大小不一的领地范围。通常认为领地内豹的数量和猎物的数量比应该在 1：90~1：300。调查显示，位于非洲西南部的卡拉哈里沙漠地区的豹拥有大于其他地区的豹的地盘，公豹的巡视区域可达 800 平方千米左右。相比之下津巴布韦的豹领地大小为 10~19 平方千米，东非塞伦盖蒂草原的豹领地大小在 13 平方千米左右。公豹的领地常与几只母豹的领地重合，同性的豹之间会尽量避免相遇。

图 20.8　豹

与其他猫科动物一样，豹会在密林掩护下潜近猎物并且突然袭击，攻击猎物的颈部或口鼻部，令其窒息。有时豹会埋伏在树上，待猎物从树下经过时直接降落并将其制伏，这种捕猎方式是在其他猫科动物中少有的。通过对卡拉哈里沙漠地区的调查显示，那里的公豹平均每 3 天猎食一次，而哺育幼崽的母豹平均每 1.5 天就要捕食一次，两次捕食之间的最长间隔公豹为 5 天、母豹为 4 天。

豹在非洲及亚洲部分热带地区依然常见，然而其分布范围正在急剧缩小，主要原因包括栖息地丧失或被分割、被商业捕猎、被视为害兽等。国际自然保护联盟承认的 9 个豹亚种之中，有 5 个被评为"受威胁"，因此豹在国际自然保护联盟红色名录中，整体评估为易危。

同为豹属的大型猫科动物，豹与美洲豹因名称和外表的相似性而常被人混淆。美洲豹又名美洲虎，分布在从美国西南部到阿根廷北部的美洲地区，可以说与分布于亚洲和非洲的豹是老死不相往来。在皮毛、体型和习性上，两者也有差别。

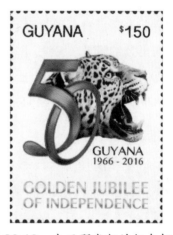

图 20.9　中国发行的雪豹邮票　　　　图 20.10　圭亚那发行的纪念邮票

皮毛方面，豹和美洲豹的头部和四肢都布满了斑点，腹部及背部则布满了斑块（即由多个斑点按照一定顺序排列组成的图案）。不同的是，美洲豹的斑块比花豹的斑块形状更复杂、面积更大、颜色更深，斑块中间还有一个黑色的斑点，俗称"实心斑"；而花豹身上的斑块中间则无斑点，俗称"空心斑"（图 20.11）。

体型方面，豹身形较为修长。美洲豹则更健壮，四肢粗短，头部较大较圆，腹部较宽，与虎的体型更接近。

生活习性方面，由于在美洲，美洲豹处于食物链的顶端，是当之无愧的森林之王，它们依靠强壮的身体和猫科动物中最大的咬合力，可以轻易捕杀很多凶猛的动物，包括凯门鳄、森蚺等，因此美洲豹知道没有什么动物可以招惹它们，常常表现得气定神闲、不紧不

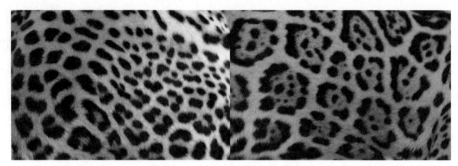

图 20.11　豹的空心斑（左）与美洲豹的实心斑（右）

慢。但花豹的处境就不同了。在亚洲，豹被老虎压制；在非洲，豹被狮子压制；还需时时提防豺、狼、鬣狗等竞争对手。因此，豹的行为举止总是很谨慎，喜欢隐藏在树上，捕猎后也常将猎物拖到树上，以防被竞争对手抢食。

现如今野外美洲豹种群数量正在锐减，它们面临的主要威胁有栖息地森林被砍伐，与人类争夺食物，偷猎，北部疆域的飓风，因捕猎家畜而被农场主猎杀，等等。目前，国际自然保护联盟已将美洲豹评定为近危（near threatened）物种，加入《濒危野生动植物种国际贸易公约附录一》，禁止一切形式的美洲豹国际贸易。美洲多国已立法禁止捕猎美洲豹。2012 年 8 月 20 日，美国鱼类及野生动物管理局建议，在亚利桑那州和新墨西哥州划出 838232 英亩（1 英亩 =4046 平方米）土地，作为美洲豹的主要栖息地和保护区。

猎豹

猎豹是一种小型猫科动物，是猎豹属现存唯一的物种，野生种群现分布于非洲和伊朗，历史上还曾见于西亚、中亚与南亚各国。与其他猫科主要依靠伏击的捕猎方式不同，猎豹主要依靠奔跑进行追逐式捕猎，最高时速可达 120 千米，是陆地上速度最快的动物。

猎豹体表遍布黑色斑点，与豹相比其斑点较小且均为实心。也有少数发生毛皮突变，有着更大、更密集的斑点，被称为"王猎豹"。头小而圆，吻较短，眼部有白斑，内眼角沿鼻吻部两侧各有一道明显的黑纹。体型较小，胸膛健壮但腰部纤细。现存的猎豹共有 4 个亚种：东南非猎豹、东北非猎豹、西北非猎豹和亚洲猎豹。其中数量最多、体型最大的为东南非猎豹，成年雄性体重 29~71 千克，均重 45 千克；成年雌性 21~63 千克，均重 38 千克。其他 3 个亚种的成年体重一般在 35 千克以下。

猎豹不仅是陆地上速度最快的动物，也是猫科动物成员中历史最久、最特化的物种。猎豹体型纤瘦、腿细而长，被称为猫科中的灰狗。但它们侵略性不强，生存主要依赖速度而非打斗，因此它们的爪较小、牙齿较短，这都是为了提升速度所付出的代价。虽然是陆地上最快速度的保持者，但是每次急速奔跑都需要消耗大量的体力，再加上猎豹本身没有汗腺，所以奔跑过后需要及时休息散热。如果散热不及时，就可能会造成生命危险。同时，猎豹无法通过与体型较大的捕猎者争斗来保护自己的猎物或幼崽，因此，高度特化产生的奔跑能力既是猎豹的优势，也是其隐藏的弱点。

猫科动物捕猎方式各异，大体可分为三种。其他猫科动物靠的不是咬断脖子，就是"爆头"，而猎豹的捕猎方式就比较特殊了，介于"力量型"和"技巧性"之间，喜好打"消耗战"。猎豹的猎物主要为草原上的有蹄类动物，因为不善强攻、喜好独来独往，所以它们选择的猎物体型都较小，比如羚羊、未成年角马等。在捕猎时，猎豹首先偷偷潜伏到离猎物 10~20 米的地方，趁着猎物不备，再高速扑过去。但是由于它们的咬合力不佳，不能一口咬断猎物的脖颈，所以只能打"消耗战"，咬住猎物的喉咙，令其窒息而死。

猎豹既可独居，也可由近亲属或配偶组成小群活动，是除狮子外最倾向群居的猫科动物。它们喜欢栖息在地势较高的开阔地带，如匍匐在小山丘顶或树上以便观察猎物，但不适合生活于树木或灌木丛较多的地带，障碍太多则无法使用独特的奔驰捕猎技能。猎豹是昼行性动物，依赖视力来捕猎维生，因此白天活动多于夜晚，大多在气温比较凉爽的清晨和黄昏活动。

猎豹与人类悠久的互动历史，可追溯到公元前 3000 年的苏美尔时代。古埃及与古印度也常饲养猎豹来当作宠物（图 20.12）。由于猎豹与猫的亲属关系，古埃及也有猎豹崇拜，视其为皇权的象征。古埃及人相信猎豹可以快速将法老的灵魂带到来生，在皇室陵墓中，发现很多猎豹雕像及绘画。在 18 皇朝、19 皇朝之前，猎豹画像的数量超过了狗，是当时最常见的狩猎伙伴。

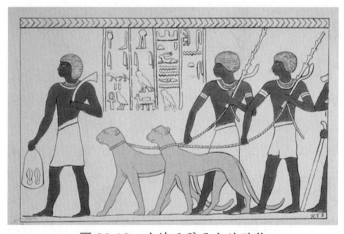

图 20.12　古埃及壁画上的猎豹

不像其他猫科动物在饲养后容易繁殖，捕获的猎豹无法自行繁衍。因此，虽然世界各地很多机构都有猎豹的交配记录，但仅有很小比例的幼崽能出生，且夭折率很高。伴随着野外种群的不断衰退，猎豹的生存问题越来越严重。猎豹在国际自然保护联盟濒危物种红色名录中评定为濒危，其中亚洲猎豹这一亚种更是被评为极危（critically endangered）。

仔细观察图 20.13 中动物的眼睛，就会发现各种动物眼睛的瞳孔很不相同。为什么动物的眼睛有不同形状的瞳孔？

图 20.13　家猫的竖瞳（左）、兔狲的圆瞳（中）与猞猁的亚圆瞳（右）

来自加州大学伯克利分校的研究人员针对 214 种陆生动物的生活习性以及它们的瞳孔形状进行了比较分析。结果发现，瞳孔的形状与物种的生态位有密不可分的关系。研究人员先将这 214 种陆生动物根据瞳孔形状分成横瞳、圆瞳、亚圆瞳、竖瞳；再根据觅食模式分成食草动物、追击型猎手、伏击型猎手；最后根据主要活动时间分成白天活跃、夜间活跃、多相（时间分散）。统计发现，食草动物以横瞳为主，它们更倾向于白天活动。追击型猎手拥有圆瞳的比例最高，活动时间较分散而也以白天居多。伏击型猎手则是明显的竖瞳占优势，更喜欢在夜间行动。

如此看来，动物在自然界所处的"地位"似乎和瞳孔形状有着微妙的联系。众所周知，瞳孔在不同光线条件下会通过扩张或收缩调节进入眼球的光线量，从而更好地适应不同的光环境。由于圆瞳和竖瞳在扩张与收缩的原理上有所不同，竖瞳能扩张的面积比圆瞳大得多。比如人类的圆形瞳孔可以产生大约 15 倍的面积变化，而家猫的竖瞳可以达到 135 倍（图 20.14）。正因为如此，竖瞳可以提供更大的动态范围，在光线不足时，通过瞳孔的充分扩张可以获得更多光线，同时在白天能充分收缩而不被强光眩目。这就解释了为什么在夜间活动的猫科动物大多数是竖瞳。

竖瞳的另一个特点，就是它们看到的垂直轮廓比水平轮廓更清晰。而伏击型动物的双眼都位于头部正前方，不仅能获得更好的立体视觉，也有助于它们更准确地判断猎物的位置。

同样是猫科动物，也同样是伏击型猎手，为何老虎、狮子等却是圆瞳呢？

研究人员发现，眼睛的高度与瞳孔形状也有一定关系。在 65 种伏击型猎手中，有 82% 的竖瞳动物肩高都低于 42cm，而圆瞳动物中，只有 17% 肩高低于 42cm。如果以地面上某一焦点作为观察点，当眼睛的高度离地面越近时，看到的画面模糊梯度就越大。由

图 20.14　猫的竖瞳

于竖瞳看到的垂直轮廓更清晰，它们可以更好地弥补这一问题。但对于体型高大的伏击型猎手而言，则不存在这一问题。因此，老虎、狮子拥有圆瞳就不足为奇了，而体型与家猫相仿的兔狲也是圆瞳则是一个例外，这也可能是兔狲处于濒危的原因之一。

另外，横瞳主要存在于食草动物中（图 20.15）。它们的眼睛大多长在头部两侧，宽广的视野可以尽量减少视觉盲区。与竖瞳相反，横瞳既能帮助它们拥有清晰的横向全景视觉，以探测来自不同方向的捕食者，在遭遇捕食者追赶时，又能够准确判断地形、快速逃跑。

图 20.15　羊的横瞳

研究人员还发现，即使羊低着头吃草，它们的眼睛也会旋转约 50°，保持横瞳和地面平行。其他草食动物如马、羚羊等，也会如此旋转眼球。因此，食草动物即使在进食时，也能看清从地平线靠近的捕食者。瞳孔形状与生态位之间的关系是长期演化的结果。

现在一个有趣的现象是，过去生活在大自然里的猫为什么要抓老鼠？现在城镇里的家猫几乎不再抓老鼠。这是因为猫是夜行动物，它们捕食和交配都是在夜间进行，这要求猫必须有良好的夜视能力，这种夜视能力要求猫的体内必须有一种叫作牛磺酸的物质。而猫自己不能合成牛磺酸，不过鼠肉里却富含牛磺酸，因此猫必须俘获老鼠，食其肉而补充牛磺酸，才能在自然界里生存下去。现在，城镇里夜晚到处是灯光，而家猫从主人喂给的猫粮中也获得了牛磺酸，因此家猫不再必须进食老鼠以补充其体内的牛磺酸。不过，还是能发现，有些猫天性未灭，会捕获老鼠训练自己的捕食能力。

据《中国大猫》记载，在我国分布有 13 种野生猫科动物，分别是虎、豹、雪豹、云豹、猞猁、亚洲金猫、豹猫、渔猫、云猫、荒漠猫、亚洲野猫、丛林猫和兔狲。在这 13 种野生猫科动物中，大多数都能够实现人工繁育，兔狲是其中最难繁育的一种。在野外，兔狲的平均寿命只有短短 3 年，最高纪录也只有 6 年。而圈养的兔狲在理想条件下，最长可以活到 16 岁。兔狲本身是一种胆小害羞的动物，在漫长的进化过程中，荒漠高原环境让它们的免疫力几乎成了所有猫科动物中最差的。因此，兔狲在圈养条件下存活率非常低，而且对食物要求十分严格。目前，西宁野生动物园是我国唯一的兔狲人工繁育基地，2021 年出生的雌性兔狲"狲大娘"是唯一成活的人工繁育兔狲。

21 蛇蝎美人·埃及艳后

古人认为最毒的东西就是蛇蝎，所以形容某些美女歹毒的时候就用"美如天仙，心如蛇蝎""身若桃李心蛇蝎"。

蛇（snake）是脊索动物门爬行纲下的一类动物。蛇身体细长，分为头、躯干和尾三部分，无四肢，周身披鳞，头部形状各异，鼻孔位于吻侧，但终生海栖的海蛇科种类则居于吻背。蛇的眼球外有保护性的透明皮肤，瞳孔为圆形、垂直椭圆形或水平椭圆形，无活动性眼睑，晶体几呈圆球形；舌细长分叉；前颌骨（仅蟒科蛇类具齿）、上颌骨、腭骨、翼骨和齿骨上附生着齿尖后弯的牙齿，然而齿的大小、数目及结构则随不同蛇种而异；尾部明显短于头，体长。

蛇的栖息环境因种类的不同而各不相同，栖息的环境多种多样。有的生活于穴洞，有的生活在地面，有的生活在树上，有的生活在水中。蛇由于本身没有完善的体温调节机制来产生和维持恒定的体温，所以是一种体温随气温而变的变温动物。蛇是肉食性动物，所吃的动物种类很多，从无脊椎动物到各类脊椎动物。蛇广泛分布于地球上除南北极以外的所有地方。

图 21.1　邮票上的蛇

蛇是爬行纲动物演化史中最迟出现的类群，最早的蛇化石出土于距今七千多万年的中生代白垩纪地层内。蛇和蜥蜴的亲缘关系密切，大量证据表明，蛇源于蜥蜴，是循着身体延长和丧失四肢演化而从蜥蜴主干上所分化出的一个分支。

蛇在外貌上的性别差异不显，但一般雄蛇的尾较长，尾基两侧因内藏一对半阴茎而略显粗大，半阴茎勃起时可自泄殖孔中翻出；半阴茎的形态各异，顶端分叉，自基至顶有一精沟；雌蛇尾形短细，基部后方骤然变细，对比之下易与雄蛇区别。

蛇的栖息环境各有不同，分穴居生活（比较原始和低等的中小型蛇类）、地面生活（眼镜蛇科的环蛇属、蝰科的蝰蛇、白唇竹叶青）、树栖生活（游蛇科的金花蛇、绿瘦蛇、林蛇属等）、淡水生活（铅色水蛇、中国水蛇等）和海水生活（海蛇科）。

蛇的活动是季节性的，蛇在20~35℃时四处活动觅食、饮水或洗澡。冬天气温开始下降变冷时，蛇的体温则随之下降，蛇体的功能减退。当气温下降至10℃时，蛇停止一切活动，开始进入冬眠。在冬眠期间，蛇不吃不喝，新陈代谢降到最低水平，靠体内积累的脂肪消耗提供能量，以维持其生命活动的最低需要。冬眠是蛇对低温的适应，也是蛇类长期以来形成的一种遗传特性。野外冬眠时往往几十条或成百条蛇聚集在一起，在干燥的洞穴内、树洞内，这样可以升高体温，减少水分蒸发，利于越冬。夏天气温高于35℃时，蛇的体温升高。此时，蛇的活动减少，同时会躲在大树下、水池边、阴凉潮湿的地方降低体温，不至于热死。另外，每当夏季天气炎热时，生活在干燥沙漠里的蛇以及生活在热带、亚热带的蛇会躲在树荫下潮湿的地方，一动不动地进行夏眠。夏眠与冬眠一样，也是蛇类对环境适应的一种遗传特性。

蛇或者依靠嗅觉找到食物，或者依靠视觉找到食物。大概说来，陆栖和树栖的蛇在觅食过程中视觉比嗅觉更为主要，而穴居、半水栖或水栖蛇类则嗅觉比视觉更主要。前者在蜕皮前，视觉模糊，就停止摄食。后者在蜕皮过程中照样摄食，而且可以依靠嗅觉摄取死动物为食。

蛇的行进方式最常见的，就是运用身体蛇行，以S形的方式向前推进。蛇利用腹部与地面产生摩擦。如果在玻璃下方观察蛇的行进，可以看见其腹部鳞片的移动和滑行。它们的脊椎有将近500块椎骨，让其成为世界上最灵活的生物之一。

蛇是雌雄异体动物，体内受精，产卵或产仔繁殖。蛇类在自然界中对维持生态平衡起着极为重要的作用。

蛇类流线型的体形、多种运动方式和功能以及分叉的舌、敏锐的锄鼻器和颊窝等感觉器官，对仿生学研究有极大的启示作用。有名的响尾蛇导弹、精密的热辐射仪以及火车、拖船等的分节联动装置，飞机、潜艇等线形设计等，都是从蛇的形态、构造和生理功能中得到启示的。

蛇类是环境的指示动物，与猫、鼠、狗、猫头鹰等二三十种动物比较，蛇能最早、最敏锐、最准确地发现环境异常并迅速做出反应。

地球上有蛇 3425 种，中国有 241 种。

蛇是人类最害怕的动物，即便很多人根本没和蛇打过交道，也会闻蛇色变。德国科学家就从婴儿的身上找到了相关答案。根据他们的一项实验，一个六个月大的婴儿看到蛇的第一眼，就会本能地出现一些恐惧的反应。人怕蛇其实是源于天性。在原始社会，人类的祖先为了获得生存优势和繁衍后代，便会趋利避害。而蛇和其他猛兽不同，它们的行动具有隐蔽性，而且极少出声，可以趁人不备置人于死地。所以，那些能迅速发现蛇的人更容易生存下来。人类学家也说，早期的灵长类动物在野外复杂的环境中，必须能够发现蛇，这也有助于它们进化出更好的视力和更大的大脑。这样，按照物竞天择、优胜劣汰的进化原则，存活至今的都是这些人的后代，祖先的基因也沿袭了下来。其实人类对无腿和多腿的动物都有天生的恐惧，这是人类天生趋利避害的心理所致。

伊甸园里，夏娃就是因为受到蛇的教唆才吃了禁果（图 21.2）。

图 21.2　蛇教唆夏娃吃苹果

在中国神话里，蛇往往也同负面的东西相连，如巴蛇吞象（形容贪心，"巴蛇食象，三岁而出其骨，君子服之，无心腹之疾。"（《山海经》））、杯弓蛇影等，白蛇（千年蛇妖）和青蛇（八百年蛇精）都要用雷峰塔来镇压。

亚里士多德说，造物主的伟大就在于他让蛇不会飞。

亚里士多德有位著名的学生叫亚历山大，就是后来的亚历山大大帝（Alexander the Great，前 356—前 323），马其顿国王腓力二世之子。亚历山大 16 岁时代父统治马其顿。公元前 336 年，在腓力二世被刺杀后继位，年仅 20 岁。面对内外交困的局面，他迅速平定宫廷内部动乱，击败各种反对势力，并于前 335 年统一希腊全境。前 334 年起率军东侵，相继在格拉尼库斯河战役、伊苏斯战役及高加米拉战役中大破波斯帝国军，横扫小亚细亚、中东及伊朗高原，不费一兵一卒而占领埃及全境，前 330 年吞并波斯帝国。前 329 年转战中亚，前 327 年继续南征印度。到前 324 年西撤为止，亚历山大在 13 年内征服了约 500 万平方千米的领土，建立起西起希腊、马其顿，东到印度河流域，南临尼罗河第一瀑布，北至锡尔河的大帝国，使马其顿成为当时世界上领土面积最大的国家。前 323 年，亚历山大在巴比伦忽然病逝，年仅 33 岁。

由于事发突然，亚历山大并未留下帝位的合法继承者，与他最亲近的是一位昏弱无能的异母兄弟。据说，当他的朋友在他临死前要求他指定一位继承人时，他含糊地说："让最强者继承。"

在他死后，将领们企图瓜分这个帝国，继而发生了一连串的战争。在这场斗争中，亚历山大的母亲、妻子和孩子都惨遭杀身之祸。公元前 301 年，由三位胜利者（即托勒密、塞琉古、安提柯一世）瓜分了亚历山大帝国的版图，开启了希腊化时代。

托勒密从童年起就是亚历山大信任的好友，后来成为亚历山大的手下大将，任埃及总督。在亚历山大大帝崩后，他开创了托勒密王朝（Ptolemaic Dynasty，前 305—前 30）。托勒密一世在公元前 305 年自立为国王，并宣称自己是埃及法老，该王朝统治埃及直到公元前 30 年埃及女王克利奥帕特拉七世（Cleopatra Ⅶ Thea Philopator，前 69—前 30）兵败自杀为止，历经 275 年。

王朝疆域最鼎盛时包含埃及、昔兰尼加、安纳托利亚南部、巴勒斯坦的一些地区、叙利亚南部和一些地中海的岛屿，领土最南时可达努比亚。托勒密王室并没有因为王族是希腊人，而建立类似希腊本土的政制，他们继续采用埃及原有专制的官僚制度。托勒密王国借用之前埃及的制度，把埃及大概分成四十个省，然后再往下分区（topoi）、村（komai）。

托勒密一世时即鼓励文化事业，发展工商业，在埃及推行希腊化。其中最为突出的是托勒密一世亲自下令建立了举世闻名的亚历山大图书馆，最盛时藏书约 70 万卷，是当时世界上最大的图书馆，它的建成吸引了当时大量的学者，阿基米德、欧几里得等著名学者都来此从事研究，促使古代西方的文学、数学、力学、地理学、天文学、解剖学、生理学等学科的研究取得很大的进展。像《荷马史诗》第一个校定本就出自亚历山大图书馆馆长芝诺多罗斯（Zenodorus，前 2 世纪）之手。厄拉托斯蒂尼（Eratosthenes，前 3 世纪）计算出了子午线的长度（与实际相差仅 300 千米左右），并进一步提出了"地圆说"。

托勒密诸王因为犹太人善战的缘故，在这段时间把上万名犹太人从巴勒斯坦迁入埃及，形成埃及境内重要的社区。托勒密王朝境内，希腊人拥有特权，他们遵守希腊法律，受希腊法庭审判，受希腊教育，是希腊城市的公民。同时埃及人也遵守埃及的法律，受埃及的法庭审判。但如果希腊人和埃及人有纠纷，则有一个特别法庭来解决双方的纷争。

克利奥帕特拉七世（埃及艳后）在亚历山大城诞生，在她之前一共有六名同名公主，故称七世（第七），父亲是托勒密十二世。虽然克利奥帕特拉七世拥有埃及法老的称号，然而具有马其顿希腊人的血统。到克利奥帕特拉七世时，托勒密王朝因为中央集权政府衰弱以及逐渐腐败等因素，失去了昔兰尼加和塞浦路斯，让托勒密政权国势弱至谷底。

公元前51年3月，托勒密十二世逝世，在遗嘱中他立18岁的克利奥帕特拉七世和她12岁同父异母的弟弟托勒密十三世统治王国。但克利奥帕特拉七世一点儿都不想与弟弟分享权力，在她统治一开始，官方文件上只有她的名字，所发行的钱币上也仅有她一人的肖像，这违反了托勒密王朝传统，因传统上女性统治者需附属于男性共治者之下。

在公元前50年时，克利奥帕特拉七世（图21.3）与留在埃及的前罗马军队加比尼亚人（Gabiniani）发生冲突，这支军队当初是罗马的奥卢斯·加比尼乌斯（Avlvs Cabinivs，前1世纪）要离开埃及时为了保卫托勒密十二世政权所留下的士兵。这场冲突也是克利奥帕特拉七世随后失去权位的主要原因之一，她因此被迫接受弟弟托勒密十三世登基，并与弟弟结婚共治埃及。

图21.3　克利奥帕特拉七世的雕像（左）和画像（右）

公元前49年，恺撒（Gaius Julius Caesar，前100—前44）在渡过卢比孔河后将庞培（Gnaeus Pompey，前106—前48）驱离罗马，但庞培的势力仍然强大，克利奥帕特拉七世在此时提供士兵与粮食支援庞培，并有谣传她与出使到亚历山大的庞培儿子产生了恋情。

她最后因遭到托勒密十三世阵营的反对而被迫离开权力中心，之后她就被迫流亡叙利亚，但很快就招募了一支部队，企图从外打回埃及。

公元前48年秋季，庞培在恺撒军队的追击下来到了亚历山大外海，寻求庇护。但庞培觉得事情有异，托勒密十三世迎接的场面既不隆重，还有点肃杀，岸上满是士兵，加上托勒密十三世还派出舰队像是监视庞培般。庞培自知无法逃脱，只得乘着对方安排的一艘小船，登上埃及的海岸。然而迎接他的托勒密十三世的军官在庞培一上岸，就杀了庞培并砍下他的头，动手的军官中还有庞培的老部下。庞培的妻子和孩子在海上看到这件惨案，连忙扬帆逃走，这天刚好也是庞培58岁生日。

托勒密十三世以为杀死庞培可以讨恺撒欢心，可以成为罗马的盟友，或许还可以减轻王国欠罗马的债务，然而这事后来被证明是大大失算。两天后，恺撒来到埃及，托勒密十三世派人奉上庞培的头颅，但这使恺撒相当愤怒，对庞培之死垂泪不已。虽然庞培是恺撒政治上的劲敌，但也是他独生女茱莉亚（生卒年不详）的丈夫，更曾是罗马的执政官，身为罗马人且已是罗马实际掌权者的恺撒无法容忍本国的要人为异国人擅自杀害。

当恺撒来到埃及后，这位罗马最有权势的男人自然成为托勒密十三世和克利奥帕特拉七世王位争夺问题上最有力的仲裁者。因此，克利奥帕特拉七世期望可以趁着恺撒对托勒密十三世正在气头上来获得有利地位。为了不引起托勒密十三世的警觉，克利奥帕特拉七世命自己的属下装扮成商人，将自己包裹在一床大毯子中。当商人到恺撒住处求见恺撒时，她就从毯子里面出来，与恺撒见了面。那时克利奥帕特拉七世正处妙龄，美艳惊人，卡西乌斯·狄奥（Cassius Dio，150—235）形容克利奥帕特拉七世的魅力："她是一位国色天香的佳人，当她还是青涩的少女时就已引人注目，她拥有的黄莺出谷般的声音且充满知性，懂得让自己讨任何男人喜欢。""她有一种无可抗拒的魅力，相处时，她动人的谈吐结合俏丽的举止，流露出一种特有的气质，的确能够颠倒众生。单单听她那甜美的声音，就令人感到赏心悦目，她的口齿就像是最精巧的弦乐器般。"她利用自己的美貌和智慧，把恺撒给迷住了，恺撒下令执行克利奥帕特拉七世父亲的遗嘱，由克利奥帕特拉七世和克罗狄斯·托勒密十三世一起执政。此举激怒了托勒密十三世一派，他们围攻恺撒及其护卫，但未能成功。恺撒的援军到达，彻底击败埃及军，托勒密十三世阵亡。遗憾的是，在会战期间，恺撒的士兵所发射的火箭命中亚历山大城的亚历山大图书馆，六十多万本书毁于一旦。恺撒安排克利奥帕特拉七世与托勒密十四世共享埃及王位，克利奥帕特拉成为恺撒的情人和埃及的最高掌权者。

在亚历山大战役结束后，恺撒与克利奥帕特拉七世进行了一次为期两个月的尼罗河之旅，接着征讨破坏与罗马之间协约的本都王国。胜利之后，恺撒给元老院写了一封信，里面只有三个字："VENI VIDI VICI"（我来、我见、我征服）。

恺撒征服了埃及，但却没有把埃及划入罗马的领土。从此，克利奥帕特拉七世与恺撒生活在一起，并生了一个儿子。同时，恺撒恢复了克利奥帕特拉七世的王位。公元前45年，克利奥帕特拉七世和另一个弟弟托勒密十四世一起应邀前往罗马，备受殊荣，住在台伯河对岸的恺撒私人宅邸。恺撒实践誓言，在罗马建造了一座祭祀其尤利乌斯族系祖先的维纳斯的神庙，还把克利奥帕特拉七世的黄金塑像竖立在女神之旁。但罗马民众对恺撒和克利奥帕特拉七世的暧昧关系相当不满，因为身为罗马独裁官的恺撒已经和卡尔普尼亚·皮索妮丝（Calpurnia Pisonis，生卒年不详）结婚，西塞罗（Marcus Tullius Cicero，前106—前43）在信中说他厌恶外国女王（指克利奥帕特拉七世）。

回到罗马的恺撒推动各项改革，包括给予北意大利和西西里岛人民罗马公民权，请专家制作儒略历①，建立和平广场等。公元前45年，庞培的两个儿子逃到西班牙发动叛乱，恺撒再次远征西班牙，于孟达会战中击败叛军，庞培长子阵亡，次子流亡西西里。恺撒回国之后，于公元前44年宣布成为终身独裁官。眼看她就要成为罗马世界的第一夫人，不料恺撒于公元前44年3月15日被刺身亡，克利奥帕特拉七世的美梦顷刻化为泡影，黯然离开了罗马。

克利奥帕特拉七世返回埃及后，毒死托勒密十四世，立她和恺撒所生之子为托勒密十五世，共同统治埃及。此时在罗马，恺撒的养子屋大维（Gaius Octavius Augustus，前63—14）及属下安东尼（Marcus Antonius，前83—前30）平定了罗马的动乱，两人划分了势力范围。屋大维统治西部，安东尼则统治东部。

安东尼成为后三头同盟之一后，召唤克利奥帕特拉七世前来塔尔苏斯与他会面，克利奥帕特拉七世在那里华丽登场。克利奥帕特拉七世乘坐一条豪华的楼船，从埃及出发，先到西利西亚，再经后德诺斯河抵达塔尔苏斯。这艘船的船舱上挂着用名贵的推罗②紫（Tyrian purple，上万只海螺才提取出1克）染料染成的紫帆，船尾楼用金片包镶，在航行中与碧波辉映，散发光彩。女王打扮成维纳斯女神的模样，安卧在串着金线，薄如蝉翼的纱帐之内。美丽的童子侍立两旁，各执香扇轻轻摇动。装扮成海中仙子的女仆，手持银桨，在鼓乐声中有节奏地划动。人们奔走相告，观者如潮。安东尼被邀至船上赴宴，看到克利奥帕特拉七世迷人的风姿，优雅的谈吐，神魂颠倒，不知所措。"她曾经凭着无往不利的娇媚，使得恺撒和庞培皆拜倒裙下，现在更能让安东尼对她一见倾心，因为在她与恺撒和庞培相会之时，她还是个懵懂无知的少女，而现在要与安东尼相见之刻，她已是花容月貌，女性之美到达光辉灿烂的阶段，更有善体人意的成熟智慧。"她以迷人的风采和谈吐掳获

---

① 儒略历是亚历山大港的希腊数学家兼天文学家索西琴尼（Sosigenes of Alexandria）制作的历法，在公元前45年1月1日起执行，取代旧罗马历法。一年设12个月，大小月交替，四年一闰，平年365日，闰年于二月底增加一闰日，年平均长度为365.25日。因为1月1日是罗马执政官上任的日期，故其被定为一年的开始日。由于累积误差随着时间越来越大，之后被教宗额我略十三世于1582年颁行由意大利医生兼哲学家阿洛伊修斯·里利乌斯改革儒略历所制定的历法，变为格里高利历，即沿用至今的公历。
② 推罗（或译提尔，又名苏尔），古代腓尼基人的城市，现为黎巴嫩的第四大城。

了安东尼的心，安东尼花了一个冬天在亚历山大陪她。

为了确保她自己政治地位的安全，克利奥帕特拉七世唆使安东尼下令杀了她的妹妹阿尔西诺伊四世（Arsinoe Ⅳ，约前67—前41），此时阿尔西诺伊正避居于罗马控制下以弗所的阿耳忒弥斯神庙中，阿尔西诺伊在神庙的阶梯上被杀，这大大震惊了罗马人，因神庙有神圣的庇护权。然而，当安东尼因战事离开埃及后，他（她）俩的恋情逐渐转淡。安东尼为了和屋大维重修和好，娶了屋大维的姐姐屋大维娅（Octavia，生卒年不详）为妻。

在公元前40年12月25日，克利奥帕特拉七世为安东尼生下一对双胞胎。几年后，安东尼在前往东方对付安息王国途中，来到亚历山大与克利奥帕特拉七世再续前缘，克利奥帕特拉七世也为安东尼提供战争所需要的资金和补给。随着安东尼和屋大维的关系恶化，安东尼也冷淡对待屋大维娅，自己也不返回罗马的宅第。安东尼在对安息王国的战争失利后回到亚历山大，以埃及式婚礼与克利奥帕特拉七世结婚。

安东尼和克利奥帕特拉七世的结合，并非全由情欲所驱使，而是具有政治目的。安东尼企图稳定罗马的东方行省，准备远征帕提亚，以及同屋大维进行斗争，亟需得到埃及在财政上的支援。而克利奥帕特拉七世在埃及托勒密王国发生深刻的社会危机之时，施展种种手腕，包括运用迷惑安东尼的方式，以图在罗马的强权之下，维护和发展托勒密王国，加强和扩大自己的统治权力。为了满足克利奥帕特拉七世的野心，安东尼把叙利亚中部地区、腓尼基沿岸一些城市、塞浦路斯岛，以及纳巴特王国部分地区等，赠给她。

在安东尼征服亚美尼亚王国后，于公元前34年后半期，安东尼在亚历山大奉献中宣布克利奥帕特拉七世统治埃及、塞浦路斯，克利奥帕特拉七世的称号为"诸王之女王"。克利奥帕特拉七世成功地保住了她的王位和埃及王国（托勒密王国），其子托勒密十五世（Ptolemaeus Caesar，前47—前30）称为"诸王之王"。

安东尼在东方的所作所为，特别是他与克利奥帕特拉七世的关系，受到罗马人的非议，继而激起了他们的恼怒。他们斥责安东尼将罗马的征服地赠予克利奥帕特拉七世及其子女，准备迁都亚历山大另建新王朝。在罗马，人们对克利奥帕特拉七世恨之入骨，认为她是继汉尼拔（Hannibal Barca，前247—前183）以外对罗马构成最大威胁的女王。这就使安东尼威信扫地，丧失了国内的有力支持。这一点被屋大维利用，是安东尼在与屋大维的斗争中失败的原因之一。

公元前32年，安东尼和屋大维的矛盾趋于尖锐，他们完全决裂了。安东尼应克利奥帕特拉七世之求，正式修书遗弃其妻屋大维娅。屋大维也发誓为其姐所受的侮辱报仇，他不顾冒犯罗马的传统习俗，从维斯塔贞女手中取得安东尼放置于神庙中的遗嘱，公布于众。

安东尼的遗嘱记述了他对克利奥帕特拉七世及其子女的领土分配，还指令克利奥帕特拉七世将其遗体安葬在亚历山大。遗嘱一公布，舆论哗然，群情激愤。据此，元老院和公民大会以侵占罗马人民财产为由，对克利奥帕特拉七世宣战，并剥夺了安东尼的执政官职务以及其他一切权力。

公元前31年，安东尼和克利奥帕特拉七世的舰队在希腊西岸的阿克提乌姆湾与屋大维军展开海战，尽管此时安东尼海军的船只较小，水手少且训练不充足，但战斗胜负仍然难料。在两军打得难分难解之时，后方的克利奥帕特拉七世突然无故率领自己的舰队逃离战场，而安东尼看到克利奥帕特拉七世离去，不顾自军将士处境也跟着随她逃走，让屋大维在亚克兴角战役中获得大胜。此战后，屋大维开始计划入侵埃及，当他于公元前30年7月率军接近亚历山大时，安东尼的残军一批批向屋大维投诚。

屋大维率军接近亚历山大，安东尼率领自军和埃及的联军于亚历山大近郊要与敌人决战，然而不仅是联军舰队，还包含骑兵都舍弃安东尼并投入屋大维麾下，遭受大败的安东尼绝望地哭喊，认为是克利奥帕特拉七世和她的部队背弃了他。当时克利奥帕特拉七世担心安东尼在绝望下会伤害自己，或者是担心自己会落入屋大维手上，她带着两个侍女躲到自己的陵墓中。然而安东尼却认为克利奥帕特拉七世已经自杀，悲伤中持剑刺进自己的腹部昏了过去，想要跟随克利奥帕特拉七世一同死去。然而这一刺没让安东尼致命，当他醒来后想请求周围的人结束他的痛苦，但周围的人都已经跑光了。

这时，克利奥帕特拉七世派人来寻找安东尼。当安东尼知道克利奥帕特拉七世尚活在人世时，连忙让人把他带到陵墓门口，因为克利奥帕特拉七世不愿开启陵墓的大门，只好让重伤的安东尼从陵墓的窗口垂吊上去，由里面克利奥帕特拉七世等三个女人用绳子拼命拉上来。当克利奥帕特拉七世见到安东尼快断气的模样相当哀伤时，克利奥帕特拉七世悲痛到抓扯自己的肌肤，殴击自己的胸膛。自知死期将至的安东尼连忙安抚她的情绪，他要了一杯酒喝，交代一些遗言后，结束了生命。

克利奥帕特拉七世知道自己的死期将近，研究了各种自杀的方法。她躲进了墓堡，但为屋大维所智擒。当屋大维去看望自己的俘虏时，她还施展手腕，千方百计哄骗和迷惑屋大维，然而未能奏效。屋大维生擒克利奥帕特拉七世的目的，是要把她带回罗马，在举行凯旋时将之示众。克利奥帕特拉七世得知后，陷于绝望，万念俱灰，忠诚的侍女们把一条叫作"阿普斯"的毒蛇装在无花果的篮子里送到她面前，她抓起小蛇，结束了传奇、浪漫的一生。

屋大维满足了她临死之前的要求，把她和安东尼埋葬在一起。克利奥帕特拉七世的长子恺撒里昂（托勒密十五世）是她与恺撒所生，恺撒里昂还是埃及人认可的法老，在屋大维夺下亚历山大后，克利奥帕特拉七世已秘密派人要把她的儿子送到红海边的港口避难，据说准备逃亡印度，但他最终落入屋大维的手中。他的命运就因屋大维的一个顾问借用荷马的史诗所说的"恺撒过多，绝非好事"而被决定，屋大维害怕恺撒里昂会威胁他作为恺撒唯一继承人的地位，而下令将他处死。恺撒里昂的死不仅代表着埃及托勒密王朝的结束，也代表着整个古埃及法老时代的终结。

22 浑水摸鱼·浑水公司

浑水摸鱼最早出自《三十六计》第二十计："乘其阴乱，利其弱而无主。随，以向晦入宴息。"该计运用《易经·随卦》的原理，是说打仗的时候要善于抓住敌人的可乘之机，借机行事，使之顺应自己的意图，以便在乱中取胜。

经过演化，老舍（1899—1966）在《四世同堂》中写道："其余那些人，有的是浑水摸鱼，乘机会弄个资格。"

后来，朱自清（1898—1948）在《论且顾眼前》中写道："少数豪门，凭借特殊的权位，浑水里摸鱼，越来越富，越花越有。"

鱼类，是最古老的脊椎动物。它们几乎栖居于地球上所有的水生环境，从淡水的湖泊、河流到咸水的大海和大洋（图 22.1）。鱼类分为两个总纲：无颌总纲及有颌总纲，无颌总纲包括圆口纲、甲胄鱼纲，有颌总纲包括盾皮鱼纲、软骨鱼纲、辐鳍鱼纲。

鱼的运动主要是靠按节排列于身体两侧的肌肉交替收缩，使躯体与尾鳍左右摆动而前进，其他鳍起平衡与转向作用。某些鱼的鳍经变态后还具有攻击、自卫、摄食、生殖、发声、爬行、滑翔、跳跃、攀援、呼吸等功能。

图 22.1　热带海洋中的鱼

鱼类受精和发育的方式有以下四种。①体外受精，体外发育。②体外受精，体内发育。③体内受精，体外发育。卵未产出前，雄鱼通过特殊的交接器官（如鳍脚、短管等）使精液流入雌鱼生殖孔内，卵在体内受精后不久，卵成熟后，排出体外发育。④体内受精，体内发育。

大多数鱼类终年生活在水中，用鳃呼吸，用鳍辅助身体平衡与运动的变温脊椎动物。也有像非洲肺鱼、弹涂鱼、攀鲈能在陆地上长时间生存，以及黑鱼、黄鳝、雀鳝靠单鳔呼吸。虽然大多数鱼类是变温动物，但很多鲨鱼和金枪鱼是半恒温的，月亮鱼则是恒温的。全球现生种鱼类共有22000余种，占已命名脊椎动物的大半。中国淡水鱼有1000多种，包括著名的"四大家鱼"（青鱼、草鱼、鲢鱼、鳙鱼）和鲤鱼、鲫鱼等。

还有一类哺乳动物，常常被误认为是"鱼"，这就是鲸类，常被称为鲸鱼（图22.2）。它们是恒温的、胎生哺乳并有很高智力的高等脊椎动物。

图 22.2　哺乳动物——鲸鱼

海豚是鲸目海豚科的哺乳动物，其躯干呈纺锤形，体型圆滑、流畅，皮肤光滑无毛；头部特征显著，喙前额头隆起；有弯如钩状的背鳍。因其圆滚滚的体态像几百斤的猪，故名"海豚"。

海豚分布于太平洋、大西洋和印度洋，在热带和温带海域栖息，活动敏捷，眷恋性强。海豚的交配发生在夏秋两季；妊娠期约为11个月。寿命可以长达25年甚至30年。听觉是海豚最为灵敏的感官，它们捕食、游走和嬉戏，都是依靠听觉进行。

海豚是十分聪明伶俐的鲸类，有一个发达的大脑，而且沟回很多。沟回越多，智商越高，而沟回又与脑的重量正相关。一头成年海豚的平均脑重量为1.6千克，人的平均脑重量约为 1.5 千克，而猩猩的平均脑重量尚不足 0.25 千克。从绝对重量看，海豚为第一位，但从脑重量与体重量之比看，人脑占体重量的 2.1%，海豚为 1.17%，猩猩只有 0.7%。

科学家经过深入研究，发现海豚的睡眠和陆地哺乳动物间存在显著的差异。陆地动物包括人类的睡眠一般有两个不同的相：慢相和快相。当这类动物或人入睡时，首先进入慢相，然后逐渐加深，经过一段慢相后转入快相，从而完成一个循环。不同的动物，快相的时间也不同，例如人的快相时间为半小时。而海豚大脑两半球则是交替睡眠的，当右侧大脑半球处于抑制状态时，左侧大脑半球则处在兴奋状态；一段时间后，右侧进入兴奋状态，而左侧又处于抑制状态。因此，海豚即使在睡眠时也始终能保持足够的活动能力和必要的姿态。如遇到强烈的外界刺激，两半球将会迅速觉醒，以便应对紧急情况。

海豚是人类的好朋友，在人类面临危险时会挺身而出为人类提供帮助，担任着"海上救生员"的角色。人类与海豚之间已经建立起一种基于信任和互惠的关系。

"浑水摸鱼"原意是指先将池子里的水搅浑，使鱼儿在浑浊的水里被呛晕，然后乘机将鱼儿抓起，而不用费很大力气（图 22.3）。

图 22.3 浑水摸鱼的场面

这里要说一个美国人，名字叫卡森·布洛克（Carson Block，1977—　），毕业于美国南加州大学，主攻金融辅修中文，后攻读了芝加哥肯特法学院的法学学位。由于有汉语的加持，布洛克 2005 年从芝加哥肯特法学院毕业后就来到了中国。当时中国经济高速发展，各行各业欣欣向荣，但经济领域法制还不完善，布洛克来中国的目的就是想在中国浑水摸鱼。

布洛克来到上海，就职于一家美国律所，做了一年律师，期间也帮一些对冲基金和他父亲做调研，甚至还开办了一家自助仓储公司。

这里简单说一下对冲基金（hedge fund），是采用对冲交易手段的基金，采用对冲、换位、套头、套期等各种投机交易手段来赚取巨额利润。

布洛克在上海期间，还写了一本书，书名是《傻瓜也能在中国赚钱》（*Doing Business in China for Dummies*）。但讽刺的是，布洛克的自助仓储公司不仅没有赚到钱，甚至亏损严重。在中国4年，布洛克不仅未在中国赚到钱，还到了破产的边缘。布洛克认为自己不是"傻瓜"，只好自认倒霉，准备关掉公司打道回府。

由于其父老布洛克在美国开设着一家小型投资咨询公司，公司的业务就是向投资者推荐有潜在价值的股票，从中赚取服务费。就在布洛克垂头丧气、心灰意冷之时，其父来电了。

老布洛克发现，在纽约证交所上市的中概股"东方纸业"（Orient Paper Inc.）的财报非常亮眼，看起来是一只非常有潜力的股票。但为了对投资人负责，老布洛克让自己的儿子回美国之前在中国调查一下这家公司的实际运营情况。

怎样才能搞清东方纸业的底细呢？布洛克声称自己是美国记者，告知东方纸业方，要对东方纸业做一期专访。2010年初，东方纸业觉得这是一个对外宣传自己公司的良机，便热情接待了布洛克。但已经对东方纸业招股书进行了详细研究的布洛克，很快就摸清了东方纸业的一些问题。按招股书披露的产量和销量，厂区内应该车水马龙、生产线全开。但不知是什么原因，布洛克看到的却不是这样的情景，公司废弃的大门、陈旧的仓库、宿舍以及无所事事的工人，与财报描述大相径庭，公司库存也基本是一堆废纸。在调查过程中，布洛克还发现了其他的一些与东方纸业对外宣称相矛盾的情况。之后，布洛克又在中国调查了其他几家纸业公司，发现它们的生产情况都比东方纸业好很多。因此，布洛克断定东方纸业宣称的盈利水平与其现状不符。布洛克认为，东方纸业将自己2008年、2009年的营收严重夸大，公司市值被大大高估，募集资金的去向也存在问题。

布洛克将这些调查结论告诉了自己的父亲，并说该股票没有投资价值，反而是做空的目标股。老布洛克对儿子的建议并未认真，心想只要不向投资者推荐这只股票就行了。但是，布洛克却不甘心自己的调查打水漂，想到这可能是离开中国前打一次翻身仗的机会。手里已经很拮据的布洛克东拼西凑了2000美元，准备做空这只他认为的垃圾股。做空就是先向券商租借一些股票，然后卖出去，等到该股票跌落后再买回来还给券商，从中赚取差额。但东方纸业的股价并未跌，反而有些上涨，布洛克因此赔了，连回国的机票都买不起了。

　　输红眼的布洛克决定最后再赌一把。他将自己对东方纸业的调查写成详细的报告，再透支 2000 美元继续做空东方纸业。随即，2010 年 6 月 28 日，他召集了一批熟悉中国商业规则的人，在香港成立了浑水公司（Muddy Waters Research）（图 22.4），公司名称正是来自成语"浑水摸鱼"。

图 22.4　浑水公司标牌

　　2010 年 6 月底至 7 月 22 日，浑水公司连续发布了六份针对东方纸业的报告，报告称东方纸业涉嫌严重的诈骗和造假行为，涉嫌资金挪用、夸大营收和资产估值、毛利润率等。浑水公司给予东方纸业股票"强烈卖出"的评级，目标价低于 1 美元，而当时东方纸业的股价为 8.33 美元。这次布洛克赌赢了，调查报告起到了作用。

　　这个"傻瓜"终于在中国赚到了钱。

　　不过，2010 年 7 月下旬，东方纸业董事会宣布，联合法律事务所 Loeb & Loeb、德勤等机构，就浑水公司的质疑展开独立调查。在经过近 5 个月的调查后，东方纸业董事会审计委员会于 2010 年 11 月 29 日公布了联合独立调查结果，全面否定了浑水公司的质疑。东方纸业反击称"浑水公司发布做空调查报告源于索贿未果，没有任何证据证明东方纸业挪用投资者资金，虚报营收，虚报员工数量，或虚报前十大客户关系"。尽管东方纸业对于浑水公司的指责一直予以积极回应，但一直未彻底打消市场质疑。该公司股价从 2010 年 6 月 28 日的收盘价 8.33 美元，到 7 月 2 日已下跌至 1.5 美元，跌幅超过 80%，市值损失 1.7 亿美元，还被美国证监会调查。2018 年 8 月，东方纸业更名为"互联网科技包装股份有限公司"，如今股价只有 0.32 美元。

　　回到美国后，对中国情况十分了然的布洛克继续做空中概股。

被浑水公司做空的一些中概股

序号	时间	股票代码	被做空公司	结果
1	2010 年 11 月	RINO.OO	绿诺科技	退市
2	2011 年 2 月	CCME.OO	中国高速频道	退市
3	2011 年 4 月	DGWIY.OO	多元环球水务	退市
4	2011 年 6 月	SPRD.O	展讯通信	浑水认错
5	2011 年 6 月	TRE.TO	嘉汉林业	重组
6	2011 年 11 月	FMCN.O	分众传媒	退市
7	2012 年 4 月	FSIN.O	傅氏科普威	退市
8	2012 年 7 月	EDU.N	新东方	重回升势
9	2012 年 10 月	LKM.N	网秦	退市
10	2014 年 11 月	01228.HK	奇峰国际	长期停牌
11	2016 年 6 月	06863.HK	辉山乳业	退市
12	2017 年 6 月	01999.HK	敏华控股	影响较小
13	2018 年 6 月	TAL.N	好未来	重回升势
14	2019 年 7 月	02020.HK	安踏体育	博弈中
15	2020 年 4 月	LKNCY	瑞幸咖啡	退市
16	2020 年 11 月	NYSE:GSX	跟谁学	下跌

自 2010 年 6 月浑水公司发布东方纸业做空报告一战成名后，又陆续发布绿诺科技、中国高速频道、多元环球水务等公司的做空报告，这些公司先后因浑水公司的质疑报告而股价大跌，甚至退市或摘牌。

但在做空展讯通信时，该公司就开展了一次成功的反击。2011 年 6 月 28 日，浑水公司发表对展讯通信的质疑，除了就"审计委员会、审计师几乎同时离职"提问外，还诘问：为什么展讯融资 4400 万美元前夕，首席财务官（CFO）突然离职？股东基金是否将被用于购买内部人士出售股票等？当天，展讯通信股票从 13.68 美元跌至最低 8.59 美元。但展讯公司随即发布信息，进行有力回应，第二天股票即大幅反弹。随后几个月持续上涨，在 2011 年 11 月股票上涨到 28 美元，相较于浑水公司质疑时的低点上升了超过 200%。浑水公司只能出面回应："此前对展讯财报有误解，质疑旨在寻求对话。"

通过做空前面的这些公司，布洛克只是摸到几条小鱼。要想在金融大佬云集的华尔街安身立命，甚至名声远播，布洛克还需要摸一条大鱼。此时，布洛克注意到一条大鱼——嘉汉林业——的游动，嘉汉林业的规模超过了前面几个公司市值的总和。

嘉汉林业联合创始人和首席执行官（CEO）陈德源（Allen Chan，1952—　）出生于香港，从香港浸会学院社会学系毕业后，先在香港的一家私立学校当了几年老师，后来跳槽到了一家海鲜坊。当时，这家公司的董事长是后来的澳门赌王何鸿燊（1921—2020），总经理是香港的郑裕彤（1925—2016）。几年后，陈德源开始自己创业，但以惨败收场。不过，此时陈德源的人脉和经验已经具备，离成功只差一个机会。

20世纪90年代中期，中国掀起了创业浪潮，有很多商人投资兴业，进军人造板、地板等林业中下游加工产业，中国的林产工业开始蓬勃发展。几乎与此同时，中国大地上也掀起了一轮灭荒造林、绿化国土的热潮，而广东正是当时全国的示范区域。当时，全国绿化委员会、林业部（现为国家林业和草原局）曾下发了《关于进一步推进荒山荒地造林绿化工作的通知》："……允许拍卖宜林荒山、荒地、荒坡、荒沟、荒滩的使用权……允许农民和集体经济组织引进外资合作开发宜林荒山荒地，发展林业……"

嗅到商机的陈德源，不失时机地在加拿大成立了嘉汉林业国际有限公司，简称嘉汉林业，并于1995年在加拿大多伦多证券交易所成功买壳上市，成功募集了500万美元。

1994年，陈德源在国内某部门的协助下，承包了当地的一片荒山，在这里种植速生丰产林——桉树（图22.5）。

图22.5　桉树

桉树（Eucalyptus spp.）是桃金娘科下桉属伞房桉属和杯果木属植物的统称。多为常绿乔木，种类繁多，共有1039物种（包括亚种和变种）。桉树是世界上长得最快的树种。生长旺季，1天可以长高3厘米，1个月可长高1米，1年最高可长10米。桉树与其他树种相比，生命力并不顽强。它的根系扎入土壤并不深，枝干繁殖也较缓慢，但作为弱者的桉树能够在万木丛中胜出。因为桉树有一个明显的特点，它的树枝不像其他树木一样是沿着树干慢慢向上生长的，桉树树干的下部基本没有树枝，到了树梢之后，它才长出长长的树枝，缓缓垂于近地面处。

十几年后，陈德源通过一番包装和运作，嘉汉林业在广东、广西、江西、江苏等地的营林面积已有 20 多万公顷。嘉汉林业已成为一家集林业科研、造林、林产品加工和贸易等整合多种林业资源的国际化林业集团公司。随后，嘉汉林业受到一大批金融机构的追捧。2003 年年初，世界银行、荷兰银行、德国银行以及更多家国际金融机构纷纷将目光投向嘉汉林业，陈德源获得了 5000 万美元的贷款。随后在十余年的时间里，嘉汉林业创造了通过种桉树而从一无所有发展到拥有资产数十亿美元的国际大公司的神话。从 2001 年至 2010 年间，其营收增长了 14 倍，年复合增长率达 30%，每股盈利翻了 8 倍，年复合增长率为 22%，经营活动现金净流量更是暴增了 65 倍，年复合增长率逾 51%。华尔街的做空大鳄保尔森（John Alfred Paulson，1955—　），最高时曾持有嘉汉林业流通股的 14%，成为嘉汉林业的最大股东。

布洛克心里清楚，一旦做空嘉汉林业，让做空大王栽在自己手里，就能在华尔街坐稳一把交椅。布洛克仔细研究了嘉汉林业的详细资料，并全方位开展调查，并聘请了几家律师事务所帮助分析。经过数月的调查分析后，布洛克认为嘉汉林业不可能每年都以两位数增长，做空嘉汉林业的时机已经成熟。布洛克说："如果让我们相信嘉汉林业能通过这种方式获得巨额资金，那相当于让我们相信这世界上存在能从木头中发现稀有金属的力量。可是，嘉汉林业就是通过这种模式筹集了上亿美金。" 2011 年 6 月 7 日，浑水公司发布了对嘉汉林业的调查报告。当天，嘉汉林业的股价暴跌 64%。2011 年 6 月 20 日，保尔森随即清空自己手里嘉汉林业的股票，但损失仍然超过 5 亿美元。对嘉汉林业的投资，将保尔森钉上了"大失败者"的耻辱柱。虽然嘉汉林业持仓对于家大业大的保尔森只是皮毛，但空神开始折戟。这一年保尔森投资的其他股票也损失惨重，其旗下保尔森优势增强基金亏损达 53.58%，同年位列全球业绩倒数第一。

2012 年 4 月，嘉汉林业宣布申请破产保护，公司待售。

2013 年 1 月，嘉汉林业债权人通过重组接手了全部资产，股票清零，原嘉汉林业股东血本无归。

2018 年 3 月，法院判决创办人及前 CEO 陈德源须就诈骗案向原诉人赔偿 26.3 亿美元，另罚款 500 万美元。

此一战，浑水公司大出风头。布洛克也在当年登上《彭博市场》杂志评选的"50 大市场最具影响力人物榜"。从此，浑水公司的做空报告便成为股票市场的致命杀伤武器。

一旦被浑水公司盯上，轻者暴跌，重者退市。

十三年来，全球被浑水公司做空过的上市公司达 40 多家，其中中概股占一半以上，除了前面已经讲到的，还有拼多多、美团、58 同城等公司。

股市本身就是一个敏感市场，任何一点风吹草动都会引起股民的恐慌，从而引起股价的剧烈波动。随着浑水公司的名气越来越大，只要市场里传出浑水公司调查谁的风声，该股就可能出现异常波动。有人认为，浑水公司是"啄木鸟"，但浑水公司的行为并非完全无可指责，事实上很多人认为浑水公司的背后有对冲基金在支持，利用了一些混淆视听的手法通过卖空盈利。

浑水公司凭一己之力把整个资本市场搅成一片"浑水"，然后再浑水摸鱼。不过，浑水公司这条鱼也越长越大，哪天也可能在浑水中被别人摸走。

23 扶摇直上·航空航天

成语"扶摇直上"出自战国时期《庄子·内篇·逍遥游》

北冥有鱼，其名为鲲。鲲之大，不知其几千里也。化而为鸟，其名为鹏。鹏之背，不知其几千里也。怒而飞，其翼若垂天之云。是鸟也，海运则将徙于南冥。南冥者，天池也。《齐谐》者，志怪者也，《谐》之言曰："鹏之徙于南冥也，水击三千里，抟扶摇而上者九万里，去以六月息者也。"

李白《上李邕》中写道

大鹏一日同风起，扶摇直上九万里。

假令风歇时下来，犹能簸却沧溟水。

世人见我恒殊调，闻余大言皆冷笑。

宣父犹能畏后生，丈夫未可轻年少。

"扶摇直上"的意思是乘着旋风之势径直向上，比喻事体或某种情况迅速直线上升。

一种能迅速上升的飞行器就是飞艇。飞艇是一种轻于空气的航空器。它与热气球最大的区别在于具有推进和控制飞行状态的装置。飞艇由巨大的流线型艇体、位于艇体下面的吊舱、起稳定控制作用的尾面和推进装置组成。艇体的气囊内充以密度比空气小的浮升气体（氢气或氦气），借以产生浮力使飞艇升空。

1900 年，德国的齐伯林（Ferdinand Graf von Zeppelin，1838—1917）伯爵制造了世界上第一艘硬式飞艇。这种飞艇使用结构完整的龙骨保持气囊的外形，采用活塞式发动机作动力，因而飞行性能好，装载量大。长度 163.37 米，直径 18.59 米，容积达到 33780 立方米，用 4 台迈巴赫 210 马力（1 马力 ≈735 瓦）的引擎，航行速度达到 96 千米每小时。

1931 年，另一艘飞艇在德国腓特烈港开工。它是齐柏林公司为德国政府建造的飞艇舰队中最先进也是最大的一艘，也是人类历史上最大的飞行器。在长达 5 年多的建造过程中，工程在中途因资金问题一度停工，建造商为此不得不做了一个"与魔鬼的交易"——在飞艇的尾翼上涂绘"卐"字符以换取纳粹政权的资金援助。1936 年 3 月，这艘梦幻般的飞艇建造完成，以德国总统兴登堡（Paul von Hindenburg，1847—1934）的名字将其命名为"兴登堡号"（图 23.1）。

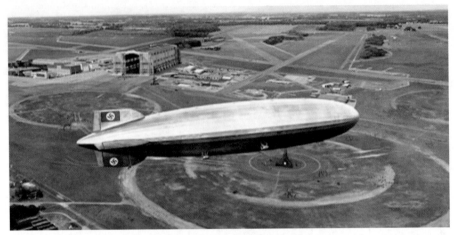

图 23.1 "兴登堡号"飞艇

"兴登堡号"和"齐柏林号"都是巨型硬式飞艇，但各项性能和指标全面超越了后者。这个巨无霸的长度为 245 米（相当于波音 747 客机长度的三倍半，仅比"泰坦尼克号"短 24 米，被称为"空中泰坦尼克号"），最大直径 41.4 米（波音 747 宽度的六倍半），艇体内部的 16 个巨型氢气囊，总容积达到了 203760 立方米。航空工程师、第一次环球飞行的总指挥埃克纳（Hugo Eckener，1868—1954）曾一度试图把气囊设计成较安全的外氦内氢结构，但因美国对德的氦气出口禁令而作罢。不过全氢气囊倒是使飞艇的升力增加了 8%，可用升力达到 112 吨。四台强劲的奔驰 16 缸柴油发动机分布于艇身左右两侧的四个发动机吊舱中，单机最大功率 1300 马力，巡航功率 850 马力。飞艇因如此强大的动力而可以达到 135 千米每小时的最大速度和 121 千米每小时的巡航速度。它的续航时间可达 200 小时，最大航程为 16100 千米。

飞艇的驾驶舱分三部分：控制舱、领航员舱和观察舱。控制舱里除方向舵 / 升降舵的控制机构，还有高度计、倾角计和气囊压力计等仪表，以及释放氢气和压舱水的机件。领航员舱里有两台回转罗盘转发器、一台无线电罗盘和电话总机。从控制舱后面的观察舱攀上梯子则可到达控制舱上方的无线电室。

1936 年 3 月 4 日，"兴登堡号"正式开始客运业务，航线主要从德国的法兰克福到美国新泽西州的莱克赫斯特海军基地，以及前往巴西的里约热内卢。"兴登堡号"是当时最豪华的客运飞艇，赴美的机票每张售价为 400 美元，相当于今天的 5900 美元——这在大萧条时代可不是一个小数目。它所搭载的旅客都是工业巨头、成功商人和社会名流。

"兴登堡号"为了将获胜的德国拳击选手施梅林（Max Schmeling，1905—2005）接回国，创造了用 5 天 19 小时 51 分往返飞越大西洋的纪录。1936 年 8 月 1 日，"兴登堡号"出现在柏林夏季奥运会的开幕式上，它在希特勒（Adolf Hitler，1889—1945）到来之前的片刻挂着五环旗从运动场上空飘过。

"兴登堡号"飞艇已12次安全地往返于大西洋两岸之间，共载客1002人次。虽然不是处女航，但是人们依然关注这艘壮观的银色飞艇。1937年5月6日，它来到了新泽西州莱克赫斯特镇，准备降落，一群新闻摄影师及电台记者都在场，准备记录下这个历史性的时刻。所有的旅客和高级军官都居住在飞艇的中部客舱，其他的飞艇乘员则居住在尾舱。旅客的卧室里配备了热自来水，豪华的吸烟室铺着坚实的梨木地板（这么做的一个重要原因是为了防止火灾），高档餐厅里铺着白亚麻桌布的餐桌上摆放着闪闪发光的玻璃器皿，墙上则是描绘"齐柏林号"远航南美的绘画。在令人心旷神怡的眺望台里，透过巨大的观景窗，人们可以居高临下地欣赏250米下波涛汹涌的大西洋。

在最后的这次飞行中，由于是在大西洋上空（加拿大纽芬兰岛上空）逆风飞行，再加上下大雨，"兴登堡号"迟到了12小时。它在东海岸上空缓慢飞行徐徐下降，以便在傍晚到达，因为这是降落的最佳时间，可还是因为暴风雨而无法降落。它在机场上空盘旋超过一个小时，等待天气放晴。晚7时20分，飞艇掷下两根着陆线，并准备着陆。这时长245米、重110吨的飞艇在离地面100米高的空中突然起火燃烧，飞艇尾部发生了两次爆炸。

当时地面上的人束手无策，10秒之内艇身大部分着火，34秒后，巨大的"兴登堡号"就成了地上的一团火球，人们眼睁睁地看着2000立方米的氢气囊几乎立即被烈焰吞没，燃着的骨架落地跌得粉碎。"兴登堡号"在浓烟之中焚毁（图23.2）。

图23.2 "兴登堡号"空难瞬间

事后调查（通过实验）得出结论："兴登堡号"的起火失事与其表面的铝热剂涂层有一定的关系，它是由氧化铁外加防潮功能的醋酸纤维制造而成的。这种高度易燃的混合物几乎等同于火箭的燃料。似乎是为了保证它一定会燃烧起来，覆盖在醋酸纤维上的漆料是靠铝粉硬化的，而铝粉也是高度易燃的物质。其内部填充的氢气是此次失事事件的祸首。

美国《探索频道》的一期节目分析了另外一种可能性：由于飞艇晚到，艇长急于降落，在错过了降低时机之后大幅度转向，导致结构破坏，一根固定钢缆断裂划破气囊，氢气外泄，然后因为静电火花引燃了氢气而导致了事故（图 23.3）。

图 23.3 发生爆炸数秒后的"兴登堡号"

在事件发生时，已经在着手建造另一艘与"兴登堡号"相同大小飞艇的齐柏林公司，于 1940 年倒闭。"兴登堡号"的焚毁是人类航空史上的一大悲剧，它结束了飞艇作为载人工具进行洲际飞行的历史。

雷雨、静电、氢气泄漏、风向突变和急于降落，各种因素加起来是"兴登堡号"空难的主要原因。

在"兴登堡号"空难之后，齐柏林公司立即设计了类电车。这台机器安放在法兰克福的机场上，用来检测大气中的电活动。这是航空史上第一次以精确的数据来分析雷暴天气。现今，掌握天气情况已成为保证航空安全的前提。

和"兴登堡号"飞艇一样，人类在探索航天的过程中也曾付出过惨痛的代价。

"挑战者号"是美国正式使用的第二艘航天飞机，于 1983 年 4 月 4 日开始首航任务。

航天飞机虽然本身是一种需要承受极大外力的飞行工具，但它同时也需要尽可能减轻本身重量。因此几乎整架机身的每一部分，都负担了非常大的结构应力。

由于当时的计算机技术还十分有限，工程师们并没有把握光靠软件仿真就能将航天飞机在受到机械负荷与热负荷情况下的表现，计算到非常精准的程度。除此之外，挑战者号的机翼部分也经过相当程度的改良与强化。最后，整架航天飞机的空重为 70552 千克，加上主发动机后重 79500 千克，比哥伦比亚号航天飞机约轻了 1311 千克（图 23.4，图 23.5）。

图 23.4 "挑战者号" 航天飞机

图 23.5 航天飞机发射场景

1986 年 1 月 28 日，"挑战者号"执行第 25 次飞行任务时，在升空 73 秒后发生爆炸（图 23.6）。机上的 7 名宇航员全部遇难（图 23.7）。经过长时间的调查，确定原因是发射前佛罗里达州的极端寒冷天气加剧了右侧固体火箭助推器的 O 形环故障。

图 23.6　爆炸瞬间

图 23.7　7 名遇难的宇航员

　　但人类探索太空的步伐并未就此止步。太空探索技术公司（SpaceX）开发了可部分重复使用的"猎鹰 1 号"和"猎鹰 9 号"运载火箭（图 23.8）。2012 年 10 月，SpaceX 龙飞船将货物送到了国际空间站。2013 年 10 月 7 日，SpaceX 公司将全门板的垂直起飞垂直降落（VTVL）技术应用于新研发的"蚱蜢"火箭上，该火箭在成功升空 744 米后准确降落到发射台上，标志着人类首次制造出可重复利用的火箭。

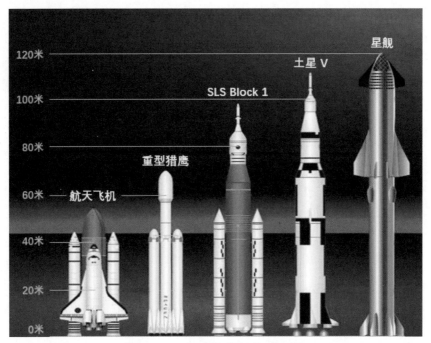

图 23.8　几种航空器长度比较

2014 年 8 月 23 日，SpaceX 的火箭在美国得克萨斯州 McGregor 的一次试飞中一枚三引擎猎鹰 9R 火箭在空中爆炸。

2023 年 4 月 20 日，SpaceX 在美国得克萨斯州进行"星舰"（Starship）重型运载火箭的无人飞行测试，火箭发射升空。在发射升空 3 分钟后，于墨西哥湾上空发生非计划内的解体，在半空中爆炸，最高上升高度达到 39 千米，航天器未能成功进入预定轨道。

星舰采用船箭一体化设计，包括超重火箭级和星舰飞船级。运载能力为 100 吨，能将 100 人送往月球、火星或其他遥远目的地，或是绕地球飞行。星舰系统全长 120 米，起飞重量为 5000 吨，起飞推力 7400 吨，两级均可重复使用。

2024 年 3 月 14 日，SpaceX 第 3 次发射星舰火箭（图 23.9），但在重返大气层期间与地面失去信号近 14 分钟。SpaceX 评论员称："我们可能失去了星舰"，星舰的第三次试飞提前结束。

直播画面显示，美国东部时间 14 日 9 时 25 分，星舰重型运载火箭从位于得克萨斯州博卡奇卡的研发、测试和发射基地升空。两分多钟后，火箭第一级超级重型助推器与第二级飞船成功热分离。在太空滑行阶段，星舰完成了开关有效载荷舱门、推进剂转移等技术演示。随后，星舰尝试在太空中重新点燃"猛禽"发动机以及受控重返大气层。但在飞行 49 分钟后，星舰再度穿越大气时所有联系中断。据分析，飞船可能已经解体。

图 23.9　星舰第三次发射升空

　　看来，人类航天的进程并非一帆风顺，前进的路上还会有很多波折。但终有一天，人类会实现扶摇直上遨游星辰大海的梦想。

24 日月星辰·太阳系

先秦《卿云歌》云[1]

卿云烂兮，糺缦缦兮。	卿云灿烂如霞，瑞气缭绕呈祥。
日月光华，旦复旦兮。	日月光华照耀，辉煌而又辉煌。
明明上天，烂然星陈。	上天至明至尊，灿烂遍布星辰。
日月光华，弘于一人。	日月光华照耀，嘉祥降于圣人。
日月有常，星辰有行。	日月依序交替，星辰循轨运行。
四时从经，万姓允诚。	四季变化有常，万民恭敬诚信。
与予论乐，配天之灵。	鼓乐铿锵和谐，祝祷上苍神灵。
迁于圣贤，莫不咸听。	帝位禅于贤圣，普天莫不欢欣。
夔乎鼓之，轩乎舞之。	鼓声夔夔动听，舞姿翩翩轻盈。
菁华已竭，褰裳去之。	精力才华已竭，便当撩衣退隐。

日月星辰，也是天文学术语，泛指宇宙中的天体。日即太阳；月即月球；星就是星星；辰则是夜晚的那层黑色的帷幕，一般用来泛指天上的天体，或者黑暗的天幕。古代又把天空 360° 分为 12 辰，每辰 30°，因而也对应 12 个时辰，所以 1 个时辰就是 2 个小时。

除太阳和月球，金星、木星、水星、火星、土星是人类最早认识的天体。古希腊的天文学家认为，地球在宇宙的中心，日月星辰都围绕地球作圆周运动。托勒密[2]在他的《天文学大成》里，汇集前人的天文学观察，总结出"地心说"（图 24.1）。

在此之前，阿波罗尼奥斯（Apollonius of Perga，前 262—前 190）为了解决"地心说"与实际观察的误差，引入行星运动的本轮与均轮，认为行星实际绕一个中心点作圆周运动，而中心点又绕地球作圆周运动（图 8.4）。

"地心说"尽管矛盾重重，但由于符合天主教教义，无人敢质疑，只能在"地心说"的基础上修补。为了消除天文观测与"地心说"的误差，最多的时候，本轮的数量加到了 80 个。

---

① 译文源自《古诗文网》。
② 托勒密与中国东汉时期（25—220）的王充（27—97）和张衡（78—139）几乎同时代。

图 24.1 "地心说"

哥白尼在 40 岁时,石破天惊地提出"日心说",认为太阳才是宇宙的中心。在临终前,哥白尼出版了他的伟大著作《天体运行论》,但哥白尼没有放弃行星轨道是圆的既往观点。直到 1609 年,开普勒根据第谷(Tycho Brahe,1546—1601)观测火星的精确数据,总结出著名的"行星运动三大定律"的第一定律:行星绕太阳运动的轨迹是一个椭圆,太阳位于椭圆的两个焦点之一的位置。

为什么哥白尼认为行星轨道是圆,而开普勒认为是椭圆?让我们来看看椭圆的离心率就知道了,离心率 $e=c/a$。对于圆,因为 $c=0$,所以 $e=0$。而所有行星的椭圆轨道偏心率都不算太大,如水星 $e=0.206$、金星 $e=0.0068$、地球 $e=0.0167$、火星 $e=0.0934$、木星 $e=0.0483$、土星 $e=0.0560$、天王星 $e=0.0461$、海王星 $e=0.0097$。除了水星,都很接近于圆。只有冥王星,$e=0.2488$,是一个很明显的椭圆,但那在 300 百年后的 1930 年才被观察到。第谷对火星的观测达到前所未有的精确,开普勒才能算出行星的轨道是椭圆(图 24.2,图 24.3)。

图 24.2 开普勒的椭圆轨道

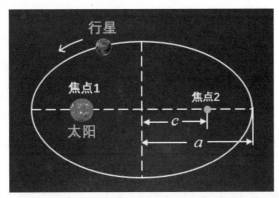

图 24.3　椭圆的两个焦点与半长轴 a 和椭圆心到焦点的距离 c

今天，随着科学和技术的进步，人类已经认识到，太阳也不是宇宙的中心，只是太阳系的中心。太阳也不是固定不动的，它带着太阳系内的天体在银河系中转动，而银河系也在转动，整个宇宙都在运动。

太阳系

太阳系（Solar System）是一个以太阳为中心，受太阳引力约束在一起的天体系统，包括太阳、行星及其卫星、矮行星、小行星、彗星和行星际物质（图 24.4）。太阳系位于距银河系中心 2.4 万 ~2.7 万光年[①] 的位置（银河系的恒星数量在 1000 亿~4000 亿，太阳只是其中之一，"沧海一粟"）。太阳以 220 千米每秒的速度绕银心运动，大约 2.5 亿年绕行一周，地球气候及整体自然界也因此发生 2.5 亿年的周期性变化。太阳运行的方向基本上是朝向织女座，靠近武仙座的方向。

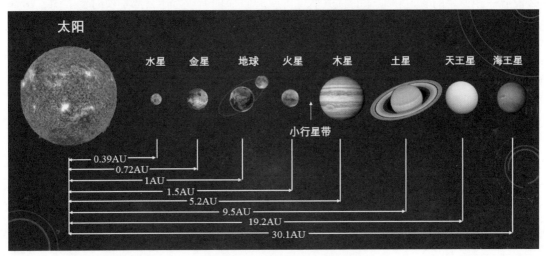

图 24.4　太阳系示意图

---

① 光年（light year）是光在宇宙真空中沿直线经过一年时间的距离，为 9.4607×10^{12} 千米。

太阳系包括太阳、8 颗行星、近 500 颗卫星和至少 120 万颗小行星，还有一些矮行星和彗星。若以海王星轨道作为太阳系边界，则太阳系直径为 60 个天文单位[①]，即约 90 亿千米。若以日球层为界，则太阳距太阳系边界可达 100 个天文单位（最薄处）。

太阳系的形成大约始于 46 亿年前一个巨型星际分子云的引力坍缩。太阳系内大部分的质量都集中于太阳，余下的天体中，质量最大的是木星。八大行星逆时针围绕太阳公转（图 24.5）。此外还有较小的天体位于木星与火星之间的小行星带。还有很多卫星绕转在行星或者小天体周围，小行星带外侧的每颗行星都有行星环。

图 24.5 太阳与八大行星比较

八大行星绕太阳公转（图 24.6），为什么几乎都是共面（旋转面的夹角不大）？为什么没有一颗行星的轨道和地球的轨道垂直（或近似垂直）？为什么都是逆时针方向，尽管它们轨道的倾角都不相同？

第一个问题的答案是，太阳也在公转，它带着八大行星绕银河系中心公转（图 24.7 ～图 24.9），公转周期约 2.5 亿年，公转速度是 220 千米每秒，而八大行星中公转速度最快的是水星，也只有 48 千米每秒。如果有行星的轨道倾角过大，就有可能挡住太阳前进的方向，并很容易进入洛希极限[②]内，被太阳碰得粉身碎骨并被太阳吸入燃烧殆尽。比如，像木星这样庞大的天体，当接近太阳到 210 万千米时，超过洛希极限，就会被太阳撕裂、吸收并完全燃烧。因此，在太阳数十亿年的前行过程中，它已经清空了前进的阻碍，只留下几乎在同一平面上运行的行星。

---

① 天文单位（AU）是地球和太阳之间的平均距离，约 1.5 亿千米。1 光年 =63240 天文单位。
② 洛希极限是由法国天文学家爱德华·洛希（édouard Roche，1820—1883）提出的，即两个天体不能靠近的最小距离，小于这个距离，小的天体将会被撕裂粉碎。

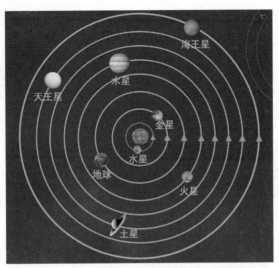

图 24.6　所有八大行星都逆时针运转，轨道倾角小于 4°

图 24.7　太阳系在银河系里的位置与运动（左）和银盘（右）

图 24.8　太阳绕银心的轨道

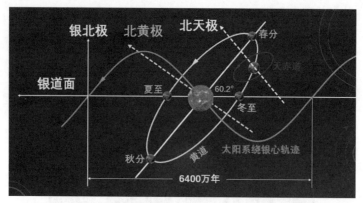

图 24.9　太阳系在银河系里的公转轨迹（绿线）

那么，为什么所有行星都逆时针公转？因为它们公转的角动量要与太阳自转的角动量保持一致，使得太阳系能在银河中顺利公转。

银河系中心可能有巨大黑洞，但在它周围布满了恒星，所以看上去像"银盘"。所有恒星都绕"银心"公转。与地球绕太阳公转不同，这些恒星公转每绕一周离银心会更近。

九星（把冥王星[①]也算上）会排成一条直线（连珠）吗？当九星都在太阳同一侧，排列在一条直线上的时候，就称作"九星连珠"。

其实，由于九星的公转周期都不是整数，没有最大公约数，再加上轨道都有倾角，无论如何都不可能排在一条直线上。即使能完全排成一条直线，地球人通过肉眼也观察不到。但九星经过一定的时间，会同时运行到太阳的一侧，汇聚在一个角度不大的扇形区域中（图 24.10），人们把这一现象称为"连珠"。一般来说，行星的数目越多，汇聚在一起或连珠的概率也就越小。

图 24.10　"九星连珠"示意图

---

① 冥王星（Pluto，天文符号为♇）是柯伊伯带中的矮行星。冥王星是被发现的第一颗柯伊伯带天体，第一颗类冥天体，是太阳系内已知体积最大、重量第二大的矮行星。1930 年，克莱德·汤博（Clyde Tombaugh，1906—1997）发现冥王星，直径为 2376.6 千米，重量仅有月球重量的 1/6、体积为月球的 1/3，并将其视为第九大行星。国际天文联合会（IAU）在 2006 年正式定义行星概念，将冥王星排出行星行列，重新划为矮行星。冥王星有五颗已知的天然卫星。

在 1850—2150 年的 300 年时间里，把扇形张角 θ 限制在 13° 时，"七星连珠"共有 17 次。距今最近的一次发生在 2000 年 5 月 20 日，水星、金星、地球、火星、木星、土星、冥王星，这七颗星排列在扇形区，θ 为 12.6°。再上一次"七星连珠"发生在 1965 年 3 月 6 日，水星、金星、地球、火星、土星、天王星、冥王星排列在 θ 为 9.3° 的范围内。2149 年 12 月 6 日将发生的是"九星连珠"，以后 16 次都是"七星连珠"。

从公元前 3001 年到公元 3000 年，这 6000 年间，$\theta=5°$ 的"六星连珠"发生 49 次，"七星连珠"发生 3 次，"八星连珠"以上的情况没有或不会发生。如果 $\theta=10°$，"六星连珠"有 709 次，"七星连珠"有 52 次，"八星连珠"有 3 次。要出现"九星连珠"，θ 必须扩大到 15°。即便如此，6000 年的时间里，"九星连珠"也只发生一次，发生在 1149 年 12 月 6 日，θ 角是 14.8°。

"五星连珠"是水、金、火、木、土五行星同时出现在天空同一方的现象，即以地球为中心，金、木、水、火、土位于太阳的一侧，人们向夜空望去，五大行星的张角小于 60°，并能被肉眼观察到。1995 年 10 月，中国新疆和田出土的一段织锦上织有八个篆体汉字："五星出东方利中国"。

太阳

太阳（Sun），是我们每天都见惯不惊的天体。只是有时候（夏天，特别是在重庆）我们不想见到它；有时候（冬天，特别是在贵阳）我们又特别想见到它。无论是否想见，地球万物生长都离不开太阳。曾经有传说，天有十日，后羿射下九个；也有夸父追日，在口渴时喝干了黄河、渭水之后，在奔于大泽路途中渴死，死后他的手杖化作桃林，身躯化作夸父山。

太阳是太阳系的中心天体，占有太阳系总重量的 99.86%。太阳系中的八大行星、小行星、流星、彗星、外海王星天体以及星际尘埃等，都围绕着太阳公转，而太阳则围绕着银河系的中心公转。

太阳是大约 45.7 亿年前在一个坍缩的氢分子云内形成。太阳在其主序的演化阶段已经到了中年期，在这个阶段的核聚变是在核心将氢聚变成氦。每秒有超过 400 万吨的物质在太阳的核心转化成能量，产生中微子和太阳辐射。以这个速率，到目前为止，太阳大约转化了 100 个地球重量的物质成为能量，太阳在主序带上耗费的时间共约 100 亿年。太阳没有足够的重量爆发成为超新星，替代的是，在约 50 亿年后它将进入红巨星的阶段，氢核心为抵抗引力而收缩，同时变热；紧挨核心的氢包层因温度上升而加速聚变，结果产生的热量持续增加，传导到外层，使其向外膨胀。当核心的温度达到 1 亿开尔文（K）[①] 时，

---

① 0K 相当于 −273℃，0℃ 相当于 273K。

氦聚变将开始进行并燃烧生成碳。由于此时的氦核心已经相当于一个小型"白矮星"，热失控的氦聚变将导致氦闪，释放的巨大能量使太阳核心大幅度膨胀，然后核心剩余的氦进行稳定的聚变。从外部看，太阳将如新星般突然增亮 5~10 个星等（相较此前的"红巨星"阶段），接着体积大幅度缩小，变得比原先的红巨星暗淡得多（但仍将比现在的太阳亮），直到核心的碳逐步累积，再次进入核心收缩、外层膨胀阶段（图 24.11）。

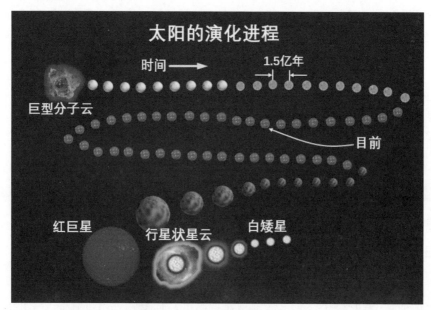

图 24.11　太阳的演化过程

太阳是一个巨大而炽热的气体星球，半径为 69.6 万千米，是地球半径的 109 倍，太阳的体积为地球的 130 万倍，而太阳的重量为 1.989×10^{30} 千克，是地球的 33 万倍。

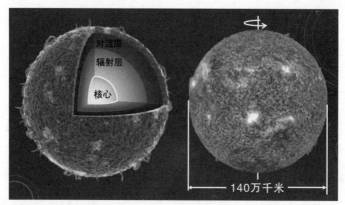

图 24.12　太阳的内部结构（左）以及太阳的自转和直径（右）

太阳孕育地球上的生命，没有太阳，地球上将会是一片死寂。在宇宙中太阳只是一颗十分普通的恒星，但在太阳系，它却是中心天体。

太阳核心是唯一能经由核聚变产生大量能量的区域，温度高达 1570 万开。99% 的能量产生在太阳半径的 24% 以内，而在 30% 半径处，核聚变反应几乎完全停止。太阳表面的温度约 6000K。

太阳和其他天体一样，也在围绕自己的轴心自西向东自转。由于太阳是气态体，在太阳表面不同的纬度处，自转速度不一样。在赤道处，太阳自转一周需要 25.4 天，而在纬度 40° 处需要 27.2 天，到了两极地区，自转一周则需要 35 天左右。这种自转方式被称为"较差自转"。

地球人觉得太阳已是一个了不起的庞然大物，但它在宇宙中只能算是一颗普通而不起眼的恒星（图 24.13）。尺寸比太阳大的恒星多如牛毛，例如盾牌座 UY（UY Scuti）就是已知体积最大的恒星之一，它的半径预估为 1708 个太阳半径（11.88 亿千米，约 7.94 天文单位），体积是太阳的近 50 亿倍。

图 24.13 太阳与其他恒星大小的比较

不过，太阳最了不起的地方在于它的身边有一个地球，而目前知道的，只有地球上有智慧的人类。

水星

水星（Mercury，天文符号为☿），因快速运动，古代欧洲称它为墨丘利，意为古罗马神话中飞速奔跑的信使神。水星最早被闪族人在公元前 3000 年发现，最早的详细记录观察数据的是巴比伦人，希腊人给它起了两个古老的名字，当它出现于早晨时叫阿波罗（Apollo），当它出现于傍晚时叫赫尔墨斯（Hermes），但是希腊天文学家知道这两个名字表示的是同一个东西。希腊自然哲学家赫拉克利特（Heraclitus，约前 544—前 483）甚至认为水星和金星是绕太阳公转的，而不是地球。中国古代称水星为"辰星"，因为它与太阳最大角距不超过 28°，由于古代称 30° 为一辰，故而得名。司马迁（前 145 或前 135—？）在《史记·天官书》记载，辰星呈灰色，与五行学说联系在一起，以黑色属水，将其命名为水星。

水星的轨道位于地球的内侧（与金星相同），所以它只能在晨昏之际与白天出现于天空中，而不会在子夜前后出现。在北半球，只能在凌晨或黄昏的曙暮光中看见水星。

水星是太阳系的八大行星中最小且最靠近太阳的行星，公转周期是 88 天（以地球日计，下同），自转周期为 58 天 16 小时，没有天然卫星[①]。116 天左右与地球内合（最靠近）一次。水星的公转速度远超太阳系的其他行星。水星表面的昼夜温差在所有的行星中最大，白天温度可达 432℃，夜间可降至 −172℃。水星的轴倾斜是太阳系所有行星中最小的（大约 1/30°，地球是 23°），但有最大的轨道偏心率，水星在远日点的距离大约是在近日点的1.5 倍。

当水星走到太阳和地球之间时，在太阳圆面上会看到一个小黑点穿过，这种现象称为水星凌日。最早由开普勒提出，他在 1629 年预言：1631 年 11 月 7 日将发生稀奇天象——水星凌日。是日，天文学家加桑迪（Pierre Gassendi，1592—? ）在巴黎亲眼目睹到有个小黑点（水星）在日面上由东向西徐徐移动。

水星凌日（图 24.14）的道理和日食相同。不同的是水星比月球离地球远，视直径仅为太阳的 190 万分之一，水星挡住太阳的面积太小，不足以使太阳亮度减弱，所以，用肉眼是看不到水星凌日的，只能通过望远镜进行投影观测。观测时，我们会发现一个黑色小圆点横向穿过太阳圆面，这黑色小圆点就是水星的投影。水星凌日每 100 年平均发生 13 次，时间在 5 月或 11 月初。

哥白尼曾感叹一生最大的遗憾就是没有观察到过水星。

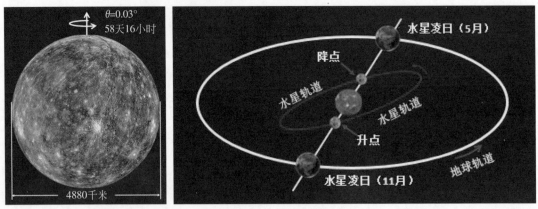

图 24.14　水星（左）自转轴 0.03° 与水星凌日（右）示意图

---

① 天然卫星是指环绕一颗行星，按闭合轨道作周期性运行的天体。不过如果两个天体质量相当，它们所形成的系统一般称为双行星系统，而不是一颗行星和一颗天然卫星。通常，两个天体的质量中心都处于行星之内。

金星

金星（Venus，天文符号为♀）在太阳系的八大行星中是从太阳向外的第二颗行星，轨道公转周期约为 225 天，自转周期 243 天，意味着在金星上"一天"比"一年"还要长。金星没有天然卫星，在中国古代金星称为太白、明星或大嚣，早晨出现于东方称启明，晚上出现于西方称长庚。到西汉时期，司马迁在《史记·天官书》中记载，因为金星为白色，与"五行"学说联系在一起，正式把它命名为金星。金星的英文名称源自罗马神话的爱与美的女神维纳斯（Venus），古希腊人称为阿芙洛狄忒（Aphrodite），也是希腊神话中爱与美的女神。金星的天文符号用维纳斯的梳妆镜♀来表示。

金星（图 24.15）在夜空中的亮度仅次于月球，是第二亮的天体，足以在地面照射出影子。由于金星是在地球内侧的内行星，它永远不会远离太阳运行。金星是一颗与地球相似的类地行星，常被称为地球的姊妹星。它有着四颗类地行星中最浓厚的大气层，其中超过 96% 都是二氧化碳，金星表面的大气压力是地球的 92 倍。其表面的平均温度高达 735K（462℃），是太阳系中最热的行星，比最靠近太阳的水星还要热。在金星上，太阳从西边升起，然后在东边落下。金星的公转速度约为 35 千米每秒。

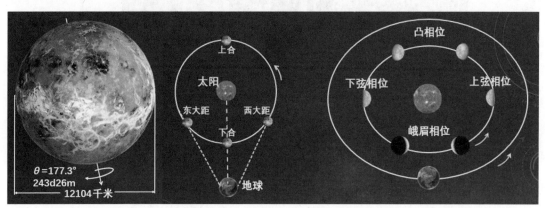

图 24.15　金星自转轴与黄道锤轴的夹角为 177.3°，自转方向与水星正好相反（左）；地球上看到金星在轨道上的 4 个位置：上合、下合、东大距和西大距（中）；金星的相位（右）

李白的出生不同寻常，传说是他的母亲梦见太白金星落入怀中而生，因此取名李白，字太白。

在古代，金星看起来很耀眼，但并非总是代表着吉祥。它时而在东方高悬，时而在西方闪耀，让人捉摸不透，人们因此而生恐惧。对玛雅人和阿兹特克人来说，它既隐喻死亡，又象征复活。古代腓尼基人、犹太人都认为它是恶魔的化身，是一颗恶星。

不过，金星就是太阳系里的一颗普通行星，它也有凌日现象，称为"合"（conjunction）。

金星同月球一样，也具有周期性的圆缺变化（相位变化），但是由于金星距离地球太远，肉眼是无法看出来的。金星的相位变化，曾经被伽利略作为证明哥白尼的日心说的有力证据。

地球

地球（Earth，天文符号为 $\oplus$）是距离太阳的第三颗行星（约 1.5 亿千米，即 1 个天文单位），是目前已知唯一的孕育和支持生命的天体。地球有一颗自然卫星——月球。地球表面的大约 29.2% 是由大陆和岛屿组成的陆地，剩余的 70.8% 被水覆盖。地球外层分为几个刚性构造板块，它们在数百万年的时间里在地表迁移，而其内部仍然保持活跃，有一个固体铁内核、一个产生地球磁场的液体外核，以及一个驱动板块构造的对流地幔等（图 24.16）。

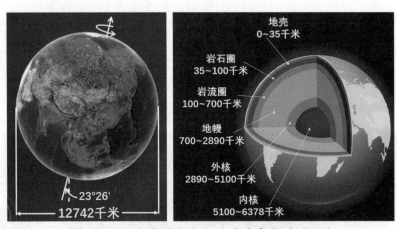

图 24.16　地球（左）和地球内部构造（右）

地球不停地绕太阳公转，平均速度大约是 29.8 千米每秒，7 分钟内就可行进 12742 千米，等同于地球直径的距离；大约 3.5 小时就能行进约 384000 千米的地月距离。地球的近日点和远日点出现的时间分别出现于每年的 1 月 3 日和 7 月 4 日左右。

地球和太阳距离的变化，造成地球从远日点运行到近日点时，获得的太阳能量增加了 6.9%。因为南半球总在每年相同的时间接近近日点时朝向太阳，因此在一年之中，南半球接受的太阳能量比北半球稍多一些。但这种影响远小于转轴倾角对总能量变化的影响，因此，地球上四季的形成是由地球转轴的倾斜造成的。

地球在绕太阳公转的同时，还不停自转。地球相对于太阳的平均自转周期为一天，并且自转

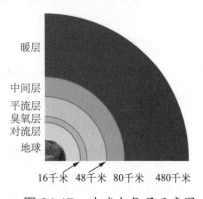

图 24.17　地球大气层示意图

轴并不是固定的，自转轴还在旋转，这种旋转叫作"进动"（procession），也就是地球还是摆动的，如图 24.18 所示。这个进动周期大约是约 25700 年。实际上，任何旋转的物体，比如陀螺，只要旋转轴不垂直于水平面，都会有进动产生。岁差就是由地轴的进动产生的。令人百思不得其解的是，在地球上任何陀螺与地球自转方向一致时，其进动的方向，都与地球进动的方向相反，如图 24.18 所示。这到底是偶然，还是大自然冥冥之中自有安排，至今未有答案。

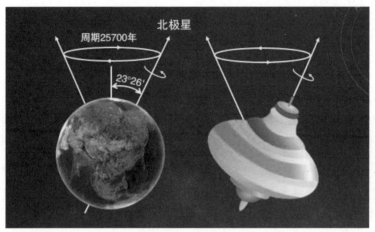

图 24.18　地球的进动（左）、陀螺的进动（右）

地球在公转和自转过程中，除了自转轴的进动，还发生"章动"（nutation），即自转轴旋转的同时还发生左右微小摆动，如图 24.19 所示。地球章动的周期约为 18.6 年。

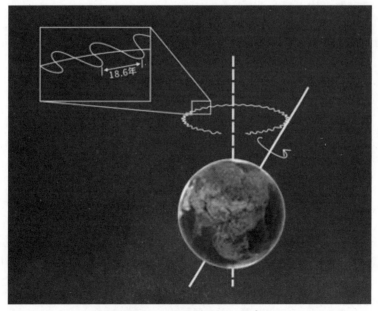

图 24.19　地球自转轴的章动

火星

火星（Mars，天文符号为♂），是运行轨迹离地球最近的行星，在公元前 2000 年前后的古埃及时期就被人类所观测，在人类文明中具有非常特殊的意义。火星因其鲜艳的红色表面，自古便与战争相联系，古希腊称火星为阿瑞斯（Aries），即希腊神话中战神的名字；古罗马称之为马尔斯（Mars），即罗马神话的战神，这个名称沿用至今。

在中国古代，取其"荧荧如火、亮度与位置变化甚大使人迷惑"之意，命名"荧惑"。唐代《孔颖达疏》记载："七政，其政有七，于玑衡察之，必在天者，知七政谓日月与五星也。木曰岁星，火曰荧惑星，土曰镇星，金曰太白星，水曰辰星。"今天，这颗行星取名为"火星"。

火星是距离太阳第四远的行星，火星与太阳平均距离为 1.52 AU，公转周期为 687 地球日，即 1.88 地球年。火星自转轴倾角为 25.19°，如图 24.20 所示。火星的气候和地球的很相近，因此也有四季。火星绕太阳的公转速度为 24 千米每秒。火星表面的平均温度大约为 –55℃，但却具有从冬天的 –133℃ 到夏日的 27℃ 的跨度。尽管火星比地球小得多，但它的表面积却相当于地球表面的陆地面积。火星是地球人最想也最可能探索的行星，人类一直企图在火星上移民。

由于运行轨道和速度的不同，地球和火星每 26 个月能有一次短距离的相遇，随后地球"超车"继续领先火星，每到这个时候，在地球上观看，火星会出现短暂的逆行或停留。这种运行差异导致的位置变化，以及逆行和停留现象，体现在天文观测上，就是火星位置的变幻莫测，所以古人称火星为荧惑星。

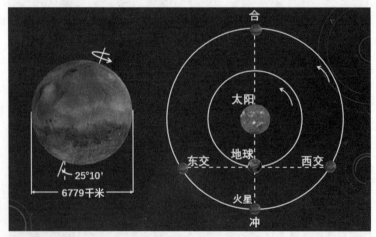

图 24.20　火星（左）以及火星与地球和太阳的位置关系（右）

由于火星在地球的外面（相对于太阳），所以没有"食"，但会发生"冲"（opposition）和"合"。由于火星的轨道也是椭圆，每次发生"冲"时和地球的距离都不一样。火星如果恰好位于"近日点"附近，就称为"火星大冲"。此时由于太阳的光线会直接射向火星然后反射回地球，因此在地球观看火星的时候会特别明亮。2003 年 8 月 27 日的火星大冲则是 6 万年以来火星最接近地球的一次，距地球 5575.8 万千米。最近的一次火星冲日发生在 2020 年 10 月 14 日，距离地球 6212.1 万千米。下一次火星冲日要等到 2035 年 9 月 16 日，届时火星离地球 5697.1 万千米。

火星有两颗天然卫星。火卫一福波斯（Phobos）是一个形状不规则的小天体，大致是 27 千米长、22 千米宽、18 千米高。火卫一是太阳系最暗的天体之一，一日绕火星 3 圈，距火星平均距离约为 9378 千米。火卫二戴摩斯（Deimos）是火星最小的一颗卫星，平均半径为 6.2 千米，与火星的距离是 23460 千米。

气态行星

太阳系里的气态行星是木星、土星、天王星和海王星（图 24.21）。

图 24.21　木星、土星、天王星和海王星

木星（Jupiter，天文符号为 ♃）是太阳系中距离太阳第五远的行星，也是太阳系中体积最大的行星。目前，已发现木星有 79 颗卫星，木卫三是其中最大的一颗，其直径大于水星。木星是颗巨行星，重量是太阳的千分之一。木星表面温度为 –108℃，公转周期为 11.86 年，公转速度为 47051 千米每小时，自转周期大约 9 小时 55 分 30 秒。

在古巴比伦，木星代表他们的神马尔杜克（Marduk）。巴比伦人用木星轨道大约 12 年绕行黄道一周来定义生肖的星宫。在中国古代，木星称为岁星，这是因为木星的公转周期约 12 年，与中国地支纪年法的周期相同。《史记·天官书》的作者司马迁从实际观测发现岁星呈青色，与"五行"学说联系在一起，正式把它命名为"木星"。

土星（Saturn，天文符号为 ♄），是太阳系八大行星之一，到太阳的距离排在太阳系第六位。古代中国土星是根据五行学说结合肉眼观测到的土星的颜色（黄色）来命名的，亦称为镇星（常写作"填星"）。土星的英文名称来自罗马神话中的农业之神萨图恩（Saturn）。

土星的公转周期为 29.457 年，平均速度是 9.69 千米每秒；自转周期是 10 小时 33 分 38 秒，自转轴倾角为 26.73°；表面温度 –139℃；目前已发现有 62 颗卫星。

天王星（Uranus，天文符号为♂），是太阳系由内向外的第七颗行星（18.37~20.08 AU），其体积在太阳系中排名第三（比海王星大），重量排名第四（小于海王星）。天王星是 1781 年 3 月 13 日由赫歇尔在自家庭院用自制的 227 倍望远镜观测到的，他当时认为是一颗彗星，但后来证实是一颗巨行星。

天王星的公转周期约为 84 年，平均轨道速度为 6.81 千米每秒；自转周期为 17 时 14 分 24 秒，自转轴倾角为 97.77°（地球为 23.44°），几乎横躺着围绕太阳公转；天王星表面温度为 –226℃；目前已发现有 27 颗卫星。

由于天王星的自转轴是躺在轨道平面上的，它的季节变化完全不同于其他行星。其他行星的自转轴相对于太阳系的轨道平面都是朝上的，天王星的转动则是像球一样侧着滚动。当天王星在至日前后时，一个极点会持续地指向太阳，另一个极点则背向太阳。只有在赤道附近狭窄的区域内可以体会到迅速的日夜交替。当天王星运行到轨道的另一侧时，换成轴的另一极指向太阳；每一个极都会有被太阳持续地照射的 42 年极昼，而在另外的 42 年则处于极夜。在接近昼夜平分点（分点）时，太阳正对着天王星的赤道，天王星的日夜交替就会和其他的行星相似。

海王星（Neptune，天文符号为♆），是已知太阳系中离太阳最远的大行星。伽利略于 1612 年 12 月 28 日首度观测到并描绘出海王星，1613 年 1 月 27 日又再次观测到，但因为观测的位置在夜空中都靠近木星（海王星与木星处在"合"的位置），这两次伽利略都误认海王星是一颗恒星。因此，海王星的发现并不归功于他。1846 年，法国天文学教师勒维耶满腔热忱地完成了对海王星位置的数学计算。1846 年 9 月 23 日晚，海王星被发现了，与勒维耶预测的位置相距不到 1°。

海王星的公转周期约为 164.8 年，平均轨道速度为 5.43 千米每秒；自转周期为 15 小时 57 分 59 秒，自转轴倾角为 28.32°；天王星表面温度为 –218℃；目前已发现有 14 颗卫星。

矮行星

矮行星（dwarf planet）是指体积介于行星和小行星之间，围绕恒星运转，重量足以克服固体引力以达到流体静力平衡形状（近于圆球），但没有清空所在轨道上的其他天体的一种天体。

冥王星（Pluto，天文符号为♇）（图 24.22）是一颗著名矮行星，曾经还被认为是一颗行星，2006 年 9 月，国际天文学联合会将冥王星降为了矮行星。冥王星是在 1930 年由汤博据其他天文学家的预测发现的。冥王星的直径为 2376.6 千米（月球为 3476.28 千米），表面温度约为 –229℃。它的公转轨道是一个明显的椭圆，偏心率为 0.2488（比水星的 0.2060 还大），近日点为 30 AU，远日点约为 49 AU，轨道倾角为 17.16°。冥王星的自转周期为 6 天 9 小时 17 分 36 秒，逆自转，转轴倾角约为 120°。公转周期为 248 年，自从被发现以来，冥王星还没有完整地绕太阳公转一周。

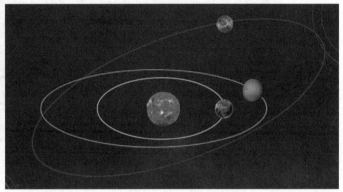

图 24.22　冥王星（左）以及太阳、地球轨道、海王星轨道与冥王星轨道（右）示意图

提丢斯（Johann Titius，1729—1796）本是德国一名默默无闻的教师，一次偶然的发现，让他名垂青史。1766 年，根据当时已知的金、木、水、火、土、地六大行星与太阳的平均距离，提丢斯发现，如果将土星到太阳的距离定为 100，则水星到太阳的距离为 4，金星的为 7，地球的为 10，火星的为 16，木星的为 52，土星的为 100。这些数字可以写为 4、4+3、4+6、4+12、4+48、4+96。后来在 1772 年，德国天文学家波得（Johann Bode，1747—1826）引用这组数列并总结出数列公式，人们称为提丢斯 – 波得定则（图 24.23）。1781 年发现的天王星到太阳的距离为 192，与提丢斯 – 波得定则给出的 4+192 差别不大，它可能受到外面未知天体的干扰，因此这个误差可以忽略。立即，人们对火星（4+12）与木星（4+48）之间的空缺（4+24）深感兴趣，觉得此处按数学规则还应该有颗行星。

于是，全世界所有的天文学家都把望远镜对准了距离太阳 2.8 AU 的地方，试图寻找那颗潜在的天体。1801 年，意大利神父皮亚齐（Giuseppe Piazzi，1746—1826）在望远镜中偶然发现了一颗很小的天体。这个天体所处的位置，恰好就是距离太阳大约 2.8 AU 处，即满足 4+24。由此可以确定，这很可能就是传说中的那颗行星。可是，皮亚齐病倒了，没有继续观测，等他痊愈的时候，这个星星不知道跑到哪里去了。

此时，大数学家高斯（Johann Gauss，1777—1855）来了。他相信，天文现象一定有着数学规律，就像开普勒行星定律那样。高斯根据自己创立的一种全新的计算行星轨道的理论，预言了这颗行星将会在什么时间出现在什么位置。

1801 年 12 月 31 日夜，德国天文爱好者奥伯斯（Heinrich Olbers，1758—1840）在高斯预言的时间，用望远镜对准了这片天空。不出所料，这颗天体再一次奇迹般地出现了！后来，它被命名为谷神星（Ceres），Ceres 是罗马神话中主管农业和丰收的女神。

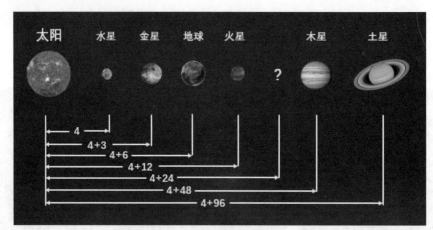

图 24.23　提丢斯－波得定则

谷神星是太阳系中最小的、也是唯一位于小行星带的矮行星。它的直径不足 1000 千米，不到月球的 1/3，重量只有月球的 1.3%。

其实，太阳系里的矮行星不只有冥王星和谷神星，还有卡戎星、阋神星、鸟神星、妊神星、共工星等。

25 日月合璧·日食与月食

《汉书·律历志上》："宦者淳于陵渠复覆〈太初历〉晦朔弦望，皆最密，日月如合璧，五星如连珠。"这就是成语"日月合璧"的来源，是指地球进入太阳与月球之间或月球进入地球与太阳之间所发生的天文现象。

日月合璧在天文学中称为日食（solar eclipse）或月食（lunar eclipse）现象。古人对日月食很不理解，明明好好的太阳或圆月，怎么会突然变色甚至残缺？民间认为日月食是天狗吞日、天狗吞月，必须敲锣打鼓撵走天狗，好让天狗把日月吐出来。中国古代诗人，曾就日月食现象写下很多诗词。

宋·梅尧臣《月蚀》
有婢上堂来，白我事可惊。
天如青玻璃，月若黑水精。
时当十分圆，只见一寸明。
主妇煎饼去，小儿敲镜声。
此虽浅近意，乃重补救情。
夜深桂兔出，众星随西倾。

清·纳兰性德《清平乐·上元月蚀》
瑶华映阔，烘散蓂墀雪。
比似寻常清景别，第一团圆时节。
影娥忽泛初弦，分辉借与宫莲。
七宝修成合璧，重轮岁岁中天。

公元前 2283 年，美索不达米亚的月食记录是世界最早的记录，其次是中国公元前 1136 年的月食记录。公元前 4 世纪，亚里士多德从月食时看到的地球影子是圆的，而推断地球是球形的。公元前 3 世纪的古希腊天文学家阿利斯塔克和公元前 2 世纪的依巴谷（Hipparchus，又称喜帕恰斯，约前 190—前 125）都提出通过月食测定太阳 – 地球 – 月球系统的相对大小。依巴谷还提出在相距遥远的两个地方同时观测月食，来测量地理经度。

在汉代时期，张衡就已经发现了月食的部分原理，他认为是地球走到月球的前面把太阳的光挡住了，"当日之冲，光常不合者，蔽于地也，是谓暗虚，在星星微，月过则食"。

当地球和月球绕太阳运动时某一时间段三者刚好在一条直线上时，这种现象叫作全食（eclipse）。如果这三个天体没有完全在一条直线上，就叫作偏食（partial eclipse）。如果地球在太阳和月球中间，夜晚在地球上看到的月球叫作月食。如果是白天，月球运行到太阳和地球的中间，在地球上看到被遮挡的太阳，此时叫作日食。由于地球和月球相对于太阳随时在运转，一般发生食的时间都不会太长，从数分钟到3~4小时不等，并且不是地球上的所有地区都能看到。

为什么食有全食和偏食之分？根据开普勒行星运动第一定律，地球绕太阳运转的轨道是一个椭圆，太阳位于椭圆的一个焦点上。但是这个椭圆的偏心率不大，也就是这个椭圆的两个焦点非常靠近。地球绕太阳运转的轨道称为黄道，从北极天往下看，这个椭圆形成的平面叫作黄道平面。

同样，月球绕地球运转的轨道也是椭圆，这个轨道叫作白道（lunar orbit），它形成的面叫作白道平面（图25.1）。黄道平面和白道平面并不共面，这两个平面有一个5°左右的夹角。正是这个5°的夹角，造成全食和偏食的区别。而地球本身还在自转，它的赤道也形成平面。黄道平面与赤道平面的夹角更大，约23°，也是这个23°的夹角造成地球上的春夏秋冬之分。

图25.1 黄道平面和白道平面示意图

月亮

中国关于月亮的故事很多，最著名的当属"嫦娥奔月"，讲述了嫦娥被逄[páng]蒙所逼，无奈之下，吃下了西王母赐给丈夫后羿的一粒不死之药后，飞到了月宫的事情。"嫦娥奔月"的神话源自古人对星辰的崇拜，现存文字记载最早出现于西汉刘安的《淮南子》。

昔者，羿狩猎山中，遇姮娥于月桂树下。遂以月桂为证，成天作之合。逮至尧之时，十日并出。焦禾稼，杀草木，而民无所食。猰貐、凿齿、九婴、大风、封豨、修蛇皆为民害。尧乃使羿诛凿齿于畴华之野，杀九婴于凶水之上，缴大风于青丘之泽，上射十日而下杀猰貐，断修蛇于洞庭，擒封豨于桑林。万民皆喜，置尧以为天子。羿请不死之药于西王母，托与姮娥。逢蒙往而窃之，窃之不成，欲加害姮娥。娥无以为计，吞不死药以升天。然不忍离羿而去，滞留月宫。广寒寂寥，怅然有丧，无以继之，遂催吴刚伐桂，玉兔捣药，欲配飞升之药，重回人间焉。羿闻娥奔月而去，痛不欲生。月母感念其诚，允娥于月圆之日与羿会于月桂之下。民间有闻其窃窃私语者众焉。

　　这段话的意思是：以前，后羿在山里狩猎。在月桂树下遇到了嫦娥。两个人就用月桂做证明，结成了夫妻。等到了尧的时候，天上有十日同时出现，晒得庄稼枯死，杀死了花草树木。老百姓都没有吃的东西。猰貐、凿齿、九婴、大风、封豨、修蛇等各种怪兽都出来祸害百姓。于是尧帝让后羿在畴华这地方杀死凿齿，在凶水这地方杀死九婴，在青丘泽射死了大风，又往天上射落九个太阳，在地下杀死猰貐，在洞庭斩断修蛇。天下百姓都很高兴，立尧为天子。后羿在西王母那里要到了不死药，托付给嫦娥保管。逢蒙前去偷不死药，偷窃不成功，就想害死嫦娥。嫦娥没有办法，就吃下了不死药飞到了天上。但是她不忍心离开后羿，就留在了月宫里。广寒宫里寂寞孤单，嫦娥很失落，没有什么可以打发日子，就催促吴刚砍伐桂树，让玉兔捣药，想要配制出能够飞天的药物，以便可以重新回到人间。后羿听说嫦娥飞到月亮上离开自己了，非常悲痛。月母被他的真诚感动了，允许嫦娥在月圆的日子里和后羿在月桂树下面见面相会。民间有很多人都听到了他们相会时的窃窃私语。[1]

唐·李商隐《嫦娥》
云母屏风烛影深，长河渐落晓星沉。
嫦娥应悔偷灵药，碧海青天夜夜心。

　　月球（Moon，Luna，天文符号为☽），又称太阴、玄兔、婵娟、玉盘等，是地球的天然卫星，也是太阳系中体积第五大的卫星，其平均直径约为 3476.28 千米，相当于地球直径的 0.273，重量则接近 7.342×10^{22} 千克，只有地球的 1/81。月球的表面布满了可能由小天体撞击形成的撞击坑。月球表面温度在 $-180 \sim 150$℃。

　　月球以圆形轨道绕地球运转，这个轨道平面在天球上截得的大圆称为白道。白道平面不重合于天赤道，也不平行于黄道面，而且空间位置不断变化。月球绕地球的公转周期为 27.32 地球日。月球轨道（白道）对地球轨道（黄道）的平均倾角为 5°09′。但是已知月球平均每年以 3.8 厘米的速度逐渐与地球分开，终有一天，地球将永远失去月球。

----

① 译文源自《古诗文网》。

月球在绕地球公转的同时进行自转，自转周期也是 27.32 日，所以地球人只能看到月球的前面，看不见月球背面。这种现象在天文学上称为同步自转。

月球本身并不发光，只反射太阳光，反射率为 58%。月球亮度随日月间角距离和地月间距离的改变而变化，满月时的亮度比上、下弦要大十多倍。

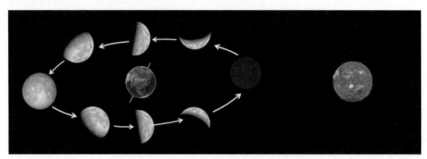

图 25.2 月球相位变化示意图

月球与地球近地点的距离是 36.3 万千米，与地球远地点的距离是 40.6 万千米，平均距离约 38.44 万千米，大约是地球直径的 30 倍。这个距离，可以把地球以外的行星全部挤进去（图 25.3）。到底是巧合，还是冥冥之中自有奥秘，目前地球人还不得而知。

图 25.3 地月距离刚好能挤进其他七大行星

月球究竟是怎样产生的？地球人到目前为止都无法解释。不过有几种观念引起过人们的热议。

1898 年，著名生物学家达尔文（Charles Robert Darwin，1809—1882）的儿子乔治·达尔文（George Darwin，1845—1912）就在《太阳系中的潮汐和类似效应》一文中指出，月球本来是地球的一部分，后来由于地球转速太快，把地球上的一部分物质抛了出去，这些物质脱离地球后形成了月球（图 25.4），而遗留在地球上的大坑，就是太平洋。

但这一观点很快就受到了一些人的反对。他们认为，以地球的自转速度是无法将那样大的一块东西抛出去的。再说，如果月球是从地球抛出去的，那么两者的物质成分就应该是一致的。可是通过对"阿波罗 12 号"飞船从月球上带回来的岩石样本化验分析，发现两者相差非常远。月球表面岩石的年龄极其古老，全月球表面岩石的年龄介于 30 亿 ~42 亿年，地球表面最古老的岩石年龄，只限于个别地区出露的 38 亿年的古老变质岩，而太平洋洋底岩石的年龄极其年轻，完全与"分裂说"的理论相违背。

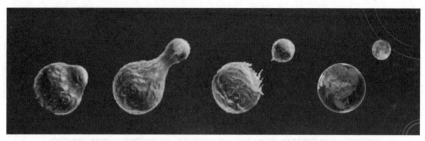

图 25.4　月球"分裂说"

　　在乔治·达尔文之后，又有人提出月球本来只是太阳系中的一颗小行星，有一次，不知何故运行到地球附近，被地球的引力所俘获，从此再也没有离开过地球（图 25.5）。还有一种接近俘获说的观点认为，地球不断把进入自己轨道的物质吸积到一起，久而久之，吸积的东西越来越多，最终形成了月球。但也有人指出，像月球这样大的星球，地球没有那么大的力量能将它俘获。

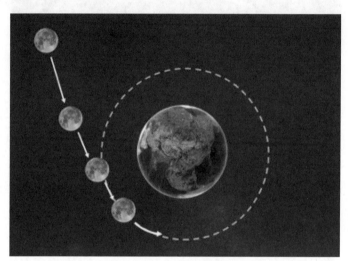

图 25.5　月球"俘获说"

　　还有人认为，在太阳系演化早期，太阳系空间中曾形成大量的星子，先形成了一个相当于地球重量 0.14 的天体星子，星子通过互相碰撞、吸积而合并形成一个原始地球。另一个小天体忒伊亚（Theia）也由同样原理形成。这两个天体在各自演化过程中，分别形成了以铁为主的金属核以及由硅酸盐构成的幔和壳。由于这两个天体相距不远，因此相遇的机会就很大。

　　一次偶然的机会，那个小的天体以 5 千米每秒左右的速度撞向原始地球（图 25.6）。剧烈的碰撞不仅改变了原始地球的运动状态，使地球的自转轴倾斜，还使那个小的天体被撞击破裂，其硅酸盐壳和幔受热蒸发，膨胀的气体以极大的速度携带大量粉碎了的尘埃飞离地球。这些飞离地球的物质，主要由碰撞体的幔组成。受到巨大撞击的地球，绝大部分也是由于地幔和地壳物质受热蒸发，膨胀的气体以极大的速度携带大量粉碎了的尘埃飞离地球。在撞击体破裂时与幔分离的金属核，因受膨胀飞离的气体所阻而减速，大约在 4 小时内被吸积到地球上。飞离地球的气体和尘埃，并没有完全脱离地球的引力控制，通过相互吸积而结合起来，形成几乎熔融的月球，或者是先形成一个环，再逐渐吸积形成一个部分熔融的月球。

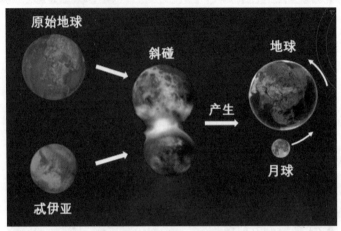

图 25.6　月球"碰撞说"

这个碰撞模型清晰地解释了，月球的平均成分与地球的平均成分相比较，月球相对贫铁，且月球的密度比地球低。具有地球和月球基因对比特征的某些元素的同位素（如氧、铬、钛、铁、钨、硅等）组成，月球与地球的测定值在误差范围内相一致。

月球还有两点很不一般，一是它是地球唯一的天然卫星，二就是它"大"！

地球有且仅有一颗天然卫星——月球。它羞羞答答地露出一面给地球人，另一面则千百年来只留给人们想象。

说它"大"，并不是说在所有行星的卫星中它最大，而是它在所有的天然卫星中相对最大。月球的直径约为 3476 千米，而地球的直径为 12742 千米，月球直径占到地球直径的 27%。月球是太阳系中的第五大卫星。

地球人自古以来一直对月球充满好奇，对登上月球梦寐以求。1969 年 7 月 21 日，美国的"阿波罗 11 号"宇宙飞船载着三名宇航员成功登上月球，美国宇航员阿姆斯特朗（Neil Armstrong，1930—2012）在踏上月球这一历史时刻，曾道出了一句被后人奉为经典的话——"这只是我个人的一小步，但却是整个人类的一大步"。

2007 年 10 月 24 日，中国"嫦娥一号"在西昌卫星发射中心发射升空。

2007 年 10 月 25 日，"嫦娥一号"进行首次变轨（图 25.7），卫星近地点高度由约 200 千米抬升至约 600 千米。

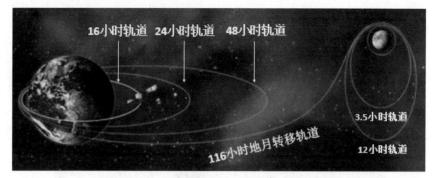

图 25.7 "嫦娥一号"变轨奔月示意图

2007 年 10 月 26 日，"嫦娥一号"进行第二次变轨，进入 24 小时运行轨道。

2007 年 10 月 29 日，"嫦娥一号"进行第三次变轨。

2007 年 10 月 31 日，"嫦娥一号"进行第四次变轨，由绕地飞行轨道进入地月转移轨道。

2007 年 11 月 5 日，"嫦娥一号"进入月球轨道。

2007 年 11 月 7 日，"嫦娥一号"建立三体定向工作姿态。

2007 年 12 月 11 日，"嫦娥一号"已对月球背面进行探测并获取影像图。

2009 年 3 月 1 日，"嫦娥一号"完成使命——绘制了月球表面的三维图后，撞击月球表面，完成了最后的撞击实验。撞击地点位于月球东经 52.36°、南纬 1.50° 的丰富海区域。

2010 年 10 月 1 日 18 时 59 分 57 秒，中国又在西昌卫星发射中心发射了"嫦娥二号"月球探测器，"嫦娥二号"完成第一次地月成像。2010 年 10 月 6 日，"嫦娥二号"被月球捕获，实施第一次近月制动，进入周期约 12 小时的椭圆环月轨道。2011 年 4 月，"嫦娥二号"设计寿命期满，既定工程目标与科学任务完成。2014 年年中，"嫦娥二号"与地球距离突破 1 亿千米。

2013 年 12 月 2 日，"嫦娥三号"探测器发射升空；12 月 14 日，"嫦娥三号"着陆月面，着陆器和巡视器（"玉兔号"月球车）分离；12 月 15 日，"嫦娥三号"着陆器和巡视器互拍成像，标志着"嫦娥三号"任务圆满成功。

2019 年 1 月 3 日上午 10 点 26 分，"嫦娥四号"成功着陆在月球背面东经 177.6°、南纬 45.5° 附近的预选着陆区，并通过鹊桥中继卫星传回了世界第一张近距离拍摄的月背影像图，揭开了古老月背的神秘面纱。

中国已计划在 2030 年前后由"嫦娥八号""嫦娥九号"载人登陆月球，将月壤作为建筑材料用 3D 打印技术建立月球基地（图 25.8），地点选在月球南极附近。待建成后，人类可以利用月球基地实现登陆火星的梦想！

图 25.8　想象中的月球基地

月食

月食发生时，太阳、地球、月球恰好或几乎在同一条直线上，因此月食必定发生在满月的晚上。因为农历是参照月球相对于地球运行的规则建立的，所以月食的日期必定是农历十五、十六或十七，这就是"月盈则食"的说法。大多数满月时，月球不在黄道面内，而是或偏北或偏南，不在地球阴影内。因此并不是每个满月时都发生月食。但每年全球能观察到发生两次月食。

太阳的直径比地球的直径大得多，地球的影子可以分为本影和半影。地球的直径大约是月球的 4 倍，在月球轨道处，地球的本影的直径仍相当于月球的 2.5 倍。当月球始终只有部分为地球本影遮住时，就发生月偏食。而当月球全部进入地球本影时就可以看到月全食。

发生月全食时，太阳光射到地球。由于地球表面覆盖着厚厚的大气层，大气层对阳光的蓝色部分发生吸收的散射，只有红光被折射到月球上，所以看到的月全食是红月亮（俗称"血月"）。2022 年 11 月 8 日出现的日全食还掺杂着另一现象，就是天王星还出现在月球后面，称为"月掩天王星"（图 25.9）。

天王星尽管远大于月球，但是它离地球太远（地球到太阳的平均距离为 1 AU，天王星距地球约 18 AU），所以肉眼几乎观察不到。天王星是在 1781 年用望远镜看到的，它的公转周期大约是 84 地球年。由于天王星、地球和月球都在运转，所以下一次再出现"月全食＋月掩天王星"现象，要等到 2000 年后了。

日全食出现的周期是多少？也就是隔多久太阳、地球和月球才能在一条直线上？早在古代，巴比伦人就根据对日食和月食的长期统计，发现了月食的循环周期为 233 个朔望月，

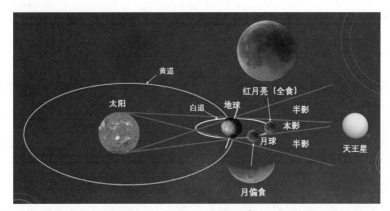

图 25.9　2022 年 11 月 8 日出现的"月全食 + 月掩天王星"示意图

图 25.10　2022 年 11 月 8 日 19 时 40 分云南临沧的月全食

这个周期叫作沙罗周期，"沙罗"就是重复的意思。一个沙罗周期约合 18 年 11.333 日，如果这期间有 5 年闰年就有 18 年 10.333 日。由于这个周期不是整日数，所以下一次日食、月食的见食地点和食相与上一次日食、月食的见食地点和食相也会有所变化。

古人假想，地球位于中心不动，而所有日月星辰都围着地球转动，并且它们都在地球外的同一个球面上，这个假想模型叫作天球。天球这个模型，今天在天文学甚至卫星导航领域仍在使用。天球能很方便、直观地解释很多天文现象。要发生月全食，则太阳和月球必须恰好同时到达天球上的两个分点（黄道与白道的交点，也是与天赤道的交点（图 25.11））。这时，太阳、地球和月球三球正好

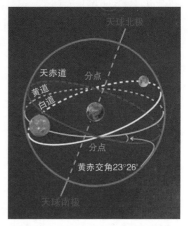

图 25.11　天球上看月全食：太阳和月球分别同时位于两个分点时，一定发生月全食

共线。而在其他位置，只能形成月偏食。

日食

日食是月球运动到太阳和地球中间，如果三者正好处在一条直线时，月球就会挡住太阳射向地球的光，月球身后的黑影正好落到地球上，这时发生日食现象。

太阳的直径是 1.392×10^6 千米，月球的直径为 3.476×10^3 千米，因此，太阳的直径约为月球的 400 倍。这么小的月球，夹在中间很不起眼，怎么能产生日食？但巧的是，太阳离地球的距离也约为月球离地球距离的 400 倍。由于对称的缘故，月球的暗影，也就是落在地球表面的阴影，宽度正好可以遮住整个太阳。太阳光球完全被月球遮住，原本明亮的太阳圆盘被黑色的月球阴影遮盖。

当月球绕地球运行到太阳与地球之间几乎与太阳同起同落时，从地球上见不到月球，这时称为朔。日食现象发生在朔的时候。朔的周期约为 29.53 天，但并不是每隔 29.53 天都发生一次日食，原因是月球绕地球运行的轨道平面和地球绕太阳运行的轨道平面不完全重合，两者之间有 5°9' 的平均夹角，所以只有当朔时太阳离两个轨道平面的交点在某一角度以内才会发生日食。

日食分为日偏食、日全食、日环食、混合食（图 25.12）。

日全食只在月球位于近地点时才发生，此时月球的本影锥长度较月地之间距离长，本影锥才能扫到地球表面。由于太阳的实际体积比月球大很多，所以日全食通常只能在地球上一块非常小的区域见到，因为月球的本影对太阳来说只是一个小点，而在全食区之外，所见的食相是偏食。

日偏食是指当月球运行到地球与太阳之间，地球运行到月球的半影区时，地球有一部分被月球阴影外侧的半影覆盖的地区，在此地区所见到的太阳有一部分会被月球挡住的天文现象。日偏食是一种常见的天文现象。

日环食是当月球处于远地点时，月球的本影锥不能到达地球；到达地球的是由本影锥延长出的伪本影锥。此时月球的视直径略小于太阳。因此，这时太阳边缘的光球仍可见，形成一环绕在月球阴影周围的亮环。在环食区之外，所见的食相是偏食。

全环食（混合食）只发生在地球表面与月球本影尖端非常接近，或月球与地球表面的距离同月本影的长度很接近的情形下。由于地球为球体，而本影锥接触地球时为日全食（常为在食带中间），在食带两端由于影锥未能接触地球，以致只能有伪本影到达地球之下，所看到的是日环食。所以，当全环食发生时，随着地月之间的相对运动，会先后出现环食→全食→环食。当然，对于某一个具体的地点来说，在一次日食过程中是不会同时看到全食和环食的。全环食发生概率非常小。

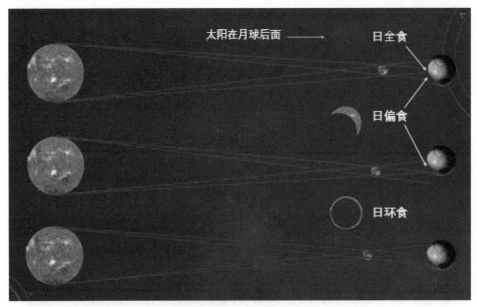

图 25.12　日食示意图

　　无论是日偏食、日全食或日环食，时间都是很短的。在地球上能够看到日食的地区也很有限。这是因为月球比较小，它的本影也比较小而短，因而本影在地球上扫过的范围不广，时间不长，由于月球本影的平均长度（37.33 万千米）小于月球与地球之间的平均距离（38.44 万千米），就整个地球而言，日环食发生的次数多于日全食。

　　最早开始观察、记录日食现象的是中国。河南省安阳市小屯村中村北出土的一片甲骨文（图 25.13）显示："日有蚀，夕告于上甲，九牛。"意思为：乙巳日白天发生了日食，晚上为此告祭先王上甲，献祭了九头牛。据考证，这次日食发生于儒略历公元前 1160 年 10 月 31 日。编年史书《春秋》共记载了公元前 770 到前 476 年之间的 37 次日食，其中 33

图 25.13　商代甲骨文关于日食的记载

次被证明完全可靠。《左传·昭公十七年》记载："故〈夏书〉曰：'辰不集于房，瞽奏鼓，啬夫驰，庶人走。'"

《诗经·小雅·十月之交》写道

十月之交，朔月辛卯。日有食之，亦孔之丑。

彼月而微，此日而微；今此下民，亦孔之哀。

日月告凶，不用其行。四国无政，不用其良。

彼月而食，则维其常；此日而食，于何不臧。

日全食发生时，根据月球圆面同太阳圆面的位置关系，可分成五种食象（图 25.14）。

初亏　　食既　　食甚　　生光　　复圆

图 25.14　日食的 5 个阶段

（1）初亏：月球比太阳的视运动走得快。日食时月球追上太阳。月球东边缘刚刚同太阳西边缘相"接触"时叫作初亏，是第一次"外切"，是日食的开始。

（2）食既：初亏后大约一小时，月球的东边缘和太阳的东边缘相"内切"的时刻叫作食既，是日全食（或日环食）的开始，对日全食来说这时月球把整个太阳都遮住了，对日环食来说这时太阳开始形成一个环；日食过程中，月球阴影与太阳圆面第一次内切时两者之间的位置关系，也指发生这种位置关系的时刻。食既发生在初亏之后。从初亏开始，月球继续往东运行，太阳圆面被月球遮掩的部分逐渐增大，阳光的强度与热度显著下降。当月面的东边缘与日面的东边缘相内切时，称为食既。

（3）食甚：是太阳被食最深的时刻，月球中心移到同太阳中心距离最近；日偏食过程中，太阳被月球遮盖最多时，两者之间的位置关系；日全食与日环食过程中，太阳被月球全部遮盖而两个中心距离最近时，两者之间的位置关系。

（4）生光：月球西边缘和太阳西边缘相"内切"的时刻叫作生光，是日全食的结束；从食既到生光一般只有 2~3 分钟，最长不超过 7.5 分钟。

（5）复圆：生光后大约一小时，月球西边缘和太阳东边缘相"接触"时叫作复圆，从这时起月球完全"脱离"太阳，日食结束。

日全食与日环食都有上述 5 个过程，而日偏食只有初亏、食甚、复圆 3 个过程，没有食既、生光。

通过观察日全食，还能发现一些太阳特殊的现象，如日珥、日冕（图 25.15）等。

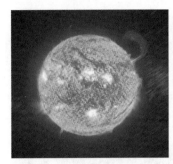

图 25.15　日珥（左）和日冕（右）

日珥是突出在日面边缘外面的一种太阳活动现象。日珥出现时，大气层的色球酷似燃烧着的草原，玫瑰红色的舌状气体如烈火升腾，形状千姿百态，有的如浮云，有的似拱桥，有的像喷泉，有的酷似团团草丛，有的美如节日礼花，而整体看来它们的形状恰似贴附在太阳边缘的耳环，由此得名日珥。

日全食时，黑暗的太阳外围是银白色的光芒，像帽子似的扣在太阳上，因此称为日冕。

历史上最著名的一次日全食发生在 1919 年 5 月 29 日，英国物理学家爱丁顿（Stanley Eddington，1882—1944）率领一个观测队到非洲西部的普林西比岛对其进行了观测，证实了爱因斯坦广义相对论（引力理论）的正确。因此，这次日全食又称为"爱因斯坦日全食"（图 25.16）。

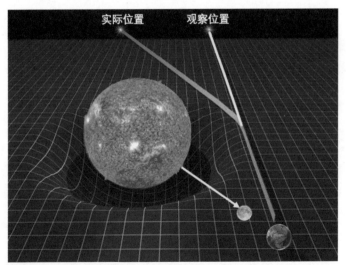

图 25.16　"爱因斯坦日全食"：光线在太阳附近发生弯曲

切记，切勿用裸眼观察日食！

日食和月食现象都与地球唯一的天然卫星——月球有关。

天然卫星

除月球是地球的天然卫星，水星和金星没有天然卫星，火星有两颗天然卫星（图 25.17）。火卫一（Phobos，意为"恐惧"）和火卫二（Deimos，意为"惊慌"）。火卫一呈土豆形状，在 1877 年发现，是离火星较近的一颗。火卫一与火星之间的距离也是太阳系中所有的卫星与其主星的距离中最短的，从火星表面算起，只有 6000 千米。它的平均直径为 22.2 千米，只有火星直径的 3% 左右。火卫二更小，平均直径仅 12.6 千米。

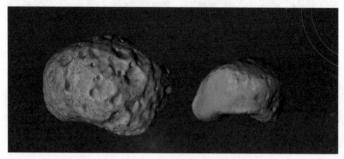

图 25.17　火卫一（左）和火卫二（右）

木星的天然卫星较多，目前已知的有 79 颗。木卫一、木卫二、木卫三、木卫四在 1610 年被伽利略用望远镜发现，称为伽利略卫星。木星的卫星由宙斯一生中所接触过的人来命名。它们大致分为三群：第一，顺行的规则卫星，最靠近木星，四颗伽利略卫星以及木卫十六、木卫十四、木卫五和木卫十五共 8 颗；第二，顺行的不规则卫星，离木星稍远的一群，包括木卫十三、木卫六、木卫十及木卫七等；第三，逆行的不规则卫星，离木星最远的一群，包括木卫十二、木卫十一、木卫八及木卫九等。

土星的卫星众多，目前已确认的有 82 颗。最先发现的前九颗卫星按距离土星由近到远排列为：土卫一、土卫二、土卫三、土卫四、土卫五、土卫六、土卫七、土卫八、土卫九。

天王星有 27 颗的天然已知卫星，这些卫星的名称都出自莎士比亚（William Shakespeare，1564—1616）和蒲柏（Alexander Pope，1688—1744）的歌剧中的人物。

海王星有 14 颗已知的天然卫星。海卫一（直径 2706 千米）是仅有的一颗大型卫星，是拉塞尔（William Lassell，1799—1880）于海王星发现后 17 天发现的，与其他大型卫星不同，海卫一运行于逆行轨道，说明它是被海王星俘获的。

按大小，前十大卫星分别是：木卫三（直径 5262 千米，下同）、土卫六（5151 千米）、木卫四（4820 千米）、木卫一（3642 千米）、月球（3467 千米）、木卫二（3122 千米）、海卫一（2705 千米）、天卫三（1577 千米）、土卫五（1529 千米）和天卫四（1523 千米）。其中木卫三和土卫六比水星（4880 千米）的直径还大，但木卫三的直径只占它的主星木星直径的 3.8%，土卫六直径也只有土星直径的 4.4%，远比月球直径占地球直径的 27% 少（图 25.18）。

图 25.18　太阳系前十大天然卫星，其中土卫六比水星还大

让地球人最感兴趣的是土卫六，又称泰坦（Titan）。1655 年 3 月 25 日，荷兰物理学家、天文学家和数学家惠更斯用他自制的新望远镜对准土星，准备研究土星环。但让他惊讶的是，在土星的旁边赫然有一颗巨大的卫星，这就是土卫六，也是在太阳系内继木星伽利略卫星后发现的第一颗卫星。

土卫六距离土星约 120 万千米，需要 15 天 22 小时才能完成一个绕土星的完整轨道。由于土卫六大致沿着土星的赤道面轨道运行，而且土卫六相对于太阳的倾斜度与土星差不多，所以土卫六的季节与土星的周期相同——一个季节持续地球年七年以上，一个轮回持续 29 个地球年。

由于土卫六是太阳系唯一一个拥有浓厚大气层的卫星，其大气的 98.44% 是氮气，还有大量不同种类的碳氢化合物残余（包括甲烷、乙烷、丁二炔、丙炔、丙炔腈、乙炔、丙烷，以及二氧化碳、氰、氰化氢和氦气），还存在丰富的有机化合物和氮等元素，因此与地球早期生命形成时的环境相似。土卫六上的氰和烃在一定情况下可生成腈，再被星球上的水冰水解，生成羧酸和胺类物质，而这两者还可以生成具有重大意义的氨基酸。因此土卫六被高度怀疑有烷基生命体的存在。

根据分析，从土卫六的活动来看，如果不出现意外，一个新的类地生命将会在 15~20 亿年后出现在土卫六上，人类在太阳系当中将不再孤独。因为研究发现，土卫六就像 45 亿年前的地球。土卫六具有两个生命偏爱的特征，那就是沸腾的有机化合物和浓密的有保护性的大气层。土卫六是太阳系唯一拥有合格大气层的卫星，也是太阳系仅有的 4 个有着浓密大气层的岩石质星球之一，其他几个分别是地球、火星和金星。土卫六上面甚至有云，只是这些云的成分是甲烷和其他碳氢化合物，而不是水。不过，土卫六上也存在制约生命存在的重要因素：一是温度过低，零下 179.16 ℃；二是尚未发现液态水的存在；三是土卫六没有磁场保护，所以当它运行在土星的磁气层外时，便直接暴露在太阳风之下，辐射可能使"碳基生命"无法存在。

　　或者，由于再过 50 多亿年，太阳脱离主序星，变为红巨星。那时太阳膨胀到将所有内行星无情地吞没（那时，还敢嘲笑"杞人忧天"吗），而那时土卫六离太阳的距离也大大缩短，土卫六的温度将升高到碳基生命可以接受的范围，大气压也会变到宜居值（目前土卫六的大气压比地球还要大一点，表面的压力是地球的 1.5 倍），土星磁场也可能在这过程中产生。沧海桑田，土卫六可能是人类的下一个家园。

图 25.19　50 亿年后太阳系可能是这样的

26 星汉灿烂·二十八宿和星官

东汉·曹操《观沧海》

东临碣石，以观沧海。

水何澹澹，山岛竦峙。

树木丛生，百草丰茂。

秋风萧瑟，洪波涌起。

日月之行，若出其中。

星汉灿烂，若出其里。

幸甚至哉，歌以咏志。

成语"星汉灿烂"出自曹操《观沧海》一诗。曹操在汉献帝建安十二年（207年）北上征伐乌桓。在这年八月的一次大战中，曹操终于取得了决定性的胜利。这次胜利巩固了曹操的后方，奠定了次年挥戈南下、以期实现统一中国的宏愿。而《观沧海》正是北征乌桓得胜回师途中登临碣石山时所作，诗人借大海的雄伟壮丽景象，表达了自己渴望建功立业、统一中原的雄心伟志和宽广的胸襟。星汉指银河，也指漫天繁星。

晴朗夜空，繁星闪烁，不过古人早就对其进行了划分和描述。他们把坐落在天空不同区域的群星命名为星座或星官。

星座几乎是世界所有文明中确定天空方位的手段，在航海领域应用颇广。对星座的划分完全是人为的，不同的文明对于其划分和命名都不尽相同。中国很早就把天空分为三垣四象二十八宿（图26.1），在司马迁的《史记·天官书》里有详细记载。

三垣四象二十八宿就是中国古代的星座星表，古人将天空的恒星进行组合，称为"星官"。在这个星座表里，天上的一切都和人间对应，有帝王将相、后宫嫔妃、文曲武曲、才子佳人、官宦仆射、军卒民夫等，也有灵台、离宫、车库、天牢等建筑物，更有田野、沟渠、仓廪等设施，以及农具有箕、斗、杵、臼等，交通有主道、附路、渡口、驿站等，武器有枪、棒、鈇、钺、弓等，动物有龟、鳖、鱼、兔、狗、狐、狼等，甚至连陵墓、厕所也在其中。

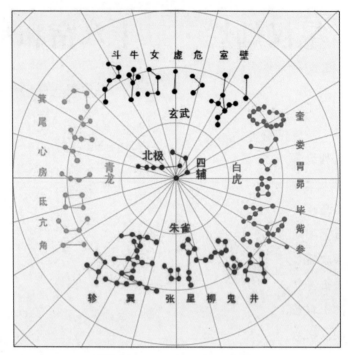

图 26.1 二十八宿示意图

下面就对三垣四象二十八宿以及部分星官进行介绍。

三垣

三垣是北天极周围的三个区域，即太微垣（上垣）、紫微垣（中垣）、天市垣（下垣）。各垣都有东、西两藩的星，左右环列，其形如墙垣。

太微垣（图 26.2）是三垣的上垣，位于紫微垣之下的东北方，北斗之南，以五帝座为中枢，共含 20 个星官，正星 78 颗，增星 100 颗；太微垣包含现代国际通用的室女、后发、狮子等星座的一部分。在传统天文学里，太微垣是天帝处理政务的天庭最高行政机构所在地。在"上相""次相""上将""次将""执法"等组成的垣墙内，是端坐在"五帝座"上的五方上帝和"三公""九卿""五诸侯"等辅佐天帝议政的大臣。五帝座之后是"太子""从官"和"幸臣"等近臣。负责保卫皇宫的"虎贲""郎将""郎位""常陈"等在太微垣北部待命。

太微垣外边的藩屏，就是九卿。太微垣是衡。衡，就是掌管平衡，又是天庭，治理法度，判决案件，掌管晋升，任用有德行的人。各个星宿接受符命，各路神明考察法则，舒展情怀，解释疑难。南藩之中的两颗星之间叫端门：东边的叫左执法，是廷尉；西边的叫右执法，是御史大夫。左执法的东边，是左掖门。右执法的西边，是右掖门。东藩的四颗星：南边的第一颗星叫上相，上相的北边，是东太阳门；第二颗星叫次相，次相的北边，是中华东门；第三颗星叫次将，次将的北边，是东太阴门；第四颗星叫上将。西藩的四颗星：
南边的第一颗星叫上将，上将的北边，是西太阳门；第二颗星叫次将，次将的北边，是中
华西门；第三颗星叫次相，次相的北边，是西太阴门；第四颗星叫上相。

在太微垣，有星官 20 个，星数 78，增星 100 颗。太微垣包含室女、后发、狮子等星
座的一部分。

《步天歌》有云："上元天庭太微宫，昭昭列象布苍穹。端门只是门之中，左右执法门
西东。"

明·解缙《苍梧即事》

梧州旧治扶桑国，虎圈山名记大园。

蜑户举晉看水影，舟人移楫认潮痕。

贫婆果熟红包坼，荔子花开绿萼繁。

北望九疑云尽外，重华端拱太微垣。

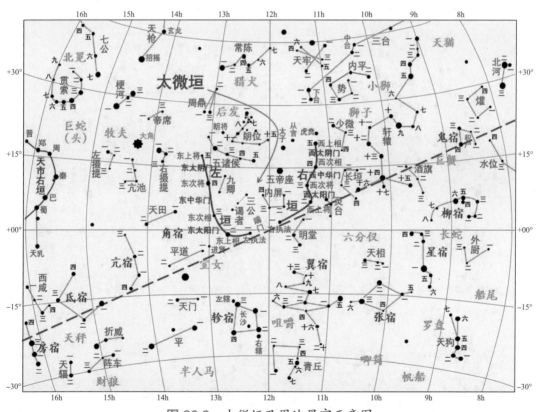

图 26.2 太微垣及周边星官示意图

北宋·方翥《紫微》

学得天文夜睡迟，云笼月照恨星稀。

而今病眼都无力，犹向檐边认紫微。

紫微垣（图26.3），也叫作紫微宫，位于以北天极为中心的拱极星区。由于地球的自转，恒星看起来都在围绕着北天极转动，距离北天极最近的星也就成为天帝的象征。紫微宫就成为天帝居住的地方，是皇帝内院。除了皇帝外，皇后、太子、宫女都在这居住。"上丞""少丞"等官员组成两道垣墙，担负着处理皇家事务与保护皇宫安全的职责，垣墙内"御女""女史""柱史"等随时听候天帝的役使，垣墙内外还有"五帝内座""华盖""天床""天厨"等皇家设施和物品。"北斗"则是天帝的御用车辇，载着天帝巡游四方。在紫微垣，有39星官、163星数，增星181颗。紫微垣为三垣的中垣，在北天中央位置，故称中宫。它的天区大致相当于小熊、大熊、天龙、猎犬、牧夫、武仙、仙王、仙后、英仙、鹿豹等星座。

左垣八星包括左枢，包括上宰、少宰、上弼、少弼、少丞、上卫、少卫（分别位于天龙座、仙王座、仙后座）；右垣七星包括右枢，少尉，上辅，少辅，上卫，少卫，上丞（分别位于天龙座、大熊座、鹿豹座）。

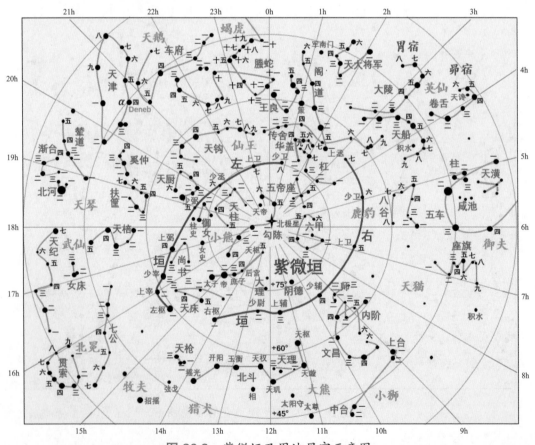

图26.3　紫微垣及周边星官示意图

郭沫若《天上的街市》

远远的街灯明了，

好像闪着无数的明星。

天上的明星现了，

好像点着无数的街灯。

我想那缥缈的空中，

定然有美丽的街市。

街市上陈列的一些物品，

定然是世上没有的珍奇。

你看，那浅浅的天河，

定然是不甚宽广。

那隔着河的牛郎织女，

定能够骑着牛儿来往。

我想他们此刻，

定然在天街闲游。

不信，请看那朵流星，

是他们提着灯笼在走。

天市垣（图 26.4）是三垣的下垣，是天上的市集，是平民百姓居住的地方，象征繁华街市。垣内诸星以"魏""赵""河中""河间"等 22 个诸侯国或地域命名。垣内有"屠肆""列肆""车肆"等商业设施，"斗""斛"等用于称量货物，市场管理中心设在"市楼"。天市垣位居紫微垣之下的东南方向，大致相当于武仙座、巨蛇座、蛇夫座等的一部分，包含 19 个星官，正星 87 颗，增星 173 颗。它以帝座为中枢，呈屏藩之状。

《步天歌》中说：天市垣在紫微垣的东南角，中心是帝座。帝座四周有宦者、侯、宗正、宗人、列肆、车肆、市楼、宗、屠肆、帛度、斗斛等。

宦者是太监，宗正是大夫，即皇族中执政的成员；宗人是与王同宗的贵族；列肆是出售珍宝玉器的市场；车肆是出售各种物品的集市；市楼是主管市场价格、法规、货币流通的场所。帛度即尺度；斗是量酒的量器；斛是量谷米之类的量具。

两旁是各有十一星组成的屏藩，主四方边国，其二十二星亦为外臣。门左星为宋、南海、燕、东海、徐、吴越、齐、中山、九河、赵、魏；市门右星为韩、楚、梁、巴、蜀、秦、周、郑、晋、河间、河中。

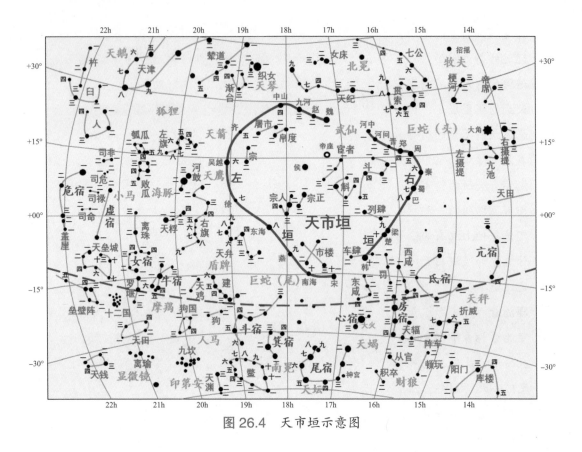

图 26.4　天市垣示意图

四象

中国古人认为恒星相互间的位置恒久不变，可以利用它们做标志来说明日、月、五星的运行位置。经过长期观测，古代天文学家先后选择了黄道赤道附近的二十八个星宿作为坐标。因为它们环列在日、月、五星的四方，很像日、月、五星栖宿的场所，所以称作二十八宿。又将其按方位及季节和四象，分为东、南、西、北四宫，每宫七宿，分别将各宫所属七宿连缀而想象为一种动物，以为是"天之四灵，以正四方"。

四象者，苍龙、白虎、朱雀、玄武也。这是因为，东方的星象如一条龙，西方的星象如一只虎，南方的星象如一只大鸟，北方的星象如龟和蛇。由于地球围绕太阳公转，天空的星象也随着季节转换。每到冬春之交的傍晚，苍龙显现；春夏之交，朱雀升起；夏秋之交，白虎露头；秋冬之交，玄武上升。张衡在《灵宪》中有一番描述："苍龙连蜷于左，白虎猛踞于右，朱雀奋翼于前，灵龟圈首于后。"四象是在三垣外围分布的星区。由于地球围绕太阳公转，天空的星象也随着季节转换。青、白、朱、玄是古人将其与阴阳、五行、五方、五色相配，表示四种颜色，青表示绿色、玄表示黑色。

中国古代绘制地图（天图）时的传统方位是以南方在上方，和现代以北方在上方不同，所以描述四象方位时，又会说"左青龙（东）、右白虎（西）、前朱雀（南）、后玄武（北）"，并与五行学在方位（东木，西金，北水，南火）上相呼应。

图 26.5　邮票上的龙、虎、鸟、蛇和龟

1. 青龙（46 星官、186 星数）

青龙为二十八宿中东方七宿的总称，其状如一条龙，色青，表东方，到了汉代五行学说开始兴起，它的象征含义又多了甲乙与春季。龙是东方的七宿——角、亢、氐、房、心、尾、箕，而这七宿的形状又极似龙形，从其字义上就可以看出来。

角，就是龙角。在现代的星座组织系统中，角宿属于室女座，其中较亮的角宿一和角宿二分别是一等星和三等星，现代称它们为室女座 α 及室女座 ζ。黄道就在这两颗星之间穿过，因此日月和行星常会在这两颗星附近经过，古籍上称角二星为天关或天门，也是这个原因。

亢，就是龙的咽喉，《诗经·尔雅·释鸟》说"亢，鸟咙"。亢宿也属于室女座，但较角宿小，其中的星也较暗弱。

氐，《诗经·尔雅·释天》说"天根，氐也"。氐可理解为龙的前足。氐宿属于天秤座，其中的氐宿三为天秤座 γ 星，氐宿四为天秤座 β 星，氐宿一为天秤座 α 星。这三颗星构成了一个等腰三角形，顶点的氐宿一就落在黄道上。

心，是龙心。心星，即著名的心宿二（天蝎座 α），古代称为火、大火，或商星。它是一颗红巨星，呈红色，是一等星。心宿也属于天蝎座，心宿三星组成了蝎子的躯干。

尾，即龙尾。《左传》说"童谣云'丙之晨，龙尾伏辰'"。尾宿也属于天蝎座，正是蝎子的尾巴，由八九颗较亮的星组成，其中位于蝎子尾巴尖端的天蝎座 λ 亮于二等。

箕，形如簸箕。《诗经·小雅》说"维南有箕，不可以簸扬"。箕宿属于人马座，箕宿四星（人马座 γ，δ，ε，η）组成一个四边形，形状犹如簸箕。

2. 白虎（54 星官、297 星数）

白虎是战神、杀伐之神，具有避邪、禳灾、祈丰，以及惩恶扬善、发财致富、喜结良缘等多种神力。而它是四灵之一，当然也是由星宿变成的。白虎在二十八星宿之中，位西方七宿：奎、娄、胃、昴、毕、觜、参。白虎并不是白色的，而是因为它位于西方，西方在五行中属金，色是白的。

奎，"两髀之间"（《说文》），即胯。奎宿有十六星，左右两半正如两髀的形状。"腰细头尖似破鞋，一十六星绕鞋生。"（《步天歌》）奎宿一至九属于仙女座，奎宿十至十六属于双鱼座。奎宿里的星多数较暗。

娄，"曳也，通作娄"（《集韵》）。"牛马维娄"，意思是"系马曰维，系牛曰娄"。《史记·天官书》里说"娄为聚众"。娄宿被视为主管牧养牺牲或兴兵聚众的地方。娄宿位于白道（月球的运行轨迹）和黄道的交点附近。

胃，围也。"胃为天仓。"《史记·天官书》胃宿三星属于白羊座。

昴，"昴曰髦头。"《史记·天官书》昴宿正是由一团小星组成的，视力好的人能分辨出七颗来，希腊神话中称它们为"七姐妹"（Pleiades）。古人用昴宿来定四时，冬至时，日落时可看到昴宿出现在中天。昴宿在金牛座。

毕，"毕状如乂"。《诗经·小雅》说"有捄天毕"。 毕宿八星属于金牛座，它的形状犹如一把小叉子。《诗经》云"月离于毕，俾滂沱矣"，是指月球经过毕宿时雨季来临。

觜，觜宿的三颗小星位于参宿两肩上方，形状可与角状的鸟嘴相联系，故得名。

参，参宿在西方称为猎户座。"参宿七星明烛宵，两肩两足三为腰"（《步天歌》）。从冬季到次年的初夏，参宿都是夜空中最醒目的一个星座。参宿一、二、三（猎户座 δ，ε，ζ）组成了猎人的腰带（图 26.6）。

3. 朱雀（42 星官、245 星数）

朱雀原为中国古老神话中的南方之神，是传统文化中的四象之一，所谓的"天之四灵"之一。朱雀又可说是玄鸟，是南方七宿的总称：井、鬼、柳、星、张、翼、轸，联想起来就是朱雀了。朱为赤色，像火，南方属火，朱雀也有从火里重生的特性。

井，有星八颗，形状犹如一个水井，故得名。《晋书·天文志》写道："南方东井八星，天之南门。"井宿属双子座。井宿三与北河二、北河三（即双子座 α 和 β）组成了一个等腰三角形，井宿位置就在北河和参宿的中间。

鬼，又称舆鬼。舆，"众也"（《集韵》），因此舆鬼可理解为众鬼之意。《说文》里说"舆，车底也"，鬼宿里有四颗星呈方形，似车。

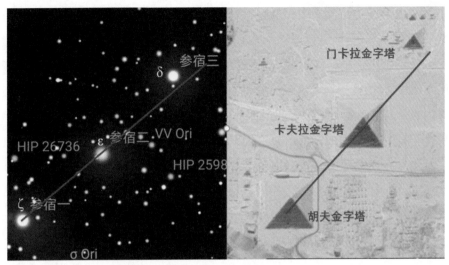

图 26.6 参宿三星与金字塔的"巧合"

柳，原名为咮，咮是鸟嘴的意思。

星，也称七星，共有七颗星。"七星如钩柳下生，星上十七轩辕形"，标明了星宿的相对位置。这里的轩辕是一个著名的星群，西方称为狮子座，轩辕十四就是狮子座 α 星。

张，取意于朱鸟。《史记·律书》另有所指："张，言万物皆张也。"张宿六星，其形状像张开的弓矢。柳、星、张三宿属于长蛇座，柳宿是在蛇头的位置。

翼，也取意于朱鸟，《史记·天官书》说"翼为羽翮"。翼宿二十二星，形状就如张开的鸟翼，部分属于长蛇座，其余属于巨爵座。

轸，也写作车，"轸四星居中，又有二星为左右辖，车之象也"（《说文》）。轸宿四星和左右辖属于乌鸦座，《西步天歌》说"轸宿四珠不等方，长沙一黑中间藏"，长沙是一颗五等星，学名乌鸦座 ζ 星。

4. 玄武（65 星官、408 星数）

玄武是一种由龟和蛇组合成的灵物。玄武的本意就是玄冥，武、冥古音是相通的。武，是"黑"的意思；冥，就是"阴"的意思。玄冥起初是对龟卜的形容：龟背是黑色的。玄武是北方七宿的总称：斗、牛、女、虚、危、室、壁。

斗，也称南斗。与北斗七星一样，南斗六星在天空中的形状也很像斗，故得名。斗宿与东方七宿中的箕宿其范围大体与西方星座系统中的人马座相当，黄道就从位于斗把子的斗宿二（人马座 λ）和斗宿三（人马座 μ）之间穿过。

牛，有星六颗，因其星群组合如牛角而得名，又称牵牛。东汉佚名诗"迢迢牵牛星，皎皎河汉女"中的"牵牛星"指的便是河鼓三星（河鼓二即牛郎星）。

女，古称婺女或须女。大体位于宝瓶座、摩羯座附近。女宿共四星，《礼记·月令》

中记载："孟夏之月……旦婺女中。"就是指如果黎明时看到女宿在南方中天的位置，便知道是初夏来临了。

虚，位于宝瓶座、小马座附近。虚宿位于北官的中央，"虚在正北，北方色黑，枵之言耗，耗亦虚意"。因此虚有"大丘、故地及虚耗"的意思。虚宿在远古时即已相当著名，成书于周代的《尚书·尧典》中记载的四仲中星里就有虚宿，"宵中星虚，以殷仲秋"。那时虚宿在秋分前后的傍晚出现在南方中天。

危，基本处在飞马座中。危三星包括危宿一（宝瓶座α）、危宿二（飞马座θ）和危宿三（飞马座ε），这三星的形状犹如一个尖屋顶。

室，大体相当于飞马座、仙女座的位置。

壁，大体相当于飞马座、仙女座的位置。室宿和壁宿是相连的两宿。在古代它们有营室、东壁之称。营室原为四星，呈四方形，有东壁、西壁各两星，正如宫室之象。其后东壁被从营室中单独分出，成为了室、壁两宿。东壁、西壁四星，就是著名的"飞马座四边形"，也叫"秋季大四边形"。

总而言之，二十八宿如下所述。

东方青龙七宿：角木蛟、亢金龙、氐土貉、房日兔、心月狐、尾火虎、箕水豹。

南方朱雀七宿：井木犴、鬼金羊、柳土獐、星日马、张月鹿、翼火蛇、轸水蚓。

西方白虎七宿：奎木狼、娄金狗、胃土雉、昴日鸡、毕月乌、觜火猴、参水猿。

北方玄武七宿：斗木獬、牛金牛、女土蝠、虚日鼠、危月燕、室火猪、壁水獝。

宋·黄庭坚《二十八宿歌赠别无咎》

虎剥文章犀解角，食未下亢奇祸作。药材根氐雁断掘，蜜虫夺房抱饥渴。

有心无心材慧死，人言不如龟曳尾。卫平哆口无南箕，斗柄指日江使噫。

狐腋牛衣同一燠，高丘无女甘独宿。虚名挽人受实祸，累棋既危安处我。

室中凝尘散发坐，四壁蠹蠹见天下。奎蹄曲隈取脂泽，娄猪艾豭彼何择。

倾肠倒胃得相知，贯日食昴终不疑。古来毕命黄金台，佩君一言等觜觿。

月没参横惜相违，秋风金井梧桐落。故人过半在鬼录，柳枝赠君当马策。

岁晏星回观盛德，张弓射雉武且力。白鸥之翼没江波，抽弦去轸君谓何。

一首诗把二十八宿全部收尽，也是古今一人了。

星官

《诗经·小雅·大东》说："维南有箕，不可以簸扬；维北有斗，不可以挹酒浆。"意思是"天上南边那个大簸箕不能用来簸米筛糠，北边那个巨斗也不能用来舀酒喝，有什么用啊"！诗中的"毕""箕""斗"就都是古代星官的名称。

星官是中国古代划分星空的基本单位，就是把相邻的恒星组合在一起，构成各种图案，并分别取一个名字。若干小星官又可合成大星官。后来，星官不仅指星群，同时也指天区。三国时期的陈卓把石氏、甘氏、巫咸三家星官合并，组成一个283星官，共1465颗恒星的星官系统，为后代天文学家所沿用。到了明末，徐光启根据西方星表，又对星官进行了补充。

这些星官在三垣四象中的分布如下所述。

1. 太微垣（20）

五帝座、太子、从官、幸臣、内五诸侯、三公、九卿、内屏、太微右垣、太微左垣、郎将、郎位、常陈、三台、虎贲、少微、长垣、灵台、明堂、谒者。

2. 紫微垣（39）

北极、勾陈、玉皇大帝、天柱、御女、四辅、女史、柱史、尚书、天床、大理、阴德、六甲、五帝内座、华盖、杠、紫微右垣、紫微左垣、天一、太一、内厨、北斗、辅、天枪、玄戈、三公、相、天理、太阳守、太尊、天牢、势、文昌、内阶、三师、八谷、传舍、天厨、天棓（[bàng]，同棒）。

3. 天市垣（19）

侯、宦者、斗、斛、列肆、车肆、市楼、宗正、宗人、宗、帛度、屠肆、帝座、天市右垣、天市左垣、天纪、女床、贯索、七公。

4. 东方青龙（48）

角宿：角、平道、天田、周鼎、进贤、天门、平、库楼、五柱、衡、南门。

亢宿：亢、右摄提、左摄提、大角、折威、顿顽、阳门。

氐宿：氐、亢池、帝席、梗河、招摇、天乳、天辐、阵车、骑官、车骑、骑阵将军。

房宿：房、钩钤[qián]、键闭、西咸、东咸、罚、日、从官。

心宿：心、积卒。

尾宿：尾、神宫、龟、傅说（[yuè]，傅说是商代著名政治家和军事家）、鱼、天江。

箕宿：箕、糠、杵。

5. 西方白虎（56）

奎宿：奎、外屏、土司空、军南门、阁道、附路、王良、策、天溷[hùn]。

娄宿：娄、左更、右更、天仓、天庾、天大将军。

胃宿：胃、大陵、天船、积尸、积水、天廪、天囷[qūn]。

昴宿：昴、天阿、月、天阴、刍藁[gǎo]、天苑、卷舌、天谗、砺石。

毕宿：毕、附耳、天街、天节、诸王、天高、九州殊口、五车、柱、天潢、咸池、天关、参旗、九斿 [liú]、天园。

觜宿：觜、座旗、司怪。

参宿：参、伐、玉井、军井、屏、厕、屎。

6. 南方朱雀（46）

井宿：井、钺、水府、五诸侯、天樽、北河、南河、积水、积薪、水位、四渎、阙丘、丈人、子、孙、老人、军市、野鸡、天狼、弧矢。

鬼宿：鬼、积尸气、天狗、外厨、天记、天社、爟（[guàn]，烽火）。

柳宿：柳、酒旗。

星宿：星、轩辕、内平、天相、天稷。

张宿：张、天庙。

翼宿：翼、东瓯。

轸宿：轸、长沙、右辖、左辖、土司空、军门、器府、青丘。

7. 北方玄武（78）

斗宿：南斗、建、天弁 [biàn]、鳖、天鸡、狗国、天渊、狗、农丈人、天籥 [yuè]。

牛宿：牛、天桴、河鼓、右旗、左旗、织女、渐台、辇道、罗堰、天田、九坎。

女宿：女、离珠、齐、楚、燕、韩、赵、魏、秦、越、周、郑、代、晋、败瓜、天津、奚仲、扶筐、瓠。

虚宿：虚、司禄、司危、司非、司命、哭、泣、天垒城、败臼、离瑜。

尾宿：危、坟墓、人、杵、臼、车府、天钩、造父、虚梁、天钱、盖屋。

室宿：室、离宫、雷电、羽林军、垒壁阵、鈇钺、北落师门、八魁、天纲、土公吏、腾蛇。

壁宿：壁、土公、霹雳、云雨、鈇锧、天厩。

下面就一些主要星官作个简单介绍。

人：共 4 星，位于飞马座，指万民。

斗：共 6 星，位于人马座，形如斗，亦指天庙，玄武的蛇身。

臼：共 4 星，位于飞马座和天鹅座，指军粮臼。

势：共 4 星，后增 16 星。意为"太监"，势由四星组成，属于小狮座。

杵：共 3 星，位于飞马座和蝎虎座，指军粮杵。

狗：共 2 星，位于人马座，是守门狗。

建：共 6 星，位于人马座，日月五星所经的关城，亦可指旗。

斛：共 4 星，后增 7 星，分别属于武仙座和蛇夫座。斛意为"天市测量固体的量器"。

鳖：共 11 星，位于望远镜座和南冕座，鳖星在南斗之东，相当于南冕座。在尾宿的东面有鳖星和天渊。主太阴，水虫。不在汉中，有水火灾。白衣食星，大人丧。火守，旱。水星，即水灾。

八谷：共 8 星，后增 34 星。位于鹿豹座和御夫座内。八谷八星，传说为稻、黍、大麦、小麦、大豆、小豆、粟、麻，或管理土地的官员。

九卿：共 3 星，后增 9 星。属于室女座。《晋书·天文志》："三公北三星曰九卿，内座治万事。"九卿是中国秦汉时期的主要官职，通常也以此来表示整个朝廷，这里是指天庭的九位高官。

三公：在三垣之中的紫微垣和太微垣都有"三公"。三公是中国古代的最高官职，周代时指太师、太傅和太保，东汉时则指太尉、司徒和司空。紫微垣和太微垣内都有三公星官，是因为紫微垣与太微垣分别象征着人间的内廷与外朝，而三公是少数于两者间可自由进出又地位尊荣的官员，所以在紫微垣与太微垣内都会出现。三公由三星组成，紫薇垣三公属于猎犬座，太微垣三公属于室女座。

女史：共 1 星，属于天龙座 ψ。传说为主铜壶漏刻的女官员，或指负责王后礼仪的女官。

天仓：共 6 星，位于鲸鱼座，指方形的谷仓。

天田：共 2 星，后增 7 星。属于室女座，就是天上的田地。象征天子躬耕地籍田，傍晚当它出现在东方时，预示着春耕的开始。每年春耕之前，天子就会亲率诸侯大臣举行籍田典礼，天子会带头下田，亲自赶牛犁地。另外，在摩羯座中也有天田。

天弁：共 9 星，后增 6 星，位于天鹰座和盾牌座。弁本意就是一种帽子，贵族帽，指管理市场的官员。《甘石星经》载："天弁九星，在建北，近河，为市官之长。暗，凶，无万物。明大，万物兴众。"

天床：又称为天牀，共 6 星，后增 2 星，在紫微宫阊阖门外。天床六星，在宫门外、听政之前，亦主寝宴会宴息床。

天牢：共 6 星，后增 2 星，象征着监牢，属于大熊座。

天鸡：共 2 星，后增 2 星，位于人马座，是桃都山上的神鸡，天下所有公鸡皆随之啼叫。亦有说是蓬莱东岱舆山崿的天鸡，只叫醒背负太阳的三足乌，三足乌啼则世上公鸡方啼。

天囷：共 13 星，位于鲸鱼座，指圆形的谷仓。天囷一为 2 等星大星，在胃宿之南。天囷为百库之藏，又曰主御粮。

天乳：共 1 星，后增 4 星，属于巨蛇座，意为太子的母亲或乳娘。

天狗：共 7 星，位于罗盘座和船帆座，是天上的狗。

天庙：共 14 星，位于唧筒座和罗盘座，是天子的祖庙。

天柱：共 5 星，后增 6 星，分别属于天龙座和仙王座。原名禄存星，阴星，五行属金。人们认为它正当金秋肃杀之时，喜杀好战，与惊恐怪异、破坏毁折有关，故名为凶星。

天津：共 9 星，后增 40 星，位于天鹅座，它被认为是银河渡口，跨越银河的桥梁。

天钱：共 5 星，位于南鱼座，指天上的钱财。

天庾：共 3 星，位于天炉座，指露天积谷的地方。

天渊：共 3 星，位于人马座，是天空的深渊。

天棓：共 5 星，后增 10 星，象征在天上守卫紫微垣的兵器，属于天龙座和武仙座。

天街：共 2 星，位于金牛座，是天上的街道，让日月五星通过。

天稷：共 5 星，位于船帆座，是天上的谷物，或负责农事的官员。

天樽：共 3 星，位于双子座，指酒杯。

天廪：共 4 星，位于金牛座，指柴房。

天籥：共 8 星，后增 4 星，位于蛇夫座和人马座，是开闭黄道的锁，在银河之中。

五车：共 5 星，位于御夫座和金牛座，是五帝乘坐的五辆车。

太子：共 1 星，象征太子。太子这个星官只拥有一颗恒星，位于狮子座，即狮子座 93。

少微：共 4 星，后增 8 星，泛指天庭的一般官员和士大夫，还有许多没有在朝当官的隐逸之士。这 4 颗星，就是代表许多在野隐逸之士的。在太微垣墙外的西北方向，近虎贲星处，少微星官由四颗星组成，呈南北方向排列，属于狮子座和小狮座。

内厨：共 2 星，后增 2 星，象征为后宫而设的厨房，属于天龙座。

水府：共 4 星，位于猎户座，是负责供水、灌溉或防洪工事的官员。

从官：共 1 星，属于狮子座，即狮子座 92。

六甲：共 6 星，指天干地支相配中的甲子、甲戌、甲申、甲午、甲辰、甲寅。

文昌：共 6 星，后增 8 星，属于大熊座，分别象征六个政府部门或官员，即上将、次将、贵相、司命、司中、司禄。

左更：共 5 星，位于白羊座，指管理山林的官员。

右更：共 5 星，位于双鱼座，指管理畜牧的官员。

北河：共 3 星，位于双子座，是井宿北面的河流。

四辅：共 4 星，后增 1 星，古代星占家认为它主君臣礼仪，理万机，也称四弼。

刍蒿：共 6 星，位于鲸鱼座，指牛马食用的干草。

列肆：共 2 星，后增 4 星，分别属于巨蛇座和蛇夫座。列肆就是列店，即各种金银珠宝的商店，也就是小商贩和珠宝店，开在天市的西南方向。

军市：共 6 星，位于大犬座，是为军队服务的市场。

扶筐：共 7 星，位于天龙座，是盛桑叶的器具。

坟墓：共 4 星，位于宝瓶座，指山陵坟墓。

轩辕：共 17 星，位于狮子座和天猫座，指轩辕黄帝。

幸臣：共 1 星，属于后发座。在内屏之内，只有五帝座、太子、从官和幸臣四个星官，其中幸臣、太子、从官皆为一星。《晋书·天文志》："帝坐（座）东北一星曰幸臣。"在黄帝座的东北方向，幸臣为天子宠幸之臣，经常陪伴在天子周围，为天子提供各种参考意见，天子也喜欢听从幸臣的各种意见。

周鼎：共 3 星，属于后发座，周朝的神鼎，代表皇权。

狗国：共 4 星，位于人马座，是狗住的国度。

郎将：共 1 星，后增 2 星，位于后发座，为中国古代武官中郎将的简称，指职掌宫禁卫军、随行护驾、协助郎中令考核选拔郎官及从官。

南河：共 3 星，位于小犬座，是井宿南面的河流。

帝星：北极星座中的第二颗星，也是最亮的一颗。

砥石：共 4 星，位于仙女座、英仙座和金牛座，是天上的磨刀石。

造父：共 5 星，位于仙王座，造父为古时驾马车高手，传说以骏马献周穆王，被封赵城。

奚仲：共 4 星，位于天鹅座。奚仲是车的发明者，姓任，是黄帝之后。

离珠：共 5 星，上古神话人物，位于天鹰座和宝瓶座。

离瑜：共 3 星，位于南鱼座和显微镜座，妇女上衣的玉饰。离瑜三星，在十二国东。

瓠瓜：共 5 星，位于海豚座，指一种葫芦属的瓜。

虚梁：共 4 星，位于宝瓶座，指空置的陵园。

谒者：共 1 星，位于室女座。《乾象新书》称："谒者一星在太微垣门内，左执法之北。"太微左垣的左执法和右垣的右执法亦可合称为南垣，中央的开口称为端门。在端门的门内，左执法星北边，有谒者一星。这个官职，是春秋战国时设置的，为国君掌管传达命令，负责引见臣下等事。

辇道：共 5 星，属于天琴座和天鹅座，指帝王的车径。

御女：共 1 星，位于狮子座，是黄帝的女伴。

十二国：共 16 星，位于摩羯座，指战国十二国家，分别为越、赵、周、齐、郑、楚、秦、魏、燕、代、韩、晋。除赵、周、秦、代各有二星，其余只得一星。

土司空：共 4 星，位于鲸鱼座，是负责土木建造的官员。

天极星：即北极星座，由五颗星组成，得名于其第五颗星接近天极。

天垒城：共 13 星，后增 2 星，位于宝瓶座和摩羯座，指天上的防御工事。

五诸侯：共 5 星，后增 7 星，指天庭的五位地方诸侯。五诸侯星官由五颗星组成，属于后发座。《晋书·天文志》称："九卿西五星为五诸侯。"太微垣的五诸侯为内五诸侯，在南方朱雀还有一个外五诸侯。

勾陈一：即我们熟悉的北极星，又称北辰。

农丈人：共 1 星，位于人马座，是掌农事的官。

五帝内座：共 5 星，后增 3 星，位置在华盖与北极星（勾陈一）之间，五颗星排列呈十字状。

27 满天星斗·斗转星移

成语"满天星斗",意思是布满星星的天空,出自杜牧《华清宫三十韵》:"雷霆驰号令,星斗焕文章。"明代吴承恩(约1504—1582)的《西游记》中也写道:"一轮红日荡无光,满天星斗皆昏乱。"

若干恒星在天空可以组成不同的图案。在漫长的农业社会,由于斗是最重要的衡量工具,人们就用斗满仓盈来形容粮食的丰收。而星斗在夜空比较醒目,又可以用来判别季节(时间)和方位(空间),因此古代中国天文学家对星斗特别看重。

星斗在天空里有很多,不仅在大熊星座里有北斗七星,小熊星座里也有小北斗七星,人马座(射手座)里还有南斗六星,而中国的星官里还有斗。下面,我们慢慢地来认识北斗和南斗,以及春夏秋冬的夜空中最容易辨识的星空图案。

北斗七星

斗转星移,意思是星斗变动位置(图27.1),指季节或时间的变化。由于北斗七星围绕北极星自东向西转的规律,我国古代的星象学家把它形象地叫作"斗转星移"。而通过"斗转星移"的规律,人们能够判断季节和节气时间。先秦典籍《鹖冠子》:"斗柄指东,天下皆春;斗柄指南,天下皆夏;斗柄指西,天下皆秋;斗柄指北,天下皆冬。"意思就是,春天的晚上,北斗星的斗柄朝东;夏天的晚上,北斗星的斗柄朝南;秋天的晚上,北斗星

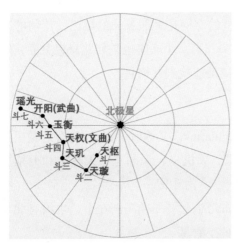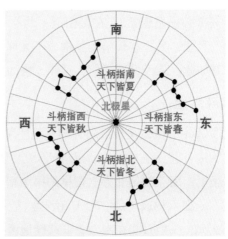

图 27.1　北斗七星(左)与斗转星移(右)示意图

的斗柄朝西；冬天的晚上，北斗星的斗柄朝北。《甘石星经》："北斗星谓之七政，天之诸侯，亦为帝车。"皇帝坐着北斗七星视察四方，定四时，分寒暑。《天象列星图》："北斗七星，近紫薇宫南，在太微北。是谓帝车，以主号令，运乎中央，而临制四方，建四时，均五行，移节度，定诸纪，皆系于北斗。"

唐·李白《长门怨二首·其一》
天回北斗挂西楼，金屋无人萤火流。
月光欲到长门殿，别作深宫一段愁。

唐·西鄙人《哥舒歌》
北斗七星高，哥舒夜带刀。
至今窥牧马，不敢过临洮。

唐·刘方平《月夜》
更深月色半人家，北斗阑干南斗斜。
今夜偏知春气暖，虫声新透绿窗纱。

苏轼在《守岁》中写道："坐久灯烬落，起看北斗斜。"可见北斗七星在中国人心中的价值和寓意。

北斗七星是北半球天空的重要星象，由天枢、天璇、天玑、天权、玉衡、开阳、瑶光七颗星组成，因北斗七星曲折如斗，故而得名。而天璇朝天枢延伸出去的方向，无论在何时都永远指向北极星，即地球的正北方。

北斗七星位于大熊星座，而北极星位于小熊星座。大熊星座是指该星座内的众星构成一只大熊（必须靠想象）。在星图上，北斗七星的斗柄是大熊长长的尾巴，斗勺的四颗星是大熊的身躯，另一些较暗的星构成了大熊的头和脚。小熊座也是如此靠想象的，所有的星座都是如此。从天璇到天枢，延伸5倍的距离便能找到北极星。

南斗六星

除了北斗七星，在黄道附近的人马座（Sagittarius，又称射手座），还有六颗星排列如斗，称为南斗星。它们分别是天府星、天梁星、天机星、天同星、天相星和七杀星。在二十八宿里，南斗就是北方七宿里的第一宿"斗"，由斗宿一、斗宿二、斗宿三、斗宿四、斗宿五、斗宿六构成（图27.2）。南斗六星不如北斗七星那样高高在上，也没有北斗那么亮和那么大，一般只能在南方（低纬度地区）低空看见。

南天星座之猎户座（Orion），得名于像一个左手持盾，右手举剑的猎人（图27.3），

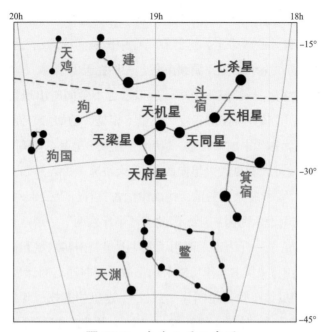

图 27.2　南斗六星示意图

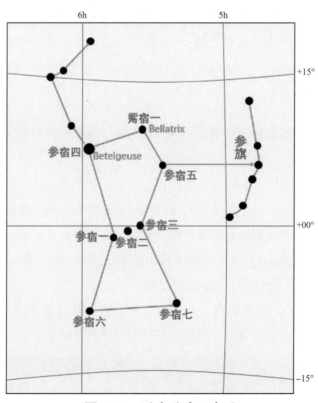

图 27.3　猎户星座示意图

其参宿一（Alnitak，猎户座 ζ）、参宿二（Alnilam，猎户座 ε）和参宿三（Mintaka，猎户座 δ）一字排开，位于猎人的腰带上，这三颗星在中国民间称为福、禄、寿，有"三星高照"的成语（《诗经·唐风·绸缪》："绸缪束薪，三星在天。"）。

与参宿对应的是心宿，两者相差 180°，所以永远不会同时出现在夜空。其中心宿二（天蝎座 α）便是"商星"，所以杜甫有诗"人生不相见，动如参与商"（《赠卫八处士》）。商星又叫大火星，特别为古代中国人看重。《诗经·豳风·七月》中有"七月流火，九月授衣"，意思是说在农历七月天看见大火星向西落，（天快凉了）九月妇女缝寒衣。

北斗七星、南斗六星和福禄寿三星，构成中国古秤秤杆上的十六星（定盘星）。秦代统一文字和度量衡，选用十六两为一斤，因此有"半斤八两"一说。可以说，中国是最早采用十六进制的国家。这个一斤为十六两用了北斗七星，南斗六星和福禄寿三星。

到了汉代，沿袭秦制。《汉书·律历志》中记载，当时通行的计量单位有铢、两、斤、钧、石。这是古代五种重量单位，也叫作"五权"。这里的五权，既指五种重量单位，也指秤砣。古代又把秤砣称为"权"，秤杆称为"衡"。因此，把秤秤平，就叫权衡（二字成语）。

在隋代，《隋书·律历志》中记载，二十四铢为一两，十六两为一斤，三十斤为一钧，四钧为一石。这样的选择也是有寓意的：一年有二十四节气，天上有著名的十六星，一月有三十天，一年有四季。

四季星空

在夜空里，很容易看到由三颗亮星组成的大三角。春夏秋冬都有，但每个季节由不同的恒星构成。

春季大三角（图 27.4），是指春天高挂在天空的三颗亮星，它们排列而成三角形状。三颗亮星分别是狮子座的五帝座一、室女座的角宿一及牧夫座的大角星。另外春季大三角再加上猎犬座的常陈一，排列成一侧视为钻石形状，称为春季大钻石。

五帝座一（狮子座 β，β Leo），是狮子座内的第二亮星，是一颗 A 型恒星，与地球的距离大约是 36 光年，但发光能力是太阳的 12 倍。

角宿一（室女座 α），是角宿第一星，亦是室女座的最亮星（图 27.5）。角宿一属于二十八星宿的角宿，是东方青龙的一只角。哥白尼使用自己制造的工具对角宿一进行了大量观测，主要是为了研究岁差运动。因为角宿一是距离太阳最近的大质量双星系统之一，所以天文学家经常对它进行大量研究。角宿一的位置接近黄道，因此有可能与月球或其他行星发生行星掩星现象。最近一次掩星是在 1783 年 11 月 10 日和金星掩星，下一次则是 2197 年 9 月 2 日，仍然是和金星发生掩星。

　　大角星（牧夫座α，Arcturus），是牧夫座中最明亮的恒星（图27.6）。大角星虽然位于北半球，但距离天球赤道的纬度少于20°，因此在南北两个半球都能看见。大角星大约在4月30日的子夜中天，因此在北半球的春天，南半球的秋天可以看见这颗恒星。北半球的观察者可以沿着北斗星弧状的柄找到大角星。顺着这个弧线继续延伸，也可以观测到

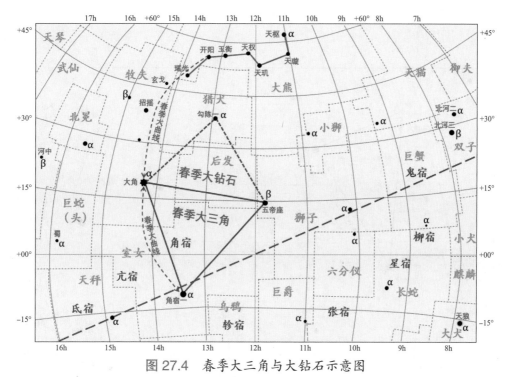

图 27.4　春季大三角与大钻石示意图

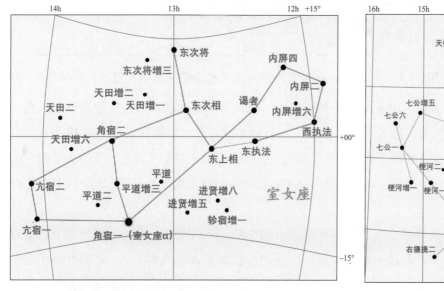

图 27.5　室女座中的角宿一（室女座α）

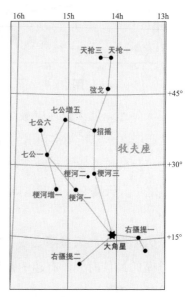

图 27.6　牧夫座示意图

角宿一。大角被看作是四象之一的东方青龙的另一只角，这就是"大角"这一星名的由来。但是，东方青龙七宿之第一宿角宿，并不包括大角，而角宿一（室女座α星）和角宿二（室女座ζ星）就是青龙的两只角。

在晴朗的夏夜，东南方高空里由天琴座（Lyra）的织女星（Vega）、天鹅座（Cygnus）的天津四（Deneb）及天鹰座（Aquila）的牛郎星（河鼓二，Altair）组成的三角形叫作夏季大三角（图27.7）。

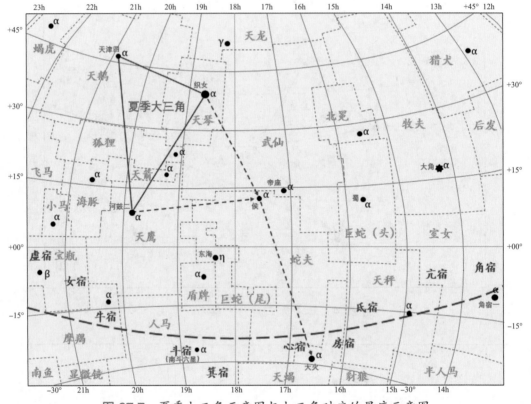

图27.7 夏季大三角示意图与大三角对应的星座示意图

天琴座是北天银河中最灿烂的星座之一，因其形状犹如古希腊的竖琴而得名。它是古希腊天文学家托勒密列出的48个星座之一，也是国际天文学联合会所定的88个现代星座之一。虽然天琴座面积不大，但并不难辨认，因为它的主星织女星是"夏季大三角"的顶点之一。天鹰座，是黄道周边的星座之一，位于天琴座之南，人马座之北，大部分在银河中。

天鹅座为北天星座之一。每年9月25日20时，天鹅座升上中天。夏秋季节是观测天鹅座的最佳时期。有趣的是，天鹅座由升到落真如同天鹅飞翔一般：它侧着身子由东北方升上天空，到天顶时，头指南偏西，移到西北方时，则变成头朝下尾朝上没入地平线。在古希腊，天鹅座的主星就已被描绘成一只天鹅，在《一千零一夜》中辛巴达航海故事里，它被描绘成"大鹏鸟"。天鹅座的主要星排列得很像一个大十字架，所以过去也称"北十字"。

关于天鹰座的牛郎星与天琴座的织女星，构成了一个家喻户晓的神话故事，这里不再赘述。但在古希腊，天鹰座和天鹅座也有神话。

古希腊人有一个习俗，那就是家中饮宴或是招待客人时，未出嫁的女儿必须作为宴会的侍者，负责为大家端茶倒水。不但普通人家，就是名门望族、王公贵戚，甚至天上的众神也莫不如此。大神宙斯（Zeus）和神后赫拉（Hera）的女儿赫柏（Hebe）是神国最高贵的公主。每当众神聚会的时候，她总是最忙碌的一位，像个轻盈的小精灵在酒席间飞来飞去，笑靥如花，轻声慢语，使宴会充满了欢乐轻松的气氛。可惜，好景不长。大英雄赫拉克勒斯（Heracles）到了天界以后，宙斯和赫拉都很喜欢他的英俊、勇敢，便把赫柏许配给他为妻。从此，在宴会上诸神再也看不到公主的身影了，虽然照样是歌舞美酒，但已没有大家熟悉的场面了。

宙斯也觉察到了这一点，他想到人间去寻找一个合适的人物，来代替他的女儿担任神宴的侍者。于是他摇身一变，化作一只大鹰。"雄鹰"在天上翱翔，忽然，他发现有一群少年在山间嬉戏。宙斯的眼睛一亮，一眼就看中了其中一个机灵、活泼的小男孩。小男孩名叫甘尼美提斯（Ganymedes），是这个国家的小王子。宙斯一个俯冲落到了孩子们面前。

面对突如其来的这只大鹰，孩子们吓得四散奔逃。唯有小甘尼美提斯没有动，他见这只美丽的雄鹰英武挺拔，看上去并不凶猛，就大着胆子向它走去。走到跟前，他轻轻地抚摸大鹰光艳亮泽的羽毛，大鹰也温驯地看着他。甘尼美提斯越来越喜欢它，后来竟骑到大鹰背上去了（图27.8）。等他坐稳了，大鹰展开双翅，陡然飞了起来。它越飞越快，越飞越高，眨眼间就消失得无影无踪了。

国王听说爱子竟然被一只大鹰诱走了，急忙派人四下寻找。时间过去很久了，但一点消息也没有。国王悲痛得仰天长叹，可就在他抬起头的时候，突然在夜空的繁星当中，自己乖巧、可爱的小儿子，正拿着赫柏公主用过的玉瓶，为众神斟酒。后来，宙斯为了纪念赫柏和甘尼美提斯做过的工作，就把他们经常用到的那个玉瓶化作一个星座，这就是宝瓶座。而且宙斯所变过的那只雄鹰也化作一个星座，这就是天鹰座。

也是在古希腊神话中，天神宙斯为公主勒达（Leda）的美貌所吸引，但怕生性嫉妒的神后赫拉愤怒，并且若以自己的形象出现也很难诱动这纯洁的少女。于是，他便想出一条诡计，化作一只天鹅。

图 27.8　神话中的宝瓶座

一天，勒达正在一个小岛上游玩，忽见从白云间飞下一只天鹅，它是那样美丽可爱，毫不怕人，任凭勒达抚摸和搂抱，它的羽毛洁白，身体柔软，勒达爱不释手，心中充满陶醉与兴奋，不知不觉竟抱着天鹅进入了梦乡。她醒来时，天鹅恋恋不舍地离开了她，展开强壮的双翅飞向天空。勒达回到王宫后身体感到不舒服，不久发现竟怀孕了。等到十月怀胎期满，生下一对孪生子。他们就是后来成为双子星座的希腊英雄卡斯托尔（Castor）和波吕丢克斯（Pollux）。宙斯回到天庭后，非常高兴，为纪念这次罗曼史，就把他化身的天鹅留在了天上，成为天鹅座。

秋季大三角（图 27.9）是北半球的秋季时，由南天的三颗亮星所组成的三角形，分别是南鱼座（Piscis Austrinus，拉丁语意为南方的鱼）的北落师门（Fomalhaut），鲸鱼座（Cetus）的土司空（Diphda）以及凤凰座（Phoenix）的火鸟六（Ankaa）。这三颗星分别是其所在星座最亮的恒星。

火鸟六是凤凰座的最亮星，距地球 85 光年。

北落师门的"师门"指军门，"北"指方位，"落"是指天之战场上那些藩篱等布防设施。汉代长安城的北门就称为"北落门"，其意义就是来源于这颗"北落师门"。南鱼座是三个被看作是鱼形的星座之一，另外两个是双鱼座（Pisces）和剑鱼座（Dorado）。根据希腊神话，一天，诸神在举行盛大的宴会，宙斯和赫拉兴高采烈地与众神推杯换盏，突然宙斯的死敌——畸形妖怪提丰张牙舞爪地蹿了进来，它身高几十丈，长着一百个头，口吐烈焰向诸神发起攻击。众神大惊失色，四处逃窜。奔逃中诸神各凭神通，变化自己的形象。宙斯变成一只公羊，赫拉变成一头母牛，太阳神阿波罗变成一只乌鸦。美神阿芙洛狄忒变成一条鱼跳进尼罗河，后来，宙斯把这个由美神变化的形象升上天空，成为南鱼座。

土司空在中国古代二十八宿中属奎宿，是鲸鱼座的亮星 β。它与南鱼座的亮星 α（北落师门）和凤凰座的亮星 α（六鸟火）构成秋夜天空中的大三角。"土司空"意为司徒，指负责土木建造的官员（《宋史·天文志》）。

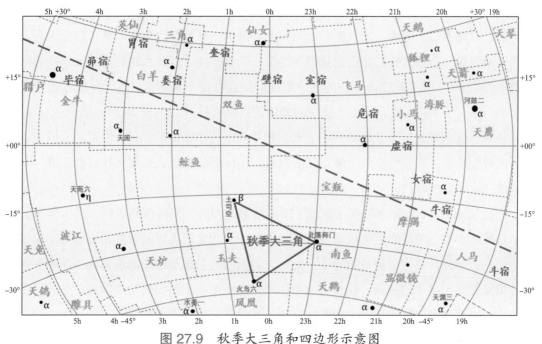

图 27.9　秋季大三角和四边形示意图

古希腊的阿尔戈斯有一位国王去神庙里求神问卜，得到神谕说，他将死于自己的女儿和宙斯所生的外孙珀耳修斯（Perseus）之手。国王听了非常害怕，趁女儿和珀耳修斯熟睡之机，把母子俩放进一个大箱子里，然后投入了大海。孰料大神宙斯暗中庇护母子俩，他使木箱子漂洋过海，一直来到了一个岛国，被一位渔夫搭救。岛上的国王听说了这件事很诧异，又见小珀耳修斯生得灵气十足，就收他做了养子。

一天，智慧女神雅典娜（Athena）找到了珀耳修斯，要他把女妖美杜莎（Medusa）的头取来给她。

珀耳修斯到达美杜莎的住处时，美杜莎正在熟睡。珀耳修斯不敢看她，他从青铜盾的反光中找准了美杜莎的位置，走上前去，一刀砍下了她长满毒蛇的头。珀耳修斯把这颗血淋淋的头装进了革囊，并赶紧飞到天上。这时，和美杜莎生活在一起的两个女妖被惊醒了，她们发觉同伴被杀，急忙来追。从美杜莎的身子里变出了一匹飞马，珀耳修斯立即跳上去，飞马长啸一声向远方飞去。珀耳修斯驾着飞马日夜兼程，忽然有一天，在飞临地中海上空的时候，刮起了狂风。他和飞马几经周旋，还是被吹落到了埃塞俄比亚海岸。

猛然间，他发现在岸边的岩石上，一条铁链子紧紧地锁着一位少女。珀耳修斯急忙跑上去，要救出少女，可对方却满脸愁容，有气无力地对他说："快别碰我，我是有罪的人，是献给海神的牺牲品。""再有罪，也不能受这样的折磨！"珀耳修斯说完，不等少女答话，一刀砍断了铁链。

"我叫安德洛美达（Andromeda），是埃塞俄比亚国王的女儿。我的妈妈和我都长得十分美貌，因此触怒了海神一家。他们派来一头鲸鱼怪，见到岸边有人，就一口把人吞下肚去。神谕说我是罪魁祸首，非得把我锁在这里祭献给海神才行，否则更大的灾难就会降临到我们的国家。"听了安德洛美达的话，珀耳修斯也有点不寒而栗。可为了挽救无辜少女的生命，更为了主持正义，他毅然决定向海神的权威挑战！

这时，那条鲸鱼怪又从海底升了上来。珀耳修斯装作害怕的样子，慢慢地向后退。突然，他把美杜莎的头猛地举到了鲸鱼怪的面前。还没看清是怎么回事，妖怪就变成了立在海边的一块巨大的岩石。

海神波塞冬（Poseidon）就此领教了珀耳修斯的神勇，只得偃旗息鼓，这个国家又恢复了往日的宁静。珀耳修斯的壮举赢得了国王、王后和全国人民的敬意，也赢得了安德洛美达的心。不久，两人幸福地结合了。婚后夫妻俩回到了珀耳修斯的出生地。而珀耳修斯的外祖父想到了早年的神谕，他真害怕死在外孙的手里，于是就悄悄地躲到了另外一个国家。有一年，这个国家举行盛大的节日晚会，外祖父就坐在国王的身边。珀耳修斯也应邀出席了晚会，并即兴做掷铁饼的表演。哪知道他投出的铁饼不偏不斜，正好砸在了外祖父的头上。20 年前的神谕果真应验了，老人真的死在了自己的外孙手里。

珀耳修斯悲痛不已。为了安慰珀耳修斯，也为了报答珀耳修斯对自己的帮助，智慧女神雅典娜请求宙斯把珀耳修斯提升到了天界，变成了秋夜星空中的英仙座。珀耳修斯的妻子安德洛美达和她的父母也都升到了天上，这便是在北天闪耀着光辉的王族星座——仙女座、仙王座和仙后座。

珀耳修斯刺杀美杜莎后，从美杜莎的身子里变出来的那匹飞马，也曾为珀耳修斯的壮举立下汗马功劳。为了表彰它对珀耳修斯的帮助，宙斯把它也提升到天界，变成了飞马座。有趣的是，海神派到安德洛美达的国家兴风作浪的那头鲸鱼怪也被宙斯放到了天上，这就是鲸鱼座。

除了秋季大三角，夜空中还有秋季四边形，一个近似正方形的星星组合，横跨两个星座，由仙女座的 α 星壁宿二和飞马座的 α 星室宿一、β 星室宿二、γ 星壁宿一共同组成，是北半球秋季星空的标志，如图 27.9 所示蓝色虚线构成的四边形。

冬季大三角（图 27.10）是冬季夜晚星空的主要景象，由大犬座（Canis Major）的天狼星（Sirius），小犬座（Canis Minor）的南河三（Procyon）以及猎户座的参宿四（Betelgeuse）所形成的三角形（图 27.10）。

南河三，即小犬座 α 星，是小犬座中的一等亮星，是全天第八亮星。在古希腊，它的名字的意思是"在犬的前面"，因为它位于天狼星的东北方，在大犬座 α 星——天狼星之前 15~20 分钟，从正东偏北方的地平线上升起，然后，又比天狼星迟 2~3 小时沉入西方。

参宿四是一颗处于猎户座的红超巨星。它是夜空中第十亮的恒星，距离太阳 643 光年。

天狼星是全天夜晚最亮的恒星，距地球约 8.6 光年。在各个古代文明中天狼星都有特殊的地位，并有大量记录。

天狼星几乎准确地于每年 7 月 19 日升起，而巧合的是，尼罗河通常在这之后就会开始泛滥，泛滥带来的淤泥将使河边的田地变得肥沃，这使得古埃及人将天狼星当作女神索普德特（Sopdet），保佑着他们土地的肥沃。但在古希腊，人们认为天狼星的出现预示着炎热干燥的夏季。天狼星的英文名为 Sirius，有"烧焦"的意思，人们担心天狼星的出现会导致植物枯萎、男性衰弱、女性亢奋。在中国文化里，将这颗位于"阙丘"以南、井宿中最为醒目的星称为"狼星"，是"主侵略之兆"的恶星，它的明暗变化预示了边疆的安危。

此外，冬季夜空还可以看到六边形。冬季六边形又称冬季橄榄，是由参宿七（猎户座）、毕宿五（金牛座）、五车二（御夫座）、北河三（双子座）以及南河三（小犬座）和天狼星（大犬座）组成的形状，如图 27.10 蓝色虚线构成的六边形。

苏轼在《江城子·密州出猎》中写道

老夫聊发少年狂，左牵黄，右擎苍，锦帽貂裘，千骑卷平冈。

为报倾城随太守，亲射虎，看孙郎。

酒酣胸胆尚开张，鬓微霜，又何妨！持节云中，何日遣冯唐？

会挽雕弓如满月，西北望，射天狼。

词中最后两字"天狼"，就是天狼星。

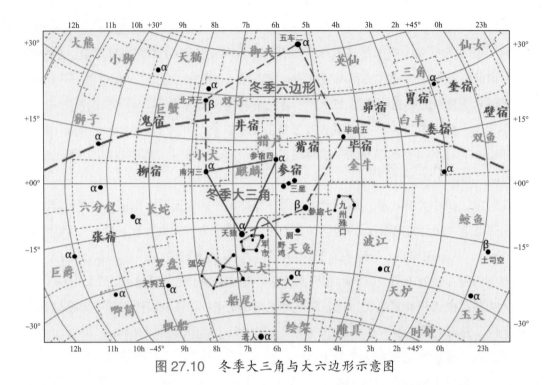

图 27.10 冬季大三角与大六边形示意图

在中国"二十八星宿"中，天狼星属于井宿。因为天狼星处在南半球，苏轼所处的密州（今山东省诸城市）乃至中国境内是不可能"西北望"到"天狼"的。《宋史·天文志》记载："弧矢九星在狼星东南，天弓也。"因此天狼星在"弧矢"的西北，而苏轼用"西北望"，他选择的坐标原点是在弧矢九星的位置。

弧矢九星又叫天弓，是古人将船尾座（Puppis）和大犬座的部分星星结合想象成横跨在南天的一把大弓，弧矢九星组成弯弓射箭状，箭头正指向其西北方的天狼星。似乎是猎人箭上弦、弦满弓，欲射白色天狼的模样。

不过，这个长弓的主要作用是对"狼"进行武力威慑，真正抓捕的手段还是靠它西边不远处的"军市"诸星围成的一个捕狼陷阱。为了引诱天狼前来，猎人还专门在陷阱中放置了"野鸡"星作为诱饵，天狗似乎也将狼往陷阱里赶。

苏轼不仅是伟大的文学家，天文知识也是如此了得！

不仅苏轼，历代文学家对天狼星都有憎恶。屈原在《九歌·东君》中写道："青云衣兮白霓裳，举长矢兮射天狼。"明代李梦阳在《秋望》中写道："客子过壕追野马，将军骇箭射天狼。"

天狼星非常亮，其颜色苍白，亮度几乎为第二亮的老人星的两倍，只要没有云层的遮挡就很容易被看见。而且除北纬 73° 以北无法看到，天狼星几乎能从地球上任何有人的地方观测到。

28 星分翼轸·天文学星座

成语"星分翼轸"来自王勃《滕王阁序》中"豫章故郡，洪都新府。星分翼轸，地接衡庐……"意思是此地为汉代的豫章郡城，如今是洪州的都督府（豫章、洪州，今江西省南昌市），天上的方位属于翼、轸两星宿的分野，地上的位置连接着衡山和庐山。意味着天上的星星都是被划分了区域、成群结队的，这种被划分的特定区域就称为星座。

古代人们为了方便在航海时辨别方位与观测天象，于是运用想象力将散布在天上的星星联结起来。有一半（北部星空）是在古时候就已命名了，其命名的方式大多是依照古文明的神话与形状的附会（包含了美索不达米亚、古巴比伦、古埃及、古希腊的神话与史诗）。

2000 多年前，希腊的天文学家依巴谷为标示太阳在黄道上运行的位置，就将黄道带分为十二个区段，以春分点为 0°，自春分点（即黄道零度）算起，每隔 30° 为一宫，并以当时各宫内所包含的主要星座来命名，依次为白羊、金牛、双子、巨蟹、狮子、室女、天秤、天蝎、人马、摩羯、宝瓶、双鱼，称为黄道十二宫，总计为十二个星群。

后来托勒密在前人的基础上整理出四十八个星座，每个托勒密星座都有一个希腊神话故事。四十八个托勒密星座中的三十六个正好每十二个分别位于天球上的黄道、白道和赤道上，余下十二个南天有三个，北天有九个。

但星座一直没有统一规定的精确边界，各古老文明都有自己的划分。直到 1928 年，国际天文学联合会为了统一繁杂的星座划分，规定以 1875 年的春分点和赤道为基准，用精确的边界把天空分为 88 个正式的星座，使天空每一颗恒星都属于某一特定星座，这些正式的星座大多是以古希腊神话为基础。根据 88 个星座在天球上的不同位置和恒星出没的情况，又划成五大区域（图 28.1）。

北天拱极星座（5 个）：小熊座（最靠近北天极）、大熊座、仙后座、天龙座、仙王座。

北天星座（19 个）：飞马座、天鹅座、蝎虎座、仙女座、鹿豹座、御夫座、猎犬座、狐狸座、小狮座、英仙座、牧夫座、武仙座、后发座、北冕座、天猫座、天琴座、海豚座、三角座（小星座）、天箭座（小星座）。

黄道带星座（12 个）：双鱼座、白羊座、金牛座、双子座、巨蟹座、狮子座、室女座、天秤座、天蝎座、人马座、摩羯座和宝瓶座。

赤道带星座（10个）：蛇夫座（同时经过黄、赤）、天鹰座、麒麟座、小马座、小犬座、巨蛇座、六分仪座、长蛇座、猎户座、鲸鱼座。

南天星座（共42个）：半人马座、凤凰座、天鹤座、天坛座、绘架座、苍蝇座、山案座、印第安座、天燕座、飞鱼座、矩尺座、剑鱼座、时钟座、杜鹃座、南三角座、圆规座、蝘蜓座、望远镜座、水蛇座、南十字座（小星座）、孔雀座、南极座、网罟座，南冕座、豺狼座、大犬座、天鸽座、乌鸦座、南鱼座、天兔座，船底座、船尾座、罗盘座、船帆座、玉夫座、波江座、盾牌座、天炉座、唧筒座、雕具座、显微镜座、巨爵座（图 28.2）。

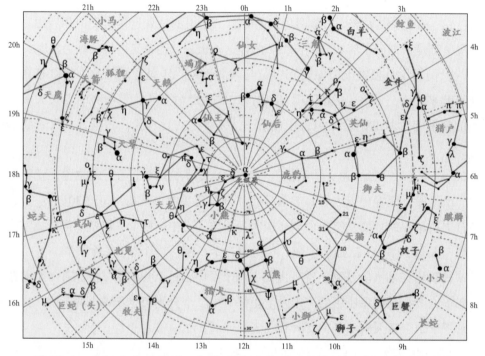

图 28.1　北极及北天星区，红色虚线为黄道，红色字体表示黄道带星座

德国天文学家约翰·拜耳（1572—1625）在 1603 年的星图《测天图》中首次系统地提出对星座内恒星的命名法则，如今称为拜耳命名法。拜耳命名的基本规则是，一颗恒星的名字由两部分组成：前半部分为希腊字母，后半部分则是恒星所在星座的拉丁文所有格。恒星通常按照亮度从亮到暗排列，最亮的恒星被命名为该星座的 α 星，第二亮的为 β 星，以此类推。然而，并非所有星座中最亮的恒星都被命名为 α 星，有时也依据恒星在星座内的位置、从东方升起的先后顺序或其他特殊因素来决定。其后，拜耳开始使用小写的拉丁字母，接着是大写字母，直到 p 为止。若用完希腊字母后，就使用罗马字母来标记那些不太明亮的恒星。如明亮的恒星参宿四就是 "α Orionis"，意思就是猎户座的 α 星，而猎户座最亮的星实际上是猎户座的 β 星，即参宿七。

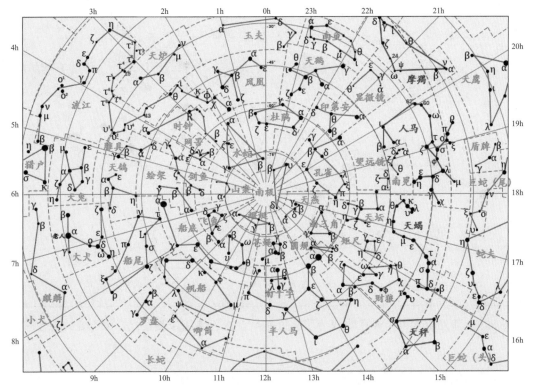

图 28.2　南极及南天星区，红色虚线为黄道，红色字体表示黄道带星座

小熊座（Ursa Minor）：小熊座是距北天极最近的一个北天星座，托勒密星座和现代八十八星座中均包括小熊座。小熊座标示着北天极的所在，星座中最亮星小熊座 α 即北极星（Polaris）。

北极星，又称北辰、紫微星，指的是最靠近北天极的一颗恒星，现阶段所指的是"勾陈一"。北极星位于地球地轴的北端，在北斗七星中的天璇与天枢连线的五倍延长线上。因地球的自转，而北极星又处于天球转动的轴上，所以相对于地面的观察者静止不动。北极星距地球 323~434 光年，直径约为 5200 万千米。

其实，北极星并不正好在北极点上，它与北极点还有 1° 的角差，只不过再也没有别的星比它更接近北极点了，所以它就被人们近似地视为北极点。关于小熊星座的具体星官，可参见"星汉灿烂"一章中紫微垣的图 26.3。

大熊座（Ursa Major）（图 28.3）：大熊座是北天星座之一，位于小熊座、小狮座附近，与仙后座相对。春季适合观察，是著名的北斗七星所在星座。

中国古代天文学家给北斗七星的每一颗都专门起了名字，而且还特别把斗身的 α、β、γ、δ 四颗星称作"魁"。魁就是传说中的文曲星，在古代，他是主管考试的神。每逢大考，会有很多学子仰望北斗，默默祷告，希望能够高中。

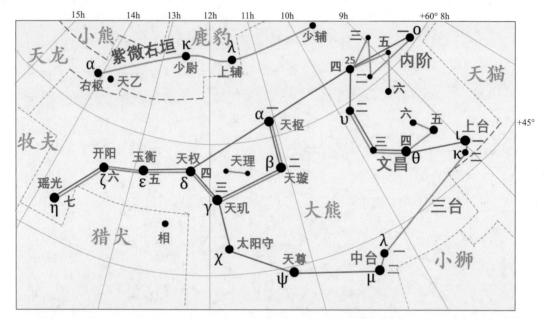

图 28.3　大熊座示意图（紫色虚线为星座边界线，蓝色连线为星座线，绿色连线为星官线，下同）

　　在古希腊，小熊座代表宙斯的儿子阿卡斯（Arcas）。有一次，宙斯爱上了一个名叫卡里斯托（Callisto）的芒芙（精灵），不久卡里斯托便怀孕生下了宙斯的儿子阿卡斯。知道这件事情之后，愤怒的天后赫拉把卡里斯托化为一只大熊，使她只得在森林里生活。过了许多年，卡里斯托的儿子阿卡斯长大，并成为一名出色的猎手。这一天，阿卡斯在森林里打猎。卡里斯托认出了自己的儿子，忘了自己是熊身的她身不由己地向他跑了过去。但是，阿卡斯并不知道这只可怕的大熊是自己的母亲，便向这只熊举起长枪。就在这个危险的时候，宙斯急忙将阿卡斯也变成一只熊。变成熊的阿卡斯认出了自己的母亲，从而避免了一场弑亲的悲剧。后来宙斯又将两只熊一同带到天上，并在众星之中给了他们两个荣耀的位置，这就是大熊座与小熊座。

　　但后来赫拉又选派了一个猎人带着两只凶恶的猎狗，紧紧地追赶在这两只熊的后面。这个猎人就是天上的牧夫座（Bootes），而他牵着的两只猎犬（Chara 和 Asterion，中文称为常陈四和常陈一）就是猎犬座（Canes Venatici）。

　　牧夫座 α 星，又称大角星（Arcturus），是北天夜空中第一亮的恒星（天狼星和老人星为南天恒星）。大角星距地球约 36.7 光年，直径约为太阳的 25.7 倍（35774400km），重量是太阳的 1.1 倍，亮度是太阳的 170 倍，表面温度达到 4400K。大角星在中国古代称作"天栋"，又称"栋星"，被看作是天王的帝廷。每到 5 月下旬，沿着北斗七星斗柄几颗的曲线顺势延伸出去，画出一条大弧线，就可以在天顶附近的星空找到一颗呈橘红色的、光耀夺目的亮星——大角（图 27.4）。在大角之北有 5 颗二等和三等的小星，与大角一起排列成风筝或船帆的形状。

仙后座（Cassiopeia）：仙后座是一个可与北斗星媲美的星座，其中可以用肉眼看清的星星至少有数十颗，但特别明亮的只有 6 颗。其中有 3 颗二等星和 2 颗三等星构成一个明显的英文大写字母 W 的形状，开口朝向北极星。

古希腊神话中，安德洛美达（Andromeda）是埃塞俄比亚（Ethiopia）国王克甫斯（Cepheus）和王后卡西奥佩娅（Cassiopeia）的女儿，卡西奥佩娅因炫耀自己女儿安德洛美达的美丽而得罪了海神波塞冬之妻安菲特里忒（Amphitrite），安菲特里忒要波塞冬替她报仇，波塞冬遂派鲸鱼座海怪蹂躏埃塞俄比亚。国王克甫斯大骇，请求神谕，神谕揭示解救的方法是献上公主安德洛美达。

安德洛美达的父母用铁索把她锁在鲸鱼座（Cetus）所代表的巨石上，后来珀耳修斯看见此等惨剧，于是拿出美杜莎的头，将海怪石化，解救出了公主。而卡西奥佩娅被罚永远绕着北极圈转。

王后卡西奥佩娅感到自己狂妄地夸口险些葬送女儿的生命，于是，在她升到天界成为仙后座以后，仍然高举着双手，弯着腰，深表悔过之意。国王克甫斯后来化为仙王座（Cepheus）。

下面介绍家喻户晓的黄道十二星座。

黄道十二星座（the 12 signs of the zodiac）：黄道源于阿拉伯占星术，是宇宙方位的代名词，为表示太阳的运行和位置将黄道等分为 12 段而创造出的概念。黄道十二星座有双鱼座、白羊座、金牛座、双子座、巨蟹座、狮子座、室女座、天秤座、天蝎座、人马座、摩羯座和宝瓶座。实际上，北天星座里的蛇夫座也落在黄道附近。

双鱼座（Pisces，天文符号为 ♓）

双鱼座（图 28.4）是黄道十二宫的第一个星座，也是古春分点的位置，即古希腊神话中的金羊。占全天面积的 2.156%，在全天 88 个星座中，面积排行第 14 位，邻接三角座、仙女座、飞马座、宝瓶座、鲸鱼座、白羊座。双鱼座每年 9 月 27 日子夜时中心经过上中天。双鱼座的最佳观测时间为每年 11 月的 21:00。双鱼座中亮于 5.5 等的恒星有 50 颗，最亮星为右更二（双鱼座 η），视星等级为 3.62。

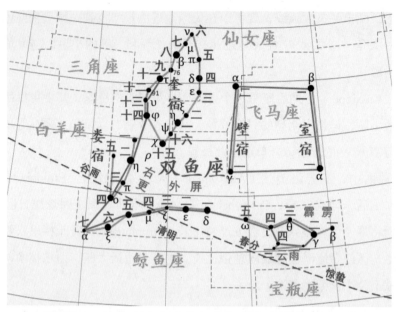

图 28.4　双鱼座示意图（红色长虚线为黄道，下同）

　　希腊神话中双鱼座代表的是阿芙洛狄忒和厄洛斯（Eros）在水中的化身（图 28.5）。阿芙洛狄忒为了逃避大地女神盖亚之子巨神提丰的攻击而变成鱼躲在尼罗河（一说幼发拉底河）。之后她发现忘记带上自己的儿子厄洛斯一起逃走，于是又上岸找到厄洛斯。为防止与儿子失散，她将两人的脚绑在一起，随后两人化为鱼形，潜进河中。事后宙斯将阿芙洛狄忒首先化身的鱼提升到空中成为南鱼座，而她和厄洛斯化身的绑在一起的两条鱼则成为双鱼座。

图 28.5　神话中的双鱼座

在双鱼座中，有霹雳星官（共5星，后增9星），代表雷神；外屏星官，属于二十八宿的奎宿，意为"厕所的屏障"；右更星官（5颗，增星5颗，属于二十八宿的娄宿），意为"管理畜牧的官员"。

白羊座（Aries，天文符号为♈）

白羊座（图28.6）是黄道星座之一，占全天面积的1.1%，在全天88个星座中，面积排行第39位。白羊座在古希腊很有名，因为当时春分点就位于白羊座。由于岁差（地轴进动，每年约移动50角秒）的关系，春分点在现代已经移到双鱼座。白羊座是一个暗弱的星座，亮于3等的亮星只有2颗，亮于4等的亮星只有4颗，最亮星为娄宿三（白羊座α）。

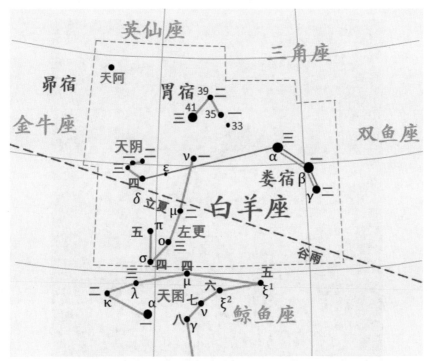

图28.6 白羊座及鲸鱼座的天围星官示意图

白羊座西接金牛座，东靠双鱼座，南邻鲸鱼座，北面与英仙座和三角座毗邻。每年12月中旬晚上八九点钟的时候，白羊座正在我们头顶。秋季星空的飞马座和仙女座的四颗星组成了一个大方框，从方框北面的两颗星引出一条直线，向东延长一倍半的距离，就可以看到白羊座了。其中两颗最明亮的星星就是白羊座的两只角。

玻俄提亚国王阿塔玛斯（Athamas）新娶了一位王后伊诺（Eno），这位王后一心想要害死国王和前妻的儿子佛里克索斯（Phrixus），好让自己的儿子登上王位。

伊诺设计了一个险恶的阴谋，她将国内所有谷物的种子集中，然后偷偷地把种子全部煮熟，再分给农民。煮熟了的谷类当然不会发芽，全国陷入饥荒。接着她又跟神殿的人串通，谎称这是神对佛里克索斯的惩罚，必须将佛里克索斯献祭才能平息神的怒气，天下才能太平。国王也没有更好的办法，只能眼睁睁看着自己的儿子被送上祭坛。

但是王子的生母知道了这件事情，她向神祷告，希望救救自己的儿子。神知道事情的原委，便决定救他。在祭祀的当天，众神的使者赫尔墨斯（Hermes）让佛里克索斯的姐姐赫勒（Helle）骑着一头公羊去救王子。

祭祀当天，赫勒成功将王子从祭坛救走。王子和他的姐姐一起飞越汪洋，不幸的是姐姐途中从羊背上坠海而死（图28.7），后来那片海就称为赫勒海（今土耳其的马尔马拉海）。而佛里克索斯则平安地在黑海边的科尔喀斯登陆，科尔喀斯的国王将自己的女儿许配给了他。佛里克索斯感激自己得救，将白羊献给了宙斯。后来宙斯将白羊升上天空，成为白羊座。

图28.7 神话中的白羊座

金牛座（Taurus，天文符号为♉）

金牛座（图28.8）是黄道星座之一，占全天面积的1.933%，在全天88个星座中，面积排行第17位。金牛座中亮于5.5等的恒星有98颗，最亮星为毕宿五（金牛座α），视星等级为 0.85。金牛座东接白羊座和鲸鱼座，西靠双子座和猎户座，南临波江座，北临御夫座和英仙座。

金牛座的中心区域被黄道线穿过，南边的一角被天赤道穿过，西边的一角又被银道线穿过，因此金牛座是一个同时被黄道线、天赤道和银道线穿过的星座。每年 11 月 30 日子夜金牛座中心经过上中天。人类发现的第一颗小行星——谷神星，就是由意大利天文学家皮亚齐于 1801 年元旦之夜在金牛座天区发现的。

金牛座的传说起源于天神宙斯和腓尼基公主欧罗巴（Europa）的爱情故事（图 28.9）。一天，美丽的公主头戴花冠，手挎花篮和同龄少女们在苏尔沙滩上嬉戏，公主的风姿恰巧被在人间游荡的天神宙斯看到了，从此情海深陷，宙斯发誓一定要得到公主。为了避开善妒的天后赫拉，宙斯把自己化身为一只公牛，每天都在公主必经的漂亮牧场里歌唱，嘹亮的歌声犹如天籁，公主不自觉地就朝它走去。

这是一只很特别的公牛，有着浅栗色的外表，牛角弯弯好似新月，额上有着银圈标记，公主被它的容貌所吸引，不可自拔地靠近它，当公主慢慢靠近牛身想与它一起歌唱的时候，公牛突然背起公主向天空飞去。他们飞越爱琴海，来到克里特岛，在那里，摇身变回人形的宙斯向受惊的公主表达了爱慕之情，最后，他们在克里特岛完婚，欧罗巴为宙斯生下三名子嗣。为了纪念这一切，宙斯将公牛的形象升到天幕，成为金牛座。

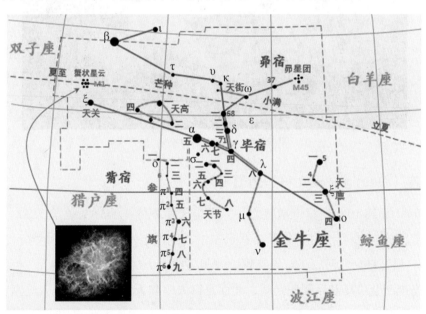

图 28.8　金牛座及猎户座部分星官示意图

欧罗巴是第一个来到这块土地上的人，后人为了纪念她，就把那块土地命名为"欧罗巴"——即今天的欧洲。由于公牛渡海来到欧洲，星图的金牛座只显示牛的上半身，下半身在水中，并不可见。

金牛座是北半球冬季夜空上最大、最显著的星座之一。它东接白羊座、西连双子座，北面是英仙座及御夫座，西南面有猎户座，东南面则有波江座及鲸鱼座。

金牛座的毕宿亮星排列成 V 字形结构，又称为金牛座 V 字，其中橙红色的毕宿五是天空上少数的一等星之一，它和双子座的北河三、御夫座的五车二、小犬座的南河三、大犬座的天狼星、猎户座的参宿七共同组成冬季六边形。

传统上代表牛角之一的五车五是金牛座与御夫座共同拥有的。金牛座还有人类肉眼就可以看到的两个疏散星团：昴星团和毕星团。

图 28.9　神话中的金牛座

双子座（Gemini，天文符号为 ♊ ）

双子座（图 28.10）是黄道星座之一，占全天面积的 1.245%，在全天 88 个星座中，面积排行第 30 位。每年 1 月 5 日子夜双子座中心经过上中天。双子座中亮于 5.5 等的恒星有 47 颗，最亮星为北河三（双子座 β），视星等级为 1.14。

双子座位于金牛座和巨蟹座之间，北面是御夫座和天猫座，南面是人马座和小犬座。御夫座和非常不明显的天猫座位于它的北边，麒麟座和小犬座位于它的南边。

双子座 α（北河二）是一个距离地球 52 光年的六合星系统，用肉眼观测，它是一颗 1.6 级的蓝白色恒星。双子座 β（北河三）是一颗橙色的巨型恒星，其视星等级为 1.14，距离地球 34 光年。双子座 γ（井宿三）是一颗蓝白色的恒星，距离地球 1.9105 光年。双子

座 δ（天樽二）是一颗双星，包括一颗 3.1 等的黄巨星，距离地球 900 光年。双子座 ζ（井宿七）是一对双星，它是一个黄色的超级巨星，距离地球 1200 光年，半径是太阳的 60 倍。

1781 年，英国天文学家赫歇尔和他的妹妹在双子座 H 附近发现天王星。1930 年，美国天文学家汤博在双子座 δ 附近发现冥王星。

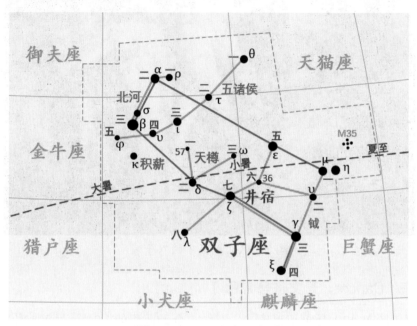

图 28.10　双子座示意图

在希腊神话当中，这个双子分别就是卡斯托尔和波吕克斯（图 28.11），他们其中一人是凡人斯巴达国王的孩子，另一个则是天神宙斯的孩子。有一天，宙斯来到凡间，看到美丽的斯巴达国的王后，不免心生觊觎，于是他便想办法靠近王后。得知王后非常喜欢天鹅，便在一个阳光明媚的早晨化为天鹅来到了王后的身边，对此毫不知情的王后十分喜欢这只高傲又十分漂亮的白天鹅，即使在晚上，也要拥着这只白天鹅入睡。

一段时间后，王后发现自己怀孕了，但临产的时候王后分娩出两个鹅蛋，其中一个便是波吕克斯——神子，而另一个便是卡斯托尔——人子。

在他们长大后，二人都很好地继承了父亲的优点，波吕克斯可以永生，而卡斯托尔则拥有和人类一样的短暂寿命。卡斯托尔的驾车技术十分娴熟，波吕克斯则是十分厉害的拳击家。兄弟两人一起参与了许多的战斗，立下了功劳，两人形影不离。在一次战斗中，人子卡斯托尔不幸战死，死亡将两兄弟永远地分隔，就在波吕克斯悲痛欲绝的时候，他想起了父亲，便来到宙斯面前，请求宙斯将他的兄弟卡斯托尔复活。宙斯问道：如果这样做，你会折去一半的寿命，不再永生。而波吕克斯毫不犹豫地选择了让卡斯托尔分享自己一半的寿命。天神宙斯感叹于他们的兄弟情谊，将两人安置在天空中，成为双子座。

图 28.11　神话中的双子座

巨蟹座（Cancer，天文符号为 ♋ ）

巨蟹座（图 28.12）是黄道星座之一，约占全天面积的 1.2%。每年 1 月 29 日子夜，巨蟹座中心经过上中天。巨蟹座的亮星不多，但古人却很早就注意到它，它位于双子座和狮子座之间，北面是天猫座，南面是小犬座和长蛇座。巨蟹座是一个暗淡细小的星座，没有亮于三等的恒星，较亮的 3 颗恒星 α、β、δ 组成一个"人"字形结构。古希腊天文学家托勒密提出的 48 个星座中就有巨蟹座。中国古代把巨蟹座区域星空称为鬼宿和柳宿。

每年 7 月 21 日到 8 月 11 日，从地球上看，太阳运行到巨蟹座。巨蟹座中有令人惊艳的"鬼宿星团"M44。巨蟹座中部的鬼宿一（θ）、鬼宿二（η）、鬼宿三（γ）和鬼宿四（δ）构成了一个四边形。在这个四边形里有一团如云非云、似星非星的天体：中国古人把这情景想象成"舆鬼"——四边形是车（舆），车里载着鬼魂。古籍中提到："鬼中央白色如粉絮者，谓之积尸气。一曰天尸，主死丧祠。"柏拉图则认为它是人类灵魂从天上降生到地面时经过的门。

在古希腊神话中，巨蟹座的来源与宙斯的私生子赫拉克勒斯有关（图 28.13）。宙斯爱上了泰林斯国王的妻子阿尔克墨涅（Alcmene），便趁国王出征时冒充阿尔克墨涅的丈夫去亲近她。后来阿尔克墨涅生下一个儿子，这就是赫拉克勒斯。赫拉克勒斯是宙斯与凡人生的儿子，他是希腊最伟大的英雄，世间最壮的人，连天神也靠他的协助才征服了巨人族。但天后赫拉三番五次要置他于死地。有一天他来到了迈锡尼王国，正准备接受英雄式的欢

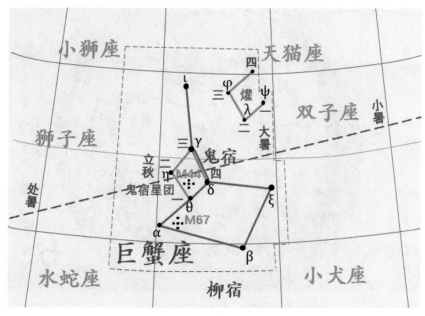

图 28.12　巨蟹座示意图

迎，国王却因受到赫拉的指使，给他出一道难题——杀掉住在沼泽区的九头蛇。这事很难办，因为每砍掉一个头便会马上生出无数个头。

赫拉克勒斯想到一个办法用火烧焦蛇头，就这样轻易解决了八个蛇头。眼看只剩最后一个了，赫拉在天上气得怒火中烧。"难道这次又失败了"，她不甘心，于是从海里叫来一只巨大的螃蟹要阻碍赫拉克勒斯。巨蟹伸出了强有力的双钳夹住赫拉克勒斯的脚，虽然巨蟹一直没有放开蟹钳，但是这只巨蟹最后仍死于他的神力之下。赫拉又失败了，但为了感念巨蟹的忠于使命，即使没有成功，赫拉仍将它放置在天上，就成了巨蟹座。

那么，为什么巨蟹座的拉丁名 Cancer 与癌症 cancer 一样呢？约公元前 400 年，古希腊医师希波克拉底（Hippocrates，前 460—前 370）就已经观察到癌症晚期的病人了。他给这种几乎无法治愈的病症起名为 karkinos——希腊语中的"螃蟹"。相传这是因为身体长出恶性肿瘤的部位，皮肤摸起来会非常坚硬，因此希波克拉底觉得这种触感很像螃蟹的外壳；也有人认为，癌症带来的疼痛就像是手指被螃蟹的钳子夹住一样，不仅疼痛难耐，而且难以摆脱。公元 47 年，古罗马哲学家塞尔苏斯（前 25—50）编纂拉丁文百科全书时，将 karkinos 翻译成拉丁文的 cancer，用以命名癌症。一个世纪后，著名医师加仑在观察乳腺肿瘤时，发现它和其周围蔓延的血管组成的形状与螃蟹躯体四周的蟹足相似。他又为希波克拉底将这种病症称为"螃蟹"的比喻，做出了更科学的阐释。由此可见，巨蟹座和癌症的词源，都来自与螃蟹的相似性；为了区分，前者首字母要大写。

图 28.13　神话中的巨蟹座

公元前 130 年，依巴谷将鬼星团纳入他的星表中，称为"小云块"或者"朦胧的恒星"。在托勒密的著作《天文学大成》中也记录了包括鬼星团在内的七个"星云"。托勒密将其描述为"聚集于（巨蟹）胸口的云雾"。伽利略曾使用望远镜观察鬼星团，于 1609 年首次分辨出这个"朦胧的"天体并解析出 40 颗恒星。他记载道："被称为鬼星团的星云，不只是单颗恒星，而是一团超过 40 颗小恒星的集合。"此后，猎户座大星云（M42）的发现者佩雷斯克（Nicolas-Claude Fabri de Peiresc，1580—?）很可能在 1611 年观测了这个天体，并分辨出其中一部分恒星。马里乌斯（Simon Marius，1573—1624）也在 1612 年观测了这个星团。梅西耶在 1769 年精确地测量了它在天空中的位置，后将其加入他的星表，即梅西耶星表。

狮子座（Leo，天文符号为 ♌）

狮子座（图 28.14）是春季夜空中一个壮丽的星座，也是黄道星座之一，占全天面积的 2.3%，在全天 88 个星座中，面积排行第 12 位。每年 3 月 1 日子夜狮子座中心经过上中天。

狮子座的设立已经数千年的历史，普遍认同的说法是在 4000 多年前的古埃及。每年仲夏节太阳移到狮子座天区时，尼罗河的河谷就有大量狮子从沙漠中聚集到河边乘凉喝水，狮子座因此得名。在古希腊天文学家托勒密列出的 48 星座中，狮子座包括了狮子座和后发座天区。在古代，后发座天区被联想成狮子尾巴上的毛。1602 年，丹麦天文学家第谷在他的星表中最先将狮子座和后发座分开。

　　狮子座位于室女座与巨蟹座之间，北面是大熊座和小狮座，南边是长蛇座、六分仪座和巨爵座，西面是后发座。

　　五帝座一（狮子座β）与牧夫座的大角星及室女座的角宿一组成一个等边三角形，称为"春季大三角"。这三颗恒星和猎犬座的常陈一又组成春季大钻石。

　　古代中国的星宿中最华丽的部分就是"轩辕"星官，由17颗星组成。狮子座中的轩辕十四（狮子座α）、轩辕十三（狮子座η）、轩辕十二（狮子座γ）、轩辕十一（狮子座ζ）、轩辕十（狮子座μ）及轩辕九（狮子座ε）由南向北组成了"镰刀"结构，它们代表了狮子的头、颈及鬃毛部分。

　　轩辕十四（狮子座α）是狮子座最亮的恒星，是一颗蓝白色恒星，视星等级为1.35，光度在全夜空中排行第21位，距离地球84光年。轩辕十四位于黄道之上，偶尔会因和白道相交而出现月掩轩辕十四的天文现象。五帝座一（狮子座β），视星等级为2.14的白色恒星，距离地球43光年。

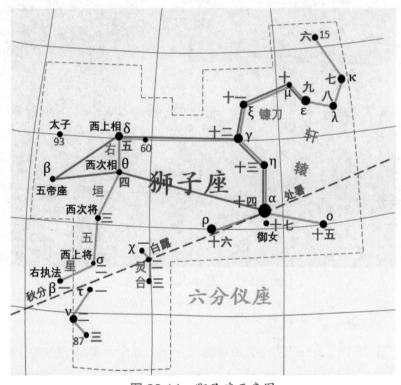

图28.14　狮子座示意图

　　在希腊神话中，赫拉克勒斯是宙斯与凡人的私生子，他天生具有无比的神力，天后赫拉也因此妒火中烧。在赫拉克勒斯还是婴儿的时候，就放了两条巨蛇在摇篮里，希望咬死赫拉克勒斯，没想到赫拉克勒斯笑嘻嘻地握死了它们，从小赫拉克勒斯就被奉为"人类最伟大的英雄"。

赫拉当然不会因为一次失败就放弃杀死赫拉克勒斯，她故意让赫拉克勒斯发疯后打自己的妻子。赫拉克勒斯清醒后十分懊悔伤心，决定要以苦行来洗清自己的罪孽，他来到迈锡尼请求国王派给他任务。谁知国王受赫拉的指使，果然赐给他 12 项难如登天的任务，必须在 12 天内完成，其中之一是要杀死一头食人狮。

这头狮子平时住在森林里，赫拉克勒斯进入森林找寻它，只是森林中一片寂静，所有的动物——小鸟、鹿、松鼠都被狮子吃得干干净净，赫拉克勒斯找累了就打起瞌睡来。就在此刻，食人狮从一个有双重洞口的山洞中昂首而出，赫拉克勒斯睁眼一看，食人狮有一般狮子的五倍大，身上沾满了动物的鲜血，更增添了几分恐怖。赫拉克勒斯先用神箭射它，再用木棒打它，都没有用，食人狮刀枪不入。最后赫拉克勒斯和狮子肉搏，过程十分惨烈，但最后还是用蛮力勒死了狮子。

食人狮虽然死了，但赫拉将食人狮丢到空中，变成了狮子座（图 28.15）。

图 28.15　神话中的狮子座

室女座（Virgo，天文符号为 ♍ ）

室女座（图 28.16）的面积占全天面积的 3.318%，在全天 88 个星座中，面积排行第 2 位，仅次于长蛇座，也是最大的黄道星座。每年 4 月 11 日子夜，室女座中心经过上中天，秋分点位于室女座。

室女座西接巨蛇座（头）和天秤座，东靠狮子座、巨爵座和乌鸦座，南邻长蛇座，北邻牧夫座和后发座。除黄道线从室女座穿过，天赤道也从室女座的中部偏北穿过，因此室女座同时被天赤道和黄道线穿过。

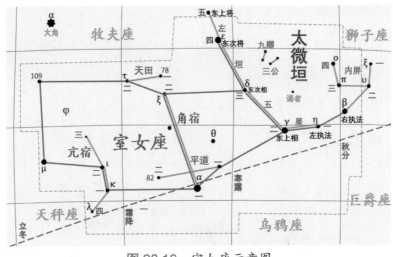

图 28.16　室女座示意图

　　人间管理谷物的农业之神、希腊的大地之母德墨忒尔（Demeter）是宙斯的姐姐，有一个美丽的独生女珀耳塞福涅（Persephone）。她是春天的灿烂女神，只要她轻轻踏过的地方，都会开满娇艳欲滴的花朵。有一天她和同伴正在山谷中的一片草地上摘花，突然间，她看到一朵银色的水仙，甜美的气味飘散在空气中。珀耳塞福涅想："它比我任何一朵花都漂亮！美得光彩照人。"于是她远离同伴偷偷地走近，伸手正要碰到花儿时，突然，地底裂开了一个洞，一辆马车由两匹黑马拉着，冲出地面，原来是冥王哈迪斯（Hades），他因爱慕"最美的春神"珀耳塞福涅，设下诡计掳走了她。

　　珀耳塞福涅的呼救声回荡在山谷、海洋之间，当然，也传到了母亲德墨忒尔的耳中，德墨忒尔非常悲伤，她抛下了收割的谷物，飞过千山万水去寻找女儿（图 28.17）。

　　人间少了大地之母，种子不再发芽，肥沃的土地结不出成串的麦穗，人类都要饿死了，宙斯看到这个情形于是命令哈迪斯放了珀耳塞福涅。哈迪斯不得不服从宙斯，但暗中却生诡计，临走前给珀耳塞福涅一颗果子——地狱石榴，珀耳塞福涅吃了这颗果子便必须回到阴暗恶臭的地狱里。

　　宙斯没有办法，只好对哈迪斯说："一年之中，你将只有四分之一的时间可以和珀耳塞福涅在一起。"从此以后只要大地结满冰霜，寸草不生的时候，珀耳塞福涅就又去了地狱。室女座象征着春神珀耳塞福涅的美丽

图 28.17　神话中的室女座

与纯洁，母亲养育的麦穗，也成为她手持之物。

天秤座（Libra，天文符号为 ♎ ）

天秤座（图 28.18）也是黄道星座之一，天秤座中最亮的四颗星 α、β、γ、σ 组成了一个四边形，其中的 β 星又和春季大三角构成了一个大的菱形。

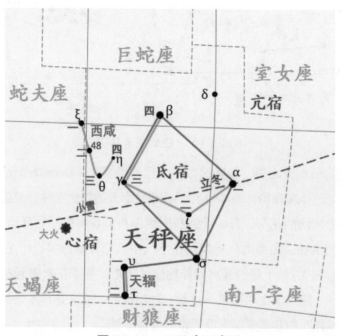

图 28.18　天秤座示意图

天秤座是希腊神话中的正义女神忒弥斯（Themis）在裁判人类所做善恶时用的天平。忒弥斯一手持判断正义的天平，一手持斩除邪恶的剑（图 28.19）。为求公正、避免偏袒，女神的双眼皆被蒙住。

众神之王宙斯有无数情人，因此也有数不清的儿女。女神雅斯德莱（Yasteli）是宙斯和忒弥斯之女，宙斯和神殿里所有神祇都视她如掌上明珠，但她却十分独立、坚毅而热情，有自己的思想。大海之神波塞冬是第二代众神王及王后克洛诺斯（Kronos）和瑞亚（Rhea）的第 5 个孩子、冥王哈迪斯的弟弟、众神王宙斯的哥哥，他像海一样深邃冰冷。

图 28.19　神话中的天秤座

人类很聪明，他们逐渐学会了建房子、铺道路，但与此同时也学会了争斗和欺骗。战争和罪恶开始在人间蔓延，许多神无法忍受，纷纷回到天上居住，只有正义女神忒弥斯和海神波塞冬留了下来。女神没有对人类绝望，她认为人类终有一天会觉悟，回归过去善良纯真的本性。但是海神却对人类丧失了信心，他劝女神回到天上去。女神自然不听，于是两人生平第一次争吵。他们争执得很激烈，从人类的问题上不断升级。正义女神鄙夷海神不过是一滩咸水（海水是咸的），海神则抖落出宙斯的丑闻及女神是私生女的事实。

忒弥斯和波塞冬到神王宙斯和神后赫拉那里评理，赫拉建议两人比赛，看谁能更让人类感受和平，谁输了就向对方道歉。赫拉偏爱波塞冬，又嫉妒正义女神忒弥斯，她知道水是生命的源泉，一定会让人类感到和平。

比赛的地点设在天庭的广场，由海神先开始。只见海神朝墙上一挥，裂缝中就流出了非常甘美的泉水，晶莹剔透，让人看了以后感到无限的清凉与舒适。这时候正义女神变成了一棵树，这棵树有着红褐色的树干、苍翠的绿叶以及金色的橄榄，任何人看了都感受到爱与和平。海神朝女神微笑着，他知道女神的心愿终于实现了。人类于是认识到和平的重要，女神与海神和好如初，宙斯为了纪念这样的结果，把随身带的秤往天上一抛，就有了天秤座。

普罗米修斯（Prometheus）因盗取火种，而教会了人类使用火，惹怒宙斯。宙斯为了惩罚人类，要求火神赫菲斯托斯（Hephaestus）用泥土塑造了第一个女性：潘多拉（Pandora）。

潘多拉受到了诸神的祝福而成为一个"完美无缺"的女人。普罗米修斯的兄弟——第一代泰坦神伊阿珀托斯（Iapetus）的儿子厄庇墨透斯（Epimetheus）爱上了潘多拉并且与她结婚，尽管普罗米修斯劝告他不要这样做。后来，潘多拉打开了她的盒子，释放出人世间的所有邪恶——贪婪、虚伪、诽谤、嫉妒、痛苦、战争，将这些邪恶带到了人世间。

在人间一片混乱之际，智慧女神雅典娜与波塞冬打赌：谁可以先取得人类欢心。雅典娜为人类带来和平的橄榄，而波塞冬用三戟叉送给了人类许多马、牛。可人类仍然无法做出决定，宙斯出面，以黄金天秤评定此次胜负。而黄金天秤偏向了雅典娜，人间又获得了和平。

天蝎座（Scorpius，天文符号为 ♏ ）

天蝎座（图 28.20）是位于南半天球的黄道星座之一，也是一个接近银河中心的星座。地球上北纬 44° 以下的地区，都有机会看见天蝎座的全部。

在中国古代天文学中，天蝎座身体部位的三颗星称为商星，猎户座腰带处的三颗星称为参星。天蝎和猎户分别是夏天和冬天最显著的星座，它们刚好一升一落，永不相见，不可能同时出现在天空上。

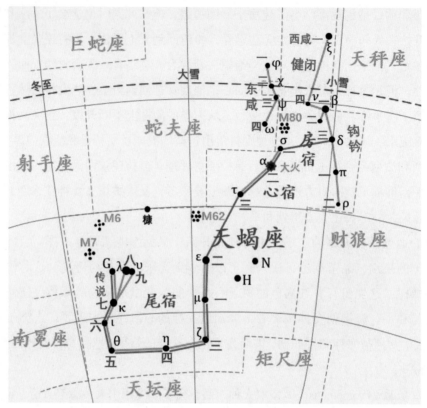

图 28.20　天蝎座及大火星（心宿二，即 α）示意图

天蝎座主星 α，又名 Antares，对应中国星官心宿二，古代又称"大火星"。《诗经·豳风·七月》有"七月流火，九月授衣"的诗句。此处的"火"即指大火星，"七月"是农历的七月。"七月流火，九月授衣"的意思是七月大火星向西落（天快凉了），九月妇女缝寒衣。

在古希腊神话中，太阳神的儿子法厄同（Phaeton）天生英俊而性感。他自己也因此感到自负，态度总是傲慢而无礼，太过好强的个性使他无意间得罪了不少人。有一天，有个人告诉法厄同说："你并非太阳神的儿子！"说完大笑扬长而去，好强的法厄同怎能吞得下这口气，于是便问自己的母亲："我到底是不是太阳神的儿子？"但是不管母亲如何再三保证他的确就是太阳神所生，法厄同仍然不相信他的母亲，母亲于是说："取笑你的人是宙斯的儿子，地位很高，如果你仍然不相信，那么自己去问太阳神吧！"太阳神听了儿子的疑问，笑着说："别听他们胡说，你当然是我的儿子！"法厄同仍执意不信。他当然知道太阳神从不说谎，可是他却另有目的——要求驾驶父亲的太阳车，以证明自己就是太阳神的儿子。太阳神大惊，"这怎么行？"太阳是万物生息的主宰，一不小心就会酿成巨祸，但拗不过法厄同，太阳神还在解释如何在一定轨道驾驶太阳车时，法厄同心高气傲，听都没听就跳上了车，疾驰而去。结果当然是生灵涂炭，地上的人们、动物、植物不是热死就是冻死，也乱了时间，弄得天昏地暗，怨声载道。众神们为了遏止法厄同，由天后赫拉放出一只毒蝎向他攻击，法厄同根本来不及反应就被毒蝎咬住了脚踝，而宙斯则用可怕的雷霆闪电击中了法厄同，只见法厄同惨叫一声坠落到地面，法厄同最终死了（图28.21），人间又恢复了宁静。为了纪念那只也被闪电击毙的毒蝎，这个星座就命名为天蝎座。

图 28.21　神话中的天蝎座

人马座（Sagittarius，射手座，天文符号为 ♐）

人马座（图28.22）是一个位于南天的黄道带星座，占全天面积的2.103%，在全天88个星座中，面积排行第15位。每年7月7日子夜人马座中心经过上中天。

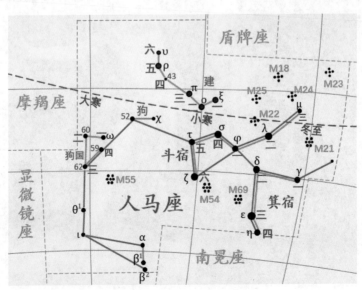

图 28.22　人马座示意图

古希腊神话中的英雄赫拉克勒斯在一次追杀半人马强盗的过程中，误伤了他的老师喀戎（Chiron），使用的正是当年老师赠送的无坚不摧的箭。那支箭穿过一个半人马强盗的身体，射中了后面喀戎的咽喉。喀戎本是不死之身，但赫拉克勒斯的箭浸泡了九头蛇海德拉（Hydra）的毒血，喀戎感到疼痛的折磨超过死亡。当时普罗米修斯因为偷了天火给人类使用，正被宙斯绑在高加索山上受苦刑。有一天，赫拉克勒斯为寻找赫斯珀里得斯（Hesperides）来到这里。他看到恶鹰在啄食普罗米修斯的肝脏，这时，取出弓箭，把那只恶鹰从普罗米修斯的肝脏旁一箭射落。然后他松开锁链，解放了普罗米修斯，带他离开了山崖。但为了满足宙斯的条件，赫拉克勒斯把喀戎作为替身留在悬崖上。喀戎虽然可以要求永生，但为了解救普罗米修斯，不堪九头蛇蛇毒之痛苦，于是他甘愿献出自己的生命。喀戎决定将自己与普罗米修斯交换，让普罗米修斯脱离痛苦而自己放弃永生，让两方都得以解脱。后来喀戎被宙斯升上天空，成为手持弓箭的人马座（图28.23）。

图 28.23　神话中的人马座

在人马座中，有六颗星排列像斗杓：斗宿一（φ Sag）、斗宿二（λ Sag）、斗宿三（μ Sag）、斗宿四（σ Sag）、斗宿五（τ Sag）和斗宿六（ζ Sag）。中国称为南斗六星，也就是斗宿名称的来源。苏轼《赤壁赋》说"月出于东山之上，徘徊于斗牛之间"，其中的"斗"正是指人马座的斗宿天区。斗宿有十个星官：斗、建、天弁、鳖、天籥、狗国、天渊、狗、农丈人和天鸡，这些星官的含义见"星汉灿烂"里的内容。

摩羯座（Capricornus，又称山羊座，天文符号为♑）

摩羯座（图28.24）是黄道星座之一，占全天面积的1%，位置在射手座以西，宝瓶座以东。每年8月8日的午夜，摩羯座上中天。从地球上看去，太阳每年从1月20日到2月15日经过摩羯座。二十四节气中的大寒和立春这两个节点就在该星座中。

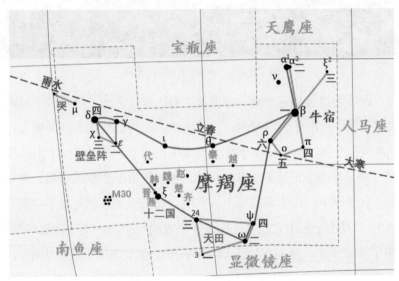

图28.24　摩羯座示意图

在希腊神话中，牧神掌管宙斯的牛羊，他的名字叫潘恩（Pan）。潘恩长得十分丑陋，几乎可以用狰狞来形容。头上生了两只角，而下半身该是脚的部分却是羊蹄。这样丑陋的外表，让牧神潘恩十分难堪与自卑，不能随着众神歌唱，不能向翩翩的仙子求爱。日日夜夜，他只能借吹箫来纾解心中的悲苦。

一日，众神们聚在一起开怀畅饮，放声欢笑，天神宙斯知道潘恩吹得一口好箫，便召他来为众神们演奏助兴。当凄美的箫声淙淙地流泻在森林、原野之中，众神和妖精们正随着歌声如痴如醉的时候（图28.25），森林的另一头，一只多头的百眼兽正呼天啸地、排山倒海而来。仙子们被吓得花容失色，纷纷抛下手中的竖琴化成一只只蝴蝶翩翩而去。而众神们也顾不得手中斟满的美酒，有的变成一只鸟振翅而去，有的跃入河中变成一尾鱼顺流而去，有的干脆化成一道轻烟，消失得无影无踪。

图 28.25　神话中的摩羯座

而牧神潘，眼看着众神们逃的逃，溜的溜，自己却还在为"变成什么逃走"而犹豫不决。最后他决定变成一只山羊，纵身跳入一条溪中。奈何，他选的这条溪实在太浅了，无法完全容纳他庞大的身体，所以他下半身变成鱼尾，而上半身仍是一个山羊头。

在古希腊时期，摩羯座正是冬至点所在的位置。但由于岁差的原因，现在，二十四节气中的立春就在该星座中。在中国的二十八宿中，摩羯座天区主要属于牛宿。牛宿就是牛郎养的那头老牛。"月出于东山之上，徘徊于斗牛之间"中的"牛"就是指牛宿。

在摩羯座中，除了牛，还有星官天田（4 颗星，有 1 颗位于显微镜座），表示天子的田和垒壁阵（共 12 颗星，分别位于摩羯座、双鱼座和宝瓶座），是军营四周的防御工事。《晋书·天文志》记载："垒壁阵十二星，在羽林北。"

19 世纪，天文学家观测到天王星在公转轨道上有摄动的现象，经过计算及观测，在 1846 年发现了太阳系的第 8 颗行星——海王星。当时，海王星正是在摩羯座内运行。

宝瓶座（Aquarius，又称水瓶座，天文符号为 ♒）

宝瓶座（图 28.26），占全天面积的 2.375%，在全天 88 个星座中排行第 10 位。宝瓶座中亮于 5.5 等的恒星有 56 颗，最亮星为虚宿一（宝瓶座 β），视星等级为 2.90。每年 8 月 25 日子夜宝瓶座中心经过上中天。

主流观点认为，宝瓶座的形象就来自前面"满天星斗"节的美少年甘尼美提斯。

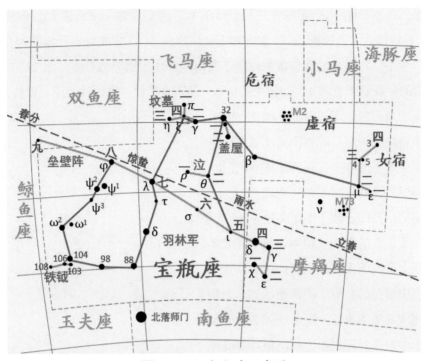

图 28.26　宝瓶座示意图

　　宝瓶座是一个大而黯淡的星座，位于黄道带摩羯座与双鱼座之间，东北面是飞马座、小马座、海豚座和天鹰座，西南边是南鱼座、玉夫座和鲸鱼座。虚宿一（宝瓶座 β）是一颗位于宝瓶座的超巨星，也是宝瓶座最亮的恒星，距离地球约 540 光年。虚宿一通过肉眼只能看见一颗单独的恒星，而通过望远镜可以观测到它附近有两颗昏暗的伴星。其中一颗视星等级为 11.0，位置角位于主星的 321° 方位，距离主星 35.4 角秒；另外一颗伴星视星等级为 11.6，位置角位于主星的 186° 方位，距离主星 57.2 角秒。但目前仍无法判断这三颗恒星是否组成一个恒星系统，抑或是互不关联的恒星，只是刚好在天球上位于同一个方向。

　　虚宿一在西方的传统名为 Sadalsuud（也写作 Sad el Saud，Sadalsund 或 Saad el Sund），词源为阿拉伯语 سعد السعود，意为"幸中之幸"。这是因为在古人的世界观中，虚宿一和太阳一起升起意味着冬天已经过去，温和的季节即将到来，持续的雨季开始。因此，和幸运有关的神话被视为和春天的本质——新生命的蓬勃发展密切一致，并可延伸至农业，即农业发展是社会繁荣或"幸运"的基础。

　　在中国古代的二十八宿体系中，虚宿一属于北方玄武七宿中的虚宿，它与虚宿二（小马座 α）共同组成虚星官。"虚"通"墟"，指废墟或负责处理丧事的官员。清代钦天监所编《仪象考成》及《仪象考成续编》中，虚星官增加了 8 星，分别为虚宿增一（小马座

λ）、虚宿增二（小马座 4）、虚宿增三（小马座 3）、虚宿增四（小马座 ε）、虚宿增五（宝瓶座 15）、虚宿增六（宝瓶座 16）、虚宿增七（宝瓶座 21）、虚宿增八（宝瓶座 20）。

在占星学中，一个人的性格常被对应于其出生日期所相应的星座（图 28.27）。这种对应是不可信的。我们来看看 12 星座中的主星（最亮的那颗）离地球的距离就知道了。

双子座中最亮的北河三距离地球 35 光年。

摩羯座中最亮的垒壁阵四距离地球 39 光年。

白羊座中最亮的娄宿三距离地球 66 光年。

金牛座中最亮的毕宿五距离地球 68 光年。

狮子座中最亮的轩辕十四距离地球 84 光年。

人马座中最亮的箕宿三距离地球 144 光年。

天秤座中最亮的氐宿四距离地球 160 光年。

双鱼座中最亮的右更二距离地球 220 光年。

处女座中最亮的角宿一距离地球 260 光年。

巨蟹座中最亮的柳宿增十距离地球 290 光年。

宝瓶座中最亮虚宿一距离地球 540 光年。

天蝎座中最亮的心宿二距离地球 600 光年。

图 28.27　占星学中的十二星座

一个人出生那天，对应星座发出的光要走几十光年甚至几百光年才能到达地球，怎么会对性格产生影响？如果天体对性格真有点影响，可能还不如月球的影响大。

图 28.28　圣马力诺共和国邮票上的 12 星座

29 天干地支·十二生肖

天干地支，也简称干支，是一个约定俗成的成语，源自中国远古时代对天象的观测。

干支有阳阴强弱的寓意。干就是树的主干，直挺坚强为阳；支就是树的分枝，弯曲柔弱为阴。古人认为，盘古开天辟地后，先有天后有地，由是汽化而人生焉。天地有了，空间也就有了。人生天地间，在天成象，在地成形，在人成运。天道与地道决定着人道，该制定时间和顺序了，因此制定了天干和地支。天地定位，干支以定时空，时空以定世界。干象天而支象地，万物虽长于地上，但是万物的荣枯兴衰却离不开天。因此，古人制定了十天干和十二地支。十天干为母，十二地支为子。

十天干为：甲 [jiǎ]、乙 [yǐ]、丙 [bǐng]、丁 [dīng]、戊 [wù]、己 [jǐ]、庚 [gēng]、辛 [xīn]、壬 [rén]、癸 [guǐ]。十天干中，又分阳干和阴干。其中阳干为甲、丙、戊、庚、壬；阴干为乙、丁、己、辛、癸。

十二地支为：子 [zǐ]、丑 [chǒu]、寅 [yín]、卯 [mǎo]、辰 [chén]、巳 [sì]、午 [wǔ]、未 [wèi]、申 [shēn]、酉 [yǒu]、戌 [xū]、亥 [hài]。地支也分阳支和阴支。阳支为子、寅、辰、午、申、戌；阴支为丑、卯、巳、未、酉、亥。

由于天干地支的意义均来自于树木，因此它们的原始字义也被人们赋予了形象的说法。对于树干，它有不同的生长时期。古人把这些不同的生长时期概括为十个阶段。

甲是拆的意思，指万物剖符而出。

乙是轧的意思，指万物出生，抽轧而出。

丙是炳的意思，指万物炳然著见。

丁是强的意思，指万物丁壮。

戊是茂的意思，指万物茂盛。

己是纪的意思，指万物有形可纪识。

庚是更的意思，指万物收敛有实。

辛是新的意思，指万物初新皆收成。

壬是任的意思，指阳气任养万物之下。

癸是揆的意思，指万物可揆度。

对于枝叶，古人也用十二个阶段来概述其不同的状态。

子是兹的意思，指万物兹萌于既动之阳气下。

丑是纽、系的意思，指既萌而系长。

寅是移、引的意思，指万物从冬季的休眠中复苏。

卯是冒的意思，指万物冒地而出。

辰是震的意思，指物经雷动而长。

巳是起、已的意思，指万物至此已毕尽而起。

午是忤的意思，指万物盛大枝柯密布。

未是昧的意思，指阴气已长，万物稍衰。

申是身的意思，指万物的身体都已成熟。

酉是老的意思，指万物成熟。

戌是灭的意思，指万物老极。

亥是核的意思，指万物收藏皆坚核。

干支最早源于古人对星象的观测。周天里有二十八星宿，这些星宿都是由恒星组成。在视觉中，恒星的位置是固定不变的，而行星却在运动，因此可以参照恒星来确定日月五星（即太阳、月球、金星、木星、水星、火星和土星，因为古人认为地球不动，太阳在动）的相对位置。

古人认为，在甲、乙、丙、丁、戊、己、庚、辛、壬、癸十天干中，甲、乙携带着风气，丙、丁携带着火气，戊、己携带着湿气，庚、辛携带着燥气，壬、癸携带着寒气。

古人又把黄道平面划分为十二宫，以日躔 [chán] 过十二宫划分为十二个月。所以古代把黄道十二宫以地支命名，十二宫又与二十八宿相对应，即子宫有女、虚、危三宿；丑宫有斗、牛二宿；寅宫有尾、箕二宿；卯宫有氐、房、心三宿；辰宫有角、亢二宿；巳宫有翼、轸二宿；午宫有柳、星、张三宿；未宫有井、鬼二宿；申宫有觜、参二宿；酉宫有胃、昴、毕三宿；戌宫有奎、娄二宿；亥宫有室、壁二宿。

干支纪年

十天干和十二地支依次相配，组成六十个基本单位，两者按固定的顺序相互配合，组成了干支纪元法。其组合规律是阳干配阳支，阴干配阴支。

它们的顺序是甲子→乙丑→丙寅→丁卯→戊辰→己巳→庚午→辛未→壬申→癸酉……甲寅→乙卯→丙辰→丁巳→戊午→己未→庚申→辛酉→壬戌→癸亥。到此，一个甲子周期结束，以后又进入下一个循环。

干支纪年法的最早元年是公元前 2697 年，即古中国·黄帝纪年元年（开元 1 年），这一年是甲子正元年。

天干地支

支	干									
	甲	乙	丙	丁	戊	己	庚	辛	壬	癸
子	甲子 1		丙子 13		戊子 25		庚子 37		壬子 49	
丑		乙丑 2		丁丑 14		己丑 26		辛丑 38		癸丑 50
寅	甲寅 51		丙寅 3		戊寅 15		庚寅 27		壬寅 39	
卯		乙卯 52		丁卯 4		己卯 16		辛卯 28		癸卯 40
辰	甲辰 41		丙辰 53		戊辰 5		庚辰 17		壬辰 29	
巳		乙巳 42		丁巳 54		己巳 6		辛巳 18		癸巳 30
午	甲午 31		丙午 43		戊午 55		庚午 7		壬午 19	
未		乙未 32		丁未 44		己未 56		辛未 8		癸未 20
申	甲申 21		丙申 33		戊申 45		庚申 57		壬申 9	
酉		乙酉 22		丁酉 34		己酉 46		辛酉 58		癸酉 10
戌	甲戌 11		丙戌 23		戊戌 35		庚戌 47		壬戌 59	
亥		乙亥 12		丁亥 24		己亥 36		辛亥 48		癸亥 60

干支年与若干公历年的对照表

甲子	乙丑	丙寅	丁卯	戊辰	己巳	庚午	辛未	壬申	癸酉
1804	1805	1806	1807	1808	1809	1810	1811	1812	1813
1864	1865	1866	1867	1868	1869	1870	1871	1872	1873
1924	1925	1926	1927	1928	1929	1930	1931	1932	1933
1984	1985	1986	1987	1988	1989	1990	1991	1992	1993
甲戌	**乙亥**	**丙子**	**丁丑**	**戊寅**	**己卯**	**庚辰**	**辛巳**	**壬午**	**癸未**
1814	1815	1816	1817	1818	1819	1820	1821	1822	1823
1874	1875	1876	1877	1878	1879	1880	1881	1882	1883
1934	1935	1936	1937	1938	1939	1940	1941	1942	1943
1994	1995	1996	1997	1998	1999	2000	2001	2002	2003
甲申	**乙酉**	**丙戌**	**丁亥**	**戊子**	**己丑**	**庚寅**	**辛卯**	**壬辰**	**癸巳**
1824	1825	1826	1827	1828	1829	1830	1831	1832	1833
1884	1885	1886	1887	1888	1889	1890	1891	1892	1893
1944	1945	1946	1947	1948	1949	1950	1951	1952	1953
2004	2005	2006	2007	2008	2009	2010	2011	2012	2013
甲午	**乙未**	**丙申**	**丁酉**	**戊戌**	**己亥**	**庚子**	**辛丑**	**壬寅**	**癸卯**
1834	1835	1836	1837	1838	1839	1840	1841	1842	1843
1894	1895	1896	1897	1898	1899	1900	1901	1902	1903
1954	1955	1956	1957	1958	1959	1960	1961	1962	1963
2014	2015	2016	2017	2018	2019	2020	2021	2022	2023

续表

甲辰	乙巳	丙午	丁未	戊申	己酉	庚戌	辛亥	壬子	癸丑
1844	1845	1846	1847	1848	1849	1850	1851	1852	1853
1904	1905	1906	1907	1908	1909	1910	1911	1912	1913
1964	1965	1966	1967	1968	1969	1970	1971	1972	1973
2024	2025	2026	2027	2028	2029	2030	2031	2032	2033
甲寅	乙卯	丙辰	丁巳	戊午	己未	庚申	辛酉	壬戌	癸亥
1854	1855	1856	1857	1858	1859	1860	1861	1862	1863
1914	1915	1916	1917	1918	1919	1920	1921	1922	1923
1974	1975	1976	1977	1978	1979	1980	1981	1982	1983
2034	2035	2036	2037	2038	2039	2040	2041	2042	2043

如上所述，在干支和干支纪元法中，分别使用了十进制、十二进制和六十进制。

干支纪元法是以北斗星斗柄的指向确定"月建"，以北斗星斗柄所指的方位作为确定月份的标准，称为"斗建"。斗柄旋转一圈（从立春到下一立春），称为一十二月建，十二月建是干支历法的基本内容，依据北斗星斗柄的指向确定。北斗七星循环旋转，斗转星移与节气变化有密切关系。北斗星斗柄绕东、南、西、北旋转一圈谓之一岁（摄提），干支历法将一岁划分为十二辰（或十二月令），每月令含两个节气。

十二生肖

南宋·朱熹《读十二辰诗卷掇其馀作此聊奉一笑》

夜闻空箪啮饥鼠，晓驾羸牛耕废圃。

时方虎圈听豪夸，旧业兔园嗟莽卤。

君看蛰龙卧三冬，头角不与蛇争雄。

毁车杀马罢驰逐，烹羊酤酒聊从容。

手种猴桃垂架绿，养得鹍鸡鸣角角。

客来犬吠催煮茶，不用东家买猪肉。

元·刘因《续十二辰诗》

饥鸢嚇鼠惊不起，牛背高眠有如此。

江山虎踞千里来，才办荆州兔穴尔。

鱼龙入海浩无涯，幻境等是杯中蛇。

马耳秋风去无迹，羊肠蜀道早还家。

何必高门沐猴舞，豚阱鸡栖皆乐士。

柴门狗吠报邻翁，约买神猪谢春雨。

以上是历史上两首咏叹十二生肖的著名诗句。

十二生肖也对应着十二地支：子－鼠，丑－牛，寅－虎，卯－兔，辰－龙，巳－蛇，午－马，未－羊，申－猴，酉－鸡，戌－狗，亥－猪。

图 29.1　中国邮政十二生肖邮票

十二生肖是十二地支的形象化代表，其起源或与早期的动物崇拜有关。先秦时期即有比较完整的生肖系统存在："子，鼠也，盗者锐口，希须……丑，牛也，盗者大鼻，长颈……寅，虎也，盗者壮，希须，面有黑焉……卯，兔也，盗者大面，头……辰，盗者男子，青赤色……巳，虫也，盗者长而黑，蛇目……午，鹿也，盗者长颈，小胻，其身不全……未，马也，盗者长须耳……申，环也，盗者圆面……酉，水也……戌，老羊也……亥，豕也……"

但先秦时期的十二生肖与现代的不完全相同，有鹿而无马，有虫而无鸡。与现代相同的十二生肖的最早记载是东汉王充的《论衡·物势》："寅，木也，其禽虎也；戌，土也，其禽犬也；丑、未，亦土也，丑禽牛，未禽羊也。木胜土，故犬与牛羊为虎所服也。亥，水也，其禽豕也；巳，火也，其禽蛇也；子，亦水也，其禽鼠也；午，亦火也，其禽马也……午，马也，子，鼠也，酉，鸡也，卯，兔也。水胜火，鼠何不逐马？金胜木，鸡何不啄兔？亥，豕也，未，羊也，丑，牛也。土胜水，牛羊何不杀豕？巳，蛇也，申，猴也。火胜金，蛇何不食猕猴？"但《论衡》里十二生肖的顺序与现代的也有不同。

生肖中还带有五行，即每一个生肖，都有金木水火土的属性。

金：

甲子鼠、乙丑牛、壬寅虎、癸卯兔、庚辰龙、辛巳蛇、甲午马、乙未羊、壬申猴、癸酉鸡、庚戌狗、辛亥猪。

水：

丙子鼠、丁丑牛、甲寅虎、乙卯兔、壬辰龙、癸巳蛇、丙午马、丁未羊、甲申猴、乙酉鸡、壬戌狗、癸亥猪。

火：

戊子鼠、己丑牛、丙寅虎、丁卯兔、甲辰龙、乙巳蛇、戊午马、己未羊、丙申猴、丁酉鸡、甲戌狗、乙亥猪。

土：

庚子鼠、辛丑牛、戊寅虎、己卯兔、丙辰龙、丁巳蛇、庚午马、辛未羊、戊申猴、己酉鸡、丙戌狗、丁亥猪。

木：

壬子鼠、癸丑牛、庚寅虎、辛卯兔、戊辰龙、己巳蛇、壬午马、癸未羊、庚申猴、辛酉鸡、戊戌狗、己亥猪。

公元历法

现在世界通用格里高利历，即公历纪年法，简称公历。它是在原来西方所用的儒略历的基础上，由意大利医生、天文学家、哲学家、年代学家阿洛伊修斯·里利乌斯（Aloysius Lilius，1519—1576）改进的一种历法。1582年，时任罗马教皇的格里高利十三世（Pope Gregory XIII，1502—1585）予以批准颁行，因此得名格里高利历。

在儒略历之前，罗马人使用的是阴历。每个月29天或30天，每两年插入一个闰月，闰月长度为3/4个普通月（也就是，第一年新月月初，第三年下弦月初，第五年满月月初，第七年上弦月初，第九年回到新月月初）。在这样一个历法系统里，常年为355天，闰年为377天或378天，平均下来每年有366又1/4天。本来这个历法是为了切合太阳的运行规律的，但是由于闰月的添加是罗马元老院的神官自行决定的，所以在战争时代或者其他一些宗教活动荒废的时候，会有相当长的一段时间无法宣布哪一年为闰年，这样一来历法就会大大偏离太阳规律。同时由于消息传播的方式并不发达，远离城邦居住的居民甚至有时并不能了解神官发布的闰年通告，经常会导致许多人对这天的日期一无所知。

到了公元前46年，古罗马历情况非常混乱，以至于儒略·恺撒要在Mercedinus的特别月里加入90日，才能恢复月份的季节。他根据埃及亚历山大城的天文家索西琴尼（Sosigenes，生卒年不详）的建议，修订古罗马历而制定儒略历（Julian Calendar）。将一年分为12个月，规定单数月为31日，双数月为30日，通常二月是29日（平年），每四年设置一闰年，闰年的二月多加一日成为30日。因此平年有 $6 \times 31 + 5 \times 30 + 29 = 365$ 日，闰年有 $6 \times 31 + 6 \times 30 = 366$ 日。四年里总共有 $3 \times 365 + 366 = 1461$ 日，平均每年日数为

1461/4=365.25，与准确回归年 365.2422 相差 0.0078 日，即每 128 年只会有一日偏差。

古罗马历法里，一年从 March（现在的三月）到 February（现在的二月），前 11 个月以数字命名，最后一个月（February）是腊月。改历后，January 成为第一个月，各月名逐渐改用俗名或以神命名。

一月 January，名字来自古罗马神话的双面神雅努斯；二月 February，名字来自古罗马的节日 Februa；三月 March，名字来自古罗马神话的战神玛尔斯；四月 April，名字来自古罗马的词 aperire，意思为"开始"，意味着春天开始；五月 May，名字来自古罗马神话的花神玛亚；六月 June，名字来自古罗马女神 Juno，拉丁语 Junius；七月，原名 Quintilis，在古罗马历中这是第五月，原名是拉丁语"第五"的意思；八月，原名 Sextilis，拉丁语是"第六"的意思；九月 September，拉丁语"第七"的意思；十月 October，拉丁语"第八"的意思；十一月 November，拉丁语"第九"的意思；十二月 December，拉丁语"第十"的意思。

因为恺撒是在儒略历七月出生的，经元老院一致通过，将此月改为恺撒的名字 July（儒略）。恺撒的甥孙屋大维继位后，为了达到和恺撒大帝平起平坐的地位，也想用自己的名字命名月份，但他诞辰于九月，而罗马元老院是在八月给他"奥古斯都"的称号，屋大维就以此命名八月为"August"，并将八月调为 31 天，九月调为 30 天，十月改为 30 天，十一月改为 30 天，十二月改为 31 天。这样变成一年有 7 个 31 天和 4 个 30 天的月份，奥古斯都又下令从二月减去一天，因此二月变成 28 天。因为罗马是把二月定为处决囚犯的季节，减少 1 天，以示宽宥。

但由于儒略历每 128 年就会有一日偏差，到公元 1582 年已经累积了 10 天误差（多了 10 天，或者说与实际季节相比慢了 10 天），因此格里高利十三世于公元 1582 年 10 月 15 日启用格里高利历，即目前通用历法。格里高利历是在儒略历的基础上，对闰年设置做了一些调整，按儒略历，每 400 年中有 100 个闰日，而格里高利历将 100 个闰日减为 97 个。调整后，普通闰年：公历年份是 4 的倍数，且不是 100 的倍数的，为闰年（例如 2008 年、2024 年等就是闰年）；世纪闰年：公历年份是整百数的，还必须是 400 的倍数才是闰年（例如 1900 年不是闰年，2000 年是闰年）。

格里高利十三世下令：公元 1582 年 10 月 4 日（儒略历）的下一天为公元 1582 年 10 月 15 日（格里高利历），星期保持连续不变。经过这样的调整，便完成了从儒略历到格里高利历的更替。但是这样产生了一个效应，便是从历史上看，公元 1582 年 10 月 5 日至 14 日这十天"凭空消失"了。其实是因为两种历法版本的更替，这十天从来也没有存在过，所以又称作"消失的十天"，其目的是消除掉积累的误差。

格里高利十三世做这个调整其实是出于宗教原因，是为了精确计算耶稣复活日。

公历纪年以耶稣诞生之年作为纪年的开始。在儒略历与格里高利历中，在耶稣诞生之后的日期，称为主的年份（Anno Domini，AD）。而在耶稣诞生之前，称为主前（Before Christ，BC）。现代学者为了淡化其宗教色彩以及避免非基督教徒的反感而多半改用"公元"（Common era，CE）与"公元前"（Before the Common Era，BCE）的说法。

辛亥革命爆发后次年（1912年），当时的中华民国政府采用公历作为国历；纪年方面，公元纪年法与民国纪年法并行，即1949年1月1日为民国38年1月1日。

1949年9月27日，经过中国人民政治协商会议第一届全体会议通过，新成立的中华人民共和国使用世界大多数国家通用的公历和公元分别作为历法与纪年。

目前，世界上还有一些地区使用伊斯兰历法（Islamic calendar）。

不过，还有一种历法，由著名数学家和天文学家拉格朗日（Joseph-Louis Lagrange，1736—1813）制定，在大革命后的法国曾有一段时间使用，这就是法国共和历。制定共和历的目的是要排除历法与宗教的联系，排除天主教在群众生活中的影响，同时增加劳动时间。虽然目前已经废弃不用，但当时的法国历史事件都是用这种历法记载的，如热月政变等。1793年10月5日，法国国民公会决定废止基督教的格里高利历法（即公历），采用革命历法，即共和历。

法国共和历是1793年10月24日在雅各宾党全国大会上确定的，由于法国大革命历法将国王、贵族和宗教僧侣都当作敌人，因此废弃由教皇确定的历法，规定法兰西第一共和国诞生之日为"共和国元年元月元日"，即1792年9月22日。将一年分为12个月，每月30天，每月分为3旬，每旬10天，废除星期日，每年最后加5天，闰年加6天。完全废弃以前的名称，以罗马数字纪年。由于以前天主教教廷将每一天都用一位圣人名字命名，所以全部被共和国废弃，另采纳植物名称命名，只是冬季雪月由于大部分植物都不生长，改为用矿物名称命名；全年每逢周五，用动物命名；第十天旬日休息，用一种工具命名。由于规定每年第一天都从秋分日开始，所以闰年设置和格里高利历有差距，每年可能在日期上有一两天浮动差距。

共和历与现实的差异过大。共和历的时间单位为十进位制，一旬为十日，一日为十小时，一小时为一百分钟，一分钟为一百秒，与当时一般人的生活无法符合，并没有被绝大部分人接受而失败。但相等于共和历秒和共和历分钟的时间单位，到了1998年在Swatch互联网时间中再次被应用。

拿破仑占领意大利后，和教廷和解，教皇承认其称帝加冕，所以于共和国XIV年雪月连枷日（10日），也就是1805年12月31日，法国重新恢复格里高利历。后来巴黎公社曾一度短暂恢复使用共和历。

共和历每年从秋季开始，将全年的月分别称为葡月、雾月、霜月（秋季三个月），雪月、雨月、风月（冬季三个月），芽月、花月、牧月（春季三个月），获月、热月、果月（夏季三个月）。

共和历每年从秋季开始，将全年的日如下命名。

葡月（即葡萄收获月，9月22日—10月21日）

旬	日									
	1	2	3	4	5	6	7	8	9	10
1	悬钩子	藏红花	野栗子	秋水仙	马	凤仙花	胡萝卜	雁来红	防风	酒槽
2	马铃薯	蜡菊	笋瓜	木犀草	驴	紫茉莉	葫芦	荞麦	向日葵	榨汁机
3	大麻	桃	萝卜	孤挺花	牛	茄	辣椒	番茄	大麦	酒桶

雾月（10月22日—11月20日）

旬	日									
	1	2	3	4	5	6	7	8	9	10
1	苹果	芹菜	梨	红菜头	鹅	紫草	无花果	雅葱	花楸	犁
2	参	菱角	洋姜	苦苣	火鸡	细叶芹	水田芥	蓝茉莉	石榴	钉齿耙
3	山葡萄	山楂	茜草	橘子	雉鸡	黄连	马郁兰	榅桲	水榆	辊筒

霜月（11月21日—12月20日）

旬	日									
	1	2	3	4	5	6	7	8	9	10
1	风铃草	芜菁	菊苣	欧山楂	猪	野苣	菜花	蜜花	杜松子	十字镐
2	白蜡树	辣根	雪松	枞树	狍子	荆豆	柏树	常春藤	杜松	镢头
3	糖槭	石楠	芦苇	酸模	蟋蟀	五针松	软木树	块菰	橄榄	桨

雪月（12月21日—1月19日）

旬	日									
	1	2	3	4	5	6	7	8	9	10
1	泥炭	煤	沥青	硫磺	犬	熔岩	腐殖土	肥料	硝石	连枷
2	花岗岩	黏土	板岩	砂岩	兔	燧石	泥灰石	石灰石	大理石	簸箕
3	石膏	盐	铁	铜	猫	锡	铅	锌	汞	筛子

雨月（1月20日—2月18日）

旬	日									
	1	2	3	4	5	6	7	8	9	10
1	桂叶芫	苔藓	假叶树	雪莲	公牛	荚蒾	火绒草	瑞香	杨	斧头
2	嚏根草	花椰菜	月桂	榛树	奶牛	黄杨	地衣	紫杉	疗肺草	剪枝刀
3	薪蒉	欧石楠	冰草	鸭趾草	野兔	菘蓝	榛子	仙客来	白屈菜	拖网

风月 (2月19日—3月20)

旬	日									
	1	2	3	4	5	6	7	8	9	10
1	款冬	山茱萸	堇菜	女贞	公山羊	细辛	泻鼠李	紫罗兰	黄华柳	锹
2	水仙	榆树	果紫堇	糖芥	母山羊	菠菜	多椰菊	繁缕	欧芹	钓鱼线
3	曼德拉草	香芹	辣根菜	雏菊	金枪鱼	蒲公英	森林	水龙骨	桦树	手铲

芽月（3月21日—4月19日）

旬	日									
	1	2	3	4	5	6	7	8	9	10
1	报春花	法桐	芦笋	郁金香	母鸡	甜菜	桦树	黄水仙	桤木	鸡窝
2	长春花	鹅耳枥	羊肚菌	山毛榉	蜜蜂	生菜	落叶松	毒芹	水萝卜	蜂箱
3	紫荆	油麦菜	栗树	芝麻菜	鸽子	百合花	秋牡丹	三色堇	越橘	接枝刀

花月（4月20日—5月19日）

旬	日									
	1	2	3	4	5	6	7	8	9	10
1	玫瑰	橡树	蕨	山楂	夜莺	搂斗菜	铃兰	蘑菇	风信子	耙子
2	大黄	黄芪	蒲草	矮棕榈	蚕	聚合草	地榆	荠菜	滨藜	锄
3	补血草	贝母	琉璃生菜	缬草	鲤鱼	日卫矛	香葱	牵牛花	黑芥	牧铲

牧月（5月20日—6月18日）

旬	日									
	1	2	3	4	5	6	7	8	9	10
1	苜蓿	萱草	三叶草	当归	金丝雀	蜜蜂花	冬小麦	头巾百合	欧百里香	长柄镰刀
2	草莓	药水苏	豌豆	金合欢	鹌鹑	石竹	接骨木	罂粟	椴树	长柄叉
3	矢车菊	洋甘菊	忍冬	猪殃殃	冬穴鱼	茉莉	马鞭草	百里香	牡丹	大板车

获月 (6月19日—7月18日）

旬	日									
	1	2	3	4	5	6	7	8	9	10
1	黑麦	燕麦	洋葱	婆婆纳	骡	迷迭香	黄瓜	分葱	苦艾	小镰刀
2	芫荽	大蓟	丁香	薰衣草	岩羊	烟草	醋栗	香豌豆	樱桃	围栅
3	薄荷	莳萝	菜豆	阿看草	珍珠鸡	日鼠尾草	蒜	巢菜	小麦	芦笛

热月 (7月19日—8月17日）

旬	日									
	1	2	3	4	5	6	7	8	9	10
1	双粒小麦	毒鱼藤	甜瓜	黑麦草	公绵羊	木贼	蒿	红花	黑莓	喷壶
2	黍	海蓬子	杏	日罗勒	母绵羊	蜀葵	亚麻	巴旦杏	龙胆	闸门
3	飞廉	山柑	扁小豆	土木香	水獭	香桃木	油菜	羽扇豆	棉花	磨

果月 (8月18日—9月16日)

旬	日									
	1	2	3	4	5	6	7	8	9	10
1	李子	小米	马勃	六棱大麦	鲑鱼	晚香玉	甜瓜	夹竹桃	甘草	梯子
2	西瓜	小茴香	刺蘖	核桃	鳟鱼	柠檬	起绒草	鼠李	万寿菊	背篓
3	蔷薇	榛子	啤酒花	高粱	鳌虾	酸橙	一枝黄	玉米	大栗子	篮子

其他 5 天（闰年 6 天）的名称是：道德日——9 月 17 日或 18 日；才能日——9 月 18 日或 19 日；工作日——9 月 19 日或 20 日；舆论日——9 月 20 日或 21 日；奖赏日——9 月 21 日或 22 日；革命日——9 月 22 日或 23 日（闰年时加一日）。

尽管这个历法已不再使用，但它的制定和命名极富想象力。

30 起承转合·天文学的发展过程

起承转合这个成语本意是指旧时诗文写作结构章法方面常用的程式，现比喻说话、作文拘泥于呆板、固定的形式。近义词为承上启下。起：开端。承：承接上文。转：转折。合：结束全文。该成语出自元代范德玑《诗格》："作诗有四法：起要平直；承要春容；转要变化；合要渊水。"清代金圣叹《西厢记读法》也有"有此许多起承转合，便令题目透出文字。"

起承转合是过去写文章做诗文的常见手法，甚至是戏剧里的范式。它在一篇短短的诗文和一段戏剧中，能引出一个完整的故事结构。

如崔颢的《黄鹤楼》一诗，起承转合运用得相当完整。

昔人已乘黄鹤去，此地空余黄鹤楼。（起）

黄鹤一去不复返，白云千载空悠悠。（承）

晴川历历汉阳树，芳草萋萋鹦鹉洲。（转）

日暮乡关何处是？烟波江上使人愁。（合）

但当它被固定下来、长期使用后，就造成拘泥呆板、千篇一律的形式。

拘泥呆板、千篇一律的形式莫过于古代的八股文（图 30.1）。八股文是明清科举考试的一种文体，内容必须用古人的语气，绝对不允许自由发挥，句子的长短、字的繁简、声调的高低等也都要相对成文，字数也有限制。八股文文体有固定格式：由破题、承题、起讲、入题、起股、中股、后股、束股共八部分组成，题目一律出自"四书五经"中的原文。后四个部分每部分有两股排比对偶的文字，合起来共八股。

北宋王安石废诗赋取经义，并多科为进士一科，一律改试经义，将取士内容限制到儒家经典的狭窄范围内。元代考试，用"经义""经疑"为题述文，出题范围限制在《大学》《中庸》《论语》《孟子》中。这就是最早的八股文雏形了。明清时科举时写的八股文对内容有诸多限制，观点必须与"圣人"朱熹相同，若有与之不同的观点则无法通过考试。文章的每个段落死守在固定的格式里面，尤其是起股、中股、后股、束股部分要求严格对仗，类似于骈文，书写难度甚高，极大地制约了丰富内容和想象的出现。

八股文是在中国语言、文字、考试制度等特定的历史条件下萌芽、产生和发展形成的。

中国文字里的对仗句式，是因语言和文字特征自然形成的。就是说写工整的句子，都应当是自然成对。而且，一切对仗，不单纯是声音、词组的对仗，而且是思维逻辑的对仗。"事对为末，意对为先。反对为优，正对为劣。"（《文心雕龙·丽辞》）如"红花""绿叶"，李清照用"绿肥""红瘦"，而且肥、瘦相反，既是意对，又是反对。但八股文的对仗句式，完全不同于四六骈文，诗词骚赋，而且最忌沾染辞章气。八股中所谓"八股"，就是四组特殊对仗的文字，是特殊、复杂对仗思维的产物。明清统治者标榜求实尚正，只许考生做浑厚老成的死板文章，不得用诗赋式的华丽辞藻，不得引用经典以外的其他任何书籍。八股文没有诗赋策论那种旁征博引、譬喻联翩的绚丽色彩，也不可有其他任何越出界限之处。甚至即使在经典之内，也有犯上、犯下的禁忌。

古代八股文的盛行，也是因为科举考试的需要。参加考试的人太多，如人人随意发挥，就难有客观判断的标准，这样就很难确定取舍，更难排成名次。

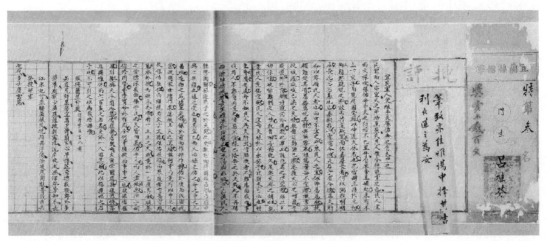

图 30.1 　科举·八股文

八股文千篇一律、内容空疏，对于治国理政而言没什么帮助，这一点朝廷的统治者也很清楚。之所以沿袭不改，是因为八股取士的精髓不在于通过八股文治国安邦，而是通过设定考试难度，从众多应试者中选出可堪造就之才，再由国家进行下一步培养。明清时期殿试出榜后，总是选出进士入翰林院再进行学习培训，以后才有外放为官、管理执政的机会。尽管科举的八股文在明清时也遭人诟病，但八股文确实保证了考试的公平性。

在千多年的科举考试中，也曾出现一些优秀的八股文，如张居正的《生财有大道》：

破题：盖理财者，得其道而自裕焉。

承题：盖务本节用，生财之道也。果能此道矣，国孰与不足乎？

起讲：且夫聚人曰财，国而无财，非其国矣；理财曰义，财而不义，非其财矣。

起股：是以君子之生财也有道。故不必损下以益上，而经制得宜，自有以裕于国也。

其于道也又甚大焉，故不必损上以益下，而公私两利，自有以裕于民也。然则何如？

中股：盖天地本有自然之利，而国家本有惟正之供。惟其力之不勤而用之无节，故恒见其不足耳。诚能趋天下之民而归之农，其生之也既无遗力矣，又且汰冗员，裁冗费，不使有浮食焉。

后股：尽三时之勤以服乎耕，其为之也既无遗力矣，又且量所入，为所出，不使有侈用焉。斯则勤以务本，而财之入也无穷。俭以制用，而财之出也有限。以无穷之财，供有限之用，是以下常给而上常余。虽国有大事，而内府外府之储自将取之而不匮矣。

束股：百姓足而君亦足，虽年有大褫，而三年九年之蓄，自可恃之而无恐矣。

大结：谓之大道，信乎其为经久谋国之计，而非一切权益之术可比也。然则有国家者岂必外本内末，而后财可聚也哉。

唐宋元明清各朝代通过科举制考试选拔人才，在历史上是一种进步。

在春秋以前的社会中，只有统治集团家族的成员才有可能接受教育而成为知识分子，国家机构的各个组成部分，实际上主要由统治集团内部成员世袭占有，具体表现就是周代的"世卿世禄"制度。在这种制度下，即使有某种举荐选拔，也基本上不超出宗法家族的范围，举荐选拔超越世袭血缘关系的罗网而登上高位的只能是极其偶然的例外。到春秋时期，"礼崩乐坏"，世卿世禄制被严重破坏，一些原来不是贵族的下层人士得到破格任用，通过举荐、考核而选拔登进人才的情况越来越多。由举荐考核而任用（以及按劳绩提升）的官僚制度逐渐产生。而当时社会经济的发展、文化教育面的扩大更加速了这一过程。

到了汉代，提拔民间人才采用的是察举制与征辟制。汉高祖十一年（前196年）刘邦下诏命令各级臣下举荐贤才，形成后世乡贡的最初形态。汉文帝二年（前178年）、十五年（前165年）又两次下诏命令各级官员举荐"贤良方正能直言极谏者"，并对被举荐者采用策问的方式进行考试。汉武帝根据董仲舒的建议，诏令各郡国举孝子、廉吏各一人，后来两科逐渐合并为一科，称为"孝廉"。此外"秀才"也是察举的重要科目之一。孝廉重在德行，秀才重在才能。东汉时为了避讳光武帝刘秀而改成"茂才"。唐宋时泛称一般读书应举者为秀才，明清特指通过初级"县试"入学的学生为秀才。汉代各科察举都要通过朝廷考试。但是汉代察举考试与后代科举考试的重要区别在于：考试在察举中并不重要，举荐是决定性的。察举以举荐为主，考试为辅，考试基本不存在黜落，"当时未有黜落法，对策者皆被选"。举荐权掌握在皇帝以下的各级官僚权贵手中。察举并不是两汉仕进的最大渠道。从汉初以来"任子""赀[zī]选"、皇帝和各级官僚的直接辟召仍然进行。一般士人往往是先征辟为州郡吏员，才由上司向中央察举为秀才、孝廉等。但是，一般没有门路的布衣平民，几乎没有被察举的可能性。

所以说科举制度渊源于汉朝，创立于隋朝，确立于唐朝，完备于宋朝，兴盛于明清两朝，废除于清朝末年。它一直坚持的是"自由报名、公开考试、平等竞争、择优取仕"的原则，对我国古代社会的选官制度，特别是对汉代的察举和征辟制、魏晋南北朝的九品中正制，是一个直接有力的替代和否定，给广大中小地主和平民百姓通过科举的阶梯而入仕以登上历史的政治舞台，提供了一个公平竞争的平台、机会和条件。因此说，科举制度是中国历史上，也是世界历史上最具开创性和平等性的官吏人才选拔制度。

但是在古代，科举也往往被有钱人家所包揽。吕蒙正、范仲淹、欧阳修等寒士在科举及第者中是极少数，而且他们也并非完全平民出身。科举所需的经济开支，不是一般农家所能负担的。三苏父子本是四川眉山的殷实人家，宋仁宗嘉祐元年（1056 年）苏洵携儿子进京赶考，嘉祐二年苏轼兄弟虽金榜题名，然而家产也消耗得所剩无几。次年苏洵之妻病死眉山，父子三人奔丧回籍，家中已是一派"屋庐倒坏，篱落破漏，如逃亡人家"的惨景。这还不包括十年寒窗不事生产的花费，小户人家岂敢问津如此科举？

到清代光绪三十一年（1905 年），清廷正式宣布："自丙午（1906 年）科为始，所有乡、会试一律停止，各省岁、科考试亦即停止。"至此，中国历史上的科举制度最终结束。

相对而言，科举制度是古代社会所能采取的最公平的人才选拔形式，它扩展了国家引进人才的社会层面，吸收了大量出身中下层社会的人士进入上层。但科举制度也带来严重社会弊病，形成"万般皆下品，唯有读书高""我花开时百花杀"的局面，严重扼杀了社会的其他人才及其创新活动。科举制度逐渐僵化后，世间少见偃师的巧夺天工、梓庆的鬼斧神工、匠石的运斤成风和庖丁的游刃有余了。

天文学的发展似乎就是起承转合的过程。

起：古希腊天文学家和数学家欧多克斯在柏拉图学园中学习时，生活困顿、处境困难，只能住在雅典的港口比雷埃夫斯，因为那里可以找到较便宜的住处。这样他每天往返学校不得不走十英里（1 英里 ≈ 1.6 千米）。欧多克斯毕业后到了埃及，进行天文学的研究学习。后来他再次拜访了过去的老师柏拉图，提出了许多几何证法，这后来被纳入欧几里得所总结的几何学。他还对不能直接确定其长度和面积的图形的近似值开始进行研究，这在一百年后由阿基米德做了进一步的发展。欧多克斯还证明了一年不是整 365 天，而是 365 天又6 小时，并接受了柏拉图关于行星必须在正圆轨道上运行的观点。然而在他仔细观察了行星运动之后又不得不承认，行星的实际运动并不是正圆轨道上的匀速运动。为了给老师柏拉图"保全面子"，他试图修改柏拉图理论使之符合观察到的实际情况。他假设，行星同其所绕转动的中心球体组成的系统，同时绕着第三球体转动，而以此类推（例如月绕地转动，地月系统绕日转动，不过当时认为日绕地，其他星体绕日）。每个球体的转动是匀速的，但各球体的转速及第一球体的轨道球面两极与其相邻级别轨道球面两极的倾斜度总和确定行星的全部运动，而这种运动就是实际观察到的不规则运动。就是这样用球体多级依次公转，以完美的规则性得出观察到的不规则和不完美。欧多克斯还画了一幅新的胜过赫克特斯的地图，是第一个试图画星图的希腊人，为此，他将天空按经度、纬度划分，后来这个概念就转移到地球本身的表面上了。

欧多克斯可以算是建立古天文学的第一人。这时，天文学发展的齿轮开始转动了。

承：之后，古天文学在托勒密的努力下进一步发展，逐渐得以完善。尤其是托勒密集前人之大成，写下流传近 2000 年的《天文学大成》后，地心说占据欧洲天文学的主流地位。托勒密认为，地球在宇宙中心处于静止不动的状态。从地球向外，依次有月球、水星、金星、太阳、火星、木星和土星，它们沿着各自的运行轨道绕地球运转。其中，太阳、月球的运动比较简单而行星的运动却较复杂：行星在本轮上运动，而本轮又沿均轮绕地运行。恒星天是镶嵌着所有恒星的天球，处在太阳、月球和其他所有行星之外。在它外面，是推动天体运动的原动天。托勒密通过人为规定本轮、均轮的大小及行星运行速度，才使这个模型和观测结果取得一致。

"地心说"的提出，是对古天文学的继承。

中世纪后期随着观察仪器的不断改进以及新仪器的发明，天文学家能够更加精确地测量出行星的位置和运动。这时，天文学家发现，观测到的行星实际位置与地心模型的计算结果始终存在偏差，地心模型的弊端逐渐显现。但此时"地心说"已同宗教神学紧密结合，神圣不可动摇，天文学家再次试图通过增加本轮的方法对"地心说"进行补救。这种方法一开始还能勉强应对，但即使后来小本轮增加到八十多个，计算出行星的位置与实际观测的结果仍有偏差。

转：16 世纪，在持日心地动观的古希腊先辈（阿利斯塔克）和同时代学者观测的基础上，哥白尼创立了日心说。从此，人们对天空的看法发生了根本性的改变：太阳是宇宙的中心，一切行星都在围绕太阳转动。地球也是行星之一，它一方面像陀螺一样自转，一方面又和其他行星一样围绕太阳转动。日心说否定了地球是宇宙中心的观点，确立太阳为行星系统的中心。哥白尼通过对天体系统严密的观测，得出大量精确的数据，并用当时还在发展中的三角学，对行星、太阳、地球之间的关系进行了科学详尽的分析，计算了行星轨道的相对大小和倾角等，呈现出一个简单而有序的太阳系。哥白尼的日心说，是天文学史上的一次伟大革命。

合：在哥白尼之后，开普勒发现了行星运动三大定律，牛顿发现了万有引力定律，以日心说为主轴的天文学成了近代物理学的肇始。

1929年，天文学家哈勃（Edwin Powell Hubble，1889—1953）公布了一个震惊世界的、具有里程碑意义的发现：远处的星系正急速地远离我们而去，而近处的星系正在向我们靠近，即宇宙正在不断膨胀。由此，天文学家想道：宇宙既然在膨胀，那么就有可能有一个膨胀的起点。因此，比利时天主教神父、数学家、天文学家勒梅特（Georges Lemaître，1894—1966，著有《论宇宙演化》《原始原子假说》），提出了宇宙是由一个"原始原子"爆炸而成的观点，伽莫夫（George Gamow，1904—1968）接受并发展了勒梅特的这一思想，于1948年正式提出了宇宙起源的大爆炸理论（The Big Bang Theory）。

大爆炸理论认为，宇宙是由一个致密炽热的奇点于138亿年前的一次大爆炸后膨胀形成的。开始时，在一个体积无限小、密度无限大、温度无限高、时空曲率无限大的点，称为奇点，发生了一次意想不到的大爆炸。宇宙就此形成，并不断膨胀。

1965年，宇宙微波背景3K辐射的发现才使大爆炸理论为世界接受（图30.2）。大爆炸理论曾预言宇宙中还残留着"原始火球"的"余热"，这种余热应表现为一种四面八方都有的背景辐射。而特别令人惊奇的是，这种背景辐射与大爆炸理论所预言的"余热"温度恰好一致。另外，随着有关天文学数据的改进，天文学家根据这个数据推算出宇宙的膨胀年龄，已从原来的50亿年增到138百亿年，这个年龄与天体演化研究中所发现的最老的天体年龄是吻合的。

至此，天文学终于汇入现代物理学（宇宙学）的长河中。

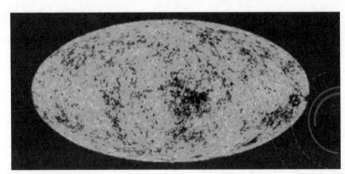

图30.2　根据威尔金森探测器的观测绘制的宇宙微波背景3K辐射

31 一尘不染·六祖惠能

　　成语"一尘不染"，原为佛教用语。佛家把色、声、香、味、触、法称为"六尘"；说道者不为六尘所玷污，要保持心地清静。一尘不染用来形容不受坏思想、坏作风的沾染和腐蚀；也形容环境清静整洁。唐代释道世《法苑珠林》："若菩萨在乾土山中经行，土不著足，随岚风来，吹破土山，令散为尘，乃至一尘不著佛身。"宋代张耒《腊初小雪后圃梅开二首其二》："一尘不染香到骨，姑射仙人风露身。"宋代罗大经《鹤林玉露》卷十："范蠡霸越之后，脱屣富贵，扁舟五湖，可谓一尘不染矣。"

图 31.1　寺庙一角

　　佛教禅宗始祖菩提达摩（Bodhidharma，？—536）来到中土后一苇渡江，最后将衣钵传给二祖神光（487—593），二祖再传给三祖僧璨（约 510—606），三祖复传给四祖道信（580—651），唐高宗永徽二年（651 年）闰九月初四，四祖坐化前将法衣给了弘忍（602—675）禅师，并垂诫门人"一切诸法，悉皆解脱。汝等各自护念，流化未来"。从此，弘忍成为禅宗五祖。

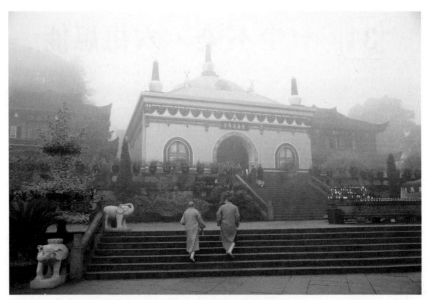

图 31.2　峨眉山万年寺

　　在弘忍前，禅者都是零星散居，一衣一钵、修头陀行，随遇而安。到了弘忍时代，禅者的生活为之一变，禅徒集中生活，自行劳动，寓禅于生活之中，把搬柴运水都当作佛事。又主张禅者应以山居为主、远离尘嚣，提倡农禅并重，主张一日不作则一日不食。

　　弘忍晚年，说到他弟子中能够弘法的人不多。他对玄赜说："吾一生教人无数；好者并亡，后传吾道者，只可十耳。"而在此十人中，最突出和影响最大的是惠能与神秀。

　　惠能（638—713），俗姓卢，传说初生时有"二异僧"来取名"惠能"，意为上惠下能。父亲卢行瑫原在范阳（今河北省涿州市）做官，后来被贬迁流放到新州（今广东省新兴县）。惠能在新州出生，三岁时父亲就去世了，后来母子移居南海（今广东省广州市）。长大后惠能在龙山以砍柴卖柴维持生活。在贫困环境中长大的惠能，没有条件接受教育，目不识丁，是个文盲。

　　据《六祖坛经》所说，惠能的父亲去世后，母子二人相依为命。他从小便非常孝顺，年纪稍大就常采薪汲水，换钱以奉寡母。一日送薪至旅店，闻客读经，惠能善根成熟，智慧焕发，就把肩上所挑之柴放了下来，静心息虑、至诚恳切地听经。听到"应无所住，而生其心"，惠能豁然大悟："真想不到自性本来就是清净无染的，真想不到自性本来就是不生不灭的，真想不到真如自性是人人本具的，真想不到自性本来就是不动不摇的，真想不到自性能够生出一切万法。"深明佛心，惠能顿时感到身心安乐，禅悦为食，法喜充满，就问这位念经客人："此何法也？得于何人？"这位客人名叫安道诚，看见惠能衣着虽然褴褛，但态度却十分诚恳，便告诉他所念的是《金刚经》，是从蕲州黄梅县（今湖北省黄梅县）东禅寺弘忍大师那儿得到的。同时告诉他说："弘忍大师是当今最有名的禅师，门下有 1000 多弟子。你资质聪明，深具善根，去找弘忍大师吧！"惠能听后，神情一阵高兴，一阵羡慕，同时又显露出非常苦恼的样子。安道诚问其故，惠能说："我很想去东禅寺拜见弘忍大师！可是，我有老母，离不开她老人家。同时我不识字，弘忍大师能收我吗？"客人拿出十两银子，鼓励他说："追求佛法，自有缘分！"

惠能听了非常高兴，就把柴卖了，准备了安家养母的粮食，匆匆忙忙赶往弘忍大师的东禅寺。惠能离开家乡后，走了三十多日，跋涉千里，礼拜五祖。很巧弘忍大师正在法堂里升座说法，完毕后惠能上前参礼。

弘忍大师看到这个樵夫来得奇怪，就问道："汝何方人，欲求何物？"惠能答："弟子是岭南新州人，远来礼师，惟求作佛，不求余物。"这"惟求作佛，不求余物"八字后来成了很多佛徒的口头禅或坚定信念。

弘忍大师更厉声地说："南蛮獦獠也来闻佛法。"（"獦獠"[gé liáo] 指仍未开化的"南蛮子"）惠能答得极妙："人虽有南北，佛性本无南北。獦獠身与和尚不同，佛性有何差别？"这里"獦獠身"是自指，"和尚"是指弘忍大师，"佛性无南北"正是日后南派禅宗的基本理论。

弘忍大师听了，心头一惊，暗暗赞赏，知道这个佛门法器，乘愿而来。但见众门徒就在左右，不便再问，以免被别人妒忌，反而不妙。当时就叫他去寺中米房里破柴踏碓，做一位行者（佛寺中服杂役而未剃发出家者的通称），大家都称他为卢行者。

卢行者虽天天舂米，可是时时刻刻在静虑修禅，内绝妄念，外息诸缘，用功修行。经过很长一段时间，他的功夫一天天进步。

惠能到东山寺的时候，弘忍大师已经 60 多岁了，选谁来继承祖位，担任禅宗六祖，已成为一个迫切需要考虑的问题。寺中许多弟子都想继承祖位，但弘忍大师一直没有选中合适的人选。神秀（606—706）是弘忍大师比较满意的弟子，但又觉得他太循规蹈矩，担心他不能把本门禅法发扬光大。惠能的悟性，给弘忍大师留下了深刻的印象。弘忍大师有心栽培惠能，但惠能初来乍到，如果对他的关心表现得过于明显，势必会引起其他人的嫉妒，对惠能的处境不利。而且将佛法衣钵传给这个目不识丁的岭南人，弘忍大师更是没有十分的把握。

弘忍大师冥思苦想，终于在八月后某日，忽然将门下弟子集中到法堂，说："世俗之人把人生、生死之事看得很重。你们这些弟子，成天供养（佛、法、僧），也只知道寻求福德果报，而不知道寻求如何脱离生死苦海。你们如果迷失自己本性，福德果报之门又怎么能拯救你们呢？你们统统回到自己的房间里去，作一番自我检查，有智慧的人，自己体认一番自己本性中所具有的般若智慧，每人写一首偈拿来给我看。我看你们写的偈，如果发现有领悟到佛性大意的人，我便把传宗接代的衣钵与禅宗佛法传授给他，让他继承为禅宗第六代祖师。大家去吧。"

弟子们听完弘忍大师的吩咐，回到各自房间，互相议论说："神秀首座德高望重，又是我们的教授师，况且弘忍大师曾赞美神秀'东山之法，尽在秀也'，必定要把衣钵传授给他。神秀承继佛法，我们自然也用不着费心写什么偈。"结果，众弟子都没有作偈。

神秀，俗姓李，汴州尉氏县（今河南省尉氏县）人。史书记载他："身长八尺，庞眉秀耳，威德巍巍，王霸之器也。"神秀13岁那年，正值隋朝末年王世充之乱，山东、河南一带发生饥荒，他便来到荥阳义仓请求救济粮。遇到一位僧人，就跟僧人出了家。20岁时受具足戒，成为一名真正的僧人。此后，神秀到福建、浙江等地修学，深入研究佛教大小乘经论、戒律，广泛阅读老庄之学、儒家经典、经史名著，成为一名学通内外的博学僧才。神秀在50岁时，听说禅宗五祖弘忍大师在黄梅东山寺传授达摩禅法，便前来投师。他非常佩服弘忍大师，曾说"此真吾师也"。神秀虽已人到中年，而且学识出众，但他也像其他刚入寺的弟子一样，从砍柴担水等杂务做起，一做就是6年。神秀在理解禅法要义和修行方面表现突出，受到弘忍大师的称赞。6年后，神秀被任命为首座、教授师。

首座是佛教寺院中的一种僧职。一寺之主称方丈或住持，首座的地位则仅处于方丈之下，一般由可以表仪众僧的高僧担任。教授师是熟悉律仪，能指导和纠正佛教僧人行为的有身份的僧人。神秀一身兼任两职，可见当时他的地位已经相当高了，所以很自然地被认为是禅宗衣钵的继承人。

神秀心想："大家不敢向弘忍大师进呈心中的偈，是因为我已经是寺内的首座、教授师了。如果我也不进呈心中的偈，弘忍大师怎么能知道我心中对佛性见解的深浅呢？如果我把心中的诗歌进呈给弘忍大师，这种寻求佛法愿望当然是好的，但以此去谋取一代祖师地位的结果却并不好，这就等于以凡愚之心去夺取圣位了……如果不向弘忍大师进偈，最终又得不到佛法……"

神秀再三纠结，最终还是在三更时分，举着蜡烛，在南面房廊下中间壁上题下他作的偈，也不留名，谁也没有发觉。偈语是：

身是菩提树，心如明镜台。

时时勤拂拭，莫使惹尘埃。

意思是说，我们的身体就像一棵菩提道树一样，可以作为修行的基础。我们这一念心，就像光明灿烂的明镜台一样，圆光普照一切万法。我们要想复本心源，得到究竟的清净，使这棵菩提道树日趋庄严高大，那就要勤勤恳恳、时时刻刻地修行用功，把这个明镜台拂拭得干干净净、清清楚楚，不要让许多无明烦恼的粗尘细垢把菩提树和明镜台染得污浊。

弘忍大师一看墙上的笔迹便知道是神秀题写的偈子，他一句一句念完后说："这首偈，还不能说是懂得了佛性，只可以说是到了大门口，还没有能进得门去。一般的人按照这首偈去修行，就不会堕落下去；作这样的见解，如果想得到对佛法最高真理的觉悟，则是不可能的。必须认识自己本来具有的德行。请继续思考。"

弘忍大师唤神秀来，说："你去端一盆水来，替我洗脚。"这"洗脚"，意味着弘忍大师有意将祖位传给神秀了。神秀端进了一盆水，慢慢地为弘忍大师洗脚，弘忍大师开示说："至高无上的真理和觉悟，必须是不做作，不思虑，不研求，没有丝毫的勉强，才能当即见到自己不生不灭的自性。宇宙间的万事万物，都是人我佛性的流露；佛性是真善美，而觉悟所谓的佛性及'正法眼藏'，只不过是我人没有烦恼，没有妄念的本心。这心就像恒河的沙，诸佛菩萨步履而过，决不生起骄慢之心；牛羊虫蚁践踏而行，也不生起不满之心；珍宝馨香，恒河之沙不会贪爱；粪尿臭秽，恒河之沙亦不会厌恶。本心不为万物所动，既不为万物役使，反之而役使万物，万物亦就具备于我心之中。如此方是自由人，才是真解脱。从而体会这心，即可揭开本来具有的真如佛性，现在你回去思考，再作一偈，如入得门，我付法衣给你。"

神秀回去苦思数日，作不出新的偈来。一天惠能经过廊墙，这时江州（今江西省九江市）别驾张日用正在观看神秀的偈，惠能对他拱揖说："在下身为行者而不识字，请先生为我念一念墙上的诗偈好吗？"张日用为之高声朗诵着神秀的偈，同时亦引来了很多人的围观。惠能听了后说："我心中也有一偈，还请先生为我写在墙上。"日用很惊奇，不信一个不识字的行者会作偈。于是，惠能念出自己的偈曰：

菩提本无树，明镜亦非台；

本来无一物，何处惹尘埃。

大意是佛果菩提无形无相，本来没有一法可得，哪有什么菩提树。智光明彻，空无所有，本来就是非色非声，哪有什么明镜台。法身清净，犹若虚空，本来无有一物。既是不生不灭，无修无证，哪里还有什么烦恼可断，尘埃可惹！

张日用越写越惊，不觉愣住了。围观的僧众啧啧称奇，惊动了弘忍大师。他在僧众的簇拥下，来到廊墙，读罢惠能的偈，一阵喜悦、一阵忧愁：喜的是终于觅寻到了一位适当的继承者，忧的是这偈分明针对神秀而写，而作者竟是一位尚未披剃的行者。弘忍大师此时想着想着，从脚下脱下一只僧鞋，慢慢地擦去惠能的偈语并对围观的众僧说："亦未见性。"

是夜，弘忍大师想起了佛陀十大弟子之一的须菩提尊者。一日，须菩提尊者在山岩上宴坐（即静坐，不依身、不依心、不依亦不依），天神降花赞叹不已。尊者问："在空中降花赞叹的是什么人？为什么赞叹？"天神说："我是梵天，敬重尊者善说般若。"尊者说："我对般若还没有说一个字，你为什么赞叹？"梵天说："像这样，尊者没有说，我也没有听到。无说无闻，才是真正说般若。"（须菩提尊者在岩中宴坐，诸天雨花赞叹。者曰："空中雨花赞叹，复是何人？云何赞叹？"天曰："我是梵天，敬重者善说般若。"者曰："我于般若未尝说一字，汝云何赞叹？"天曰："如是尊者无说，我乃无闻。无说无闻，是真说般若。"《五元灯会》卷二）

惠能的偈坚定了弘忍大师对他的信心，也加速了弘忍大师传衣钵的进程。

是日午斋之后，一场大雨，众僧都在寮房休息。弘忍大师悄悄来到舂米坊，见惠能腰间绑着块大石头在舂米，便说："为法忘躯，当如是乎？"然后问："然米熟也未？"惠能答："米熟久矣，犹欠筛在。"（"筛"与"师"谐音，意即"愿得师祖之授"）弘忍大师听了以后，就拿手杖向米袋上敲了三记，转身离去。

惠能机缘成熟，对弘忍大师三敲米袋用意所在，心领神会，就是要他今夜三更前来相见。惠能得到弘忍大师的暗示，心里非常欢喜。到了半夜三更，惠能就恭敬虔诚地走到弘忍大师的卧室来，只见房门半掩，就推门进去，一见弘忍大师就跪了下来。弘忍大师就为惠能开示说法，机教相当，心心相印。就在这天夜里，寺内其他人谁也没有发觉，弘忍大师悄悄地把禅宗法脉与衣钵传给了惠能，说："汝为第六代祖。"并吟一偈：

有情来下种，因地果还生；

无情既无种，无性亦无生。

吟完，弘忍大师道："过去达摩大师初来此地，人们不相信他，故传授这件袈裟作为信物，代代相承……这袈裟会成为争端，传到你这里，就不要再传下去了。若传下去，就很危险，命如悬丝。你现在赶快离开这里，恐怕有人害你。"

惠能问："向甚处去？"弘忍大师答："逢怀则止，遇会则藏。"意思是让惠能去到有"怀"字的地方就停止逃遁，遇见有"会"字的地方就躲藏起来。

当夜弘忍大师亲送惠能到九江驿登上一艘无主小船。弘忍大师摇橹，说："我来渡你。"惠能道："迷时师度，悟了自度……蒙师传法，今已得悟，只合自性自度。"弘忍大师赞道："如是！如是！以后佛法，由汝大行。"他嘱惠能向南走，短期内不要说出自己的身份。

弘忍大师在极短时间内就笃定将禅宗衣钵传给一个山野樵夫，一个目不识丁的文盲，这在佛教历史上是前无古人后无来者的事。这不仅说明了惠能有着卓越超群的慧根和悟性，更体现了弘忍大师独具慧眼的能力和空前绝后的胸襟。更为重要的是，这一事件还彻底改变了中国佛教的面貌，并给唐宋以后的中国文化思想揭开了新的篇章。

弘忍大师回寺后，过了三日，才普告全寺大众说，我的正法已经南传了。众人大惊，问道："谁得到了衣钵？"弘忍大师回答说："能者得之。"众人这才发现卢行者已不见三日，恍然大悟。寺内另有位上座和尚名叫慧明，对弘忍大师的正眼法藏，特别是佛祖的衣钵，非常珍视，却被一直不起眼的卢行者得去，心里既惊愕又恼怒，决意追回真传衣钵。

两个月后，在江西与广东交界的大庾岭上，六祖惠能在路上回头一看后面有人追赶，就将衣钵放在路旁草堆里面，坐在路口不走。慧明来到惠能面前，眼睛看到草中衣钵，就用全身之力双手去拿衣钵，可是衣钵动也不动。慧明心里就害怕起来，大声疾叫："卢行者，卢行者。"惠能就问："慧明上座，你是为衣钵来？还是为法来？"慧明想了一想不好意思地说："我是为法来。"惠能说："你既是为法而来，坐下，坐下。"惠能就开示说："不思善，不思恶，如何是你慧明上座的本来面目？快说，快说。"正在这个时候，慧明忽然省悟，体会到自己一念未动以前的本来面目，就回答说："大师，除此密言密意之外，还有密否？"惠能说："与你说者就不是密，密就在你边。"慧明言下大悟，当下礼拜惠能为师。

于是，惠能就在大庾岭上为慧明说法，慧明听后，当下开悟。为避惠能之讳，慧明改名道明。后来惠能大师与道明，大家各自教化一方，接引后学。从此以后禅宗大振。

惠能与道明分手后，翻过大庾岭，踏上了故乡岭南的大地。他谨记弘忍大师的嘱咐："逢怀则止，遇会则藏"，没有马上公开自己的身份，而是先在广东东北部的四会（今广东省四会市）和怀集（今广东省怀集县）两县交界的地方隐居避难。

唐高宗上元二年（675 年），五祖弘忍大师在黄梅东山寺安然圆寂。惠能时刻牢记着五祖弘忍的嘱托，深知自己肩负着弘扬东山法门的重任。于是，就在五祖去世后不久，惠能结束了隐居生活，离开四会、怀集一带，来到了岭南的广州。

唐高宗仪凤元年（676 年）正月初八日，广州法性寺精通戒律的印宗法师正在演讲《涅槃经》，惠能作为一名普通的听众在场听讲。一阵风吹来，寺院内悬挂的旗幡随之飘动起来。印宗法师即景说法，向众僧提问：到底是风在动，还是幡在动？众僧于是议论开来：一僧说"是幡在动"；另一僧说"是风在动"；又一僧说"因缘和合，所以风和幡一起在动"。惠能听大家争论不休，便上前轻声说："不是风动，不是幡动，仁者心动。"

惠能此言一出，众僧均感到非常惊讶，然后幡然醒悟。印宗法师见惠能出言不凡，立即走下讲席，把他请到内堂，问了一些深奥的佛学问题。惠能一一给予解答，但他所说的不是依照佛教经典的说法，而是自己的独到见解，而且说得言简意赅、生动通俗。至此，印宗心知惠能绝非寻常之人。印宗曾到黄梅向五祖弘忍学习禅法，后又听说五祖把衣钵传给了一个入道才 8 个月的行者，那行者带着五祖衣钵来到岭南，心想：或许眼前此人便是五祖传人？于是试探性地问道："久闻黄梅衣钵南来，莫非就是行者？"惠能当即承认了自己的身份，并出示了五祖弘忍所传信物袈裟。

　　惠能当时还是一个行者，还没有一个正式僧人的身份，于是出家受戒就成了当务之急。就在几天之后，即正月十五日，在印宗法师的主持下，惠能正式剃发出家。剃发仪式在一棵菩提树下举行，它是中国第一棵菩提树，是 170 多年前的印度高僧智药三藏从印度带来的。二月初八日，又由智光法师主持，为惠能授具足戒。参与惠能受戒仪式的还有惠静法师、道德法师。至此，惠能才算正式出家，成为一名真正的僧人。为惠能剃发的印宗法师以及为惠能授戒的智光、惠静、道德三位法师，当即拜在惠能门下，成为惠能最早的一批弟子。

图 31.3　剃度

　　四月初八日，惠能在菩提树下为众人说法，史称"开演东山法门"。他宣讲的主要是他自己根据《金刚经》的基本精神所独创的思想。以后，这种思想逐步充实、完善，最后形成了独树一帜、流传至今的禅宗南宗。

　　第二年，六祖惠能又到曹溪宝林寺，弘扬圣教，大阐宗风，并宣布从此以后传法，只传法印，不传衣钵，以免为了争夺佛的衣钵发生不必要的纠葛。在惠能门下的得法弟子有43 人，其中最出名的有南岳怀让禅师与青原行思禅师两位大德高贤。经过弟子们的发扬光大，惠能开创的禅宗被称为曹溪禅。柳宗元在《赐谥大鉴禅师碑》中说："凡言禅，皆本曹溪。"

　　惠能认为，人的"心""性"即佛性，因此，"一切众生皆有佛性"，人人都可成佛。他说，人的本性是清净无染的，"人性本净""但能离相，性体清净""自性常清净"。他所谓的清净，是指那种除去了烦恼，痴迷染污而达至的纯真、清洁、寂静的状态。既然惠能在心性论上提自性本自具足，那么，在修行方法论上必然是"自悟自修""不假外求""善知识，见自性自净，自修自作自性法身，自行佛行，自作自成佛道""救世度人须自修""自性心地以智慧观照，内外明澈，识自本心，若识本心，即是解脱""闻其顿教，不假外修，但于自心，令自本性常起正见，烦恼尘劳众生，当时尽悟"。

惠能的弟子把惠能讲经说法的经过和内容详细记录下来，整理成一本书，这就是中国佛教史上影响巨大而深远的著作——《六祖坛经》。在佛教里，"经"是非常特殊的称谓，是指佛教的创始人释迦牟尼所说的佛法。一般的佛学著作是不敢称为"经"的。在中国佛教史上，中国僧人编写的著作十分丰富，粗略统计也有数千种，比印度传来的佛教典籍还要多。中国的佛学家可谓人才辈出，佛教著作汗牛充栋，但没有一部著作被称为"经"。《六祖坛经》是唯一一部被称为"经"的中国佛教著作。《六祖坛经》的问世，标志着中国禅宗的正式形成。

再说神秀，弘忍大师认为其未见本性，未付衣法。神秀得不到衣法，受到很大的打击，便辞别了弘忍大师，退回到荆州当阳（今湖北省当阳市）玉泉山隐居。弘忍大师圆寂后，神秀在玉泉寺大开禅法，阐扬和发挥他的渐修渐悟学说。二十余年中，大开禅法，声名远播。四海僧俗闻风而至，声誉甚高。武则天（624—705）闻神秀盛名，于久视元年（700年）遣使迎至洛阳，后召到长安内道场，时年90余岁。神秀深得武则天敬重，命于当阳山置度门寺，在神秀家乡尉氏（今河南省尉氏县）建一座报恩寺，以旌其德。唐中宗即位，更加礼重。中书令张说（667—730）也向神秀问法，执弟子礼。唐中宗、唐睿宗二朝弘法，神秀被尊为"两京（长安、洛阳）法主，三帝（武则天、唐中宗、唐睿宗）国师"。唐中宗神龙二年（706年）神秀在洛阳天宫寺圆寂，唐中宗赐"大通禅师"谥号，并根据其遗愿，下诏归葬当阳度门寺，并赐钱为其建砖石塔（俗称国师塔）。左丞相燕国公张说为其撰写碑文，极具哀荣。神秀为禅宗"北宗"创始人，两京之间几皆宗神秀。神秀的根本思想，可以从他作的示众偈看出："一切佛法，自心本有；将心外求，舍父逃走。"他继承道信以来的东山法门，以"心体清净，体与佛同"立说。后惠能弟子神会出来论定南北宗优劣，以神秀之禅由方便入为渐门，以惠能禅直指人心为顿门，于是有南顿北渐之分。北宗禅仅传数代即衰，普寂弟子道璇曾将北宗禅传往日本。

以神秀为代表的北宗禅学，忠实地继承了四祖道信和五祖弘忍的东山法门，丝毫没有变化，所以当年弘忍禅师曾赞叹道："东山之法，尽在秀矣。"而六祖惠能嫡传的并不是自四祖、五祖的东山法门，而是嫡传了佛陀以心印心，不立文字，教外别传的宗法。六祖脱离如来的一切经教，还原出了"不立文字，教外别传"的禅宗本色，这是六祖的责任，也是五祖选择六祖为衣钵的慧眼和缘由。

32 倾城倾国·特洛伊战争

"倾城倾国"这个成语，出自汉代李延年的《李延年歌》

北方有佳人。绝世而独立。

一顾倾人城。再顾倾人国。

宁不知倾城与倾国。

佳人难再得。

北方有位美丽姑娘，独立世俗。

她对守城的将士瞧一眼，将士弃械，墙垣失守。

她对君临天下的皇帝瞧一眼，皇帝倾心，国家败亡！

纵然如此，也不能失去获得佳人的好机会。

美好姑娘世所难遇、不可再得！

从秦代起，朝廷就设立了音乐官署，称为乐府。到汉武帝（刘彻，前156—前87）时，乐府的规模已很大，掌管朝会宴请、道路游行时所用的音乐，同时收集民间的诗歌和乐曲。当时有位名叫李延年（？—前101）的宫廷乐师，他的父母兄弟都是乐工，妹妹也是一位歌伎。

李延年很受汉武帝赏识，经常在汉武帝面前边唱歌边跳舞。有一次，他动情地唱起这首"北方有佳人"。汉武帝听了很感兴趣地问李延年："难道世上真有这样的绝代佳人？"李延年还未回答，汉武帝的姐姐平阳公主（生卒年不详）笑着说道："有这样的佳人啊，她就是李乐师的妹妹呀！"

赞美女性美丽动人的诗句，古代有很多，如《诗经·卫风·硕人》的"手如柔荑，肤如凝脂，领如蝤蛴，齿如瓠犀，螓首蛾眉，巧笑倩兮，美目盼兮"。（手像春荑好柔嫩，肤如凝脂多白润，颈似蝤蛴真优美，齿若瓠子最齐整。额角丰满眉细长，嫣然一笑动人心，秋波一转摄人魂。）但李延年根本未提女子的美丽，反而用夸张和反衬，抓住人性中的那种"畏"而可"怀""难"而欲"求"的心理，打动了雄才大略汉武帝的心弦，使自己的妹妹由此入宫，极得汉武帝宠幸，称为李夫人，生下了昌邑王刘髆（？—前88）。刘髆之子海昏侯刘贺（前92—前59）在公元前74年成为西汉第9位皇帝，不过在位不足一月（27天），是西汉历史上在位时间最短的皇帝，后称汉废帝。

李夫人产后不久病逝，没有"一顾倾人城，再顾倾人国"。不过古代确实有美人"倾城倾国"的事情发生，而且两个小国因此被灭。

息夫人，妫[guī]姓，陈氏，春秋四大美女之一，为陈国君主陈庄公（前699—前693在位）之女，生于陈国宛丘（今河南省周口市淮阳区），因嫁给息国国君，故亦称息妫。由于息妫的容貌美丽，面若桃花，在历史上称为桃花夫人。其姐姐嫁给了蔡国国君。由此，一位柔弱女子，引发了跌宕起伏的历史事件。

"息妫将归，过蔡。"春秋时期，女子出嫁曰"归"。例如《诗经·周南·桃夭》的"桃之夭夭，灼灼其华。之子于归，宜其室家"，其中的"归"即指这个女子出嫁。息妫由陈入息，须经过蔡国。蔡哀侯乃轻薄小人，见息夫人"目如秋水，脸似桃花"，竟然言行轻佻，多番挑逗，颇有不敬。《左传》仅以"蔡侯曰：'吾姨也'。止而见之，弗宾"记之。息侯听说后非常生气，气愤难平，意欲寻机报仇，于是心生借刀杀人之计，派人向楚文王（？—前675，前690—前675在位）报告："伐我，吾求救于蔡而伐之。"意思是让楚国佯装攻伐息国，息国向蔡国求救，然后由楚国灭掉蔡国。楚国当时已经霸气初现，正伺机吃掉周围小国，楚文王顺势答应了息侯的请求。"秋九月，楚败蔡师于莘，以蔡侯献舞归。"当年秋天九月，楚王打败蔡国，让蔡哀侯献舞认输。

蔡哀侯吃了哑巴亏，心中怨气郁积，岂肯善罢甘休，也谋划报复息侯。仅在四年之后，蔡哀侯终于等到了机会。他四处夸耀（息国君主夫人）息妫，以使楚王知道息妫貌美而令人垂涎。蔡侯的称赞不怀好意，明知楚王好细腰，刻意挑起事端。

此计果然奏效，"楚子如息，以食入享，遂灭息"。楚文王以"巡方"为名来到息国，宴请息侯并夫人，被息妫骄人姿色所倾倒，俘虏了息侯，掠走了息夫人，灭掉了息国。蔡哀侯暂时报了一箭之仇。楚文王不等回国，就在军中将息妫立为夫人。息夫人三年内为其生了两个孩子，一个是熊艰（楚堵敖，前683—前672，前675—前672在位），另一个是熊恽（？—前626，前671—前626在位）。公元前672年，熊恽弑其兄楚堵敖夺位。公元前638年，熊恽在泓之战中大败宋襄公（？—前637），称雄中原，也就是后来的楚成王。

但在整整三年里，息妫始终不与楚文王说话。唐代诗人王维在《息夫人》中写道："莫以今时宠，难忘旧日恩。看花满眼泪，不共楚王言。"

楚文王憋得受不了，逼问其缘故，息夫人垂泪答道："身为妇人而事二夫，不能守节而死，又有何脸面说什么呢？都是蔡侯害了我。"楚文王因蔡哀侯的挑拨灭了息国，后来，为了取悦息妫，便又出兵攻打蔡国。楚文王十年，也就是前680年的秋天，楚国灭了蔡国。

鲁庄公十七年（前677年），楚文王去世后，息夫人的长子楚堵敖继位。鲁庄公二十二年（前672年），楚堵敖想杀死息夫人的次子熊恽。熊恽逃到随国，然后说服随国将楚堵敖杀死，然后自立为君，是为楚成王。当时楚成王年幼，军国大权落入楚文王的弟弟令尹子元手中。

子元因贪恋嫂嫂息夫人的美色，想要诱惑息夫人，便在她的宫室旁边造一座房舍，在里边摇铃铎边跳万舞。息夫人听到后，哭着说："先君让人跳这个舞蹈，是用来演习备战的。现在令尹不用于仇敌而用于一个寡妇的旁边，这不是很奇怪吗？"侍者告诉子元。子元说："女人不忘记袭击仇敌，我反倒忘了。"

鲁庄公三十年（前664年），子元变本加厉，住进王宫，公然挑逗息夫人。若敖氏的斗射师找到子元，痛斥他的无道，结果反遭子元囚禁。若敖氏一族本就对子元的嚣张跋扈隐忍太久，子元又做出此等有辱尊卑伦常之事，还囚禁谏阻的斗射师，更是怒不可遏。事已至此，若敖氏当机立断，时任申公的斗班率众闯入宫中，怒杀子元，平息持续八年的子元之乱。

从此息夫人隐居深宫，淡出人们的视线。

无独有偶，远在西面的欧亚交界处，也有一位倾城倾国的美女，引发了一场旷日持久、长达十年的战争。

荷马史诗的《伊利亚特》叙述了阿开亚人的联军围攻小亚细亚的城市特洛伊（Troy）的故事。因特洛伊城又名伊利昂（Ilium），故名《伊利亚特》。

特洛伊战争发生在迈锡尼文明时期，也许是神话，也许是基于真实事件的传说，但毋庸置疑，这个故事里的女主角海伦（Helen）却是一位不折不扣的倾城倾国的美女。

故事要从斯巴达说起，斯巴达国王廷达柔斯被他的兄弟希波科翁（Hippocoon）逐出斯巴达，廷达柔斯流浪来到埃托利亚（Aetolia)，并娶了国王忒提斯奥斯（Thestius）的女儿勒达。后来另一英雄赫拉克勒斯战胜了希波科翁，将他所有儿子都杀死，廷达柔斯就和他的妻子勒达回到斯巴达统治。他们有四个孩子，克吕滕涅斯特拉（Clytemnestra）、卡斯托尔（Castor）、波吕丢克斯及美丽的海伦。

随着海伦的长大，她逐渐成为爱琴海最美的女人。当她的美貌之名传开后，希腊各国的王子纷纷前往斯巴达求娶海伦。因为担心最后选出一位女婿会得罪那么多的求婚者，她的父亲斯巴达国王廷达柔斯要求所有的求婚者都当众立

图 32.1　倾城倾国的海伦

誓，无论海伦最后选择谁来当她的丈夫，大家都要尊重她的选择；并且所有的求婚者发誓，永远不能拿起武器攻击海伦的丈夫，并在他需要的时候全力帮助他。

后来，廷达柔斯选中了墨涅拉奥斯（Menelaus）。墨涅拉奥斯是阿伽门农（Agamemnon）的兄弟，亚各斯人的国王，他与海伦结婚后，也继承了斯巴达的王权，海伦还为墨涅拉奥斯生了一个女儿，名叫赫耳弥奥涅（Hermione）。

特洛伊国王普里阿摩斯（Priamos）委托了一项任务给王子帕里斯（Paris），让他前往萨拉密斯接回国王的姐姐——萨拉密斯的女君主赫西俄涅（Hesione），帕里斯带领大队人马浩浩荡荡往锡西拉岛进发。帕里斯受到阿芙洛狄忒的唆使，乘船到斯巴达找海伦，普里阿摩斯的另一位儿子、预言家赫勒诺斯（Helenus）警告帕里斯，但帕里斯却置若罔闻。他来到拉科尼亚的海岸，和他的朋友埃涅阿斯（Aeneas）上了岸，作为客人探访斯巴达国王墨涅拉奥斯。

在欢迎宴会上帕里斯与海伦已互生情愫。过了几天，墨涅拉奥斯说要到克里特岛处理公务，临行前嘱咐海伦好好招呼客人。墨涅拉奥斯一走，帕里斯就公开挑逗海伦，并唆使海伦离开丈夫，跟他同赴特洛伊。此时，已经不能自拔的海伦为了爱情抛弃了一切，包括她的女儿赫耳弥奥涅。在回特洛伊的途中，海神涅柔斯（Nereus）突然将船停住，告诉他们这样做是要付出代价的。然而阿芙洛狄忒安慰他们说，三天后他们就可以回到特洛伊。

当帕里斯一登船，众神就派使者伊里斯（Iris）到克里特岛找墨涅拉奥斯。墨涅拉奥斯回到斯巴达后，见到财宝被劫走，海伦也离他而去，顿时怒火万丈。他找到自己的哥哥阿伽门农，阿伽门农建议召集当年起誓的英雄一起进攻特洛伊，墨涅拉奥斯接受了劝告。

各路英雄率领数十万军队聚集在奥利斯港湾，出发前大家都在岸边祭坛作献祭。忽然祭坛下面爬出了一条血红的怪蛇，它弯曲成环状爬上了树，爬到树最高处的一个鸟巢，吃了一只雌鸟和八只雏鸟，然后变成一块石头。众人大惑不解，预言家卡尔卡斯（Kalchas）给他们揭示了意思，他说英雄们要围城九年，只有在第十年才能攻下特洛伊。众人不顾一切向小亚细亚进军。

开航不久，希腊人在米西亚靠岸，这里由赫拉克勒斯的儿子忒勒福斯（Telaphus）统治。希腊军队以为这里就是特洛伊，就开始攻城。阿喀琉斯令忒勒福斯逃回城中。清晨希腊联军在收拾尸体时才知他们打的是同盟者而非特洛伊人。希腊联军便与忒勒福斯签订和约。由于忒勒福斯是普里阿摩斯的女婿，他不愿出征打自己的岳父，但承诺会帮助联军。

离开米西亚海岸后，联军遇到可怕的风暴，他们迷失了方向，最后又回到出发港奥利斯，第一次行动宣告失败。

此后许多英雄都回家去了，连统帅阿伽门农也离开奥利斯。联军无法得知去特洛伊的路，只有忒勒福斯才知道。可是不久前与联军的战斗中，忒勒福斯的大腿受伤，伤口痛到了无法忍受的地步。忒勒福斯到处打听如何治好自己的创伤，女祭司皮提亚（Pythia）说只有阿喀琉斯才可治好，他就打扮成乞丐去见阿伽门农，并见到阿伽门农的妻子克吕滕涅斯特拉，克吕滕涅斯特拉向忒勒福斯建议，当阿伽门农进来时，可以从摇篮抱起阿伽门农的儿子奥瑞斯忒斯（Orestes），威胁他如果不治好其伤就将其子甩得粉碎。果然这种威胁让阿伽门农非常害怕，并同意治好他，而且阿伽门农也知道只有忒勒福斯可以指出去特洛伊的路。他派人找到阿喀琉斯，最后阿喀琉斯治好了忒勒福斯的伤，于是忒勒福斯答应带领众人前往特洛伊。

希腊人终于来到了特洛伊地的海岸，预言家警告谁第一个踏足海岸就会先死。奥德修斯为了吸引将士上岸，自己把盾牌扔到岸上，灵活地跳上盾牌。英雄普罗忒西拉奥斯（Protesilaus）渴望建立军功，没留意到这是奥德修斯的诡计，就立即跳上岸杀敌，特洛伊的英雄赫克托尔（Hector）长矛一飞，普罗忒西拉奥斯就结束了性命。此时，悲愤的联军万众一心杀敌，特洛伊人抵挡不住退回城里。第二天双方停火收拾尸体和埋葬战士，之后希腊人把船拖上岸并修筑防御工事，阿喀琉斯及大埃阿斯的帐篷设在工事的两端，以便防御偷袭。阿伽门农及奥德修斯的帐篷则在中央，修好防御工事后就派墨涅拉奥斯及奥德修斯与特洛伊人谈判，他们要求归还财宝及海伦。本来特洛伊人自知理亏已准备接受一切要求，但是帕里斯第一个不从，最后特洛伊人拒绝和谈，战争正式开始。

图 32.2　特洛伊战争木刻

希腊联军开始围城，攻了三次都无功而还。但特洛伊人也不敢贸然出城进攻，希腊人只得侵占附近的城邦。

围城进攻异常艰难，很多英雄都在围城的九年内战死。

时间进入战争的第十年。这一天非常奇怪，希腊联军的战舰突然扬帆离开了，平时喧闹的战场变得寂静无声。特洛伊人以为希腊人撤军回国了，他们跑到城外，却发现海滩上留下一只巨大的木马。

特洛伊人惊讶地围住木马，他们不知道这木马是干什么用的。有人要把它拉进城里，有人建议把它烧掉或推到海里。正在这时，特洛伊人捉住了一个希腊人，他被绑着去见特洛伊国王。这个希腊人告诉国王："这个木马是希腊人用来祭祀雅典娜女神的，希腊人估计特洛伊人会毁掉它，这样就会引起天神的愤怒；但如果特洛伊人把木马拉进城里，就会给特洛伊人带来神的赐福，所以希腊人把木马造得这样巨大，使特洛伊人无法拉进城去。"特洛伊国王相信了这话，正准备把木马拉进城时，特洛伊的祭司拉奥孔（Laocoon）跑来制止，他要求把木马烧掉，并拿长矛刺向木马。木马发出了可怕的响声，这时从海里窜出两条可怕的蛇，扑向拉奥孔和他的两个儿子。拉奥孔和他的儿子拼命同巨蛇搏斗，但很快被蛇缠死了。两条巨蛇从容地钻到雅典娜女神的雕像下，不见了。

这个希腊人又说："这是因为他想毁掉献给女神的礼物，所以得到了惩罚。"特洛伊人赶紧把木马往城里拉。但木马实在太大了，比城墙还高，特洛伊人只好把城墙拆开了一段。当天晚上，特洛伊人欢天喜地，庆祝胜利，他们跳着唱着，喝光了一桶又一桶的酒，直到深夜才回家休息，做着关于和平的美梦。

深夜，一片寂静。劝说特洛伊人把木马拉进城的希腊人其实是个间谍，他走到木马边，轻轻地敲了三下，这是约好的暗号。藏在木马中的全副武装的希腊战士一个又一个地跳了出来。他们悄悄地摸向城门，杀死了睡梦中的守军，迅速打开了城门，并在城里到处点火。隐蔽在附近的大批希腊军队如潮水般涌入特洛伊城。这样，长达十年的特洛伊战争终于结束了。希腊人把特洛伊城掠夺一空，烧成一片灰烬。男人大多被杀死了，妇女和儿童大多被卖为奴隶，特洛伊的财宝都装进了希腊联军的战舰。

希腊人赢得战争后，在陷落的特洛伊城中，墨涅拉奥斯手持利剑扑向了抛下自己的妻子，但他最终没忍心。海伦的美貌拯救了她自己，谁忍心杀死如此妩媚动人的女人。海伦跪在自己丈夫的脚下，为自己的愚行痛

图 32.3　为海伦（中）美貌所震惊的墨涅拉奥斯（右），左为阿芙洛狄忒，右上为厄洛斯

哭流涕，美貌让她的忏悔显得更加楚楚可怜。看到眼前的情形，墨涅拉奥斯深受感动，他扶起海伦，让她忘掉过去的一切。最终，曾经被背叛的斯巴达国王墨涅拉奥斯原谅海伦，带着她重返希腊。

旷日持久的特洛伊战争大量地消耗了迈锡尼的元气，让这个一度辉煌的文明变得千疮百孔。一个女人引发了一场战争，一场战争拖垮了一个文明。

33 旷世绝恋·舒曼、克拉拉与勃拉姆斯

"旷世绝恋"是一个众人说之的现代成语，代表一种超越时空和人类现实的、拥有着深刻文化内涵的爱情，表达爱情与命运、爱情与人性、爱情与社会等多个层面的冲突，揭示出人性内在的种种矛盾、纷争、失落，凸显沉默与抗争、选择与无奈、坚持与放弃等方面的心理状态，又常常是心在一起而身不能在一起的现实状态。旷世绝恋让人看到那种无法被时间消磨的深厚和凄美，让人看到某些爱情虽然美好，但同时也带着深刻的痛苦和悲伤。在文学作品中，旷世绝恋很多，如贾宝玉与林黛玉。下面将要讲述的是现实中发生的三百多年前三位音乐家的故事。

罗伯特·舒曼（Robert Schumann，1810—1856）（图 33.1），出生于德国东部莱比锡附近的小城——茨维考（Zwickau），19 世纪德国作曲家、音乐评论家，被誉为"音乐诗人"。

图 33.1　罗伯特·舒曼

舒曼的父亲奥古斯特·舒曼（August Schumann，1773—1826）是一位精明能干的书商，具有极深的文学素养。父亲除印书、卖书外，也写作品。舒曼自幼就接触书籍，读了不少著名诗人如歌德（Wolfgang von Goethe，1749—1832）和古希腊的诗歌，开始对文学和音乐产生浓厚的兴趣。这些对舒曼后来的文学造诣影响至深。舒曼在中学时代深受浪漫主义文学的影响，特别喜爱拜伦（George Byron，1788—1824）、霍夫曼（Ernst Hoffmann，1776—1822）等人的作品。母亲约汉娜·舒曼（Johanna Schumann，1776—1822）是一位外科医生的女儿，良好的家庭教育和修养使她富有浪漫气质。舒曼从母亲身上所承袭的热诚而敏感的个性，成为他成年以后精神发展的基因。

1817 年，舒曼初随教堂管风琴师孔奇学习钢琴。1819 年，舒曼欣赏了莫薛勒斯的演奏之后，更是对钢琴演奏达到痴迷状态。在 12 岁时天才少年舒曼便已崭露出即席创作的能力。征得父亲的同意后，舒曼立志以后成为一名钢琴演奏家，并为此目标不懈努力。父亲曾一度准备将他送去德国的大音乐家韦伯那里学音乐。但在 1826 年，舒曼 17 岁时，舒曼父亲突然辞世。这一变故给舒曼和整个家庭带来不小的打击。失去丈夫稳定的经济来源，压力下的舒曼母亲不得不重新审视舒曼的未来。1828 年，舒曼在母亲的要求下，前往莱比锡改学法律。离开自己挚爱的音乐，进入一个陌生而冷峻的领域，这让舒曼深感痛苦甚至绝望。

但是，到莱比锡后，舒曼发现这里是全德音乐文化中心，聚集着许多优秀的艺术家，各种艺术活动都异常频繁活跃。舒曼体内的艺术细胞被再次激活，并被这座城市活跃的艺术空气深深吸引。枯燥的法律课程被他果断抛开，他几乎每天都在从事与音乐有关的活动。为了提高自己的钢琴演奏水平，他拜莱比锡城里当时著名的钢琴教师维克（Friedrich Wieck，1785—1873）为师。

两年后，舒曼在音乐上的造诣与成就使他名声大振，他在莱比锡公开举行的演奏会得到了音乐界的承认与好评。改学音乐的欲望越来越强烈，在给母亲的一封家信中，他写道："如果我能在世上有所成就的话，必定在音乐中，因为一开始我就对音乐有强烈的感情，而且我也没有过高估计自己，我的确有创作的能力。"舒曼的母亲终于拗不过儿子，只好同意舒曼选择音乐道路继续发展。

为了尽快提高演奏水平。1830 年，20 岁的舒曼搬进了老师维克的家中潜心学琴。就在此时，舒曼遇见了老师维克的女儿——9 岁的克拉拉（Clara Wieck，1819—1896）。克拉拉 8 岁时，就在一个家庭音乐会上初露才华，12 岁那年风靡巴黎，大诗人歌德都关心着她。

维克很欣赏舒曼，让他与克拉拉一起严格训练。舒曼起初也只将克拉拉当成聪明伶俐的小妹妹，两人一同弹琴、玩耍。但在后来的几年里，当舒曼的一段段恋情皆以悲剧告终后，面对出落成亭亭玉立大姑娘的克拉拉，才突然发现自己狂热地爱上了她。

而此前急于求成的舒曼时常在心里抱怨老师的授课速度太慢。为了迅速提高技能，舒曼别出心裁地用一根细绳把手指吊挂在天花板上偷偷练琴，试图以此加强手指触键的灵活性与力度。错误的练习方法使舒曼的手指永远丧失了力量和弹性，造成手指轻度残疾，已再不适合弹钢琴。成为伟大钢琴家的梦想从此破灭了，这个意外对舒曼的心灵是一个沉重的打击，舒曼一度怀疑自己的艺术能力，对未来充满迷茫。

但是，已经激活的艺术细胞让舒曼对音乐事业欲罢不能，他的精神与毅力不会被这次不幸的挫折摧毁。舒曼把目标转向音乐创作与音乐评论，在新的领域中开拓自己的艺术道路。

1830—1840 年间，舒曼创作了大量钢琴作品，他的音乐才能得到了充分发挥。克拉拉高兴地说："我能懂得你的指示，我一定努力把你的作品演奏得使你满意。"不久，舒曼的乐曲创作达到了第一个黄金年代，他的钢琴曲《童年情景》中的《梦幻曲》成为一首家喻户晓的曲子，在欧洲的第一流作曲家占据一席之地。

1834 年，他创办了音乐评论刊物《新音乐杂志》并任主编。《新音乐杂志》对改变当时陈腐的音乐空气、促进浪漫艺术的发展，起到了重要的作用。除音乐评论文章之外，舒曼也写过一些诗歌、戏剧和短篇小说。他的文笔在所有的作曲家中是出类拔萃的，有人说他的音乐评论文章有一个独特之处，就是其中很多篇写得好像是短篇小说，本来很理论性的主题在他的笔下变得生动、形象。

《新音乐杂志》在当时的欧洲音乐界很有影响力，不仅使人们更加了解像巴赫（Johann Bach，1685—1750）、莫扎特（Wolfgang Mozart，1756—1791）、贝多芬（Ludwig van Beethoven，1770—1827）、舒伯特（Franz Schubert，1797—1828）这些前辈音乐大师的价值，还推介了一批与舒曼同期及稍晚一些的音乐家，如肖邦（Fryderyk Chopin，1810—1849）、李斯特（Franz Liszt，1811—1886）、柏辽兹（Louis Berlioz，1803—1869）、门德尔松（Felix Mendelssohn，1809—1847）、勃拉姆斯（Johannes Brahms，1833—1897）等。可以说，舒曼是当时欧洲音乐界一位难得的伯乐。

1835 年之后，舒曼和克拉拉越发如漆似胶。克拉拉的父亲维克见势，大发雷霆，制造各种障碍，阻止舒曼接近克拉拉。在他眼中，舒曼配不上他的掌上明珠，毕竟，当时克拉拉已成为名声日隆的钢琴演奏家。可结果适得其反，两人爱得更加如火如荼。正当舒曼准备向克拉拉求婚时，维克却带着女儿克拉拉前往德累斯顿，想让距离来隔离舒曼和克拉拉的爱情，并禁止她和舒曼通信。

一年半过去了，在一位好友的协助下，两人瞒过维克，背地里不断书信往来。舒曼在信中说："如果我们彼此恋爱并开始采取行动，那么一切都会安排好的。"克拉拉回信说："世界上没有任何东西可以动摇我，我要向父亲显示年轻人的心是善于保卫自己的。"最终，舒曼还是向自己的老师维克提出要娶他女儿为妻，可维克的表情却充满冷酷的鄙视和恶意。结果，克拉拉与舒曼私定终身。

为了使克拉拉远离舒曼，维克迅速将她带到维也纳这个中欧著名的音乐城，想用新的成功刺激起她的虚荣心，从而不再看得上这个已经不能进行钢琴演奏的籍籍无名的小子。在维也纳，克拉拉的演出极为成功，报上刊出了克拉拉的照片和传记，餐馆里出现了以维克命名的大蛋糕。人们纷纷议论，认为克拉拉开辟了钢琴演奏的新纪元。克拉拉的形象也不断地出现在舒曼的作品中，如《G 小调奏鸣曲》《梦幻曲》等。舒曼写信给克拉拉说："记得有一回你对我说：'有时在你面前我真像个孩子。'无论是不是这句话的影响，总之，我突然有了灵感，写了一些有趣的小品。"这首《梦幻曲》就是舒曼写给克拉拉的一封音乐情书。音乐主题简洁，具有动人的抒情风格和浪漫的幻想色彩。这部短小精悍的钢琴小品，在古典音乐界一战成名。

舒曼在他给克拉拉的信中说："当你听到这首幻想曲的时候，你就会想到 1836 年那个令人诅咒的夏季，不幸的我必须离开心爱的你……啊，只有你才能真正理解这首幻想曲。"

克拉拉也思恋着舒曼，克拉拉回信说："你像一座充满了游戏与故事的湖泊，总是给我丰富的想象与惊喜，人能够活多久呢，现在的心情，到什么时候才能够实现呢，我想尽快跟上你……"

不过按当时的法律规定，女儿结婚必须取得父亲同意。两人只好诉诸法庭，审讯拖延了将近一年。不过，法庭的判决对克拉拉和舒曼有利：克拉克无需征得父亲同意即可结婚。

1840 年，克拉拉 21 岁生日之前，两人举行了简单的婚礼。在结婚那天，舒曼送给克拉拉的结婚礼物是《桃金娘》——一部新近出版的包含二十六首歌曲的集子。舒曼对自己的新娘说："但愿我们以后过的是诗与花的生活，像天使那样，我俩一起作曲，一起歌唱，为人们带来快乐。"

爱情让舒曼灵感喷涌，诗兴大发，音乐创作也越发充满诗性般的语境。他曾写道："这是我最丰硕的一年，从二月到秋天，我写了 150 首歌曲。"舒曼的著名作品如《声乐套曲》（Op.39）和《诗人之恋》（Op.38）等，都写于 1840 年。

图 33.2　舒曼与克拉拉

19 世纪 40 年代，舒曼不断扩大音乐创作的范围，写了不少声乐曲、交响曲、室内乐重奏曲、清唱剧、歌剧等，如著名的《a 小调钢琴协奏曲》《曼弗列德序曲》《女人的爱情与生活》，以及第一、二、三、四交响曲。

当舒曼得心应手地作曲时，脑中还时常冒出一连串的诗句，以至于他在 1846 年的日记里写道："有个创作冲动总来挤兑我，就像早年的那些岁月一样，要我去写诗，而非作曲。"舒曼的音乐与诗歌唇齿相依，相辅相成，共同协助舒曼登上了艺术巅峰。

然而，舒曼夫妇的婚姻生活远远谈不上是田园诗情、无忧无虑。

婚后，舒曼与克拉拉共生了 7 个孩子，他们尽可能努力地从事音乐创作和演出活动，来维持着简单的家庭生活。仅 1840 年这一年，舒曼就写了 138 首歌曲，偶尔还尝试担任指挥，不过并不成功。

1843 年，门德尔松建立莱比锡音乐学院，舒曼应邀在该校任教。次年舒曼随妻子克拉拉去俄国旅行演出，回国后就迁居德累斯顿。19 世纪 40 年代，舒曼的创作重点从钢琴音乐和艺术歌曲转到交响音乐、协奏曲、室内乐、戏剧音乐等大型体裁方面。

1848—1849 年，德国爆发革命，舒曼受到革命浪潮的激励，精神振奋，这在他的创作中留下了鲜明的印记。1850 年，舒曼居住在杜塞尔多夫，担任了该市的管弦乐团和合唱团的指挥。但是由于早已潜在的神经系统疾病急剧恶化，1853 年舒曼辞去指挥职务。

舒曼对克拉拉说："你鲜明的形象在黑暗中闪耀，协助我度过困厄。我相信我们的守护神会眷顾我们……"

但到 1854 年，舒曼因精神病恶化而丧失了理智，甚至连妻子也认不出了。一个严寒的冬日，他竟跳进冰冷的莱茵河里企图自杀，幸而被及时救起并送进了精神病院，但他始终未得到完全的恢复。

在那些痛苦的岁月里，带着 7 个孩子的克拉拉，一边为了谋生四处巡演，一边与暗恋她的勃拉姆斯一同将舒曼照顾到最后一刻。

1856 年 7 月 29 日，舒曼在爱妻克拉拉的怀中安然去世，终年 46 岁。

勃拉姆斯，1833 年 5 月 7 日在德国汉堡市根厄区出生，其父亲是汉堡市剧院的低音大提琴手。1840 年，7 岁少年勃拉姆斯开始学习钢琴。

1853 年，勃拉姆斯已经在欧洲各地进行巡回演出。其卓越的音乐才能和作品受到一位小提琴演奏家的欣赏，勃拉姆斯被引荐给舒曼。9 月 30 日，在杜塞尔多夫，勃拉姆斯见到了舒曼夫妇。

想到要和大师夫妇共进午餐，勃拉姆斯非常激动。可到了第二天中午的时候，勃拉姆斯不知所措，紧张地留在旅馆里竟然没有去赴约。

过了许久，勃拉姆斯听到敲门声。开门一看，是旅馆伙计带着克拉拉站在门前。因为勃拉姆斯没有按时赴约，舒曼竟让克拉拉去城里那几家便宜旅馆挨户搜寻，最终找到了他。路上的勃拉姆斯走在

图 33.3 100 马克钞票上的克拉拉

克拉拉的身旁，有些羞怯，又怦然心动。赫赫有名的克拉拉就在身边，真不可思议，她是那样优雅、高贵，眼睛像两泓湖水，嘴边的微笑若有若无，整个人如花朵似音符。一种莫名的情愫慢慢涌上来。

席间，勃拉姆斯弹奏了一首自己创作的《C大调钢琴奏鸣曲》，天籁之音，曲惊四座。

克拉拉从他跳动的指尖知道，这个少年绝非凡类。克拉拉很惜才，晚上，她在日记中写道："今天从汉堡来了一位了不起的人，只有20岁，是由神差遣而来的。"

这一晚，勃拉姆斯彻夜难眠。在他年轻的心里，克拉拉是女神，集美丽、优渥、高雅、高贵于一身。他以后44年孤独寂寞的岁月，或许都是在这个夜晚埋下。

此后几天，勃拉姆斯仍然如梦如幻。他与舒曼夫妇一起散步，一起弹琴，谈论音乐。舒曼把城里的音乐家、艺术家请来，向他们推荐年轻的天才勃拉姆斯。

勃拉姆斯的音乐严谨、理性，但情感表现不够奔放，总是将感情深藏其下，不易察觉，却富有一种含蓄的美。舒曼对小自己23岁的勃拉姆斯甚为推崇，在《新音乐杂志》上撰写了题为《新的道路》的文章，评价勃拉姆斯的作品是："湍急汹涌的洪流，直往下冲。汇成了奔泻飞沫喷溅的瀑布。在它上空闪耀着宁静的彩虹，两岸有蝴蝶翩翩飞舞，夜莺婉转唱歌……胜利的桂冠一定在等待他。"舒曼将刚出道的勃拉姆斯介绍给他的乐谱出版商（Breitkopf & Hartel），将勃拉姆斯的首批作品刊印出版。

勃拉姆斯将舒曼视为他音乐道路上的贵人，他几乎把所有的精力全部投入音乐创作，也很大程度地受到了舒曼的影响，在他的作品中包含着浪漫的诗意。舒曼将本国民歌与艺术歌曲结合，隐晦短小的旋律，自始至终保持了一贯纯朴、鲜明的特点。其创作，虽避免直接以德国曲调入曲，但字里行间无不显露出他对本国民族特有情调的钟爱。不过勃拉姆斯音乐创作风格的突出特征，是将奥地利斯拉夫民族、匈牙利的吉普赛音乐等民族音乐和艺术歌曲结合在一起。勃拉姆斯对民间音乐的神往，不仅出于艺术爱好，而且表现出他的强烈爱国热情以及对民族文化艺术的深厚感情。中国的听众，最熟悉的可能就是他的《匈牙利舞曲》第5和第21（*Hungarian Dance No. 5 & 21*）。

"形式各异的器乐和声乐作品源源不断地出现在勃拉姆斯的谱纸上，响起在音乐厅，赞誉越来越多，而舒曼预言的'在这里他将来也许会受到创伤'也一语成谶。勃拉姆斯成长于欧洲浪漫主义音乐迅猛发展的时期，而大他二三十岁的作曲家们都大刀阔斧，从音乐形式到表现内容一路革新。瓦格纳（Richard Wagne，1813—1883）试图用歌剧（乐剧）继承并超越贝多芬，柏辽兹的交响曲和李斯特首创的交响诗也跳出了传统框架。他们不再以均衡、节制、适度等古典标准为美，而是在音乐与姊妹艺术的联姻中寻求新的天地，以前所未有的激情突破所有边界。这汹涌浪潮是贝多芬引发的，只是后人驶向了属于他们自己的航道，达到高峰。

图 33.4　勃拉姆斯：青年（左）和晚年（右）

勃拉姆斯是个另类，在浪漫激流中他转身凝视传统，信任并忠诚于纯音乐语汇。他远离当时盛行的'标题音乐'，恪守传统体裁特性，保持均衡结构和严密逻辑，甚至采用古老的巴洛克复调和变奏技术，在情绪上节制而不放纵。"①

当舒曼走完生命全程时，在他的葬礼上，克拉拉头簪白花，满面悲戚，一身黑衣。勃拉姆斯远远地看着她，他没有资格走过去安慰她，更没资格替她擦去脸上的泪水。他只是在葬礼后，木讷、紧张地说："只要你想，我将用我的音乐来安慰你。"

此后他不辞而别，没人知道他去了哪里。他如同一阵风，消失在蓝天绿地之间。从此，再没与克拉拉见过面。

但是，他和克拉拉一直保持书信联系，信里只谈音乐。而音乐本身就是一种情感，勃拉姆斯寄情于音乐创作，每创作一首曲子，都会寄给克拉拉，让她作自己的第一个听众。

此时勃拉姆斯的多首钢琴作品已成为克拉拉音乐会的保留曲目，对这位优秀的女性，他除了感激崇敬，也怀有深深爱恋。但年长 14 岁的克拉拉不可能将他接受为爱人，他们注定只能是知音、挚友。

1858 年，勃拉姆斯在哥廷根认识了一位女友，两人订婚。然而勃拉姆斯心中始终有一个解不开的情节，最终勃拉姆斯还是逃避了这场婚姻，两人于 1859 年春和平分手。

悲情是勃拉姆斯音乐的底色，那种难以摆脱的阴霾和迷惘甚至成为一些人远离他音乐的理由。勃拉姆斯的生命主题就是孤独。他也有过数位心仪的异性朋友，但最终还是执拗地选择了独身，心中时刻思念亲爱的克拉拉，一如他在音乐中对古典传统的忠诚。

勃拉姆斯苦恋着克拉拉，但不敢有一丝一毫超越友情的表达，因为她是恩师舒曼的夫人，他只能将自己对克拉拉的深情埋藏于心底。

他只能自我挣扎。无数个夜晚，他的心因思念疼得无以复加。他就那样忍着，一个人在疼痛与寂静中独行。受不了的时候，就给她写信。从 1853 年到 1896 年，43 年间，他

---

① 周小静.静听勃拉姆斯（经典流芳）.人民日报，2021-06-20，第 7 版.

给她写了无数封情书。但一封都没有寄出去。

在一封信中，勃拉姆斯这样写道："我亲爱的克拉拉，对我而言，你是如此珍贵，我语言所不能表达的珍贵……我在对你的爱中，体会到了至上的安宁。"

38 年后，1896 年 5 月，他听到克拉拉的死讯，慌乱中竟然坐反了火车，在路上狂奔两天后终于在下葬时刻赶到，亲手捧一抔不舍却又不得不撒下的黄土。

克拉拉去世后，勃拉姆斯知道自己也来日无多。甜美而苦涩的爱情，已随风去了，这个世界没有什么再值得他留恋。他烧掉几十年来写给她的所有信件。幸亏有几封遗漏，才使后人得以了解他的旷世深情。

在克拉拉去世后的第二年春天，1897 年 4 月 3 日，勃拉姆斯宁静地闭上了双眼。勃拉姆斯离世之前，曾关紧房门，用整整 3 天时间，弹奏为克拉拉谱写的钢琴曲。他说："我最美好的旋律，都来自克拉拉。"

图 33.5　勃拉姆斯写给克拉拉的情书

雷姆克作词、勃拉姆斯谱曲《林中恬静》

我在你足旁坐下，安享林中恬静。

微风轻拂，思绪穿过树梢。

静默着，我把头沉入你怀中，

微微颤抖的手环抱你的双膝。

夕阳西下，残霞满天，

远处夜莺歌声婉转。

34 物是人非·阿司匹林与霍夫曼

物是人非，意思是东西还是原来的东西，可是人已不是原来的人了。多用于表达时过境迁，因而怀念故人。最早出自于三国魏曹丕的《与吴质书》："节同时异，物是人非，我劳如何？"

宋·李清照《武陵春·风住尘香花已尽》
风住尘香花已尽，日晚倦梳头。
物是人非事事休，欲语泪先流。

闻说双溪春尚好，也拟泛轻舟。
只恐双溪舴艋舟，载不动许多愁。

词中恰到好处地引用了"物是人非"这个成语。

有一种药品（化学品），它和它的发明者，到最后的情况似乎就是物是人非，这种药品就是阿司匹林（Aspirin）。

阿司匹林，是一种白色结晶或结晶性粉末，无臭或微带醋酸臭，微溶于水，易溶于乙醇，可溶于乙醚、氯仿，水溶液呈酸性。阿司匹林为水杨酸的衍生物，已经近百年的临床应用，证明对缓解轻度或中度疼痛，如牙痛、头痛、神经痛、肌肉酸痛及痛经效果

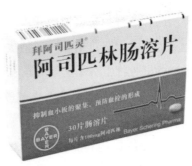

图 34.1　药品阿司匹林

较好，还用于感冒、流感等发热疾病的退热，以及治疗风湿病痛等。近年来还发现阿司匹林对血小板聚集有抑制作用，能阻止血栓形成，临床上用于预防短暂脑缺血发作、心肌梗死、人工心脏瓣膜和静脉瘘或其他手术后血栓的形成。

自古以来，人们就知道含有活性成分水杨酸的植物提取物（如柳树皮和绣线菊属植物）能够镇痛、退烧。希波克拉底留下的历史记录就描述了柳树的树皮和树叶磨成的粉能够缓解疼痛症状。1763 年，英国牧师斯通（Edward Stone，1702—1768）发现阿司匹林的活性

成分水杨酸。1853 年夏，热拉尔（Charles Gerhardt，1816—1856）就用水杨酸与乙酸酐合成了乙酰水杨酸（乙酰化的水杨酸），但没能引起人们的重视。1897 年，德国化学家费利克斯·霍夫曼（Felix Hoffman，1868—1946）又进行了合成，并为他父亲治疗风湿关节炎，疗效极好。

不过水杨酸钠味道比较苦，而且服后人会感到胃十分不舒服，水杨酸药物口感火辣、难以下咽，它还是一种中强酸。这对胃部的伤害是十分明显的，可能引起胃黏膜损伤、胃出血等。所以霍夫曼的父亲想要缓解关节炎疼痛，就必须忍受呕吐、胃痛等副作用，进退两难。当时的霍夫曼，是铁了心要改良这种需求极大、缺陷也极大的药物。在查阅和整理了一系列文献后，他找到了一些灵感。例如乙酰水杨酸，其副作用较小且药效同样显著。

图 34.2 费利克斯·霍夫曼

其实，对于乙酰水杨酸的发明，一直是有争议的。只进行了基本的动物实验后，霍夫曼就先在自己身上做了实验。之后，他更迫不及待地让父亲服下这种还未上市的药物。效果出乎意料的好，父亲的病情更像是久旱逢甘霖。乙酰水杨酸的镇痛效果非常好，药效也更长。当然，最重要的一点还是父亲的胃疼大大减轻了，可谓两全其美。于是，拜耳公司在 1899 年 2 月以"阿司匹林"（Aspirin）的名字将此药注册，专利号 36433。

阿司匹林最初的使用和推广，没有做很多广告。拜耳公司起初只是免费将它提供给医生使用。由于它效果好，立刻获得患者的欢迎。医生们对此药也十分欣赏，仅仅两年时间里，各出版物上有关它的文章就达到了 160 篇，使它在全球的影响迅速扩大。

20 世纪初，著名的意大利歌唱家卡鲁索（Enrico Caruso，1873—1921）一度因为头痛烦恼不已。但在服用阿司匹林之后，卡鲁索称阿司匹林是唯一能够减轻他病痛的药品。捷克作家卡夫卡（Franz Kafka，1883—1924）[①]把阿司匹林看得更加神奇，他认为这是少有的几种能减轻人生痛苦的药品之一。

近年，除了解热镇痛消炎等药效，阿司匹林还被发现具有抗血小板过度凝集作用。英国药理学家范恩（John Vane，1927—2004）因此获得了 1982 年的诺贝尔生理学或医学奖。1988 年，美国 2 万多名男性医师参与的一项研究表明，阿司匹林可以使首次心肌梗死发

---

① 生活于奥匈帝国统治下的捷克德语小说家，主要作品有小说《审判》《城堡》《变形记》等。与法国作家马塞尔·普鲁斯特（Marcel Proust，1871—1922，代表作长篇小说《追忆逝水年华》）、爱尔兰作家詹姆斯·乔伊斯（James Joyce，1882—1941，代表作长篇小说《尤利西斯》），并称为西方现代主义文学的先驱和大师。

生率降低 44%，掀开了阿司匹林可以有效预防冠心病、脑梗死的新篇章。由于其确切的疗效和低廉的价格，1985 年，时任美国卫生和公共服务部长的玛格丽特·赫克勒（Margaret Heckler, 1931—2018）向媒体宣布"一天一片阿司匹林，可以提高美国人民的素质"。2007 年，美国预防学会将阿司匹林、儿童免疫接种和戒烟并列为目前最有效的三种预防医学措施。因此，在新药不断涌现、老药渐被淘汰的今天，它仍然是世界上被用得最多的药物。1994 年，全世界阿司匹林的药片、胶囊丸、栓剂等消耗量多达 362.5 亿，总重量高达 1.16 万吨。1997 年，全世界阿司匹林产量增加到 5 万吨，如果做成 500mg 的片剂排列起来至少有 100 万千米，可以在地球和月球间走一个来回。

正如西班牙著名哲学家何塞·加塞特（José Gasset，1883—1955）[1]在他的专著《阿司匹林的时代》中所说，阿司匹林是"文明带给人类的恩惠"。

霍夫曼在发现阿司匹林的同时，还在关注另一种颇具争议的药物——吗啡。

1874 年，任职圣玛莉医院的化学家怀特（C. Wright，生卒年不详）第一次合成海洛因。他把吗啡与醋酸酐加热，得到二乙酰吗啡。该化合物之后送到英国曼彻斯特欧文斯学院研究。研究者把海洛因注射到犬只及白兔体内，它们当时有惊恐、瞌睡、瞳孔放大、流大量口水、呕吐的迹象，呼吸最先加速然后舒缓，心跳减弱而不正常等。怀特并未继续研究该药物。

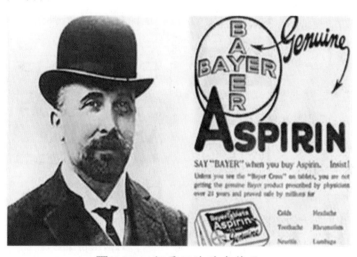

图 34.3　阿司匹林的宣传画

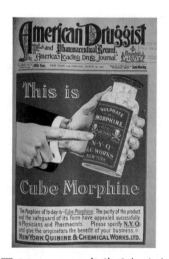

图 34.4　1900 年美国期刊的吗啡封面

---

[1] 20 世纪西班牙的思想家，有人将他誉为"西班牙的陀斯妥也夫斯基"，而法国存在主义作家、1957 年诺贝尔文学奖得主阿尔贝·加缪（Albert Camus，1913—1960，主要作品有《局外人》《鼠疫》等）则称他为"继尼采之后欧洲最伟大的作家"。

为了帮助人们戒掉鸦片瘾，19 世纪初，一位德国的药剂师从阿片中分离纯化出吗啡。此后几十年，吗啡也就成了世界上镇痛效果最强的物质。然而作为强效止痛药，吗啡依旧没有摆脱阿片类药物祖传的高成瘾性。当时不少人还曾将吗啡当作戒大烟的特效药，危害可想而知。

1897 年 8 月 21 日，霍夫曼在实验室里合成了一种叫作二乙酰吗啡的物质，止痛效力远高于吗啡（11 天前，他刚成功将阿司匹林制成药物）。虽然霍夫曼并不是世界上首次合成此物的化学家，但这一次实验意义重大，原因是霍夫曼的新发现很快就引起了拜耳公司的重视。对此，拜耳公司的老板们喜出望外，他们认为这种东西可以替代能让人上瘾的止痛药吗啡，且其镇痛的效力比起吗啡至少要高出 4 至 8 倍。在拜耳公司对兔子进行动物实验后，没有发生严重的不良反应。当证实一些用于实验的鱼、海马和猫吞下这些药物依然能够活命之后，公司的家属包括孩子也开始试着服用，没毒死人，也没有人上瘾。于是在合成后不到一年，为了能更早更快地为公司创造更大的利益，拜耳公司甚至没有将海洛因进行临床试验，便直接投入了市场使用。

拜耳公司认为这是医药学史上的重大突破，同时也为表彰霍夫曼的卓越贡献，拜耳公司的老板们认为发明这一物质是"英雄般"的事迹，因此取了"海洛因"这个名字（heroin 在德文中为 heroisch，即"英雄"）。接下来的故事就是医药史中最荒谬的一页。直到 20 世纪 30 年代，拜耳公司还在销售高纯度的海洛因。世界各地都对这种药效强劲、用途广泛的药品欢呼雀跃，成千上万的病人争相服用。

因效果显著，海洛因成了"万能药"。于是这也造就了全民吸毒的畸形年代，称为"大狂欢时代"（The Great Binge）。久咳不止的肺痨病人，一经服用就像是来到了天堂；抑郁的病人服用后，世界瞬间变得明朗起来；当年，就连疯人院都开始用海洛因治疗，美其名曰"安抚痛苦的灵魂"。

妇女走进街尾的药店，买了几瓶海洛因，除了能给大儿子止咳，还能治治小儿子整天哭闹的臭毛病；中年人手中托着几粒海洛因药片，喂给他胃癌晚期的父亲后露出了欣慰的笑容；登山爱好者担心无法登顶，服下几粒海洛因后顺利地打破自己的登高记录。魔鬼海洛因能如此风光，还是靠它的兄弟阿司匹林帮忙开的路。

很久以后，海洛因才逐渐被发现是恶魔般的毒品。

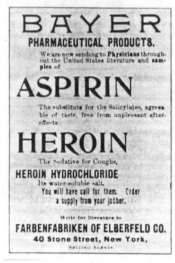

图 34.5　拜耳公司曾经的广告——阿司匹林与海洛因

1898—1910 年，该药上市期间，以不会上瘾的吗啡作招徕，更曾用作儿童止咳药，后来才发现该药在肝脏中会转化成吗啡，致人上瘾。当时早有医生提出异议，认为海洛因还未经严格验证，不应直接销售。1930 年后，海洛因致人成瘾的强大危害性终于被市场所关注并禁止销售。而此时，这个潘多拉魔盒里的恶魔，已经问世了 33 年之久。但被放出来的恶魔已再难被关进盒子，几十年的发展已让它问鼎世界毒王称号。

拜耳公司的官网中，现在依然骄傲地记录着公司生产阿司匹林的经过，但却丝毫未提及海洛因。而霍夫曼，则背着海洛因发明者的骂名，于 1946 年孤独地死去，无妻无子。靠霍夫曼的发明发家致富的拜耳公司，当时连讣告都没有发。

阿司匹林还在，霍夫曼已经被遗忘，真的是物是人非。

35 | 哈姆莱特·莎士比亚

哈姆莱特，源自莎士比亚（William Shakespeare，1564—1616）创作于 1599—1602 年的一部悲剧作品，英文全名为 *The Tragedy of Hamlet，Prince of Denmark*（《王子复仇记：哈姆莱特》），是莎士比亚所有戏剧中篇幅最长的一部，也是莎士比亚最负盛名的剧本，具有深刻的悲剧意义。复杂的人物性格以及丰富完美的悲剧艺术手法，代表着整个西方文艺复兴时期文学的最高成就。它同《麦克白》《李尔王》《奥赛罗》一起组成莎士比亚"四大悲剧"。

图 35.1　劳伦斯·奥利弗出演《哈姆莱特》的海报

《哈姆莱特》取材于 12 世纪末丹麦历史学家萨克索（Saxo Gammaicus，1150—1220）的《丹麦史》中关于丹麦王子为父复仇的故事。丹麦王子哈姆莱特在德国威登堡大学就读时突然接到父亲老哈姆莱特的死讯，回国奔丧时接连遇到了叔父克劳狄斯即位，以及叔父与母亲乔特鲁德在父亲葬礼后一个月匆忙结婚的一连串事变，这使哈姆莱特充满了疑惑和不满。紧接着，在霍拉旭和勃那多站岗时出现了父亲老哈姆莱特的鬼魂，说明自己是被克劳狄斯毒死的并要求哈姆莱特为自己复仇。随后，哈姆莱特利用装疯掩护自己并通过"戏中戏"证实了自己的叔父的确是杀父仇人。由于错误地杀死了心爱的奥菲莉亚的父亲波罗涅斯，克劳狄斯试图借英王之手除掉哈姆莱特，但哈姆莱特趁机逃回丹麦，却得知奥菲莉亚自杀，并不得不接受了与其兄雷欧提斯的决斗。决斗中哈姆莱特的母亲乔特鲁德因误喝克劳狄斯为哈姆莱特准备的毒酒而中毒死去，哈姆莱特和雷欧提斯也双双中了毒剑，得知中毒原委的哈姆莱特在临死前杀死了克劳狄斯，并嘱托朋友霍拉旭将自己的故事告诉后人。

图 35.2 莎士比亚纪念邮票

戏剧中，哈姆莱特的一段独白，让所有读过的人都不能忘记：

生存还是毁灭，这是一个值得考虑的问题：默然忍受命运的暴虐的毒箭，或是挺身反抗人世的无涯的苦难，通过斗争把它们扫清，这两种行为，哪一种更为高贵？死了；睡着了；什么都完了；要是在这一种睡眠之中，我们心头的创痛，以及其他无数血肉之躯所不能避免的打击，都可以从此消失，那正是我们求之不得的结局。……人们甘心久困于患难之中，也就是为了这个缘故；谁愿意忍受人世的鞭挞和讥嘲、压迫者的凌辱、傲慢者的冷眼、被轻蔑的爱情的惨痛、法律的迁延、官吏的横暴和费尽辛勤所换来的小人的鄙视，要是他只要用一柄小小的刀子，就可以清算他自己的一生？谁愿意负着这样的重担，在烦劳的生命的压迫下呻吟流汗，倘不是因为惧怕不可知的死后，惧怕那从来不曾有一个旅人回来过的神秘之国，是它迷惑了我们的意志，使我们宁愿忍受目前的折磨，不敢向我们所不知道的痛苦飞去？这样，重重的顾虑使我们全变成了懦夫，决心的炽热的光彩，被审慎的思维盖上了一层灰色，伟大的事业在这一种考虑之下，也会逆流而退，失去了行动的意义。且慢！美丽的奥菲利娅！——女神，在你的祈祷之中，不要忘记替我忏悔我的罪孽（朱生豪译）。

史书中一个简单的故事，让莎士比亚把剧情写得丰富生动，把人物刻画得栩栩如生。特别是主角哈姆莱特，他的爱情、责任，甚至他的犹豫不决，都让每一个读者读来都有不同感受，以至于产生了"一千个读者一千个哈姆莱特"的谚语。

莎士比亚生活在伊丽莎白时代，英国历史上的第一个黄金时期。他的成就可以算是前无古人，后无来者。迄今为止，也未有人能在文学上超越他的影响力。他的每个故事都让人耳熟能详；他笔下的人物让人神魂颠倒。可这么一位伟大的诗人和剧作家，历史上关于他的生平记载却是少得可怜。他的家庭生活、子女后代甚至长相，至今都是个谜。

据信，莎士比亚的父亲是一位手套商人和市参议员，而母亲则是一位富裕地主的女儿。殷实的背景让他在少年时就受了相对完整的教育。有人说，这为他后来的戏剧文笔奠定了扎实的基础，但也有人说，他上的那个普通的学校是培养不出这么好的文笔的。

莎士比亚 18 岁时，懵懵懂懂爱上了一个 26 岁的女人，名字叫安妮·海瑟薇（Anne Hathaway，生卒年不详），后来两人未婚先孕，不得已奉子成婚。婚姻生活并不美满，这段婚姻最后还是以莎士比亚的背叛而落幕了。但为什么一个 18 岁的少年，会和一个 26 岁的女人结婚呢？

图 35.3　直布罗陀纪念莎士比亚诞辰 400 周年发行的邮票

不久，他跑了。然后，就出现了学者们所称的"丢失掉的日子"。在 1585—1592 年这段时间里，没人知道他在哪儿。有人说他曾在一家天主教学校教书，有人说他在某公爵家里教书。但他到底做了什么，去了何方，没人确切地知道。终于，在 1592 年的各大戏剧院的史料里找到了他的踪迹。

莎士比亚在文学上的经历也可谓是顺风顺水。早年他的文字略显粗糙，但是仍然有很多人喜爱他，诸如《错中错》之类的下流喜剧，以及《泰特斯·安德洛尼克斯》之类的残酷悲剧所获得的门票收入，让莎士比亚过上了富裕乡绅的生活。

在他平步青云、志得意满之时，家乡传来了噩耗。他唯一的儿子哈姆莱特夭折了，年仅 11 岁。这对莎士比亚的打击不可谓不大，他穷尽一生也未能忘掉这份哀愁。他用儿子的名字来命名自己最长的悲剧《王子复仇记：哈姆莱特》。

　　莎士比亚的文字能跨越时间、空间引起人们的共鸣。《哈姆莱特》中那句经典的"to be or not to be，that is the question"，在戏中的意思是"活着还是死去，这是一个值得考虑的问题"。但也可以是：前进，还是后退，得做个选择等。

　　莎士比亚很多作品并非原创，而是改编自其他人的作品，有一些在他的年代还没有翻译成英语。可是在他家里，没有找到一本书。大剧作家的家里，竟然没有书，这怎么可能？莎士比亚死后没有留下任何手迹——没有一个剧本，没有一首诗，就连书信也没有。对这样一位伟大和当红的作家，这种情况让人迷惑不解。

36 堂吉诃德·塞万提斯

"堂吉诃德"，西方最后一个骑士，是西班牙作家米格尔·德·塞万提斯·萨维德拉（Miguel de Cervantes Saavedra，1547—1616）于 1605 年和 1615 年分两部分出版的长篇反骑士小说。这则舶来成语用以形容理想和现实之间的矛盾，比喻的是那些执着勇敢、不怕困难、具有悲天悯人情怀的人。他们正义、诚实且坚韧慷慨，但又表现出一定的爱幻想和偏执的特点。

《堂吉诃德》的故事发生时，骑士早已绝迹一个多世纪，但主角阿隆索·吉哈诺（堂吉诃德原名）却因为沉迷于骑士小说，时常幻想自己是个中世纪骑士，进而自封为"堂吉诃德·德·拉曼却"（意为"拉曼却地区的守护者"），拉着邻居桑丘·潘沙做自己的仆人，"行侠仗义"、游走天下，做出了种种与时代相悖、匪夷所思的行径，结果四处碰壁。但最终从梦幻中苏醒过来，回到家乡后死去。

对于堂吉诃德，现代人有不同的看法。一种观点认为堂吉诃德是一个纯粹理想主义者，他脱离现实，却深恶痛绝专制残暴，同情被压迫的贫苦大众，他像巨人一样扶弱济贫，将保护人的正当权利和尊严当成自己的人生理想；另一种观点认为堂吉诃德是一个性格矛盾且复杂的人，除可歌可泣的一面外，还有可悲可笑的一面，他的发疯、愚蠢行为和不合时宜让他在社会处处碰壁。

伟大的作品总能穿越时空，即使在 400 年后，人们还在为其争论不休。那么它的作者塞万提斯到底是一个什么样的人？究竟经历了什么样的人生？

据推测，塞万提斯 1547 年出生于西班牙马德里附近的埃纳雷斯堡，他可能在 9 月 29 日——庆祝天使长圣米迦勒诞生的那天出生，但其确切日期已无从考证。1547 年 10 月 9 日，塞万提斯在阿尔卡拉的圣塔玛丽亚·马约尔教堂接受洗礼。

塞万提斯的父亲罗德里格·德·塞万提斯是位外科医生，这在当时是一种更类似于现在的护理员之类的职业。塞万提斯的母亲名叫莱昂诺尔·科尔蒂纳，后人除知道她很可能是皈依基督教的犹太人的后代外，其余一无所知。

16 世纪上半叶正是西班牙历史上的鼎盛时期。西班牙自 15 世纪末成为欧洲大陆第一个统一的封建国家后，不断向海外扩张，征服了美洲的大部分地区，疯狂地掠夺黄金。1516 年，卡洛斯一世继承西班牙王位，1519 年，他又从祖父那里继承了德国王位，并成为神圣罗马帝国的皇帝，改称卡洛斯五世。西班牙依仗它庞大的陆军和无敌舰队，称霸于欧美两大洲，成为一个军事大国。它的资本主义工商业也得到发展，经济上呈现出繁荣的景象，是欧洲最富庶的地区之一。与此同时，西班牙的文化教育事业也得到迅速的发展。1492年，西班牙的第一部语法书出版后，以卡斯蒂利亚语为国语的语言日趋完善，出现了田园小说、流浪汉小说、骑士小说和鲁埃达的戏剧。文艺复兴思想的传入使西班牙的文学艺术进入了长达近两个世纪的黄金时期。塞万提斯正是在这块文化沃土上成长起来的，无疑受到了绚丽多彩的文学作品的影响。

塞万提斯兄弟姊妹一共7个，他是老四。为了养家糊口，父亲罗德里格无法将自己的诊所固定下来，他经常在外奔波，并且不得不带着全家来往于当时西班牙的几个大城市之间。1551—1554年，他们全家住在当时国王宫廷所在的巴利亚多利德市；1561年住在马德里；1563年，罗德里格又把全家搬到新兴的工业城市塞维利亚，据说1564年罗德里格因为债务问题在此被控告；1566年，塞万提斯一家又迁回西班牙的新首都马德里，此时塞万提斯刚满19岁。从以上这些不完全的事实，大致可以知道塞万提斯的少年时代就是这样跟着全家东奔西跑的。

图36.1　贝宁为纪念塞万提斯逝世400周年
发行的邮票

1569年，塞万提斯在一场决斗中伤害了一个叫安东尼奥·西古拉的营造师而被通缉。因此他逃往了意大利。这一年的12月他到了罗马，在那里他研读了卢多维克·阿里奥斯托（Ludovico Ariosto，1474—1533）的骑士诗歌以及瑟法底犹太人里昂·希伯来（León Hebreo，1460—1521）的作品《爱的对话》，这些新柏拉图主义的灵感，影响了他的爱情观。意大利艺术风格——作为那段时期最珍贵的回忆——使塞万提斯受到很大的影响。

这时候，信奉伊斯兰教的奥斯曼帝国正在地中海地区集结起强大的军事力量。它利用基督教国家之间的不和，准备向这一地区的基督教国家大举进攻，以扩张自己的势力范围。年轻的充满爱国主义热忱的塞万提斯立即响应祖国参军卫国的号召，于1570年6月参加了西班牙驻意大利的军队，在乌尔宾纳指挥的蒙卡达联队当了一名普通士兵，这支部队当时正驻扎在那不勒斯。这一年，塞万提斯23岁。

当时西班牙有句俗语："教堂、海洋、伺候君王。"即年轻人求富贵、谋出路有三种途径：一是读书当教士，二是出海经商，三是进宫廷或为国王打仗。出身于绅士阶层的子弟入伍当一名小兵并不算辱没身份，许多名门后裔为了挣个光辉前程，都是从行伍起家，只要表现得勇敢，就有升迁军官的希望。塞万提斯参军却不只是为了挣个前程，也是出于强烈的为国争光的愿望，他认为这是年轻人应尽的职责。塞万提斯在《堂吉诃德》中借主人翁之口，表达了他对当兵打仗的深刻认识。他认为，只为五件事才该不顾生命财产，拿起武器奋战，即"第一是保卫正教；第二是保卫自己的生命——这是人情天理；第三是保卫自己的名誉、家庭和财产；第四是正义战争中为国王效忠；假如我们再要加上第五条，那就是保卫自己的国土……"

塞万提斯入伍当兵后，被编入海军的一个连队。1571 年 9 月，这支拥有 200 多艘战船和 2.6 万名士兵的舰队浩浩荡荡地驶出了港口。1571 年 10 月 7 日，塞万提斯作为堂胡安（西班牙国王卡洛斯一世的私生子，费利佩二世的异母兄弟）所领导的基督海军的一员，参加了历史上著名的勒班陀海上战役。战役发起时，塞万提斯正发着高烧，舰长和战友们看到这种情形，自然都劝他到船舱里休养。可塞万提斯却坚定地请战，他说："我宁愿为王上作战而死，也不愿躲在船舱里偷生。舰长先生，请您把我放到最危险的岗位上，我一定在那里坚守到底，流尽我最后一滴血。"他的话使舰长深受感动，也就不再坚持让他躺下，而是派他带领几个枪手在战舰"侯爵夫人号"所属的一条作战小艇上待命。

图 36.2 勒班陀海战（局部）

敌舰逼近了，塞万提斯和他指挥的士兵投入了战斗。一时间杀声震耳，炮火连天，塞万提斯带领伙伴率先登上敌舰，进行短兵相接的战斗。在战斗中，他胸前中了两发子弹，又被打伤了左手，但他仍然坚持到战斗结束。勒班陀海战以西班牙联合舰队的全胜而告终，奥斯曼的舰队几乎全军覆没，从此地中海的基督教国家解除了威胁。

战斗结束后，堂胡安将军知晓了塞万提斯的英勇表现，给了他额外的 4 个金币。在这场战役中，塞万提斯的胸部手部两处受伤，他的左手从此残废了。塞万提斯的绰号"勒班陀的独手人"就是由此而来。其实他的左手并没有断掉，而是子弹碎片切断了手掌的一根神经，使他的手失去了行动能力而变得僵化。这些伤并不重，在墨西拿医院接受了 6 个月的治疗后，塞万提斯于 1572 年回归了军营生活。"我的胳膊是在从古到今最伟大的战役里残废的……尽管我的创伤看来不漂亮，但知道底细的人至少不会轻视。阵亡远比逃命光荣，我是这样看的。所以，假定我竟有回天转运的本领，对过去的事我可以重新抉择，我宁愿伤残了身体，还是要参与那场惊天动地的战役。战士脸上和胸口的伤痕好比天上的星，能指引旁人去争取不朽的声名、应得的赞誉。"

1575 年 9 月 26 日，塞万提斯乘坐帆船"太阳号"从那不勒斯回西班牙。途中，一支土耳其小船队袭击了"太阳号"，俘获了塞万提斯和他的兄弟小罗德里格。到岸后，他们被送到了阿尔及尔。阿尔及尔当时是土耳其海盗们在非洲海岸上的一个据点。当时全城人口不过 10 万，而从事海盗勾当的就有 3 万多人。阿尔及尔奴隶主虐待俘虏的手段是极为残忍的，俘虏们稍有过失就被割去鼻子、耳朵，或被吊在树上施以酷刑，奴隶主甚至把人钉在尖木桩上，让木桩穿透内脏，使人在极端痛苦和恐惧的折磨中死去。阿尔及尔对被俘的基督徒来说，无异于人间地狱。

俘获者们在塞万提斯的身上找到堂胡安等人的推荐信，让他们觉得塞万提斯是个非常重要的人物，以为他是一个有钱、有地位的贵族，对他另眼相看，把他和一些有身份的俘虏一起关在特设的牢房内，免除了他的劳役，但要他家人出巨款才能赎身。这一因就是五年。

塞万提斯曾经多次尝试着逃跑，但都被抓了回来，俘获者准备把他送到一个几乎无法逃跑的地方——君士坦丁堡。

一生倒霉的罗德里格为了凑齐儿子的赎金而费尽心力，不惜变卖家产；塞万提斯的母亲甚至谎称自己是寡妇，骗到了远征军委员会的补贴；他的两个姐妹也卖掉了自己的嫁妆。靠着这艰难落实的赎金，塞万提斯于 1580 年 9 月 19 日被释放。10 月 24 日，他终于同其余被赎的俘虏一道回到了西班牙。他先经过德尼亚后辗转巴伦西亚，11 月初与家人在马德里团聚。

1584 年 12 月 12 日，塞万提斯与卡塔琳娜·帕拉斯奥（Katharina Pallasio，1565—? ）结婚。卡塔琳娜当时还未满二十周岁，是托雷多一位小乡绅的女儿，其父已经过世。据说这位深处闺中的"小家碧玉"十分喜欢阅读骑士小说，当她从塞万提斯姐姐处听说了塞万提斯在勒班陀海战中的英雄事迹以及他在阿尔及尔当俘虏时的传奇故事后，十分仰慕他。

在她的心目中，这位 30 多岁饱经风霜的残疾老兵非常符合古代骑士的形象，所以她一见到塞万提斯就坠入情网，不顾他家境贫寒，也不顾她母亲和叔父的再三反对，决计要嫁给他。卡塔琳娜家薄有资产，她的陪嫁包括几箱蜜蜂、一个果园和一个葡萄园，一些家用杂物和四五十只鸡等。

但这桩婚姻被认为是一个失败，婚后两年他们分居，一直没有孩子。塞万提斯开始频繁地出行安达卢西亚。直到 1603 年前后，卡塔琳娜又回到塞万提斯身边。塞万提斯逝世后，他妻子出版了他生前来不及出版的最后一部小说《贝雪莱斯和西希斯蒙达历险记》。

1587 年，塞万提斯作为无敌舰队的临时代表出访了安达卢西亚。在安达卢西亚，塞万提斯接受了皇家军需官的职务，负责为无敌舰队和陆军采购军需品。后来回到马德里，塞万提斯又当上了税吏。1597 年，他因所寄存税款的银行倒闭而入狱。

塞万提斯失去公职直到他去世，是他生活中最穷困潦倒的时期，也是他文学创作最富有成果、最为辉煌的时期。塞万提斯失去公职也就失去了他生活的唯一收入来源，虽然他有时间从事他热爱的文学创作事业，但仅靠卖文是无法糊口的。为了谋生，这一时期，他也干过许多穷人才干的活儿，当过中间人，沿街贩卖过布匹，替别人跑腿，甚至为卖唱的乞丐编写过歌词等。

他家里至少有五六个女人和他住在一起，他的妻子、姊妹、亲戚和他的女儿等，她们整天在他的书桌旁走来走去，因为他的书屋是个过道。这套小公寓的下面是一家最下等的小酒店，时常有猜拳、打架的吵闹声，加上劣等酒的刺鼻气味；这间房子的上面，有人说是一家妓院，半夜三更笑声、闹声、皮靴声不断；更为糟糕的是从他房下的小酒店到房上的妓院只有一道扶梯，而这扶梯恰好又要穿过塞万提斯的"过道书房"。而他的巨著《堂吉诃德》也正是在此时此景下写成的。

《堂吉诃德》这本书结束了文学美学的写实主义，开创了现代小说、复调小说的先河，对于后代有极其深远的影响。小说的第二部分（《情奇异想的骑士堂吉诃德·德·拉曼却》）直到 1615 年才问世，它与第一部一样获得了巨大的成功，甚至比第一部更好。它的思想内容更为深刻，艺术形式也更加成熟，语言更加幽默圆滑，人物描写更为生动自然。塞万提斯在第二部中，对堂吉诃德的无情嘲讽已渐渐转变为辛酸的同情，甚至可以说他渐渐喜爱上了他所创造的这位骑士！这是作者饱尝人生忧患的反映。他本人何曾不是像堂吉诃德先生一样，为理想东奔西跑、历尽苦难而又终生不悔呢！

《堂吉诃德》奠定了塞万提斯在世界文学史上的地位，使他成为与但丁（Dante Alighieri，1265—1321）、莎士比亚、蒙田（Michel de Montaigne，1533—1592）及歌德齐名的西方作家。塞万提斯和莎士比亚被誉为欧洲文艺复兴时期文坛上的"双子星座"。德国大诗人海涅评论说："这两位诗人不仅是当时开的花，而且替后世伏了根。大家因为莎士比亚的作品在德国和现在的法国起了影响，就推他为后世戏剧艺术的开山祖师。我们也应该推尊塞万提斯为近代小说的开山。"

图 36.3　堂吉诃德

　　1615 年 2 月，《堂吉诃德》第二部完稿后，正由教会审查官进行审查。一个法国使团来到马德里，商谈西班牙和法国皇室的联姻问题。教会出版物审查官马尔盖斯·台·托雷斯神父陪同桑多瓦大主教拜会法国使臣。席间，他们谈起了西班牙的文学。托雷斯顺便说起他正在审查《堂吉诃德》第二部。使者们一听这本书，便热心地议论起来。他们说，在法国和其他一些国家，读者都十分喜爱这部书。他们很感兴趣地询问作者的情况，他多大岁数？从事什么职业？托雷斯告诉他们说，这个作者"老了，当过兵，一位小绅士，很穷"。使臣很诧异地问："像他这样的人才，贵国为什么不用国库的钱将他供养起来？"一位外交官很机智地回答："假如他写作是为了谋生，那么就祈求上帝让他永远也富不起来吧。这样，他自己虽然穷，却可以写出好作品使全世界都富起来！"

　　塞万提斯在马德里莱昂街他那简陋而寒酸的寓所中静静地去世，终年 69 岁。他死后被埋葬在一家修道院的墓地里，除妻子外没有什么人参加他的葬礼。至今也没有人知道他究竟葬于何处，他与他所热爱的西班牙土地永远地融为一体了！

图 36.4　贝宁为纪念塞万提斯逝世 400 周年发行的邮票

　　一生贫困坎坷的塞万提斯逝世后，西班牙人连一块墓碑也没给他立，而他的《堂吉诃德》在当时不过是一部"最逗笑的""闲书"而已，根本没有人意识到这部伟大著作的意义。《堂吉诃德》一出版就引起了轰动，"小孩子翻着读，小伙子细细读，成人熟读，老头子点头簸脑地读；反正各种各样的人都翻来覆去、读得烂熟，每看见一匹瘦马，就是'驽骍难得来了！'……每个贵人家的待客室里都有这么一部《堂吉诃德》；一人刚放下，另一人就拿走了；有人快手抢读，有人央求借阅……"另据记载：一天，西班牙国王费利佩三世站在王宫阳台上，看见一个学生一面看书一面狂笑，就说这学生一定在看《堂吉诃德》，不然就是个疯子。派人一问，果然那学生正在读《堂吉诃德》。

　　《堂吉诃德》越是令人发笑，越使人感到难过。美国当代著名文学理论家、文学史家哈罗德·布鲁姆（Harold Bloom，1930—2019）在《西方正典》中斩钉截铁地宣告："在全部西方经典中，塞万提斯的两位主人公确实是最突出的文学人物，（顶多）只有莎士比亚的一小批人物堪与他们并列。他们身上综合了笨拙和智慧以及无功利性，这也仅有莎士比亚最令人难忘的男女人物可以媲美。"但塞万提斯生前从未听到过类似的评价。不过近400 年来，《堂吉诃德》正如作者预言的那样"每个国家，每种语言，都会有译本"。据统计，《堂吉诃德》已被译成一百种以上的语言，至于再版过多少次则难以计数。可以说，世界上任何一个角落都听得到堂吉诃德与风车大战的铿锵之声！它以其强大的生命力吸引了古往今来的无数读者，成为世界文学宝库中一部不朽的杰作。它所塑造的堂吉诃德这一艺术形象，与哈姆莱特、浮士德等并列为世界文学中的杰出典范。

同许多文学名著一样，《堂吉诃德》也留下许多经典名句：

没有时间磨不掉的记忆，

没有死亡治不愈的伤痛。

命运像车轮一样旋转，

昨天还高高在上的人，今天却屈居人下。

自由和体面一样，值得拿命去拼。

不得自由而受奴役，是人生最苦难的事。

1616 年 4 月 23 日，塞万提斯去世。同一天陨落的还有另一颗巨星——莎士比亚。这两颗欧洲文坛的双子星，至今仍深刻地影响着一代又一代后人。1995 年 11 月 15 日，联合国教育、科学及文化组织正式确定每年 4 月 23 日为"世界读书日"。世界读书日的主旨宣言为："希望散居在全球各地的人们，无论你是年老还是年轻，无论你是贫穷还是富有，无论你是患病还是健康，都能享受阅读带来的乐趣，都能尊重和感谢为人类文明做出巨大贡献的文学、文化、科学思想大师们……"

图 36.5　阅读与思考助你思想飞翔